研究生"十四五"规划精品系列教材

高级宏观经济学

魏 玮 主编

内容简介

本教材以介绍宏观经济增长和经济周期波动等为主要内容，主要阐述宏观经济学的理论和政策，目的在于使学生在掌握中等程度的宏观经济学内容的基础上对高级宏观经济学的内容有一个基本的了解。本教材共 12 章，包括导论、索洛增长模型、两期动态模型、代际交叠模型、内生技术进步模型、经济周期导论、投资与货币经济、消费与储蓄、总需求理论、总供给理论、总供给-总需求模型、稳定政策。

本教材主要面向经济学类、管理学类及相关学科的研究生和本科生，为"中级宏观经济学"和"高级宏观经济学"课程的教材。

图书在版编目(CIP)数据

高级宏观经济学 / 魏玮主编. — 西安：西安交通大学出版社，2024.8
 ISBN 978-7-5693-3594-1

Ⅰ.①高… Ⅱ.①魏… Ⅲ.①宏观经济学
Ⅳ.①F015

中国国家版本馆 CIP 数据核字(2024)第 010582 号

书　　名	高级宏观经济学
	GAOJI HONGGUAN JINGJIXUE
主　　编	魏　玮
责任编辑	史菲菲
责任校对	李逢国
装帧设计	伍　胜
出版发行	西安交通大学出版社
	（西安市兴庆南路 1 号　邮政编码 710048）
网　　址	http://www.xjtupress.com
电　　话	(029)82668357　82667874(市场营销中心)
	(029)82668315(总编办)
传　　真	(029)82668280
印　　刷	西安日报社印务中心
开　　本	787mm×1092mm　1/16　印张 16.375　字数 357 千字
版次印次	2024 年 8 月第 1 版　2024 年 8 月第 1 次印刷
书　　号	ISBN 978-7-5693-3594-1
定　　价	49.80 元

如发现印装质量问题，请与本社市场营销中心联系。
订购热线：(029)82665248　(029)82667874
投稿热线：(029)82665379
读者信箱：511945393@qq.com

版权所有　侵权必究

前言

加快一流大学和一流学科建设,实现高等教育内涵式发展是当前我国高等院校肩负的重任。教材建设是高等教育内涵式发展的重要抓手。党的二十大报告中首次明确提出"深化教育领域综合改革,加强教材建设和管理"。宏观经济学教材建设是培养经济管理人才和进行学科体系建设的基石,也是提高经济学教学质量的基础。

目前,国内高等院校为进一步提高经济学人才的培养质量,在研究生教学中逐步开设了高级宏观经济学课程,但是高级宏观经济学教材的建设相对滞后。国内经济学一流学科在高级宏观经济学课程教学中,或者主要使用国外的教材,例如采用英文版的 Advanced Macroeconomics(the 4th edition)(David Romer)或者中文版《高级宏观经济学(第四版)》(戴维·罗默)以及《现代宏观经济学高级教程:分析与应用》(马克斯·吉尔曼)等,或者采用本校教学团队编写的教材或讲义。开设高级宏观经济学课程的国内高等院校多数采用非本校教学团队编写的教材,但是适合研究生高级宏观经济学课程选用的国内教材较少;国外的高级宏观经济学教材又由于课时的限制,在教材容量、内容安排等方面都不太适用。因此,编写适用于国内高等院校研究生教学的高级宏观经济学教材是十分必要的。

在参考大量中外相关文献的基础上,本书按照宏观经济学的长期模型、短期模型及宏观经济政策三大部分内容建立教材体系结构,并在文字表述上尽量做到简明、易懂且逻辑性强,帮助学生在了解高级宏观经济理论框架、掌握高级宏观经济学分析问题的基本思路和方法的同时,更好地掌握高级宏观经济学的整体内容体系。

本书由魏玮担任主编。具体编写分工如下:第一章由魏玮、任世鹏编写,第二章、第三章、第四章由贾智杰编写,第五章由赵方编写,第六章由魏玮、夏佳编写,第七章、第八章由罗添元编写,第九章、第十章、第十一章和第十二章由刘航编写。

本书在编写过程中,参阅了大量专家、学者的有关著作、教材,引用了其中的相关概念及国内外经济活动的实例,并借鉴了一些网站信息和相关报道资料,在此对相关作者表示衷心的感谢!

受编者的学识水平和实践知识所限,书中难免会有疏漏之处,敬请广大读者批评、赐教。

编 者

2024 年 2 月

目录

第一章　导　论 ... 001
- 第一节　宏观经济学的总量分析 ... 001
- 第二节　宏观经济学中的长期与短期 ... 004
- 第三节　宏观经济学研究的新发展 ... 010
- 第四节　宏观经济学的普适性与特殊性 ... 021
- 思政专栏　构建具有中国特色的宏观经济学 ... 026
- 本章习题 ... 026

第二章　索洛增长模型 ... 028
- 第一节　经济增长的一些基本事实 ... 028
- 第二节　基本的索洛增长模型 ... 030
- 第三节　储蓄率变化的影响 ... 037
- 第四节　索洛模型与增长理论的核心问题 ... 041
- 本章习题 ... 043

第三章　两期动态模型 ... 046
- 第一节　纯交换的两期动态模型 ... 046
- 第二节　考虑资本的两期动态模型 ... 051
- 第三节　考虑资本和劳动的两期竞争均衡模型 ... 055
- 本章习题 ... 059

第四章　代际交叠模型 ... 061
- 第一节　代际交叠模型概述 ... 061

第二节	代际交叠模型中的政府	068
思政专栏	政府在中国经济增长过程中的关键作用	071
本章习题		072

第五章　内生技术进步模型 075

第一节	模型的基本环境介绍	076
第二节	各部门的最优化行为分析	077
第三节	模型的均衡分析	080
第四节	帕累托最优与政策含义	082
思政专栏	创新在经济增长中的关键作用	085
本章习题		086

第六章　经济周期导论 088

第一节	经济周期的定义与测量	088
第二节	经济周期中的经济事实	093
第三节	产出缺口的测度：引进生产函数	105
第四节	主要经济体经济周期的经验	106
本章习题		111

第七章　投资与货币经济 113

第一节	投资理论	113
第二节	货币经济	119
本章习题		129

第八章　消费与储蓄 131

第一节	简单的动态模型	131
第二节	小型开放经济体对外部冲击的反应	138
思政专栏	"双循环"战略为中国经济高质量发展增添强劲动力	144
本章习题		145

第九章　总需求理论 147

第一节	凯恩斯、古典学派与大萧条	147
第二节	产品市场	149
第三节	货币市场与货币政策	152

第四节　总需求曲线 …………………………………………………… 157
　　本章习题 ………………………………………………………………… 160

第十章　总供给理论 ……………………………………………………… 163
　　第一节　菲利普斯曲线 ………………………………………………… 163
　　第二节　名义工资刚性模型 …………………………………………… 166
　　第三节　名义价格刚性模型 …………………………………………… 169
　　第四节　工人错觉模型 ………………………………………………… 171
　　第五节　总供给曲线 …………………………………………………… 173
　　思政专栏　中国的供给侧结构性改革 ………………………………… 175
　　本章习题 ………………………………………………………………… 177

第十一章　总供给-总需求模型 …………………………………………… 179
　　第一节　总供给-总需求模型概述 ……………………………………… 179
　　第二节　确定性下的经济波动 ………………………………………… 183
　　第三节　真实经济周期理论 …………………………………………… 188
　　本章习题 ………………………………………………………………… 192

第十二章　稳定政策 ……………………………………………………… 195
　　第一节　消费波动和通货膨胀的福利成本 …………………………… 195
　　第二节　货币政策和财政政策 ………………………………………… 218
　　第三节　理性预期下的稳定政策 ……………………………………… 237
　　第四节　稳定政策的使用极限 ………………………………………… 242
　　思政专栏　构建有中国特色的宏观经济政策调控体系 ……………… 251
　　本章习题 ………………………………………………………………… 252

参考文献 …………………………………………………………………… 253

第一章 导论

第一节 宏观经济学的总量分析

按照一般的方式,一本宏观经济学教材应该从介绍宏观经济学的定义开始来展开,但是要给出一个清晰、明确的宏观经济学定义是很困难的,甚至有些经济学家认为是不存在的[①]。产生这一问题的原因是随着对经济学、微观经济学和宏观经济学研究的不断深入,原有的有关经济学、微观经济学和宏观经济学的定义与现有的微观经济学和宏观经济学研究在研究对象、研究范围及研究方法等方面存在明显的不一致、相互交叉。因此,本教材不是从宏观经济学的定义来展开内容的。

一、宏观经济学的总量分析特征

微观经济学以单个消费者、单个生产者及单个市场经济活动为研究对象,通过研究单个经济单位的经济行为和相应的经济变量的决定来说明现代经济社会市场经济的运行和作用,以及改善这种运行的途径。通常情况下,我们通过直接观察单个经济单位的经济行为及其变化就可以进行微观经济学研究了。宏观经济学则以整个国民经济为考察对象,研究整体经济中各有关总量的决定及其变动。整体经济中各有关总量是由参与整体经济活动的千千万万个消费者和生产者的众多经济行为所构成的,任何一个研究者都无法通过个人在微观层面直接观察到经济总量的结果,比如经济增长、通货膨胀、就业等。在这种情况下,如何进行宏观经济学的分析?

作为一种哲学思想,还原论或还原主义(reductionism)认为对于复杂的系统、事物、现象可以将其化解为各部分之组合来加以理解和描述。《不列颠百科全书》把还原论定义为:在哲学上,还原论是一种观念,它认为某一给定实体是由更为简单或更为基础的实体所构成的集合或

[①] 索伦森,惠特-雅各布森.高级宏观经济学导论:增长与经济周期:第2版[M].王文平,赵峰,译.北京:中国人民大学出版社,2012:1-2.

组合;或认为这些实体的表述可依据更为基础的实体的表述来定义。还原论方法是经典科学方法的内核,将高层的、复杂的对象分解为较低层的、简单的对象来处理,世界的本质在于简单性。基于还原论的这一思想,经济学家假定整个经济活动的总量结果是由千千万万个消费者和生产者的个别经济行为加总构成的,这是以这些个别经济行为主体的行为是可加总的为前提。在个体经济行为可加总构成整个经济活动总量的前提下,个体无法在微观层面直接观察的整个经济活动总量就由如下方法得到:

(1) 从理论上分析单个典型或代表性消费者或生产者的决策过程。在这一分析中,一方面要假设整个经济中存在着一个代表性的消费者或生产者,或一种平均的消费者或生产者;另一方面,用微观经济学的分析工具对这种典型的消费者或生产者在各种不同经济环境中的决策行为进行分析。这既表现出宏观经济学与微观经济学相联系的一面,又说明了宏观经济学的微观基础。

(2) 通过加总整个经济中千千万万个消费者或生产者的经济行为结果,得到经济活动的总体结果水平或整体行为,即对典型企业或家庭的行为进行某种适当方式的"复合"。

基于上述个体经济行为可加总构成整个经济活动总量的逻辑思路,经济学家依据国民收入决定理论,构建国民收入核算体系来统计核算整个经济中千千万万个消费者或生产者的经济行为结果,进而得到个体无法在微观层面直接观察的整个经济活动总量。我们可用一个简化的宏观经济行为循环来说明国民收入决定的基本思想。在只有家庭和企业两个经济行为主体的社会中,家庭是最终产品的消费者,企业是最终产品的生产者。家庭凭借生产要素的出卖获取收入,然后用这个收入去购买消费品;企业凭消费品的出卖获取销售收入,然后用这个收入去购买生产要素。对一个经济社会整体来说,支出来自收入,收入又来自支出,是一个互为因果的循环运动。因此,一个社会一定时期内的总支出总是等于它的总收入。从反映整个经济活动总体结果的主要总量——国民生产总值来看,它是产品生产中的新增价值。按照微观经济学原理,这个新增价值是由各种生产要素共同创造的,因而表现为各种要素的报酬,具体化为工资、利息、租金、利润等,即产出等于收入;同时这个新增价值又表现为最终产品的销售收入,它同时也是最终产品购买者的支出,具体化为消费、投资、政府购买支出和净出口,即产出等于支出。据此,我们就建立了衡量经济活动总体结果的国民收入核算体系。

国民经济核算体系指一国(或地区)在国民经济核算中形成的,由各总量及其组成成分之间的联系和指标概念、定义、分类、计算方法、表现形式和记录手续等相关关系所构成的一套国民经济核算的标准和制度。国民收入核算主要针对五个总量进行核算,即国民生产总值(GNP)、国民生产净值(NNP)、国民收入(NI)、个人收入(PI)、个人可支配收入(DPI/PDI)。通常国民收入核算主要围绕国民生产总值来进行,其他的总量可以通过国民收入核算中这五个总量之间的关系来得到。国民收入核算通常用支出法、收入法和增值法来计算国民生产总值,且三种核算方法所得出的国民生产总值在理论上是相等的。通过上述简化的宏观经济行为循环可知,前两种方法计算出来的国民生产总值恰等于增值法计算出来的国民生产总值,其理论根据是最终产品的价值总额是一个社会的总产出,它不仅等于各厂商的价值增值总额,也等于一个社会的支出总额,还等于该社会各种生产要素的报酬总额,即总产出等于总收入且等于总支出。

二、宏观经济学的总量分析方法

基于还原论的宏观经济学总量分析面临的一个最大挑战是这种方法无法对宏观经济中被称为涌现的宏观经济现象进行分析。涌现是指一些现象只在经济活动总体的宏观层面存在,而在微观层面却观测不到。涌现现象产生的原因是"思维陷阱"的存在,即对个体成立的因果关系对集体可能就是不成立的。例如,单个农民多投入一倍的人力、物力,粮食收成就会增加一倍,在完全竞争市场和技术不变的条件下,其收入会增加一倍,但是所有农民都多投入一倍的人力、物力,粮食的收成会增加一倍,但农民的收入未必会翻番。这是因为农民作为个体决策者能够决定人力、物力等投入要素的投入,在一定的生产技术条件下对粮食收成增加一倍的判断也可能是准确的,但是农民的收入不仅取决于粮食的收成,而且取决于粮食在市场上销售时的市场价格。这一粮食市场价格不由作为个体决策者的农民决定,而由参与粮食市场交易的众多交易者所决定,这一价格不是简单地将每一个交易者的价格进行加总,在这一粮食市场价格形成过程中就产生了涌现现象。

这一"思维陷阱"的存在反映了经济理论的多变性、不确定性以及弱因果关系等本质特征。多变性要求考虑经济问题要尽量周全些。不确定性要求不能简单地以确定性的眼光看待经济问题。弱因果关系则要求在借助一些经济理论来分析现实经济问题时,不能拘泥于某一理论,要具体问题具体分析。"思维陷阱"的存在使得基于还原论的宏观经济学总量分析不能对只在经济活动总体的宏观层面存在的涌现现象进行分析。现实中一个国家的宏观经济运行十分复杂,经济学家难以构造一个能够考虑到整个经济方方面面的宏观经济理论。为了能够对这个国家的宏观经济及其运行规律进行有效把握,经济学家只得采用对整个经济运行的诸多细节进行大量简化的抽象分析,基于经济主体行为可加总的前提通过加总法得到宏观经济总量就是这样一个典型的抽象简化分析。虽然宏观经济学通过加总法得到宏观经济总量的分析方法有很多明显的缺陷,但是这一高度简化的分析方法是迄今为止经济学家所能使用的最为有效的方法。如果基于加总法得到宏观经济总量与我们通过国民收入核算体系所观察到的宏观经济总量的变化是一致的话,那么基于还原论的宏观经济学总量分析方法就是有效的,这样这一方法在评价影响宏观经济变量的经济政策方面也是有效的。经济学家罗伯特·索洛(Robert Solow)认为一切理论都依赖于某些不是完全正确的假设,因此成为理论。成功推理的艺术在于以一种结论不易受影响的方式做一些不可避免的简化假设。像宏观经济学总量分析方法这样一个高度简化的理论是否是有用、有效的理论是需要通过实证检验来验证的。因此,宏观经济学在进行总量分析时需要对通过加总整个经济中千千万万个消费者或生产者的经济行为结果所得到的宏观经济学总量进行实证检验以防止遗漏了对宏观经济中涌现现象的分析。

第二节 宏观经济学中的长期与短期

虽然在如何定义宏观经济学这一问题上经济学家迄今为止还没有完全达成一致,但是经济学家普遍认同宏观经济学需要研究的主要问题,即长期经济持续增长的源泉、短期经济波动的原因及与此相关的经济现象和经济政策问题。就已有的宏观经济学研究来看,在短期和长期中宏观经济学所研究的主要问题、研究思路与研究方法会存在明显的不同,因此,按照时间范围将宏观经济学分为长期和短期对其内容进行研究是很有必要的。为了便于分析,我们将宏观经济的变动分为两部分:一部分是代表经济总体持续变化的趋势性部分,另一部分是代表每一年波动的周期性变化部分。分析这一趋势性变化的是长期宏观经济学,主要研究国民生产总值、就业、消费、投资等宏观经济总量的趋势性变化,以解释经济增长、持续性收入变动以及就业水平变动的原因;分析这一周期性变化的是短期经济学,主要研究宏观经济总量围绕其趋势的年度或季节性变化,以解释经济周期性波动的原因。

一、长期宏观经济学

长期宏观经济学的核心在于解释主要宏观经济变量的趋势性变化。在进行这一趋势性变化分析的过程中,长期宏观经济理论是建立在一定的假设之上的。

(一)长期宏观经济理论的基本假设

长期宏观经济理论有三个基本假设:没有外部冲击、没有短期的名义刚性及没有预期误差。

1. 没有外部冲击

当观察现实中的宏观经济活动时,我们经常会发现宏观经济活动受到各种外部冲击,例如偏好、技术和经济政策等对经济的突如其来的影响。因为各种外部冲击的存在,宏观经济变量的变化不断发生,宏观经济就要对发生的冲击做出反应,这样价格就不能进行充分调整,预期误差就会持续存在,进而会导致宏观经济变量的变化时常会偏离其长期的趋势性变化。因此,为了能够更好地分析宏观经济变量长期的趋势性变化,例如长期经济增长与长期失业率等,就需要假设宏观经济处在没有外部冲击发生的状态下。

2. 没有短期的名义刚性

长期宏观经济学也假定价格与工资在所有时期都能够进行充分调整。传统的完全竞争理论假定价格是完全具有弹性的,即价格可以进行充分调整,然而这与我们所说的长期宏观经济学也假定价格与工资在长期进行充分调整还是有区别的。这一区别就是长期宏观经济学认为即使价格与工资在长期可以进行充分调整,不存在名义刚性,但是仍存在因工会力量或其他因素所导致的实际刚性。

在不存在工会力量的完全竞争市场上,假定劳动是生产中的唯一可变要素,每个生产部门生产一个单位产品需要一个单位的劳动投入。在完全竞争市场处于均衡时,生产产品的企业的边际成本和平均成本都等于其所在行业的工资率水平。假定每个行业内的企业都面临着一个弹性不变的需求曲线,且这个弹性大小在所有行业都相同。根据我们所学的微观经济学理论,追求利润最大化的企业确定其产品价格的方法是在其生产产品的边际成本之上加上一个加成部分。在有工会力量存在的情况下,工会至少部分垄断了劳动力市场上的劳动供给,可以有效地影响企业支付给工人的名义工资水平,导致这一名义工资水平高于工会力量不存在时完全竞争市场上所决定的名义工资水平,从而导致企业不得不接受较高的实际工资水平,使产品销售下降,企业只能雇佣较少的工人,因此,工会力量的存在会导致实际工资刚性的产生。

劳动力市场处在完全竞争的市场条件下,工人对劳动需求的工资弹性是无穷大的,劳动力市场会调节到消除失业的状态,即自然失业率为零。当工会具有一定的市场影响力时,工会的存在会使得劳动力市场产生超额供给,然而这种劳动力超额供给的存在不会对劳动力市场上的实际工资产生向下调整的压力,因此工会力量的存在导致实际刚性现象的出现。即使价格和名义工资等名义变量可以自由调节,即不存在名义刚性,实际刚性现象的存在也会导致自然失业率大于零。自然失业率是长期中所有的价格和工资都能够进行完全自由调整时实际刚性所导致经济中存在的长期均衡失业率。

实际刚性表明劳动力市场的不完全使企业要求的产品实际价格和工人要求的实际工资产生扭曲,偏离了在资源最优配置条件下完全竞争市场均衡时的价格水平和工资水平。假如我们用资源利用的自然率来表示长期均衡中当价格进行完全自由调整时的生产要素利用率,如果市场是完全竞争的话,实际刚性就不存在,那么生产要素利用率就会达到百分之百;如果实际刚性存在的话,则生产要素利用率就会小于百分之百。

3. 没有预期误差

长期宏观经济理论用以分析经济当中主要的经济变量的趋势性变化,因而长期宏观经济理论的一个重要假定就是整个经济在没有外生冲击的条件下运行。整个经济按照这种没有外生冲击的方式运行就意味着经济中的各种经济变量按照平滑的、可以预期的方式进行变化,经济中的各种价格在长期都可以进行充分的调整,这样对经济中各种经济变量变化的预期就是正确的,不会出现预期误差。如果整个经济始终面临着各种外生冲击,那么整个经济就要不断对这些外生冲击做出反应,经济中的各种价格就不得不对此进行反复调整,这样预期误差就会一直存在,就不可能有正确的预期,预期误差因此必然会产生。长期宏观经济理论假设没有预期误差,就可以避免外生冲击产生的预期误差所产生的干扰,有利于集中分析长期的经济增长以及长期失业率的自然率水平。

(二)长期经济中的动态化分析

长期宏观经济学以分析整个经济中经济变量的趋势性变化为核心,因而动态化分析就成为长期宏观经济理论的主要分析方法。在进行动态化分析时,长期宏观经济学既采用动态模型,也采用静态模型。

1. 静态模型

为了便于进行经济变量的趋势性变化分析,长期宏观经济学会采用静态宏观模型分析,这有利于简化分析。当我们重点关注的是经济变量在趋势性变化的最终状态所具有的特征时,长期宏观分析就可以采取只有一期的静态模型,分析长期动态变化的结束期的经济特征。这一静态分析既避免了对经济变量在趋势性变化过程中的动态过程的分析,又能够聚焦于长期中经济变量在趋势性变化过程中经济趋向均衡的特征的分析。

2. 动态模型

为了对长期中经济变量在趋势性变化的动态过程进行深入的分析,长期宏观经济理论的动态化分析主要依赖于动态模型。长期动态模型主要在于刻画主要的宏观经济变量,如资本、劳动力以及自然资源等存量的累积过程,经济增长模型就是其中最为典型的代表。索洛增长模型是最为基本的一个增长模型,它假设家庭部门在任何时候都将收入的一个固定比例用于储蓄,在此基础上分析投资流量与资本存量增加以及与产出增长之间的动态关系。一些更为深入的增长模型,改变了家庭部门在任何时候都将收入的一个固定比例用于储蓄的这一假设,认为储蓄是家庭在既定预算约束的条件下通过追求家庭效用最大化而被决定出来的,为此构建了更为复杂、更为深入的动态化增长模型。

(三) 供给在长期宏观经济学中的重要作用

虽然长期宏观经济理论假定价格和工资在长期可以进行充分调整,不存在长期中的名义刚性,但是长期中存在实际刚性。长期中实际刚性的存在会使实际价格和实际工资难以调整,产生实际价格和实际工资刚性[①]。即使没有名义价格和名义工资刚性假设的存在,实际价格和实际工资刚性也会导致市场扭曲现象的出现,企业要求的实际价格与工人要求的实际工资偏离了处于资源配置最优的完全竞争市场条件下的价格水平和工资水平,因此,即使长期中所有的名义价格和名义工资都有时间进行充分调整,由于实际价格和实际工资刚性所导致的市场扭曲仍然不会消失,从而导致经济中失业现象的出现。由实际价格和实际工资刚性所引起的失业率就是长期的均衡失业率,也称作自然失业率。

与劳动力市场存在的自然失业率一样,其他生产要素利用的自然率来表示长期均衡中当价格进行了充分调整时的生产要素利用率。实际价格和实际工资刚性的存在使得在长期中价格与工资不会不断调整使得每种生产要素的需求与供给保持均衡。这意味着生产要素的利用率将低于百分之百。通过增加生产要素的供给,能进一步提高生产要素的利用率,进而会进一

---

① 经济在长期中的价格与工资具有充分弹性与经典理论中完全竞争条件下假定的价格具有完全弹性是不同的,例如在长期中工会力量的存在会导致实际工资刚性。事实上,长期中即使不存在工会力量或者工会力量比较弱小,经济中也会有与工会力量类似的其他因素导致实际价格和实际工资刚性现象的产生。

步降低自然失业率。因此,在长期经济中,价格与工资都可以进行充分的调整,整个经济的产出仅仅由供给方面决定。在任意一个给定的时期,整个经济在生产中都会有一定的资本存量和劳动力的投入。这些资本存量和劳动力的投入会决定一定的产出,产出完全受到这些供给因素的决定,而不能超出运用这些资本存量和劳动力所能生产的产出数量。

对整体经济来说,总供给量必须等于总需求量,进而使得整个经济的产出实现均衡,但这些因素如何互动,经济学家有不同的观点。萨伊定律(Say's law)主张"供给创造其自身的需求"(supply creates its own demand)。该理论指出,每当商品或服务生产和销售时,表示某人赚到了钱,无论他是生产商品的厂商,还是生产链上的供货商。基于这个理由,宏观经济意义上的供应价值,必定在社会某处创造了等值的收入及需求。支持萨伊定律的现代经济学家被称为新古典学派经济学家。他们面临的主要挑战是经济衰退。在经济衰退时,失败的企业远多于成功的企业,假如供给能创造其自身的需求,很难解释为什么会有经济紧缩。毕竟,假如总供给总是能创造充分的总需求,为什么还会发生经济衰退呢?

相对于萨伊定律,另一个理论是凯恩斯法则(Keynes's law),主张"需求创造其自身的供给"(demand creates its own supply)。他指出,在大萧条时期,供给商品与服务的产能并没有多大改变。1933—1935年,美国的失业率超过20%,但合格的劳工数量没有明显减少。工厂倒闭了,但机器、设备和产能并没有消失。20世纪20年代发明的技术,在30年代不会凭空消失。因此,凯恩斯认为,经济大萧条以及很多一般性的经济衰退,不是由潜在生产要素供给下降,例如劳动力、实物资本和技术下降引起的,相反,经济衰退是因为整个社会缺乏足够的需求,以致厂商没有足够的动力去生产。因此,凯恩斯认为,更大的总需求才能让社会摆脱经济衰退。当然,凯恩斯法则也面临诸多挑战,其中最为重要的是假如总需求是宏观经济层面的关键,那么政府可以通过大量增加支出或大幅减税来促进消费,以刺激总需求,让经济尽可能增长,但是社会在任何时间点能生产的商品数量的确会面临生产要素利用效率,即潜在增长率的影响,这取决于劳动力数量、实物资本、可获取的技术,以及结合这些生产因素的市场结构与经济制度,而这些限制也不会仅因为政府有增加总需求的意愿而自动消失。

现代宏观经济学目前所达成的共识是:凯恩斯理论强调总需求的重要性,它和短期政策更有关联;而新古典经济理论强调总供给的重要性,供给决定产出,对长期经济更重要。长期来看,经济规模的大小取决于总供给,也就是工人数量、工人的技能和受教育程度、实物资本投资程度、主要生产技术,以及上述因素互动时的市场环境。就短期而言,总需求的变化对经济中的产出有着十分重要的影响。

二、短期宏观经济学

短期宏观经济学主要分析整个经济在短期如每一年或每一个季度的经济周期性波动。宏观经济学意义上的短期指的是一个经济周期之内的时间段。在短期中,一国的劳动力、资本存量和技术水平等变化不大,因此一国的生产力水平变化不大。不过,现实世界中的经济在生产力水平相对稳定情况下仍然会经历周期性的危机、衰退、恢复和繁荣。短期宏观经济理论和模型就是为了解释这些现象而构建的。对这一经济的周期性波动的分析是建立在存在外生冲击、短期名义刚性和预期误差的基础上的。

(一) 外生冲击

短期宏观经济波动的一个主要来源是外生冲击。外生冲击包括总需求冲击和总供给冲击。

1. 总需求冲击

总需求冲击主要来源于经济中的消费、投资和政府支出等行为,因此形成总需求冲击的渠道较多,这些不同渠道的总需求冲击引致整个经济的波动。在整个经济中,消费是占据国内生产总值比例较大的部分。在信息完全充分且对称、人们具有完全预期的情况下,消费的持久收入—生命周期假说并不支持消费冲击导致经济波动的观点,但是如果持久收入受到外生冲击发生变化,则会导致消费路径的变化,这是形成经济波动的一种重要传导途径。投资变量本身具有较大的波动性,因此,投资受到的冲击自然就作为总需求冲击的重要来源。乘数-加速数原理的众多分析都被应用在投资波动理论上,这是经济周期理论中比较完整的一个领域。政府支出行为是需求管理政策的核心,来源于政府支出行为的总需求冲击能否导致经济波动是判断财政政策是否有效的基本依据。政府支持行为会给经济造成影响,因此,政府的外部性作用、赤字融资方式,例如发行货币或举债,以及税收效应等都属于政府调控经济的结果。一般情况下,顺周期的政府支出行为被认为是经济运行的重要稳定因素。

需求冲击的另一个重要来源则是货币冲击。在现实经济的运行过程中,经济中的累计货币总量明显地存在波动性,许多宏观经济理论强调了价格变量调整黏性作用的存在会使得货币变化具有影响总需求的作用。这一作用的具体传导机制是:货币的增加,导致价格水平上升,而价格水平的上升导致企业利润的增加,厂商给工人多发工资,工人愿意多劳动,总产出增加。另外,新凯恩斯经济理论也认为,在不完全竞争的条件下价格调整障碍的出现会放大货币冲击效果,其传导机制具有所谓的"累计需求外部性"效应;此外,罗伯特·卢卡斯(Robert Lucas)提出了一种非对称信息导致名义货币变量错觉的名义冲击传导机制。由于货币与产出之间的因果关系、货币的储蓄和交易动机等问题至今仍不清楚,目前宏观经济学中还没有一个合适的理论框架用于分析货币冲击问题。

2. 总供给冲击

供给冲击的主要来源是技术创新以及生产率变动。技术冲击是指由于生产设备更新、管理水平提高、组织制度创新等引起的生产率的变化。在经济发展过程中,技术冲击决定了投入,即资本与劳动转变为产出的能力,从而引起了产出与就业的波动。由于技术冲击具有随机性质,它使产出的长期增长也呈现出随机的跳跃性:当技术进步发生时,经济将在更高的起点上增长;当技术条件恶化时,经济将出现衰退。技术冲击最初只是发生在某一个部门中,但由于社会经济各部门之间的相互联系,进而会引起宏观经济波动,当然,这一波动可能是由连续的、单方向的技术冲击造成的,也可能是由一次性的、重大的技术冲击带来的。利用技术创新解释长期波动和增长趋势有充分理由,但是解释短期经济波动尚显依据不足。发生在生产率上的随机供给冲击,已经成为导致整个经济波动的主要原因。生产率冲击如何在传导过程中形成经济产出的显著波动,是分析供给冲击作用机制的一个关键问题,也是实际经济周期理论研究的重要主题。供给冲击出现以后,不仅会导致经济中总需求和总供给的数量调整,同时一些名义变量也将随之进行调整。这一供给冲击不仅会进一步引发名义冲击,也会导致总需求冲击。这些复合冲击的交互作用,使得整个经济产生波动,出现经济周期性变化。

(二)名义刚性

名义刚性,是指当名义需求发生变化时,某种因素使得名义价格水平或工资水平不能够进行充分调整的现象,即价格水平变化的比例不同于名义需求变动的比例。名义刚性是传统凯恩斯主义经济学用来解释货币非中性的重要假设,认为正是由于价格水平不能及时调整导致货币政策产生了真实的经济效应。名义刚性分为名义价格刚性和名义工资刚性。当企业因为市场需求的增加而试图扩大生产的这一行为是有利可图的时候,对商品和服务的总需求的增加就会导致总供给的增加。在短期,整个经济中的资本存量是既定不变的,当企业雇佣更多劳动力使用既定的资本存量的时候,经济中的产出就会增加。当企业雇佣越来越多的劳动力使用既定数量的资本存量时,其边际生产力会逐渐减少。在劳动的边际生产力不断减少的情况下,追求利润最大化的企业只有在实际工资同时下降的条件下才会愿意扩大商品和服务的生产。凯恩斯经济学的短期名义工资刚性假设认为名义工资在短期是刚性的,因为在现实中企业主和工人根据价格水平的变动而时刻进行工资合同的谈判是耗费时间的,也会带来不愉快的、代价高昂的劳资冲突的风险。如果名义工资在短期是刚性的,对商品和服务需求的扩大会促使价格水平趋于上升,这样会引起实际工资下降,从而会推动企业愿意雇佣更多的劳动力来增加对商品和服务的供给,以应对正面的需求冲击。这样,在经济周期性波动中产出与实际工资就表现出负相关关系。

在整个经济中,大多数商品和服务的名义价格在短期内是稳定不变的,只有经过一定的时间之后才会进行调整。当短期中所有商品和服务的名义价格都保持不变时,需求冲击所导致的需求增加同样也会使得企业增加商品和服务,推动产出增加。现实中不完全竞争市场的存在使得有市场垄断地位的企业能够将商品和服务的价格定在边际成本之上。这样,即使商品和服务的价格是暂时固定不变的,在总需求增加时企业因应对总需求增加而增加其商品和服务的产量也会增加其利润总额。

总之,在外生总需求增加的情况下,名义价格刚性与名义工资刚性的存在会使得短期产出与就业增加。如果名义价格是刚性的,只要企业的商品和服务的价格始终保持在其边际成本之上,处于不完全竞争市场上的企业就会愿意增加商品和服务的产量,因此,外生总需求的增加就会完全反映在实际产出的增加上。如果名义价格随着外生总需求的增加而上涨,名义工资刚性的存在会导致工人实际工资的下降,企业就会愿意增加商品和服务的供给,进而推动短期产出与就业的增加。

(三)预期误差

在短期,经济的频繁波动常常会导致预期误差的产生。当经济中的企业进行商品和服务的事前价格决策时,通常是根据预期商品和服务的成本进行定价决策的,然而企业对商品和服务的成本进行决策显然会受到整个经济中一般商品和服务的价格水平的影响。整个经济中一般商品和服务的价格水平在短期中具有名义价格刚性的特征,因此,当经济产生了一个意料不到的总需求冲击的时候,一般商品和服务的价格水平就是暂时不变的。以劳动力市场为例,由于大多数名义工资在意外冲击发生之前就已经确定了,并且这一意外冲击并不能被劳动力市场完全预期到,因此,劳动力市场上的企业和劳动者则会按照他们在这一意外冲击发生之前预期的名义价格水平来决定名义工资。如果意料不到的总需求冲击导致整个经济中一般商品和服务的价格水平上升,超过了劳动力市场上的企业和劳动者在意外冲击之前的价格水平,由于受到企业和工会有关劳动力的名义工资合同的限制,劳动力的名义工资水平在合同期是不能变动的,即存在名义工资刚性的特征,在这种情况下劳动力的实际工资水平是下降的。即使劳动力的实际工资水平在这个时候下降了,企业仍可以根据与工会的工资合同协议按不变的名义工资水平增加对劳动力的雇佣,而工会也不得不按不变的名义工资水平允许工会的工人增加更多的劳动供给,从而导致企业的商品和服务的产量增加,使得整个经济的产出得到进一步增加。

总之,当名义价格和名义工资在短期内是刚性的时候,整个经济中意外的总需求冲击的出现会影响一般商品和服务的价格水平,导致预期误差的产生。那些在意外冲击发生时正好准备调整它们商品和服务价格的企业能够充分反应这一意外冲击所引起的价格和成本效应,然而那些在意外冲击发生时已经调整完商品和服务价格的企业将会保持一段时间现有商品和服务的价格,尽管前者充分反应意外冲击所引起的价格和成本效应的行为会导致后者因预期误差无法进行充分调整而使其生产成本上升,高于其先前的预期水平,但是在不完全竞争的条件下只要意外冲击没有将其商品和服务的边际成本提高到其先前确定的价格之上,这一预期误差仍会导致企业通过增加其商品和服务的产量来应对意外总需求增加的这一冲击。

第三节 宏观经济学研究的新发展

宏观经济学研究的新发展是一个很难真正准确定义的概念,本质上是一个判断问题。判断宏观经济学研究的新发展的起始时间应该基于宏观经济理论创新以及宏观经济政策的重大变革。自20世纪70年代以来,宏观经济学领域的新思想、新方法和新见解不断涌现,促使了人们思考与研究宏观经济问题的方法的重大变化,因此,20世纪70年代初以来就成为宏观经济学研究的新发展时期。

一、理性预期与新古典宏观经济学

(一)古典学派与凯恩斯学派的争论

从 20 世纪 30 年代到 20 世纪 60 年代,古典学派与凯恩斯学派进行了持续的争论。这一争论主要集中在经济系统的均衡性质上,尤其是经济系统是否能够自动趋于充分就业的产出水平上。古典经济学家庇古提出了"庇古效应",标志着这一争论以古典学派在理论上的占优而暂告结束。人们持有的财产可以分为名义财产与实际财产。名义财产是用货币数量表示的财产,实际财产是用货币的购买力表示的财产。这两种财产与物价水平相关,即实际财产等于名义财产除以物价水平。庇古效应也称为财产效应,描述了消费、金融资产和物价水平之间的相互关系。在名义财产既定时,物价水平下降,实际财产增加,消费者信心提高,消费增加,进而推动总需求和产出增加。庇古认为凯恩斯效应仅仅考虑了价格下降,影响利率,进而影响私人投资,却忽略了价格下降对消费的影响。消费不仅仅是实际收入的函数,也是私人部门净财富实际价值的函数。在经济中存在大量失业、未达到完全就业的情况下,工资和价格水平的下降,会使得私人部门的净财富的实际价值上升,从而拉动消费需求上升。

庇古效应的提出在理论上说明了价格的大幅下跌会刺激经济,创造财富效应,进而将创造充分就业,经济系统将能够自动趋于充分就业的产出水平上。然而,在经济实践中古典经济学的庇古效应在应对经济萧条方面几乎没有什么贡献。在两次世界大战期间的世界经济实践表明经济中的投资需求呈现出相对的利率无弹性,导致 IS 曲线的相对陡峭超过了一定的范围,凯恩斯学派认为货币需求是相对有弹性的,表现为 LM 曲线的相对平坦超过了一定的范围,这二者的结合使得人们相信在整个经济处于低于充分就业的状态时,货币政策至少是一个弱的政策工具,在总的有效需求不足的情况下,审慎的财政政策通常成为政府干预经济的基础性工具。尽管古典学派对凯恩斯学派的政府干预学说提出了诸多批评,其中以货币主义学派最为著名,但是直到 20 世纪 60 年代末,凯恩斯学派始终占据经济学的主流位置。

(二)理性预期

20 世纪 60 年代末,经济中的通货膨胀率和失业率出现同时上升的现象。费尔普斯和弗里德曼将菲利普斯曲线的这种移动解释为由于预期通货膨胀率的上升而产生的。他们认为由于人们在一定时期内预期价格不变,因此在一定时期菲利普斯曲线是稳定不变的。如果人们预期通货膨胀率上升,那么菲利普斯曲线也会上移,因此,存在着一组短期菲利普斯曲线。

他们这一观点的背后涉及的一个关键问题是预期形成的方式。传统上,人们采用的是适应性预期方式,即人们会根据以往预期的误差来调整现在的预期。它假定人们用前期预期误差所决定的一个小的常量来调整预期。在适应性预期方式下,预期仅仅反映了相关变量的变化历史,并没有有关现在及未来的其他信息。适应性预期方法的问题在于它会使人们总是根据历史经验来预期通货膨胀率。如果通货膨胀率存在持续上升或持续下降的趋势的话,适应性预期方法就无法应对这一问题,因为任何仅仅以相关变量的历史为基础的预期形成方法都容易产生系统误差。由于这些误差会增加经济决策者的决策成本,因此经济决策者总是试图寻找更好的预期方法,即预期误差最小的方法。符合这一要求的方法是建立在形成数据的真实过程中的方法——理性预期方法。

理性预期的概念最初是由穆特(Muth)提出的。理性预期方法假设人们了解是什么经济力量在起作用,并根据他们对这些作用的了解来形成他们的预期。这无疑是一个很强的假设,但是理性预期却注意到了在预期过程中被适应性预期忽视了的实质性关键因素,即人们对经济变量之间的关系有一定的认识并且运用这些认识来改善他们预测的可能性。

(三)新古典宏观经济学

20世纪70年代,新古典宏观经济学形成,这一学派认为不存在可以降低实际产出易变性的宏观经济政策,即众所周知的政策无效论。理性预期是这一论点的必要条件,但是不是充分条件,具体可以说明如下。

假设实际产出(y)与政府支出(g)及货币供给(m)的关系为

$$y = ag + bm + u \tag{1.1}$$

式中,a 和 b 为正数;u 是均值为 0 的随机误差项。如果形成的预期是理性的,那么人们便知道 a 和 b,故预期的实际产出 y^e 由式(1.2)给出:

$$y^e = ag^e + bm^e \tag{1.2}$$

u 的期望值为 0。用式(1.1)减去式(1.2)就会得到非预期因素 y、g 和 m 之间的关系式

$$(y - y^e) = a(g - g^e) + b(m - m^e) + u \tag{1.3}$$

式(1.3)表明在理性预期情况下,如果人们正确地预测了政府政策,产出将接近预测值。类似推理可以应用于此模型中的任何其他内生变量。新古典宏观经济学在这一分析过程中所采取的关键步骤在于,它包括了一个暗含着 y 的预期水平总是等于它的正常或均衡水平 y_n 的等式。这个公式实际就是意外供给函数,它可以写成

$$y - y_n = c(p - p^e) + v \tag{1.4}$$

式(1.4)中的 y 是实际产出水平,y_n 是均衡产出水平,c 是一个正数,p 是实际价格水平,p^e 是预期价格水平,v 是随机误差项。如果人们能对价格做准确预测,则式(1.4)的右边就等于零,进而就有 $y^e = y_n$,代入式(1.3)就可以得到

$$y - y_n = a(g - g^e) + b(m - m^e) + u \tag{1.5}$$

式(1.5)表明,如果政府政策被正确地预期到了,y 对 y_n 的偏离只能是随机误差项 u。因此,任何容易被预测到的宏观经济政策,都将使 y 接近于它的均衡水平。因此,式(1.4)这一意外供给函数保证人们期望充分就业,并且预测到既没有产出上的需求约束,也没有政府方面的"欺骗",即不存在政策在时间上的不一致问题。在这一保证下,y 必然会接近于它的

均衡水平。新古典宏观经济学认为竞争性的市场总会将经济系统维持在接近均衡的水平。对新古典宏观经济学持批评意见的学者认为新古典宏观经济学坚持竞争性的市场总会将经济系统维持在接近均衡的水平实际上只是一个假设,它并没有被经济学推理予以严格证明。

二、新凯恩斯主义经济学的兴起

古典宏观经济学宣称市场能够有效发挥作用,因此持久的非自愿失业是不可能长期存在的。凯恩斯宏观经济学指出古典宏观经济学所坚持的非自愿失业不可能长期存在的观点与20世纪30年代持久的经济大萧条的现实不符,并且揭示了非自愿失业长期存在的原因,但是凯恩斯宏观经济学并没有清楚解释为什么在一个竞争性的市场经济中,以利润最大化和效用最大化为行为目标的经济行为人不能迅速调整价格水平以维持持续的市场均衡这一问题。这个问题的回答需要构建凯恩斯宏观经济学的微观经济基础,新凯恩斯主义经济学肩负起了这一重任。

新凯恩斯主义经济学在坚持凯恩斯主义的基础上,吸纳了理性预期、自然失业率等概念,以增强理论的微观基础。新凯恩斯主义经济学坚持凯恩斯主义的如下几个观点:第一,市场非出清;第二,经济中存在周期性波动,这不利于整个经济系统的稳定;第三,存在有效需求不足,逆周期的宏观经济政策是有效的。

(一)对凯恩斯经济学的再评价

凯恩斯经济学虽然受到诸多批评,但是其理论因对现实世界具有一定解释力而受到重新关注。克洛尔(Clower)提出,除非一个经济能够在瞬间从一种均衡状态转换到另一种均衡状态,否则对经济系统的任何冲击都将产生市场偏离均衡这样的过渡阶段,导致市场难以维持持续的市场均衡。经济代理人在这一情形下被迫做出的调整将产生类似于凯恩斯分析过的结果,即在经济萧条状态下,失业工人由于劳动出售受阻,从而会被迫削减其商品购买量。莱永胡武德(Leijonhufvud)认为,凯恩斯不过是将马歇尔假设的数量与价格调整的相对速度翻了过来。马歇尔假设价格具有完全灵活性,它总是可以调整到市场出清的水平,而凯恩斯则在固定价格的条件下分析产出与收入的短期动态波动。巴罗(Barro)等人进一步发展出了复杂的固定价格模型。对于凯恩斯经济学来说,处在实际上通货膨胀不断上升的世界中,固定价格的这个假设显得过于严格且不切实际了。

为什么即使是在竞争性市场里,面对民意需求的波动,经济代理人很缓慢地调整工资和价格水平也可能是理性的且符合实际的。凯恩斯经济学借助于经验事实强调工人们不愿意接受货币工资的裁减,从而使得工资和价格水平缓慢调整,进而证明这个假设也具有一定的合理性。克洛尔肯定了凯恩斯经济学的这一观点,但强调需要为其提供一个具有内在一致性的理论解释。这一任务就由新凯恩斯主义经济学来完成。

(二)搜寻与自愿失业

新凯恩斯主义经济学对凯恩斯主义的一个重大发展是建立在这样一个观点的基础上,即失业的波动在很大程度上是自愿的,也就是说失业主要来自自愿失业而不是非自愿失业。具有讽刺意味的是这一观点和凯恩斯主张的失业主要来自非自愿失业的观点恰好相反。菲利普斯曲线是在描述当工资率变动时劳动力市场的变动,而不是描述工资增长对劳动力市场中过剩需求的反应。原因非常简单,经济代理人没有掌握关于市场的完全信息,他们在试图改善信息状况时可能会发生成本。正如费尔普斯分析的那样,经济系统可以被看作是由一系列互不相连的子系统组成的,人们为获取更大的收益而会花费时间和精力去尝试其他子系统。按照这种理解,新凯恩斯主义经济学发展了包括一些关键性假设的模型:

(1)尝试在其他子系统寻找更高工资率的工作必然要失去在原来子系统工作的机会,从而产生失业;

(2)那些进行这种尝试的人可以被看作投资于搜寻报酬更多的就业岗位;

(3)工人不能够充分意识到劳动力市场的情况。

当工人的雇主只给其增加少量的工资时,他们就往往相信现在自己的工资已低于别处支付的水平,所以一些工人会自愿离职去寻找别的工作。因此,在经济不景气时,工资增长缓慢,自愿离职去寻找别的工作的工人就比较多,自愿性失业的规模就会扩大;在经济景气时,由于工人们的预期跟不上市场上工资增长的步伐,自愿离职去寻找别的工作的工人就比较少,自愿性失业的规模就会缩小。

与现实中的经验事实相比较,新凯恩斯主义经济学的搜寻模型主要有以下三点不足:

(1)它预测在经济衰退时自愿离职会达到最高,而实际上自愿离职在经济繁荣时达到最高。这说明:或者是工人对市场状况有很好的认识,或者是他们在辞职之前就有可选择的工作机会,在这两种情况下自愿离职规模都不会在经济衰退时达到最大,与搜寻模型的结论相矛盾。

(2)不会产生冗员,因为雇主有更廉价的减少工人的办法,他只要把工资降得足够低,就可以达到他所需要的辞职量。

(3)模型关键的假设是工人不能有效地探究市场,而有工作的人会忽视招工广告以及失业的诸多后果(如资金上的限制、雇主对失业真正原因的猜疑)等,均对工作搜寻有不利影响。

因此,新凯恩斯主义经济学的搜寻模型不能令人满意地说明劳动力市场的城市化事实,但是它却能够帮助我们更好地理解产品市场。

(三)合同与效率工资

1.隐性合同

20世纪70年代,新凯恩斯主义经济学提出,工资黏性可以用口头或隐性合同来解释。这里的隐性合同是指厌恶风险的工人愿意为他们的收入保险以防不利的市场条件,而雇主在有利可图的条件下,以同意在整个经济周期稳定工资而换取平均工资少量降低的方式,也能够提供这种保险。这种平均工资的降低可以被看作是收取的保险费。虽然雇主在衰退时期因支付的工资高于市场出清的水平而遭受损失,但通过繁荣时期支付低于市场水平的工资,这些损失可以得到更多的弥补。只要雇主比工人厌恶风险的程度轻,这种使双方经济状态都好转的隐性合同就会持续存在。

隐性合同理论面临着需要解释的难题。工人们想要保证他们的收入,而不仅仅是工资率。如果他们在衰退时极有可能被解雇的话,那么稳定工资率的合同对他们就没有用,因此他们还希望隐性合同能够稳定就业。现实经济中就业随经济周期的波动是很大的,而实际工资却会保持相对稳定。那么我们如何来解决隐性合同存在条件下就业的波动问题呢?

一种可能的解释是国家财政失业救济的存在。由于国家保险方案的交费率在正常情况下不能顾及个人失业的概率,因此获得国家救济资格为工人提供了一种刺激,在经济衰退时工人愿意接受一定的失业概率,以换取较高的平均工资。另一种可能的解释是,隐性合同仅仅涵盖了劳动力的特权阶层,这一阶层既享受工资率的稳定,又享受就业的稳定。在经济繁荣时期,雇主发现以市场工资率招收新工人是有利可图的,而在衰退时期,这些新员工被解雇,因为老员工占据了所有的就业机会。类似的效应也可能产生于冗员"后进先出"的制度中,新工人面临被裁员的可能性相当大,于是他们在保险合同中遭受了实实在在的损失,但当他们的上级晋升之后,这种可能性就会稳步降低。

虽然隐性合同理论对隐性合同的存在做了理论上看似合理的解释,然而隐性合同在现实经济中存在的确凿证据还不充分。由于这些隐性合同存在不明确的地方,当事人会发现它很难实施。公司可以在经济衰退时期关闭而违约,工人也可以在繁荣时期跳槽而违约。如果现实世界中经济衰退时期和经济繁荣时期更替得很快,那倒也不会产生很大的问题,但是现实生活中每次经济繁荣或衰退往往要持续数月甚至数年。在一个时期,一方会以另一方受损为代价,而从隐性合同中系统性地获得收益,从而使得隐性合同难以持续存在。

2. 效率工资

新凯恩斯主义经济学发展出了效率工资理论以降低隐性合同理论解释工资刚性存在原因的模糊性问题。效率工资理论认为挣同样工资的工人在效率上是有差异的,因为雇主不能绝对准确地观察效率,超过了某种程度,他们便不能设计出一套可以接受的方案,以奖励效率更高的工人。那么如果他们在经济萧条时期降低工资,就将面临逆向选择问题,即工人将要寻找其他工作,而且效率越高的工人越有机会跳槽,于是劳动力的平均效率就会趋于下降。

新凯恩斯主义经济学的一种观点认为,雇主不能完全监控工人投入劳动的努力程度,因此,他们可能要支付高一些的工资率,以调动工人的积极性,从而提高劳动生产率,而降低工资则会减少对工人付出努力的刺激,所以,单位产量中劳动成本的下降比工资率的下降比例要少。此外,工人在实践中学到了一些与工作有关的特殊知识,这些知识是新工人所不具备的,因此,即使公司可以解雇劳动力,并以相同的工资雇用到全新的劳动力,也会因为效率损失而带来短期成本,任何导致工人离职的希望都将带来生产力暂时的损失。

当产品需求萎缩时,这个理论可以证明公司降低工人工资作为必要调整的合理性,但难以解释的是工人为什么会接受。这个问题的关键在于如果工人不能观察到公司面临的需求曲线变化,他们就无法确认公司关于产品需求萎缩的声明是真实的。一方面,即使是在有利的市场条件下,公司为了从低工资中获利,也存在对需求状况说谎的动机;另一方面,工人知道当公司没有必要让其暂时离职时是不会假装有这个关于产品需求萎缩的声明的,工人将接受作为对产品需求萎缩进行必要调整的短期裁员,因此,工资的向下刚性源于对公司降薪计划动机的怀疑。如果降薪计划实施了,这种怀疑便会导致工人工作努力程度的降低。

在经济衰退时期,如果价格水平没有显著降低,那么公司维持工资水平的刺激将会特别大,因为此时如果有足够的工人被暂时解雇,边际收益就会保持在以前的水平。公司具有稳定价格水平的激励,因为这样做会由于节约消费者的搜寻费用而诱使消费者增加消费。消费者在消费过程中必须反复做出消费决策,消费者因此要承担相应的搜寻成本。如果每个供应商都依据经历过的需求水平来调整他们的价格,消费者就会试图寻找对特定商品定价很低的商店。提供保证价格的供应商免去了消费者的搜寻决策,从而可以降低消费者的搜寻成本,这样,消费者愿意支付稍高一点的价格作为回报,结果产生了一批具有品牌忠诚性的经常性顾客。品牌忠诚性建立在承诺价格稳定性的基础上,这可能会产生需求曲线的弯曲,即价格上升促使消费者重新在市场中搜寻,而价格下降却吸引不了多少新顾客,因为除非其他供应商提价,否则其他消费者不会在市场中搜寻,这样价格就具有稳定性。如果消费者将成本提高视为价格提高的正当理由,而且假定对于所有的供应商都是如此的话,那么基于成本提高的价格提高不会诱发消费者在市场中搜寻。这一点与普遍确认的观察结果是一致的,其价格会对成本变动做出相当迅速的反应,而价格水平对需求变动的反应是迟缓的。

总之,新凯恩斯主义经济学已经找到了许多理论说明为什么即使在竞争经济中工资和价格的调整也可能是迟钝的。这为凯恩斯主义宏观经济学建立了相当坚实的微观基础。

三、新凯恩斯主义与真实经济周期理论的综合:DSGE 模型

最近十多年来,动态随机一般均衡(DSGE)模型逐渐发展成为评价宏观经济政策有效性的基准模型,引起了世界各国中央银行和学者们越来越高的重视。"动态"指经济个体考虑的是跨期最优选择(intertemporal optimal choice)。因此,模型得以探讨经济体系中各变量如何随时间变化而变化的动态性质。"随机"则指经济体系受到各种不同的外生随机冲击所影响。举例来说,可能的冲击有技术性冲击(technology shock)、货币政策冲击(monetary shock)或偏好冲击(preference shock)等。"一般均衡"意指宏观经济体系中,消费者、厂商、政府与中央银行等每一个市场参与者在根据其偏好及对未来的预期下所做出最优选择的总和。DSGE 模型构成了新凯恩斯学派在现代宏观经济学研究中的最新发展成果,它不仅具有兼顾长短期分

析的优势,而且具有微观经济基础,能够从单个理性经济行为主体出发分析经济的宏观性特征。由于在计算机网络技术不断进步的大背景下,人们不断改进其参数估计方法,因此 DSGE 模型得到了不断完善,其在宏观经济政策效应分析中的应用也越来越广泛。

(一)DSGE 模型的兴起

20 世纪 40 年代初期,以库普曼斯(Koopmans)和克莱因(Klein)为代表的经济学家构建了许多传统的大型宏观计量模型,但随着传统宏观计量模型暴露出一系列缺陷,如预测滞胀失利、缺乏微观基础等,学术界重新思考更适合的新的宏观经济计量模型。在这样的研究背景下,DSGE 模型开始兴起。这种 DSGE 模型可以分为两类:真实经济周期(real business cycle,RBC)理论模型和新凯恩斯主义 DSGE 模型。这两种模型并非同时兴起,实际上,新凯恩斯主义 DSGE 模型是在 RBC 模型的基础上发展起来的。

RBC 理论出现在 20 世纪 80 年代,以市场是完全竞争的、价格及工资灵活调整、跨期最优选择与一般均衡等为假设条件,将突然发生的真实冲击对理性决策者产生影响时理性决策者所选择的结果看成经济周期波动。随着时代的进步,在 20 世纪 70 年代出现的新凯恩斯学派对其进行了批判和继承,指出 RBC 理论中的部分基本假设的不合理性,例如应该将原假设的价格、工资可以灵活调整修正为价格、工资黏性,保留宏观经济理论对长期经济运行问题的解释等,即该学派在分析真实冲击对经济波动的影响以及描述消费者、厂商和中央银行三者之间的动态关系时,放弃了价格灵活调整,坚持了微观动态最优化基础和理性预期,在 RBC 理论的基础上构建了新凯恩斯主义 DSGE 模型。该模型相比于过去,其理论创新在于通过提供微观基础来解释工资与价格黏性,从而使新凯恩斯主义 DSGE 模型能够较好地应对卢卡斯批判。

(二)DSGE 模型在政策分析上的应用

作为宏观经济的计量分析模型,DSGE 模型最近 20 年发展迅速,并成为美联储和国际货币基金组织等中央银行和机构进行经济预测的重要分析工具之一,在中国也得到了越来越多的研究和应用,但该模型并没有很好地预测 2008 年金融危机引发的经济衰退,因此宏观经济学界在危机后的几年间对该模型进行了反思和改进。

布坎南(Buchanan)等学者将不完善的信贷市场纳入 DSGE 模型中,研究金融加速器在经济周期中的作用,即信贷市场摩擦如何影响货币政策传导。2015 年,加利(Gali)和格特勒(Gertler)进一步改进了模型中的货币政策传导机制,设定由中央银行通过前瞻性货币政策引导管理私人部门的预期,并且采用了自然产出水平和自然实际利率作为基准制。上述这些模型改进对金融市场摩擦的设定仍停留在名义摩擦的层次,没有深入分析各金融机构和信贷市场的具体摩擦,因此,也难以预测次贷危机引发的金融危机和经济衰退。

随着美国以及全球经济逐步走出衰退并有序复苏,学者们开始反思 DSGE 模型的弱点,并进行有针对性的改进,主要是加入金融市场的各种实际摩擦,包括金融的融资约束、银行在风险面前的脆弱性和风险激励效应等,具体表现在改进传统的金融加速器模型,引入银行的融

资约束机制,引入抵押物的约束机制,引入银行信贷利差冲击,拓展泰勒利息规则。

上述这些 DSGE 模型较 2008 年金融危机之前的结构有了重大改进,预测精准度大幅度提高。科奇(Cocci)和内格罗(Negro)等学者对纽约联邦银行的模型数据进行检验,发现其能较好地拟合 2010—2013 年的国内生产总值(GDP)和通货膨胀数据,其预测能力至少不逊于经济学家对同期预期的中值。不过这些模型仍有诸多不足之处,比如对银行体系建模时没有充分分析金融体系的多样结构,因此,仍难以准确地反映现实中的金融体系。此外,对利率、货币和信贷等因素的传导机制和交叉作用路径仍待研究,因为传导机制和路径的不确定性和复杂性是非常难以刻画的。

四、开放经济的宏观经济学

随着全球经济一体化进程的加快,各国的开放程度普遍提高,对宏观经济政策和理论提出了新的要求。首先,全球化进程的加速对宏观经济政策和理论提出了新的要求,开放条件下的宏观稳定问题变得越来越重要;其次,20 世纪 60 年代以来,一批经济学家持续关注相关领域的问题,相继产生了一些很有影响的成果,形成了一个以开放宏观经济问题为导向的研究传统;最后,RBC 理论和新凯恩斯主义某种程度的融合,产生了一个极具包容性和吸引力的理论框架。在上述背景的共同作用下,20 世纪 90 年代,宏观经济学领域出现了一个新的发展,被称为新开放经济宏观经济学(new open economy macroeconomics,NOEM)。NOEM 在动态一般均衡框架下引入不完全竞争和名义刚性,以此来重新审视真实冲击和货币冲击的国际传导机制及其对汇率和经常账户的影响,从而为最优稳定政策设计和国际宏观经济政策协调提供理论基础。

(一)传统开放经济宏观经济学研究

1. 传统开放经济宏观经济学模型

20 世纪 50 年代之前,开放经济宏观经济学分析建立在汇率的短期行为弹性分析法上,20 世纪 60 年代之后才出现了相应的建模分析法。运用数学建模的方式进行开放经济宏观经济学的研究是更好地将研究过程中的琐碎、细小的问题进行数学上的模型构建,结合一定的分析方法,进而得出最终的研究结论。传统开放经济宏观经济学的研究模型有蒙代尔-弗莱明模型(Mundell-Fleming model,简称 M-F 模型)、蒙代尔-弗莱明-多恩布什模型(Mundell-Fleming-Dornbusch model,简称 M-F-D 模型)和卢卡斯模型。这三种经济学研究模型分别产生于不同的经济形势下,对开放经济宏观经济学的发展都具有里程碑式的研究意义。这三个模型建立的侧重点不同,从 M-F 模型重视在市场均衡利率作用下,国际资本流动对汇率以及内外政策搭配的影响,到 M-F-D 模型总结了汇率超调这一重要的经济现象,再到卢卡斯模型在货币主义观点下,揭示了意料外的货币供给变动对实际经济短期波动的影响。

2. 传统货币政策的有效性研究

在现实经济活动中,所有经济活动参与者最明显的实质感受就是经济要素的流动性要远强于实物的流动性,这就是市场的流动原则,也是活跃市场的因素。在进行宏观经济学研究时,认识到、感受到这样的流动现状并不是研究的最终目标,而是要发现其本质问题,究其根本后进行具有针对性的对策性研究。目前已有的开放经济宏观经济学中就有指出金融经济市场的调整速度要远快于商品市场的调整速度,这就是上述流动现状根本问题的所在。传统的货币政策分析和汇率制度选择都是在有资本控制的弹性汇率制度下,为了相应地减小由货币冲击引起的汇率波动而展开的。传统货币政策的有效性主要是行为金融学理论和资产组合再平衡理论的结合,但是这并不能够代表传统货币政策有效性的创建模型就能够解决所有的问题。例如,针对个人账户而言,经常账户的动态变化就无法解释;针对政府组织机构而言,政府的项目支出效用是无法解释的。

(二)新开放经济宏观经济学的研究

1. 名义短期刚性和价格黏性

名义刚性一般都是指名义的短期刚性,即名义黏性,但是其中的名义价格黏性是宏观经济学研究中最为常见的问题。名义变量主要包括商品价格和工资水平,是货币水平上的变动因素。每个国家为适应消费需求,其扩张性货币政策都会不同,价格黏性的相关问题也随之显现。因为不同原因而产生的问题,并不能用共性的办法解决,即使是多数厂商都实行黏性定价,但是经济市场的现实跳跃性会给固定的定价带来难以操作的矛盾。名义价格黏性产生的很大一部分原因是短期刚性的任其发展,出现贸易条件的恶化。

商品价格黏性会直接影响本国的汇率,这中间的相关性也是比较清晰的。汇率、进出口商品价格、本国贸易条件这样层层递进的相互关联性既清晰、直接,又复杂、严峻。遭受冲击的市场经济都会在一定的时期表现出一定的问题,或短期或长期。宏观经济在分析名义刚性时一定要注意结合菜单成本进行研究是基础条件,考虑市场需求是必要条件,解决价格黏性是应对条件,最终的目标就是在现实经济活动中降低外生冲击、保证准确性和合理性。

2. 新开放经济宏观经济学的研究模型

新开放经济宏观经济学的研究模型可以从三个维度进行分类:从研究小国还是大国经济问题的维度,可分为小型开放经济(small open economy,SOE)和两国经济(two-country economy,TCE)的研究模型;从商品贸易维度,可分为一种商品与两种商品的研究框架;从金融维度,可分为完全市场与不完全市场的研究模型。

(1)从封闭经济到小型开放经济。开放经济宏观经济学的第一阶段研究成果是完成了从封闭经济到开放经济的跨越,早期是门多斯(Mendoz)的封闭RBC模型[由基德兰德(Kydland)和普雷斯科特(Prescott)提出]拓展到小型开放经济。由于在开放经济环境下,小国持有的国外金融资产的利率由世界市场决定,即小国是金融资产价格的接受者,那么选择国外资产的欧拉方程将导致小国的消费变化不稳定的问题,为了从技术上解决SOE模型中消费不稳定的问题,门多斯将乌萨瓦(Uzawa)的内生时间偏好引入SOE模型中,从而解决了消费不稳定的问题。

SOE模型的关键假设是本国的经济体足够小,本国经济的变化并不会影响世界经济。比如,在世界经济的利率给定条件下,均衡的债务或资本流动在SOE模型中并不会影响利率,那么本国的冲击缺少了重要的反馈机制,结果将很有可能是资本流动、汇率等变量过度反应或反应不足。SOE模型的灵活性在于,封闭模型的许多机制基本都可以植入SOE模型,如价格黏性、金融摩擦和劳动力市场摩擦等,因此,可以在开放的环境下讨论货币、财政等更丰富的政策问题。

(2)从小型开放经济到两国经济。巴克斯(Backus)等学者构建了一个简单的TCE模型,即将封闭的RBC模型拓展到两国RBC模型。由于结构更加完整,TCE模型可以更好地解释经常账户、资本流动、汇率等宏观变量,同时为两国货币政策协调等问题的分析提供了更好的分析框架。TCE模型较之SOE模型的主要优点在于模型框架的完整性。SOE模型由于小国经济体的设定,需要对其中某个重要的宏观变量做出外生性的假设,而在某些具体的开放宏观问题上,该变量则是分析的重点,或者是影响研究问题的重要机制,因此在TCE模型中内生的处理则可以不受此约束。

(3)从一种商品到两种商品。为了刻画出实际汇率的一般均衡意义以及在开放宏观经济中的作用,开放经济宏观经济学将一种商品的研究范式扩展到两种商品。实际汇率本质上由两国商品的相对价格所决定。在一种商品下,商品的自由流通使得一价定律总是成立,那么实际汇率将是固定不变的常数。为了在模型中产生实际汇率的动态,引入两种不完全替代的商品,那么同一种商品的价格将在两国商品的一般价格水平中具有不同的权重,均衡的实际汇率也将由两国消费的相对调整而变化。两种商品是开放经济宏观经济学中研究汇率的模型必不可少的设定,在具体的设定上既可以是最终消费端本国和外国商品的不完全替代,也可以是在投资品生产中两国商品的不完全替代,还可以是在最终产品生产中本国产品和进口产品作为生产投入品的不完全替代。引入两种商品可以更好地解释消费与产出的相对变化和周期性。

(4)从完全市场到不完全市场。在仅考虑贸易开放的两种商品模型中,实际汇率的变化由两国消费的相对变化所决定,当本国受到冲击使得本国的消费下降程度更大时,由于消费与产出之间的联动性,产出也将与消费同时下降,产出的收缩将使本国产品的价格将相对更贵,本国的实际汇率将会升值,然而这与现实中通常的情况不一致。在金融开放的环境下,资本的流入与流出对实际汇率产生影响。开放经济宏观经济学中金融开放问题主要集中在完全市场与不完全市场两方面。巴克斯等分别构建了一种商品和两种商品的完全市场TCE模型,巴克斯特(Baxter)等和克鲁奇尼(Crucini)分别构建了一种商品和两种商品的不完全市场TCE模型。完全市场模型中两国可以完全分担风险,两种商品的引入则能够产生汇率的动态。完全市场与不完全市场模型之间的主要区别,集中体现在前者是实现的(realized)随机贴现因子相同,而后者只是预期的(expected)随机贴现因子相同。不完全市场模型中预期误差的存在,会使得两国消费的变化不完全相同,本国收入冲击下的资本流入规模会缩减,并削弱两国风险分担的作用,甚至还会导致资本流出并进一步降低本国的福利水平。

第四节　宏观经济学的普适性与特殊性

一、主流宏观经济学及其普适意义

主流经济学是指一定时期和地理范围内,在各种相互竞争的经济学说中居于主导和支配地位的某种经济理论或学说。其主导地位表现为它在经济学学术界得到大多数经济学家认可和赞同,或者作为官方做出经济决策和制定经济政策的理论基石。从历史的角度看,主流宏观经济学一直是各种不同思想流派兼容并蓄的集合体,主流宏观经济学主要包括了古典学派、凯恩斯学派、新古典学派和新凯恩斯学派的宏观经济理论。

不同的经济、社会、政治环境应该建构出不同的宏观经济理论或经济模型,但是为什么基于同样的经济环境主流宏观经济学要建构出不同的经济理论?这些不同的经济理论的存在是否意味着现代经济学不具备科学性和一般性?其实,是这些人自己没有意识到,就像地球只有一个,但由于不同用途或目的,我们需要交通地图、旅游地图、军事地图等不同的地图一样,尽管只有一个给定的经济环境,但目标不同,我们需要建构不同的经济理论,提供不同的经济制度安排。

主流宏观经济学中每一个理论或模型都是由一组关于经济环境、行为方式、制度安排的前提假设以及由此导出的结论所组成的。由于现实经济环境的复杂性,且个体偏好的多样性,一个理论的前提假设越一般化,理论指导意义就越大,发挥的作用也就越大。如果一个理论的前提假设条件太强,它就没有一般性,这样的理论也就没有什么大的现实作用。特别是经济学要为社会和政府提供咨询服务,因此理论要有一定宽度。这样,一个好的经济理论的必要条件是要具有一般性,越具有普遍性、一般性,解释能力就会越强,就越有用。

主流宏观经济学家认为主流宏观经济学的基本分析框架和研究方法,就像数学、物理学、化学、工程学等自然科学及它们的分析框架和研究方法,是无地域和国家界限的,并不存在独立于他国的经济分析框架和研究方法,主流宏观经济学的基本原理、研究方法和分析框架可以用来研究任何经济环境和经济制度安排下的各种宏观经济问题,研究特定地区在特定时间内的宏观经济行为和现象。几乎所有的宏观经济现象和问题都可以通过基本分析框架和研究方法来进行研究和比较。主流宏观经济学不仅可以用来研究不同国家和地区、不同风俗和文化的人类行为下的经济问题和现象,它的基本分析框架和研究方法甚至也可用于研究其他社会现象和人类行为决策。主流宏观经济学认为由于主流宏观经济学分析框架和研究方法的一般性和规范性,在过去几十年中,主流宏观经济学的许多分析方法和理论已被延伸到政治学、社会学、人文学科等学科。

二、结构主义经济学

　　主流宏观经济学家虽然坚持认为主流宏观经济学的基本分析框架和研究方法可以用来研究任何经济环境和经济制度安排下的各种宏观经济问题,但是主流宏观经济学理论是以成熟市场经济国家为背景的,强调在市场均衡的模式中寻找经济运行的均衡点和财富积累的方式,忽视了非成熟市场经济国家与成熟市场经济国家的差异,无法分析和解决发展中国家的经济运行及经济发展问题。主流宏观经济学试图建立宏观经济均衡的理论框架,但它的分析框架忽视了经济发展与人口、环境的联系,也忽视了发达国家和发展中国家的矛盾冲突,对这些结构问题的研究只停留在表面,这是主流宏观经济学的缺陷,结构主义经济学因此应运而生。结构主义经济学又称结构经济学,是研究经济结构规律及其相互关系的科学,它既包括旧结构主义经济学,又包括新结构主义经济学。

　　不同于主流宏观经济学理论以发达国家的结构为暗含结构并以其作为理论的暗含前提,产生于 20 世纪 40 年代的旧结构主义经济学以不同发展程度国家结构的异质性和内生性为前提,重点研究发展中国家的经济发展问题,主要包括以下内容。

　　1. 核心研究问题

　　结构主义经济学理论聚焦于不发达的经济体利用什么样的经济机制,使国内经济结构从以仅能维持生存的传统农业为主,转变为现代化、城市化、多样化的制造业和服务业经济。这一理论以新古典主义价格理论、资源配置理论和现代计量经济学为工具,重点分析上述转变过程在不发达经济体是如何进行的。

　　2. 强调经济结构改造的重要性

　　不发达经济体通常存在市场缺失和结构刚性的缺陷。在缺乏弹性条件下,价格的相对变动对资源重新配置的推动作用很小,供给与需求向市场均衡点的变动受到阻碍,从而市场不能自动实现出清,供求缺口无法填平。总体而言,不发达经济体中普遍存在的不是由市场调节而自我实现均衡的体系,而是经常处在持续的不均衡状态。结构主义经济学家强调不发达经济体中部门间结构上的差异,认为尽管各个经济部门都会谋求利润的最大化和效用的最大化,但是各个经济部门对市场刺激的反应快慢和反应机制是各不相同的。因此,结构主义经济学理论一般倾向于把经济分解为几个构成部分,去剖析不发达经济体经济发展的进程,由此更能准确地理解不发达经济体经济发展的实际状况,例如结构主义经济学家威廉·阿瑟·刘易斯关于二元经济结构与传统部门剩余劳动力向现代部门转移的分析,缪尔达尔分析地区间结构差异的形成与消除问题,普雷维什和辛格从结构差异角度分析出口初级产品的发展中国家与出口制成品的发达国家之间的贸易条件问题,等等。因此,不发达经济体的经济结构改造问题就成为不发达经济体经济发展的中心任务。

　　3. 经济结构分析方法

　　结构主义经济学家认为经济增长是生产结构转变的一个方面;生产结构的转变首先要适

应需求结构的变化,并且能更有效率地对技术加以利用;在预见力不足和要素流动有限制的既定条件下,结构转变有可能在非均衡的条件下发生,在生产要素市场上尤其如此,因此,劳动和资本从生产率较低的部门向生产率较高的部门转移,能够加速经济增长。在运用这一方法促进不发达经济体经济发展方面,结构主义经济学提出的主要观点如下:

(1)实施工业化。通过工业扩张,发展中国家从一个以农业占统治地位的二元经济转向以工业和服务业为主的经济。

(2)重视资本积累。资本稀缺是制约发展中国家经济增长的主要因素,而资本积累则是加速发展和实现工业化的关键。

(3)十分强调计划化,并强调政府对市场的替代作用。

(4)主张平衡发展战略。由于发展中国家市场机制不健全,难以起作用,因此迅速的经济发展必须通过计划安排在不同部门或不同地区同时平衡发展。

此外,结构主义发展理论还主张,应根据发展中国家收入结构的特点制定重视分配的政策,或通过社会经济制度结构改革以推进经济发展。在对外经济方面,这一派的发展理论主张进口替代外贸战略,以实现国内生产结构的转变。

三、宏观经济学的特殊性

长期以来,西方发达国家坚持认为宏观经济学具有普适性,任何一个经济体都应该运用主流宏观经济学理论来指导其经济发展的政策实践,但是20世纪中叶以来运用主流宏观经济学理论来指导其经济发展的众多国家并没有取得预期理想的经济发展成果。这对宏观经济学的普适性提出了严峻挑战,也表明充分认识宏观经济学的特殊性,将宏观经济学理论与各国特殊国情相结合的重大意义。习近平总书记在党的二十报告中指出:"从现在起,中国共产党的中心任务就是团结带领全国各族人民全面建成社会主义现代化强国、实现第二个百年奋斗目标,以中国式现代化全面推进中华民族伟大复兴。""中国式现代化,是中国共产党领导的社会主义现代化,既有各国现代化的共同特征,更有基于自己国情的中国特色。"

(一)华盛顿共识的历史终结

1989年,在美国国际经济学研究所举办的一场会议中,英国经济学家约翰·威廉姆森在论文中第一次使用"华盛顿共识"这一书面语言,用以衡量拉丁美洲国家纷纷摒弃自20世纪50年代所推行的一系列经济政策转而实施经合组织国家的经济改革政策的现象。威廉姆森力求确保会议论文集中于普遍的问题,列出了他认为几乎在华盛顿的每一个人都会赞同、几乎拉美每一个地方都需要的十条政策建议清单,称之为华盛顿共识。对华盛顿共识的本质内涵,美国学者罗伯特·W.迈克杰尼斯做出了如下简明概括:华盛顿共识具有"经济体制、政治体制和文化体制"的三重特性。在这些国家的改革初期,市场化和民主化,民主、民主化和民主政体,如多党制、三权分立、全民选举等,都被视为俄罗斯等非市场国家及不发达国家向市场经济过渡的条件和目标。

诺姆·乔姆斯基在他的《新自由主义和全球秩序》一书中明确指出新自由主义的华盛顿共识指的是以市场经济为导向的一系列理论,它们由美国政府及其控制的国际经济组织所制定,并由它们通过各种方式实施。该共识包括十个方面:

(1)加强财政纪律。压缩财政赤字,降低通货膨胀率,稳定宏观经济形势。

(2)调整公共支出顺序。把政府开支的重点转向经济效益高的领域和有利于改善收入分配的领域,例如文教卫生和基础设施等。

(3)税收改革。政府应该构建一个更为合理的税收体制,可以扩大税基,但要适当降低税率。

(4)金融自由化。金融自由化的最终目标是实现利率市场化,但在市场缺乏信心的情况下,市场决定的利率可能会过高,以至威胁生产性企业和政府的财务偿还能力。

(5)采用一种具有竞争力的汇率制度。各国需要统一汇率体系,至少是基于贸易目的。汇率应该维持在有足够竞争力的水平,以刺激非传统部门迅速增长,保证出口部门在将来维持竞争能力。

(6)实施贸易自由化,开放市场。数量性贸易限制应该被迅速取消,代之以关税,关税应该逐渐降低。

(7)外国直接投资的自由化。阻碍外国公司进入本国市场的各种壁垒应该被取消,外国公司与本国公司应在同等条件下竞争。

(8)对国有企业实施私有化。国有企业部门应该私有化,私有化的过程能够实现公开、公正、透明,将使参与各方以及整个社会受益无穷。

(9)放松政府的管制。政府应该清除阻碍新企业进入、退出市场的壁垒,取消限制竞争的各种管制措施,保证管制措施都应该以安全性、环境保护和金融机构的审慎监管为标准进行重新审视。

(10)保护私人财产权。法律体系应该在不导致过高成本的前提下,提供安全、有效的财产权保护,在非正式部门也应该提供同样的财产权保护。

华盛顿共识以主流宏观经济学理论为基础,以宏观经济学的普适性为核心,其中心思想是尽力减少政府在经济中扮演的角色,让市场在经济生活中发挥主导作用。华盛顿共识被世界银行、国际货币基金组织以及美国财政部的经济学家作为指导拉美、东欧、东南亚等国处理金融危机及经济改革时,向各国政府推荐甚至强迫推行的一整套经济政策。华盛顿共识推行的过程大同小异,大致包括如下过程。各国经济改革的起点都是它们所面临的各种形式的财政金融危机,例如经济停滞、通货膨胀和货币软弱(包括黑市汇率的贬值)等。华盛顿共识的主张不是经济增长优先,而是稳定市场优先。稳定的办法不是加强而是废除政府管制。开放汇率和价格管制后,市价升高会刺激厂商增加生产,从而使物价回落。拉美和东欧国家放开汇率和价格的结果,都立即导致本国货币大幅贬值,引发恶性通货膨胀,进一步造成银行危机、企业破产、失业大增、资金外逃。政府为稳定货币,不得不提高利率,进一步加深经济萧条,政府用于失业救济的开支急剧增加,导致巨额赤字。政府在宏观经济恶化造成的财政危机情形下,不得不拍卖国有资产,加速私有化。其结果不但没有创造就业,反而导致失业工人急剧增加,高级人才大量外流。推行华盛顿共识的国家贫富差距急剧扩大,大都曾经处于经济危机困境之中。因此,华盛顿共识不断地受到质疑,逐步淡出历史舞台。

(二)宏观经济学对特定类型国家和特别国家的关注

华盛顿共识的淡出表明,以宏观经济学的普适性为核心的主流宏观经济学以发达国家的成熟市场经济为对象,不考虑经济制度及其演化,强调市场机制的完美性,在很大程度上受理论发展所处的历史阶段所限,同时也受主要的经济学家多来自发达国家,对发达国家之外的其他国家关注较少的因素的影响。在一个社会中的各种经济、社会、政治、文化变量实际上是有结构的,不同发展程度的国家的各种结构是有差异的。以发达国家的结构为暗含结构并以其作为理论的暗含前提,忽视了不同发展程度国家结构的异质性和内生性,因此也就限制了主流理论在不同发展程度国家的适用性。20世纪80年代以来,新制度经济学、新结构经济学、演化经济学、新发展经济学等学派不断提出了一系列新理论和新方法为宏观经济学更多关注特定类型国家和特别国家的研究提供了有力支撑,也取得了众多有重要意义的成果。

从20世纪80年代起,东亚的经济发展模式引起世界的关注。大多数坚持主流经济学理论观点的经济学家强调市场力量在东亚经济发展过程中的基础功能,也有一部分经济学家认为,和欧美发达国家的情况不同,它们的政府起到了主导的功能。1993年,世界银行发布名为"东亚奇迹"的报告,认为日本、亚洲四小龙及印度尼西亚、马来西亚、泰国等国家和地区在1965年至1990年间的快速增长是政府政策和市场力量共同推动的结果,并且肯定了日韩和中国台湾地区政府实行的有选择干预办法起到了促进经济发展的作用。随后,经济学家对东亚模式进行了更多、更为热烈的讨论。1997年以来,青木昌言等人提出系统的市场增强论,从克服经济协调失败的角度,对东亚政府的作用进行了新的阐释。1997年,世界银行出版的世界发展报告《变革世界中的政府》指出,没有一个有效的政府,经济和社会的可持续发展是不可能的。实际上,东亚地区的发展模式也是不尽相同的,不仅这些国家和地区的自然条件有差异,政府在经济增长过程中所发挥的功能也不尽相同。例如中国香港和新加坡均为城市,与当初二元经济特征十分明显的韩国、中国台湾地区以及印度尼西亚、马来西亚、泰国这三个东南亚国家的初始条件差别很大。日本更是早在1885年至1919年间已经实现过较快的经济增长。就政府的经济功能而言,初始条件有相同之处的中国香港和新加坡、泰国和马来西亚、中国台湾地区和韩国都有显著的区别,因此并不存在单一的东亚经济发展模式。

自改革开放以来的40多年中,中国取得的巨大经济社会发展成就在全球范围内产生了很大的影响。中国的发展不是以现成的主流经济学理论来进行的,而是通过中国模式实现经济社会快速发展的,中国能够取得巨大的经济社会发展成就是因为走了一条有中国特色的社会主义道路。1978年,党的十一届三中全会奠定了中国改革开放的基础,十一届三中全会的核心思想就是实事求是,就是客观地认识中国的国情,就是要尊重中国的国情,在中国国情的基础上,再来选择一条符合中国国情的道路。习近平总书记在党的二十大报告中指出:"坚持中国特色社会主义道路。坚持以经济建设为中心,坚持四项基本原则,坚持改革开放,坚持独立自主、自力更生,坚持道不变、志不改,既不走封闭僵化的老路,也不走改旗易帜的邪路,坚持把国家和民族发展放在自己力量的基点上,坚持把中国发展进步的命运牢牢掌握在自己手中。"

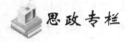

构建具有中国特色的宏观经济学

中国经过40多年的时间,通过"摸着石头过河"探寻制度改革的方法,经历了艰难的试错、探索和实践,将一个贫穷落后的国家建设成为今天的小康社会,实现了人均GDP从1978年的100多美元到2022年的12741美元的经济增长奇迹。中国在经济发展中所取得的成就,现成的主流经济学理论是难以解释的,其背后一定有深刻的经验和规律需要总结、提炼,同时将丰富、扩展人类社会已有的经济学理论。习近平总书记在2016年5月17日召开的哲学社会科学工作座谈会上指出:"当代中国正经历着我国历史上最为广泛而深刻的社会变革,也正在进行着人类历史上最为宏大而独特的实践创新。这种前无古人的伟大实践,必将给理论创造、学术繁荣提供强大动力和广阔空间。"

习近平总书记指出:"在五千多年中华文明深厚基础上开辟和发展中国特色社会主义,把马克思主义基本原理同中国具体实际、同中华优秀传统文化相结合是必由之路。"这一重要论述对发展中国特色的宏观经济学具有重要指导意义。构建中国特色的宏观经济学,必须在坚持马克思主义的前提下,立足中国特色社会主义经济建设和改革实践,概括出基于中国实践同时又具有普遍规律的宏观经济学范式,中国特色的宏观经济学因此肩负着重要的历史使命。只有通过不断挖掘根植于中国经济实践当中的内在逻辑,升华为具有理论创新价值的研究成果,才可以为现代宏观经济学注入"中国元素",才能够凝练出既能体现理论的普遍适用价值又具有特殊意义的中国宏观经济学。

中国特色社会主义进入了新时代,这是中国发展新的历史方位。在全面建设社会主义现代化国家的新征程上,中国经济学界需要对此进行更好的理论阐释和经验总结,并据此构建与大国经济相匹配的中国宏观经济学体系,这既是时代的要求,也是中国经济学者的历史使命。

 本章习题

1. 宏观经济学研究重点发生了怎样的变化?
2. 长期中的宏观经济理论旨在解释什么?

3. 短期中的宏观经济理论旨在解释什么？
4. 经济学家是如何构建自己的宏观经济模型的？
5. 宏观经济学研究的新发展表现在哪些方面？
6. 如何理解宏观经济学的普适性与特殊性之间的关系？
7. 构建具有中国特色的宏观经济学的重大意义是什么？

第二章
索洛增长模型

第一节 经济增长的一些基本事实

一、国家财富积累

在过去的几个世纪里,工业国家的生活水平已经达到了极高的程度,这在我们的祖辈看来恐怕是难以想象的。虽然与以前的生活水平进行对比并不容易①,但现有的资料仍可以证明,在美国和西欧,当前的平均实际收入比一个世纪以前高出 10~30 倍,比两个世纪前要高出 50~300 倍。

从全世界范围看,这种经济增长也绝不缓慢,实际上,在现代历史的大部分时间内,增长都在持续加速地进行。工业国家的平均增长率在 20 世纪要远比 19 世纪高,而 19 世纪又显著高于 18 世纪。另外,在工业革命前夕,即使是最富有的国家,其平均收入也并不比维持生存的水平高出多少,这说明在工业革命之前的上千年里平均增长必定是非常低的。

上述增长持续加速的普遍现象存在着一个重要的例外,即生产力增长的减速。20 世纪 70 年代初以来,美国及其他工业国家人均产出的平均年增长率已经比早期水平降低了约 1 个百分点,虽然后来的数据表明,至少在美国,生产力的增长已经有所恢复,但是我们并不清楚这种恢复会持续多久,其影响又会有多大。

二、国家间收入水平的差异

世界各地的生活水平存在着巨大的差异,例如,像美国、德国和日本这样的国家,其平均实

---

① 麦迪逊(Maddison)报告并讨论了近现代史上平均实际收入的基本数据。长期增长水平的不确定性主要不是来自名义收入,而是来自从有关数据中估计实际收入时所必需的价格指数。由于理论和实践上的困难,传统的价格指数都没有针对产品质量变化以及新商品引入进行调整。参见诺德豪斯(Nordhaus)和博斯金(Boskin)、达尔伯格(Dulberger)、戈登(Gordon)、格里利谢斯(Griliches)、乔根森(Jorgenson)对相关问题的讨论以及关于传统价格指数偏差的分析。

际收入要比孟加拉国与肯尼亚这样的国家高出10~20倍[①]。随着全球经济增长,国家之间的收入差距也在不断变化,个别国家的增长通常与全球平均增长十分不同,换句话说,国家间的相对收入经常有较大的变化。

关于国家之间相对收入的巨大差异,最惊人的例子就是增长奇迹与增长灾难。增长奇迹是指一个国家的增长在长期中远远高于世界平均水平,从而导致该国在世界收入分布中的排名迅速上升。增长奇迹的著名案例包括日本以及东亚新兴工业化国家和地区——中国、韩国、新加坡和中国香港。从20世纪60年代到90年代,这些新兴工业化国家或地区的年均收入增长率都超过了5个百分点,其结果就是它们的平均收入增长率与美国同期相比翻了3倍以上。经过多年的持续奋斗,中国实现了第一个百年奋斗目标,全面建成了小康社会,历史性地解决了绝对贫困问题,正在向着全面建成社会主义现代化强国的第二个百年奋斗目标迈进。习近平总书记在党的二十大报告中指出:"走过百年奋斗历程的中国共产党在革命性锻造中更加坚强有力,党的政治领导力、思想引领力、群众组织力、社会号召力显著增强,党同人民群众始终保持血肉联系,中国共产党在世界形势深刻变化的历史进程中始终走在时代前列,在应对国内外各种风险和考验的历史进程中始终成为全国人民的主心骨,在坚持和发展中国特色社会主义的历史进程中始终成为坚强领导核心。中国人民的前进动力更加强大、奋斗精神更加昂扬、必胜信念更加坚定,焕发出更为强烈的历史自觉和主动精神,中国共产党和中国人民正信心百倍推进中华民族从站起来、富起来到强起来的伟大飞跃。"

与此相对应,增长灾难则是指一个国家的增长远远低于世界平均水平的现象。增长灾难有两个迥然不同的案例,分别发生在阿根廷和撒哈拉以南的众多非洲国家。在1900年,阿根廷的平均收入仅仅略低于世界主要国家,并且极有可能成为主要的工业化国家,但从那以后,它的经济表现十分惨淡,如今它在世界收入分布中已经接近中间位置;而撒哈拉以南的非洲国家如乍得、加纳和莫桑比克等则是在其整个历史上始终处于极度贫穷的状态,从未取得过任何持续的平均收入增长。因此,尽管全世界的平均收入已经稳步上升,但这些国家的平均收入一直处在维持生存的水平。

与上述事例相比,其他国家的增长模式则更加复杂。例如科特迪瓦,它在20世纪70年代曾被誉为非洲的增长模范,1960—1978年,其人均实际收入年平均增长率达到了3.2%,然而在接下来的30年间,它的平均收入从未增加过,平均收入水平甚至仍低于美国1960年的水平。另一个例子是墨西哥,在20世纪50年代到70年代,它的平均增长非常快,而在80年代的大部分时间里却是负增长,并且此后的增长一直比较平缓,在90年代中期还曾经历过一次严重的短暂停滞。

---

① 实际收入的跨国比较虽然比跨期比较容易许多,却也绝不是轻而易举的。实际收入的跨国数据主要来源于宾夕法尼亚大学世界表(Penn World Tables)。最新数据以及说明文档可以从美国国民经济研究局(NBER)的网站(https://www.nber.org)得到。

从最近几百年的情况来看,国家之间的平均收入差距已经明显扩大了。在工业革命早期,即便最富有的国家的平均收入也并不比维持生存的水平高出多少,这个事实说明当时世界各地的平均收入差距要比今天小很多。不过,在过去的几十年间,收入水平的走势并没有表现出明显的趋同或者分化。

总的来说,对于不同国家和不同时期,其生活水平都存在着巨大的差异。这一事实具有十分重大的意义,因为收入上的差距意味着营养状况、文化水平、婴儿死亡率、预期寿命以及其他福利指标的明显差距。一般来说,长期增长对福利的影响会超过短期波动的影响,但遗憾的是,传统的宏观经济学却习惯于关注短期波动。以美国为例,萧条通常会导致实际人均收入比平时下降几个百分点,然而生产力增长的减速却会使得实际人均收入比正常情况减少约25%。再看菲律宾的例子,如果菲律宾的实际人均收入保持1960—2001年1.5%的平均增长水平,那么它要150年才能赶上美国目前的收入水平;如果它能实现3%的年增长率,这个追赶时间则会减少到75年;而如果它能像新兴工业国家那样实现5%的增长,这个追赶过程将只需要45年,这个结果是十分惊人的。罗伯特·卢卡斯曾经说过:"人们一旦开始思考(经济增长)这个问题,就再也不会去想其他事情。"

因此,本章将讨论经济增长问题。我们将学习几个增长模型,并探讨这些模型的技术细节,但我们的目标是通过这些模型来学习如何看待世界范围的增长以及跨国收入差异。实际上,研究经济增长的最终目的是探索是否可以全面加快增长,或者使穷国的生活水平更接近先进的国家。

第二节 基本的索洛增长模型

本章着重讨论经济学家们研究增长问题的传统模型,即索洛增长模型(简称索洛模型)。索洛模型几乎是分析所有增长问题的出发点,即便是那些与索洛模型截然不同的模型,也常常需要通过与索洛模型进行比较之后才可以更好地领会,因此理解索洛模型是理解各种增长理论的关键。

一、基本决策环境与假定

(一)投入与产出

索洛模型包括四个变量:产出(Y)、资本(K)、劳动(L)以及知识或劳动效率(A)。在任意时刻,经济中总是同时存在一定量的资本、劳动和知识,这些要素结合起来就促成了产品的生产。生产函数的形式为

$$Y(t) = F(K(t), A(t)L(t)) \tag{2.1}$$

式中,t表示时间。

值得注意的一点是,时间并不直接进入上述生产函数,而是通过K、L和A进入的;也就是说,只有当投入生产的要素随时间变化时,产出才会随时间变化。特别是在既定资本和劳动量的条件下,只有当知识量(A)不断增加,即存在技术进步时,产出才会随时间增加而增加。

另一个需要注意的是,在这里 A 和 L 是以相乘的方式进入生产函数的,AL 称为有效劳动,以这种方式引入的技术进步又称为劳动增强型技术进步,即哈罗德中性[①]。A 进入生产函数的这种设定方式与模型的其他假设组合在一起就意味着,资本产出比(K/Y)最终将稳定下来。事实上,资本产出比在长期中的确并不存在任何明显的上升或者下降的趋势。另外,在建立模型时,让这个比率趋于常数将大大简化对问题的分析。总的来说,假设 A 与 L 相乘是十分方便的。

索洛模型的核心假设包含两个方面,分别为对生产函数的假设以及对三种投入要素(资本、劳动和知识)变动特点的假设。下面我们就对这些假设依次进行讨论。

(二) 关于生产函数的假设

索洛模型中关于生产函数的关键假设是,该函数对其两个自变量(资本和有效劳动)是规模报酬不变的。换句话说,如果资本和有效劳动的数量翻倍(例如,保持 A 不变,并让 K 和 L 翻倍),则产量也将翻倍。更抽象的说法是,对两个自变量乘以任意非负常数 c 将导致产出发生同比例变化,即

$$F(cK, cAL) = cF(K, AL) \qquad c \geqslant 0 \qquad (2.2)$$

为了方便理解,我们可以把规模报酬不变的假设看作是另外两个独立假设的有机结合。其中第一个假设是,经济规模已经足够大,使得专业分工的好处已经得到最大限度的利用。试想一下,如果是一个很小的经济体,那么其中可能存在大量专业化分工的机会,从而使得双倍的资本和劳动可以生产出多于双倍的产出。而索洛模型假设,新的投入要素的使用方式要与原有投入要素完全一样,使得产出刚好翻倍,因此,其中暗含着经济规模已经足够大的假设。

另一个假设是,相对于资本、劳动和知识来说,其他投入要素并不重要。这里特别要指出的是,索洛模型忽略了土地和其他自然资源的作用。如果自然资源比较重要,那么双倍的资本和劳动投入可能无法使产出翻倍,但实际上我们将会在本章后面的内容中讲到,有限的自然资源并不是增长的主要约束。因此,只需要假定生产函数对资本和劳动规模报酬不变,就可以比较合理地近似描述生产函数了。

假定规模报酬不变的一个好处就是,方便我们使用生产函数的紧凑形式(intensive form)。在式(2.2)中,令 $c = \dfrac{1}{AL}$ 可得

$$F\left(\dfrac{K}{AL}, 1\right) = \dfrac{1}{AL} F(K, AL) \qquad (2.3)$$

这里 $\dfrac{K}{AL}$ 是单位有效劳动的平均资本量,而 $\dfrac{F(K,AL)}{AL}$,即 $\dfrac{Y}{AL}$,就是单位有效劳动的平均产出。我们定义 $k = \dfrac{K}{AL}$,$y = \dfrac{Y}{AL}$,以及 $f(k) = F(k,1)$,那么式(2.3)就可以写为

$$y = f(k) \qquad (2.4)$$

即我们可以把单位有效劳动的平均产出写成是单位有效劳动的平均资本量的函数。

[①] 如果知识进入生产函数的形式为 $Y = F(AK, L)$,则技术进步是资本增强型的。如果知识进入生产函数的进入形式为 $Y = AF(K, L)$,则技术进步是希克斯中性的。

实际上，k 和 y 这些新变量本身并不重要，但却是我们了解其他重要变量的有效工具。后面我们将发现，分析这个模型最简单的办法不是直接去观察生产函数中自变量 K 与 AL 的变动，而是重点关注 k 的变动。例如，我们把工人的平均产出 Y/L 写成 $A \cdot \dfrac{Y}{AL}$ 或者 $Af(k)$，然后就可以通过 A 和 k 的变动情况来确定 Y/L 的变动。

要想理解式(2.4)的直观意义，可以想象把经济划分成 AL 个小经济体，其中每个小经济体包含 1 单位的有效劳动和 $\dfrac{K}{AL}$ 单位的资本，由于生产函数规模报酬不变，因此每个小经济体的产出都是原有大经济体总产出的 $\dfrac{1}{AL}$。可见，单位有效劳动的平均产出量仅仅依赖于单位有效劳动的平均资本量，而与经济的总规模无关。式(2.4)就是这一思想的数学表达形式。

这里我们要假定生产函数的紧凑形式 $f(k)$ 满足 $f(0)=0$、$f'(k)>0$ 以及 $f''(k)<0$。由 $F(K,AL)=ALf\left(\dfrac{K}{AL}\right)$ 可得，资本的边际产出 $\partial F(K,AL)/\partial K=ALf'\left(\dfrac{K}{AL}\right)\left(\dfrac{1}{AL}\right)=f'(k)$，因此假定 $f'(k)$ 为正以及 $f''(k)$ 为负则意味着，资本的边际产出为正，并且资本的边际产出随着资本量的增加而下降。此外，还要假定 $f(\cdot)$ 满足稻田条件，即 $\lim\limits_{k\to 0} f'(k)=\infty$，$\lim\limits_{k\to \infty} f'(k)=0$，具体来说，稻田条件(它实际上比模型核心结论成立所必须的条件要强)就是要求，当资本存量极小时，资本的边际产出要很大；而当资本存量极大时，资本的边际产出要很小。稻田条件的作用是保证经济的路径不会发散。图 2-1 即为一个满足 $f'(\cdot)>0$、$f''(\cdot)<0$ 以及稻田条件的生产函数。

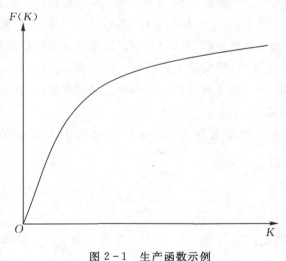

图 2-1　生产函数示例

柯布-道格拉斯(Cobb-Douglas)生产函数是满足上述所有条件的一个具体例子：

$$F(K,AL) = K^\alpha (AL)^{1-\alpha} \qquad 0<\alpha<1 \tag{2.5}$$

这个生产函数便于分析，并且可以作为对实际生产函数的一个良好的一阶近似，因此得到了广泛应用。

我们可以很容易证明柯布-道格拉斯生产函数是规模报酬不变的。对两种投入同乘以 c 可得

$$F(cK, cAL) = (cK)^\alpha (cAL)^{1-\alpha}$$
$$= c^\alpha c^{1-\alpha} K^\alpha (AL)^{1-\alpha} \quad (2.6)$$
$$= cF(K, AL)$$

对稻田条件的验证也十分简单。首先，对两种投入同时除以 AL 即得到生产函数的紧凑形式：

$$f(k) = F\left(\frac{K}{AL}, 1\right)$$
$$= \left(\frac{K}{AL}\right)^\alpha \quad (2.7)$$
$$= k^\alpha$$

根据式(2.7)可以得到 $f'(k) = \alpha k^{\alpha-1}$，显然，这个表达式为正，并且当 k 趋于 0 时它趋于无穷大。最后，$f''(k) = -(1-\alpha)\alpha k^{\alpha-2}$，这个表达式显然为负[1]。因此，柯布-道格拉斯生产函数也满足稻田条件的要求。

（三）关于投入要素变化的假定

除了对生产函数的假定外，模型还对劳动、知识和资本这三个存量如何随时间变化方面进行了假定：

(1) 模型中假定时间是连续的，也就是说，模型中的变量在每一个时间点都是有定义的[2]。

(2) 资本、劳动和知识的初始值是事先给定的，并且假定严格大于零，而劳动和知识都是按固定比率增长的。

$$\dot{L}(t) = nL(t) \quad (2.8)$$

$$\dot{A}(t) = gA(t) \quad (2.9)$$

式中，n 和 g 是外生参数；变量上加点表示其对时间的导数，即 $\dot{X}(t)$ 代表 $dX(t)/dt$ 的简写形式。

变量的增长率是指其变化的比率，也就是说，X 的增长率是指 $\dot{X}(t)/X(t)$。所以，式(2.8)意味着 L 的增长率是等于 n 的常数，式(2.9)意味着 A 的增长率是等于 g 的常数。

变量的增长率有一个重要的性质，即变量的增长率与其自然对数的变化率相等，也就是说，$\dot{X}(t)/X(t)$ 等于 $d\ln X(t)/dt$。由于 $\ln X$ 是 X 的函数，而 X 是 t 的函数，根据链式法则我们可以对这个性质进行证明：

$$\frac{d\ln X(t)}{dt} = \frac{d\ln X(t)}{dX(t)} \frac{dX(t)}{dt}$$
$$= \frac{1}{X(t)} \dot{X}(t) \quad (2.10)$$

我们把"变量的增长率等于其自然对数的变化率"这一性质应用到式(2.8)和式(2.9)中，

---

[1] 注意：对于柯布-道格拉斯生产函数而言，劳动增强型、资本增强型或者希克斯中性技术进步实际上都是一样的。例如，只需定义 $\tilde{A} = A^{1-\alpha}$，就可以把式(2.5)写成希克斯中性技术进步的形式，即 $Y = \tilde{A}(K^\alpha L^{1-\alpha})$。

[2] 另一种形式是离散时间，即变量仅仅在特定的时期（通常 $t = 0, 1, 2, \cdots$）是有定义的。通常根据研究的便利性来选择使用连续时间或者离散时间。比如，索洛模型在离散时间下的意义与在连续时间下并没有本质的区别，但是在连续时间下更便于分析。

则可以得到，L 和 A 的自然对数变化率都是常数，并且分别等于 n 和 g。因此，

$$\ln L(t) = [\ln L(0)] + nt \tag{2.11}$$

$$\ln A(t) = [\ln A(0)] + gt \tag{2.12}$$

式中，$L(0)$ 和 $A(0)$ 分别是 L 和 A 在 $t=0$ 时的值。式(2.11)和式(2.12)还可以写成指数函数的形式，即

$$L(t) = L(0)e^{nt} \tag{2.13}$$

$$A(t) = A(0)e^{gt} \tag{2.14}$$

因此，我们前面的假设还意味着，L 和 A 各自按指数进行增长。

(3) 总产出分别用于消费和投资，并且用于投资的比例 s 是外生不变的。

用于投资的每单位产出可获得一单位的新资本，而现有资本按折旧率 δ 进行折旧。因此

$$\dot{K}(t) = sY(t) - \delta K(t) \tag{2.15}$$

模型中并没有对 n、g 和 δ 分别施加约束，但假定了三者之和为正。

以上就是对索洛模型的完整描述。

由于索洛模型是我们遇到的第一个模型，因此，有必要在此对其建模方面进行一定的评论。在索洛模型中，许多方面都被大大简化了，例如：模型中只有一种产品，没有政府，忽略就业波动，生产过程由一个只有三种投入品的总产出函数刻画，储蓄率、折旧率、人口增长率及技术进步率都是固定的，等等。上述这些特征另一方面也可以理解为模型的缺陷，因为模型遗漏了很多现实世界中的明显特征，但是这其中的某些特征很有可能对增长十分重要。需要注意的是，构建经济模型的目标并不是要保证其真实，毕竟我们已经有了一个完全真实的模型，即现实世界本身，只不过这个"模型"过于复杂，复杂到难以理解，因此，构建经济模型的真正目标应该是帮助我们理解世界的某些特定现象。如果一个简化模型的假设使得该模型对所探讨的问题给出了错误的答案，那么说明缺乏真实性可能的确是一种缺陷，即便如此，这种简化仍可以作为参照点，因为它恰恰说明了那些被忽略的特征在理想环境下十分重要。反之，如果这种简化并不会导致模型对所探讨的问题给出错误答案，那么缺乏真实性就是一个优点，因为通过明确地提取出感兴趣的经济过程及其相应的影响，使问题得到简化从而更加易于理解。

二、索洛模型的动态学

了解了模型的基本假定之后，我们将进一步研究模型中的经济行为。根据前面的分析可知，在生产过程的三种投入要素中，劳动和知识的变化已经看作是外生给定的，因此为了完整刻画经济行为，我们必须要对第三种投入品，即资本的变化进行分析。

(一) k 的动态学

由于经济总量会随着时间不断增长，因此，着眼于分析单位有效劳动的平均资本存量 k 就要比分析没有经过调整的资本存量 K 容易得多。由 $k = \dfrac{K}{AL}$，利用链式法则可得：

$$\begin{aligned}\dot{k}(t) &= \frac{\dot{K}(t)}{A(t)L(t)} - \frac{K(t)}{[A(t)L(t)]^2}[A(t)\dot{L}(t) + L(t)\dot{A}(t)] \\ &= \frac{\dot{K}(t)}{A(t)L(t)} - \frac{K(t)}{A(t)L(t)}\frac{\dot{L}(t)}{L(t)} - \frac{K(t)}{A(t)L(t)}\frac{\dot{A}(t)}{A(t)}\end{aligned} \tag{2.16}$$

式中，$\frac{K}{AL}$ 就是 k；根据式(2.8)和式(2.9)，$\dot{L}/L$ 和 $\dot{A}/A$ 分别等于 n 和 g；而 $\dot{K}$ 由式(2.15)给定。将上述条件代入式(2.16)即得

$$\dot{k}(t) = \frac{sY(t) - \delta K(t)}{A(t)L(t)} - k(t)n - k(t)g$$
$$= s\frac{Y(t)}{A(t)L(t)} - \delta k(t) - nk(t) - gk(t) \tag{2.17}$$

最后，根据 $\frac{Y}{AL} = f(k)$ 即可得到

$$\dot{k}(t) = sf(k(t)) - (n+g+\delta)k(t) \tag{2.18}$$

式(2.18)是索洛模型的关键方程，它表明了单位有效劳动平均资本存量的变化率是以下两项之差：第一项是 $sf(k)$，由于单位有效劳动的平均产出是 $f(k)$，其中用于投资的比例是 s，因此这一项即为单位有效劳动的实际投资；第二项是 $(n+g+\delta)k$，也叫持平投资，它代表了使得 k 保持在现有水平所需的必要投资量。为了防止 k 不断减少，追加一定数量的投资是必要的，其理由有两点：一是现有资本会折旧，折旧的这部分资本必须得到补偿才能防止资本存量下降，这就是式(2.18)中的 δk 项；二是有效劳动的数量在增加，因此，仅仅保持资本存量 K 不变的投资(即补偿折旧的投资)并不足以保持单位有效劳动的平均资本存量 k 不变。实际上，由于有效劳动数量的增长率为 $n+g$，资本存量的增长率也必须是 $n+g$ 才能保持 k 不变[①]，这就是式(2.18)中的 $(n+g)k$ 项。

根据上述分析可知，若单位有效劳动的实际投资超过所需的持平投资，k 会上升；若实际投资小于持平投资，k 会下降；而当两者相等时，k 则保持不变。

图 2-2 把 $\dot{k}$ 表达式中的两项分别表示为 k 的函数，其中持平投资 $(n+g+\delta)k$ 与 k 成正比，而实际投资 $sf(k)$ 等于一个常数乘以单位有效劳动的平均产出。

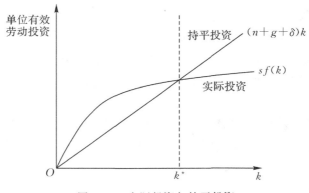

图 2-2　实际投资与持平投资

由于 $f(0)=0$，因此实际投资和持平投资在 $k=0$ 时是相等的。而稻田条件意味着当 $k=0$ 时，$f'(k)$ 很大，因此在 k 的值较小时曲线 $sf(k)$ 要比 $(n+g+\delta)k$ 曲线更为陡峭，也即实际投资

[①] 有效劳动数量 AL 的增长率等于 $n+g$，这是由"两个变量之积的增长率等于其各自增长率之和"这一性质得来的。

大于持平投资。稻田条件还意味着 $f'(k)$ 随着 k 的增大会逐渐趋于零,因此在达到某一点之后,实际投资曲线的斜率将会低于持平投资曲线的斜率,这时由于 $sf(k)$ 曲线比 $(n+g+\delta)k$ 曲线更为平缓,两者最终将会相交。最后,$f''(k)<0$ 意味着两条线在 $k>0$ 时只会相交一次,我们可以用 k^* 来表示实际投资与持平投资相等时的 k 值。

上述内容如果用图形来表示则如图 2-3 所示,其中 $\dot{k}$ 即为图中两条曲线的距离。如果 k 一开始比 k^* 小,则实际投资会超过持平投资,因而 $\dot{k}$ 为正,即 k 会上升;相反,如果 k 一开始大于 k^*,则 $\dot{k}$ 为负,即 k 会下降;只有当 k 等于 k^* 时,$\dot{k}$ 为零,即 k 保持不变。可见,不论 k 始于何处,它总会收敛于 k^*①。

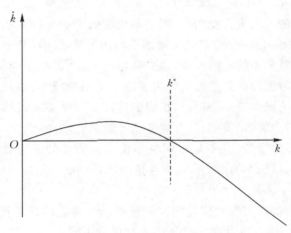

图 2-3　索洛模型中 k 的相图

(二) 平衡增长路径

既然 k 总是会收敛于 k^*,那么人们自然会问:当 k 等于 k^* 时,模型中的各变量会如何变动?根据假设,劳动和知识的增长率分别是 n 和 g;资本存量 K 等于 ALk,由于 k 在 k^* 处不变,因此 K 的增长率为 $n+g$(即 $\dot{K}/K=n+g$);由于资本和有效劳动的增长率都是 $n+g$,根据规模报酬不变的假设可以得到,产出 Y 也同样按照这一比率进行增长;工人平均资本 K/L 以及工人平均产出 Y/L 的增长率为 g。

总的来说,索洛模型表明,不论起点位置在何处,经济总是收敛于平衡增长路径,即模型中每个变量的增长率都是常数的情况,并且在平衡增长路径上,工人平均产出的增长率是由技术进步率唯一确定的②。

---

① 如果 k 的初值为零,那么它会始终停在那里。但假设 K、L 和 A 的初值严格为正已经排除了这种可能性。

② 索洛模型的平衡增长路径可以相对合理地刻画近一个多世纪以来美国经济和其他许多主要工业经济的大致情况,即劳动、资本和产出的增长率大体保持不变,产出和资本的增长率基本相等(因此资本产出比近似为常数)并且大于劳动的增长率(因此工人平均产出和工人平均资本一直在上升)。正是由于这些特征,上述经济常常被认为是处于平衡增长路径上的索洛经济。但是,琼斯(Jones)证明了,在这些经济中,决定平衡增长路径上收入水平的影响因素其实变动很大,因此这些与索洛模型平衡增长路径相似的特点是有误导性的。

第三节 储蓄率变化的影响

在索洛模型中,经济政策最能触及的参数就是储蓄率,政府购买中消费品和投资品的比例、政府收入中来源于税收和借款的比例以及对储蓄和投资的课税等都有可能影响产出中用于投资的比例,即储蓄率。因此,我们有必要考察一下储蓄率变化对模型的影响。

为了这一目的,我们将考虑一个处于平衡增长路径上的索洛模型下的经济,并假设 s 出现一次永久性的增加。这种设定除了能分析模型中储蓄的作用之外,还能说明当经济不在平衡增长路径时该模型的动态变化。

一、储蓄率变化对产出的影响

储蓄率 s 的增加会使实际投资曲线向上移动,从而使 k^* 上升,如图 2-4 所示,但 k 的这种变化并不是瞬间实现的。一开始,k 仍然等于原来的 k^* 值,但在这一水平上,实际投资是超过持平投资的,即用于投资的资源多于维持 k 不变所需的水平,因此 $\dot{k}$ 为正数,k 会开始上涨并一直上涨到新的 k^* 值,此后 k 会在这个新的 k^* 值上保持不变。

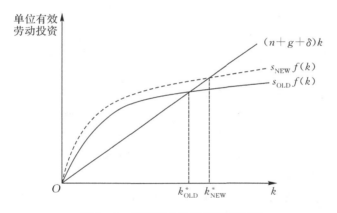

图 2-4 储蓄率上升对投资的影响

图 2-5 中的 (a)~(c) 即描绘了上述结论。t_0 表示储蓄率出现增加的时刻,根据假设,s 在 t_0 时刻突然上升并在此后保持不变。s 的突然增加使实际投资严格大于持平投资,因此 $\dot{k}$ 将从 0 跳跃至一个严格为正的值,而 k 则从原来的 k^* 值逐渐上升至新的 k^* 值,与此同时 $\dot{k}$ 也随之逐渐回到零值①。

除此以外,工人平均产出 Y/L 的变化也是我们所感兴趣的。Y/L 等于 $Af(k)$,因此当 k 保持不变时,Y/L 的增长率为 g,即 A 的增长率;当 k 上升时,Y/L 的增长来自 A 和 k 两方面

---

① 若储蓄率增加的幅度较大,$\dot{k}$ 有可能在 t_0 之后先上升一段时间后才开始降回零值。

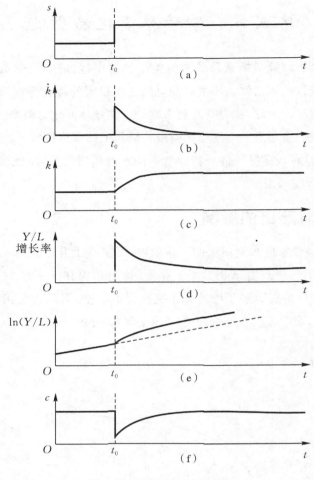

图 2-5 储蓄率上升的影响

的增加,因此其增长率会大于 g;而当 k 到达新的 k'' 值时,又变为只有 A 带来 Y/L 的增长,因此 Y/L 的增长率会再次回到 g。因此,储蓄率的永久增加仅会导致工人平均产出增长率的暂时增加,k 经过一段时间的上升后最终会达到一个更高的水平,这时增加的储蓄将全部用于维持 k 的这一较高水平。

图 2-5 中的(d)和(e)即描述了工人平均产出在储蓄率增加后的变化情况。工人平均产出的增长率一开始是 g,然后在时刻 t_0 突然上涨,但随后又逐渐回到初始值。因此,工人平均产出从 t_0 时刻开始上升并超过其原路径,然后逐渐稳定到一个与原路径平行的较高路径上[①]。

总之,储蓄率的变化只具有水平效应,而没有增长效应:它改变了经济的平衡增长路径,从

---

① 由于变量的增长率等于其对数的时间导数,因此用对数值表示的图形通常比用原值表示的图形更容易解释。例如,如果变量的增长率为常数,那么把该变量的对数表示为时间的函数则反映为一条直线。因此,图 2-5 中使用了工人平均产出的对数值而不是原值。

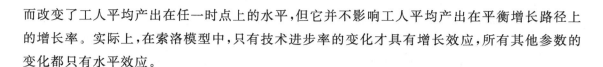

而改变了工人平均产出在任一时点上的水平,但它并不影响工人平均产出在平衡增长路径上的增长率。实际上,在索洛模型中,只有技术进步率的变化才具有增长效应,所有其他参数的变化都只有水平效应。

二、消费变化对产出的影响

如果把家庭引入索洛模型中,那么家庭的福利将取决于消费而不是产出,而投资仅仅是将来生产中的一种投入品。在这种条件下,我们更需要关心的应该是消费的变化而不是产出。

我们已经知道,单位有效劳动的平均消费等于单位有效劳动的平均产出 $f(k)$ 乘以产出中用于消费的比例 $1-s$,由于 s 在 t_0 时刻并不是连续变化的,而 k 却是连续变化的,因此,单位有效劳动的平均消费在一开始会突然下降。然后,随着 k 不断上升而 s 保持在较高水平,消费将逐渐上升,如图 2—5(f)所示。

至于消费是否会最终超过 s 上升前的水平,这个答案并不是一目了然的。我们令 c^* 表示平衡增长路径上单位有效劳动的平均消费,那么 c^* 就等于单位有效劳动的平均产出 $f(k^*)$ 减去单位有效劳动的平均投资 $sf(k^*)$。在平衡增长路径上,实际投资就等于持平投资 $(n+g+\delta)k^*$,因此

$$c^* = f(k^*) - (n+g+\delta)k^* \tag{2.19}$$

k^* 是由 s 以及模型中的其他参数 n、g 和 δ 共同确定的,因此可以把 k^* 写作 $k^*(s,n,g,\delta)$。那么,从式(2.19)可以得到

$$\frac{\partial c^*}{\partial s} = [f'(k^*(s,n,g,\delta)) - (n+g+\delta)]\frac{\partial k^*(s,n,g,\delta)}{\partial s} \tag{2.20}$$

我们知道 s 上升会提高 k^*,换言之,$\partial k^*/\partial s$ 是正的,因此 s 上升是否会在长期中提高消费则取决于资本的边际产出 $f'(k^*)$ 与 $n+g+\delta$ 的大小关系。从直观上看,单位有效劳动的平均投资需要增加 $(n+g+\delta)$ 乘以 k 的变化量才足以保证 k 会上升,那么如果 $f'(k^*)$ 小于 $n+g+\delta$,则资本增加导致的额外产出并不足以维持其更高的资本存量水平,这时消费必须下降才能维持较高的资本存量。反之,如果 $f'(k^*)$ 大于 $n+g+\delta$,则增加的产出大于维持更高资本存量所需的水平,因此消费会上升。

在图 2—6 中,我们不仅给出了 $(n+g+\delta)k$ 和 $sf(k)$ 的曲线,还给出了 $f(k)$,可以看出,$f'(k^*)$ 可能大于也可能小于 $n+g+\delta$。在平衡增长路径上,消费等于产出减去持平投资[见式(2.19)],因此,c^* 即为 $k=k^*$ 时 $f(k)$ 与 $(n+g+\delta)k$ 之间的距离。图 2—6 中刻画了三种不同 s 值(从而三种不同 k^* 值)下 c^* 的大小,其中,(a)图中的 s 较高,故 k^* 也较高,并且 $f'(k^*)$ 小于 $n+g+\delta$,因此,储蓄率上升会使消费降低,即便经济到达了新的平衡增长路径之后也是如此;(b)图中的 s 较低,故 k^* 也较低,并且 $f'(k^*)$ 大于 $n+g+\delta$,因此 s 的上升会在长期中提高消费;而在(c)图中,s 的水平恰好使得 $f'(k^*)$ 等于 $n+g+\delta$,也就是说,当 $k=k^*$ 时 $f(k)$ 和 $(n+g+\delta)k$ 两条线互相平行,在这种情况下,s 的微小变化在长期内对消费没有影响,并且在

所有可能的平衡增长路径中,此时的消费达到最大水平,而此时的k^*值通常被称为资本存量的黄金律水平。关于黄金律资本存量的问题我们将在以后进一步讨论,例如黄金律资本存量是否是可取的,以及在一个储蓄内生的分散经济中,资本存量是否会收敛于黄金律水平等问题。然而,在索洛模型中,由于储蓄是外生的,我们实际上并没有办法内生地确定平衡增长路径上的资本存量水平,因而更无法确定它是否等于黄金律水平。

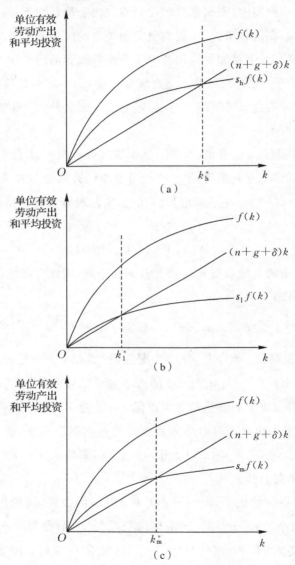

图 2-6 平衡增长路径上的产出、投资与消费

第四节 索洛模型与增长理论的核心问题

经济增长理论的核心问题是要解释世界各国的贫富差距,即为什么国家间在人均收入方面,进而在财富和生活水平存在巨大差异。索洛模型力图对这一核心问题给出完美的解释,但是它并没有完全解决这个问题。

一、工人平均资本的差距不能解释工人平均产出存在的差异

索洛模型发现了工人平均产出存在差异的两种可能的根源,即工人平均资本(K/L)的差距以及有效劳动(A)的差距。工人平均产出不论在不同时间点的差异还是在世界各地的跨区差异,都有可能是这两个因素导致的。但是,我们已经知道只有有效劳动的增长会导致工人平均产出的永久性增长,并且通常情形下工人平均资本的变化对工人平均产出的影响有限,因此,只有有效劳动的差距才有可能解释财富水平在不同时间、不同地点的巨大差异。具体而言,索洛模型的关键结论是,如果资本在市场上获得的报酬大致是其对产出的贡献,那么在物质资本积累上的差异并不能很好地解释世界范围的经济增长,也不能很好地解释跨国收入差距。

(一)直接途径

我们可以从两种视角来理解索洛模型关于"资本积累差异不能解释收入差距"的结论,其中一种是直接途径,而另一种则是间接途径。直接途径就是考虑仅用工人平均资本来解释工人平均产出的差异时所需要的工人平均资本的差距。具体来说,如果某两国工人平均产出的差距为 X 倍,即两国的工人平均产出在对数差分之后等于 $\ln X$,那么根据工人平均产出对工人平均资本的弹性 α_K,对数后的工人平均资本应该相差 $(\ln X)/\alpha_K$ 倍才能完全解释两国工人平均产出的差距,也就是说,工人平均资本的差距应该为 $e^{(\ln X)/\alpha_K}$ 倍,即 X^{1/α_K} 倍。从现实来看,当今主要工业国家的工人平均产出比 100 年前大 10 倍,并且比贫穷国家的工人平均产出大 10 倍,因此我们需要解释的 X 值约等于 10,因此根据分析,要解释这样大的 X 值需要工人平均资本的差距达到 $10^{1/\alpha_K}$ 倍。若 $\alpha_K = 1/3$,则需要的资本差距就是 1000 倍,即便资本份额为 1/2(大大超过实际数据中的资本收入)也还需要 100 倍的资本差距才能解释收入差距。

显然,这么大的资本存量差距是没有现实根据的。实际上,长期以来的资本产出比是基本保持不变的,因此工业国家的工人平均资本大致比 100 年前高出 10 倍,而不是 100 倍或者 1000 倍。而且,尽管资本产出比在不同国家略有不同,但是变化并不大,工业国家的这一比例比落后国家大 2~3 倍,因此工人平均资本"仅仅"高出 20~30 倍。总之,工人平均资本的差距远远不足以解释我们所面临的工人平均产出的差距。

(二) 间接途径

理解索洛模型关于"资本积累差异不能解释收入差距"的结论还有一个间接的途径,即所需的资本差距意味着资本收益率存在巨大差异。如果市场是竞争性的,那么资本收益率等于资本的边际产出 $f'(k)$ 减去折旧率 δ。假定生产函数是柯布-道格拉斯生产函数,其紧凑形式是 $f(k)=k^{\alpha}$ [见式(2.7)],则产出的资本弹性就是 α,资本的边际产出即为

$$f'(k) = \alpha k^{\alpha-1} = \alpha y^{(\alpha-1)/\alpha} \tag{2.21}$$

式(2.21)意味着资本的边际产出对产出的弹性是 $-(1-\alpha)/\alpha$。如果 $\alpha=1/3$,那么由工人平均资本差异带来的 10 倍的工人平均产出差距就意味着 100 倍的资本边际产出差距,而由于资本收益是 $f'(k)-\delta$,收益率的差距甚至会更大。

同样,如此大的收益率差距也是没有根据的。通过直接计算金融资产的收益,我们可以发现不同时间和不同国家在金融资产收益上的差距都不太大。此外,了解收益率跨国差距的一个更有说服力的方法就是考察人们希望向哪里投资。如果穷国的收益率比富国高出 10 倍甚至 100 倍,那必将极大地鼓励人们向穷国投资,甚至会完全压倒资本市场缺陷、政府税收政策或者财产没收等种种顾虑,因此我们应该会观察到大量资产从富国流向穷国,然而现实中并非如此[①]。

可见,至少在资本对产出的贡献大致反映其收益的情况下,工人平均物质资本的差距无法解释观察到的工人平均产出差距。

二、用有效劳动的差距解释工人平均产出存在的差异

相比较而言,用索洛模型中工人平均产出差距的另一种可能的根源——有效劳动的差距来解释各国间生活水平的差距时,资本量差距或者收益率差距则并不需要很大。例如,在平衡增长路径上,资本增长率与产出增长率是相同的,而资本的边际产出 $f'(k)$ 则是常数。索洛模型中对劳动效率的处理并不完善。首先,模型中把劳动效率看作是经济增长的驱动力,但又将劳动效率的增加率看作是外生给定的,这就意味着该模型实际上是通过假定增长来解释增长。

更为重要的是,模型根本没有指出到底何为劳动效率,而仅仅将其看作是除劳动和资本以外所有影响总产出的因素的总称。因此,索洛模型所得出的"收入差距的根源是劳动效率的差距"这一结论相当于仅仅说明了收入差距与工人平均资本的差距无关。因此,要想做进一步分析,我们必须弄清什么是劳动效率以及导致其变化的原因是什么。一种符合常理的推断是劳动效率与抽象的知识有关。因此,要理解世界范围的增长,就必须分析知识存量的决定因素,

---

① 回避上述结论的一种办法是修改生产函数,使得当 k 增加时,资本边际产出的下降速度小于柯布-道格拉斯生产函数的情形。由于这种情况下穷国和富国的资本边际产出差距不大,因此用这种方法解释收入差距将会得到两个结论:富国的资本份额应该远大于穷国,富国的实际工资应该仅略大于穷国。然而,这些结论都与实际情况相去甚远。

而要理解实际收入的跨国差距,就必须解释为什么某些国家的企业比其他国家的企业拥有更多的知识,以及为什么新知识没有迅速向穷国传播。

关于生产函数中的 A 到底代表什么,还有其他可能的解释,例如教育与劳动力技能、产权保护力度、基础设施的质量、对创业和工作的文化立场等,又或者 A 是几种因素的结合。然而,不论 A 代表什么,我们首先都必须解决如下问题:A 如何影响产出,如何随时间演变,以及为什么在世界各地存在差别。

此外,我们还可以通过考虑另一种可能性来进行后续的分析,即资本可能比索洛模型中的地位更加重要。如果资本不仅包括物质资本,或者物质资本具有正外部性,那么其私人收益并不能准确反映资本在产出中的重要地位。在这种情况下,我们之前所做的计算可能走入了误区,因此可能需要重新审视资本差距导致收入差距的观点。

 本章习题

1. 根据索洛模型,为提高居民生活水平和人均产出增长率,应该提高投资在产出中的比例,你同意这一观点吗?为什么?

2. 在索洛模型中,假设一个经济体在初始时候处于稳定状态。现在一场自然灾害夺去了一部分人的生命,但资本总量在灾害中没有损失。请说明人均资本、人均产出在短期和长期的变化趋势。

3. 在索洛模型中,储蓄率变化对工人平均产出及其增长率有什么影响?

4. 假设存在一个有技术进步,但没有人口增长,并且处于平衡增长路径的经济。假定出现工人数量的一次性增加。

(1) 工人数量一次性增加时,单位有效劳动的平均产出会增加、减少还是不变?为什么?

(2) 单位有效劳动的平均产出发生初始变化(如果有)之后,是否会有进一步变化?如果有,它是上升还是下降?为什么?

(3) 在经济重新达到平衡增长路径后,单位有效劳动的平均产出与新工人出现之前相比是更高、更低还是一样?为什么?

5. 假设生产函数是柯布-道格拉斯生产函数,回答以下问题:

(1) 把 k^*、y^*、c^* 表示为模型参数 α、s、n、δ 以及 g 的函数;

(2) k^* 的黄金律值是多少?

(3) 达到黄金律资本存量所需的储蓄率是多少?

6. 根据增长率的基本性质,利用变量增长率等于其对数的时间导数这一性质证明以下内容。

(1) 两个变量之积的增长率等于其各自增长率之和,即若 $W(t)=X(t)Y(t)$,则
$$\dot{W}(t)/W(t) = \dot{X}(t)/X(t) + \dot{Y}(t)/Y(t)$$

(2) 两个变量之比的增长率等于其各自增长率之差,即若 $W(t)=X(t)/Y(t)$,则
$$\dot{W}(t)/W(t) = \dot{X}(t)/X(t) - \dot{Y}(t)/Y(t)$$

(3) 若 $W(t)=X(t)^\alpha$,则 $\dot{W}(t)/W(t)=\alpha \dot{X}(t)/X(t)$。

7. 假设某变量 X 的增长率从时刻 0 到时刻 t_1 为常数,并且等于 $a(a>0)$,在时刻 t_1 降为 0,从时刻 t_1 到 t_2 逐渐从 0 增加到 a;在时刻 t_2 后为常数,并且等于 a。

(1) 用图形表示出 X 的增长率随时间的变化。

(2) 用图形表示出 $\ln X$ 随时间的变化。

8. 考虑一个处于平衡增长路径的索洛经济。为了简单起见,假设不存在技术进步。若人口增长率下降,那么

(1) 平衡增长路径上的工人平均资本、工人平均产出以及工人平均消费如何变化?作图表示经济向新的平衡增长路径移动时上述变量的变化路径。

(2) 描述人口增长率下降对产出路径的影响(对总产出而不是工人平均产出的影响)。

9. 计算在平衡增长路径上单位有效劳动的平均产出 y^* 对人口增长率 n 的弹性。若 $\alpha_K(k^*)=1/2$,$g=3\%$,$\delta=4\%$,当 n 从 3% 降到 2% 时,y^* 增加多少?

10. 假设劳动和资本按其边际产出支付报酬,用 w 表示 $\partial F(K,AL)/\partial L$,$r$ 表示 $\partial F(K,AL)/\partial K-\delta$。

(1) 证明劳动的边际产出 w 为 $A[f(k)-kf'(k)]$。

(2) 证明若资本和劳动均按其边际产出支付报酬,则规模报酬不变意味着生产要素总收入等于总净产出,即证明在规模报酬不变的情形下 $wL+rK=F(K,AL)-\delta K$。

(3) 资本收益 r 基本不随时间变化,产出中分配给资本和劳动的份额也是如此。平衡增长路径上的索洛经济是否表现出上述性质?在平衡增长路径上,w 和 r 的增长率各是多少?

11. 假设劳动和资本按其边际产出支付报酬,所有资本收入用于储蓄,所有劳动收入用于消费,并且 $\dot{K}=[\partial F(K,AL)/\partial K]K-\delta K$。

(1) 证明该经济收敛于平衡增长路径。

(2) 在平衡增长路径上,K 大于、小于还是等于 k 的黄金律水平?这一结论的直观含义是什么?

12. 假设投资所占产出的比例从 0.1 增加到 0.15,并假设资本份额为 1/3。

(1) 与投资比例不变的情形相比,产出最终大约会增加多少?

(2) 与投资比例不变的情形相比,消费最终大约会增加多少?

13. 如果一个经济存在资源的有限性,设生产函数为 $Y=K^\alpha(AL)^\beta R^{1-\alpha-\beta}$,其中 R 这一生产要素的供给是有限的(如土地)。假定 $\alpha>0$,$\beta>0$,且 $\alpha+\beta<1$。生产要素变动方程分别为
$$\dot{K}=sY-\delta K, \dot{A}=gA, \dot{L}=nL, \dot{R}=0$$

请回答以下问题:

(1) 该经济是否有唯一且稳定的平衡增长路径?如果有,请求出 Y、K、L、A 和 R 的增长率;如果没有,请解释原因。

（2）R 的供给的有限性是否意味着增长最终必然停滞下来？

14. 假定南北两个地区均由索洛模型 $y_i(t) = f[k_i(t)]$ 描述，其中，$y_i(t) = \dfrac{Y_i(t)}{A_i(t)L_i(t)}$，$k_i(t) = \dfrac{K_i(t)}{A_i(t)L_i(t)}$（$i =$ N, S）。如在索洛模型中一样，假定 $\dot{K}_i(t) = sY_i(t) - \delta K_i(t)$ 和 $\dot{L}_i(t) = nL_i(t)$；假定两个地区有相同的储蓄率和人口增长率。最后 $\dot{A}_N(t) = gA_N(t)$，$A_S(t) = A_N(1-\tau)$。求证两个地区平衡增长路径上的 k 值是一样的。

第三章
两期动态模型

在第二章中,我们考察了索洛经济增长模型,其描述的是经济增长的基本动力。我们在第二章的分析主要考察的是生产者的行为,然而,整个经济中消费者行为也需要进行深入的分析。代表性消费者是如何在消费和闲暇之间做决策的;厂商为了追求利润最大化,是如何决定自己最优的资本和劳动的使用量的;同时,市场是如何借助价格调整来协调代表性消费者和厂商的行为,进而出清每一个市场,并最终决定出竞争的均衡价格的;另外,现实世界是一个动态的世界,人们必须在现在和将来之间进行取舍,因而,经济行为人是如何在经济体中行动的。这些都是本章所要着重介绍的内容,也是宏观经济学发展的一个重要方面——宏观经济学的微观基础的重要体现。

第一节 纯交换的两期动态模型

在考虑多起动态模型之前,我们先考虑两期动态模型,因为在两期模型中 2 期要比 3 期甚至无限期模型更容易研究,更为重要的是两期模型的结论可以比较容易地推广到多期。我们可以首先讨论微观基础,然后关注竞争均衡。

一、决策环境:偏好与禀赋

我们假设经济活动只进行两期,经济体中有若干消费者,没有厂商。经济是完全竞争的,信息是完全的,不存在不确定性。之所以做这样的假定,是因为它可以避免如下两个颇令人头痛的问题:经济行为人的异质性问题和加总问题。这些问题在现实中都是存在的,但是如果我们不能首先弄清楚具有同质性的行为人的问题,就很难深入把握具有异质性的行为人的问题,而反过来,如果我们熟练掌握了处理具有同质性行为人问题的工具,再过渡到处理具有异质性行为人的问题就会比较容易。就加总问题而言,宏观经济学的总量分析法已经给我们提供了如何将单个具有代表性的行为人的行为加总得到总体行为的方法。在这里我们的重点是对单个具有代表性的行为人的行为进行分析。

(一)偏好

我们用如下的一个简单的可分离效用函数来代表消费者的偏好:

$$v(c_1,c_2) = u(c_1) + \beta u(c_2) \tag{3.1}$$

式中,系数 β 常被称为贴现因子。如果我们定义 ρ 为贴现率,则有 $\beta = \dfrac{1}{1+\rho}$,并且 $\rho > 0$,$\beta \in (0,1)$。β 仅是一个具体的数值,比如 $\beta = 0.95$。$\beta \in (0,1)$ 反映了消费者的如下一种偏好:相对于未来的消费,消费者更看重当前的消费。我们假设效用函数 $v(\cdot)$ 是一个递增的严格凹函数。效用函数 $u(\cdot)$ 可被称为期效用函数(period utility function)。我们通常假设该效用函数是一个严格凹的、二次可微的函数,同时也满足稻田条件,因此具有这些特征:①具有一阶导数大于零,且 0 点的极值为正无穷,无穷大时极值点为 0;②二阶导小于零。

(二)禀赋

我们假设每一个消费者在第 1 期开始和第 2 期开始时都可以获得一个外生的收入,各自记为 y_1 和 y_2。进一步,我们假设每个消费者在所有两期获得的总收入是相等的,但在两期中的分布是不同的,即有的消费者可能在第 1 期获得的收入多一些,第 2 期获得的收入少一些,而有的消费者则相反,在第 1 期获得的收入少一些,在第 2 期获得的收入多一些。另外,我们记所有 N 个消费者在第 1 期获得的外生收入为 Y_1,在第 2 期获得的外生收入为 Y_2。这些假设,可以借助数学语言简洁地表述为

$$Y_1 = (x+a)^n = \sum_{i=1}^{N} y_{1i}$$
$$Y_2 = \sum_{i=1}^{N} y_{2i} \tag{3.2}$$

在这里,我们用下标 i 来代表具体的某个消费者,因此,y_{1i}、y_{2i}、y_{1j}、y_{2j} 分别表示消费者 i 和消费者 j 在第 1 期和第 2 期所获得的外生收入。

我们之所以要做这样的假定,主要目的是引进资本市场,因为如果所有消费者都是完全相同的,那么就不会有资本市场存在。道理很简单,所有 N 个消费者,要么都想借钱消费,但此时,他们将找不到愿意借钱给他们的人;反之,也有可能所有 N 个消费者都想把钱借给别人,此时,他们将找不到愿意向他们借钱的人。

需要注意的是,事实上,在分析消费者的决策行为时,我们是可以省略掉表示具体某个消费者的下标的,因为每个消费者的决策模式都是一样的,只有当我们把关注的焦点转向消费者相互之间的交相作用,也即市场均衡价格的决定时,代表具体某个消费者的下标才会有作用,因为此时经济活动中的消费者大致可以分为三大类:一类是借入者,一类是借出者,一类是既不借入也不借出者。出于简洁性考虑,我们在下面分析消费者决策行为时,就省略了代表具体某个消费者的下标,等到了我们开始关注市场均衡价格的决定时,才重新标出代表具体某个消费者的下标。

我们假定消费者是通过购买债券的方式来进行储蓄的。我们用 $b_t, t \in [1,2]$ 来定义消费者在时期 t 购买的债券数量,这意味着他能在时期 $t+1$ 收回本金并获得利息 rb_t。我们假设

在初始期家庭不拥有任何债券,也就是说 $b_0=0$。当然,消费者也可以通过发行债券的方式进行借款消费。假如 b_t 是负的,那说明消费者是一个净借入者。

同样的,在介绍完基本决策环境以后,让我们来设想一下消费者的处境是大有益处的。在我们目前的这个模型中,消费者在追求效用最大化的过程中仍旧必须面对矛盾或者说必须做出选择。因为这是一个纯交换的模型,消费者面临的矛盾与前面第二章中消费者面临的矛盾不一样。现在,消费者面临的矛盾是消费时间的选择问题,也即究竟是在当前期就进行消费还是留到未来期去进行消费。在当前期就进行消费,即现在多消费一些,当然可以增加当前期的效用,但问题是如果现在少消费一单位,并把它借给别人,到下一期就可以获得 $(1+r)$ 单位的收入,这无疑会增加下一期的效用。这就是说,消费者必须在当前消费和未来消费之间做出选择或者权衡。这样一来,对于一个时时刻刻都想着要追求效用最大化的行为主体来说,他的首要工作仍旧是要找到一个最佳的权衡依据,根据这一依据进行选择能够确保其获得的效用最大。

清楚了消费者面临的矛盾,或者说消费者所要解决的问题,我们就可以具体地看看消费者是怎样来寻找自己的最佳权衡依据的。

二、消费者的最优化行为

因为消费者仅生活两期,那么他在第 3 期就不发生消费,因此,消费者在第 2 期购买债券就不是一个理性选择,因为如果他在第 2 期购买债券,他不得不牺牲掉一些第 2 期的消费,而债券的收入要等到第 3 期才能获得,而那时他已经不在了。因此,必然有 $b_2=0$,也就是说,在两期模型中,只有 b_1 出现在模型里。

消费者在时期 1 和时期 2 的预算约束方程如下:

$$c_1 + b_1 = y_1 \tag{3.3}$$

$$c_2 = y_2 + b_1(1+r) \tag{3.4}$$

这样,消费者面临的问题是在把利率 r 视为给定并且在预算的约束下,通过寻找合适的 (c_1, c_2, b_1) 组合来实现效用的最大化。我们可以把消费者面临的最优化问题正规化地表述为

$$\max\{u(c_1) + \beta u(c_2)\} \tag{3.5}$$
$$\text{s.t.} \quad c_1 + b_1 = y_1$$
$$c_2 = y_2 + b_1(1+r)$$

我们可以通过构建拉格朗日函数并求解一阶条件来具体求解上述模型,最终可以得到一个如下的表达式:

$$\frac{u'(c_1)}{u'(c_2)} = \beta(1+r) \tag{3.6}$$

以上方程称为欧拉方程(Euler equation),它是动态宏观经济模型中非常重要的一个方

程。在目前的这个两期模型中,它给出的是行为人为了实现第1期和第2期两期总的效用最大化,必须让消费在两期之间进行分配的基本行为原则。满足这一原则,则行为人的一生效用就会最大;不满足这一原则,则行为人的一生效用就一定还有进一步提高的余地。现在我们来分析一下为什么这一原则能做到这一点,也即探讨一下欧拉方程背后的经济学含义。

在这个纯交换的两期模型中,借助资本市场,消费品这种"资源"是可以在两期之间进行转移的,如果行为人希望在第1期少消费一些,他可以通过购买债券的方式把第1期的资源转移到第2期中去;相反,如果行为人希望在第1期多消费一些,他可以通过发行债券的方式把第2期的资源转移到第1期中来。对于一个在第1期就要做决策并且以追求自己两期总效用最大化为目标的行为人来说,基本的经济学原理告诉我们,只有在第1期的最后1单位消费品,无论是在第1期消费还是在第2期消费给行为人带来的效用都相等时,两期的总效用才会最大。欧拉方程实际上就是把这一思想借助数学语言表述出来了。从式(3.6)中可以看到:$u'(c_1) = 1 \cdot u'(c_1)$ 表示的就是第1期最后1单位消费品给行为人带来的效用。如果消费者不在第1期去消费这一单位消费品,那么他可以通过购买债券的方式对这一单位消费品进行"投资",从而在第2期可以获得$(1+r)$单位的消费品。他在第2期从这$(1+r)$单位消费品的消费中获得的效用就为$(1+r)u'(c_2)$。因为时间偏好的存在,第2期$(1+r)u'(c_2)$单位的效用贴现到第1期就等于$\beta(1+r)u'(c_2)$单位。因为只有在第1期的最后1单位消费品,无论是在第1期消费还是在第2期消费给行为人带来的效用都相等时,两期的总效用才会最大,也即要求$u'(c_1) = \beta(1+r)u'(c_2)$,这就是欧拉方程。

只要给出效用函数的一般形式,我们就能借助欧拉方程和两个预算约束方程来求解消费者的最优选择组合(c_1, c_2, b_1)。

我们假定效用函数采用如下的特殊形式:

$$u(c_t) = \ln c_t \tag{3.7}$$

如此,欧拉方程可以改写为

$$\frac{c_1}{c_2} = \beta(1+r) \tag{3.8}$$

联立式(3.4)、式(3.5)和式(3.8)我们可以得到一个含有三个未知变量(c_1, c_2, b_1)的方程组,显然,可以求得这些未知变量的具体解析解:

$$c_1 = \frac{y_2 + y_1(1+r)}{(1+\beta)(1+r)} \tag{3.9}$$

$$c_2 = [y_2 + y_1(1+r)]\frac{\beta}{1+\beta} \tag{3.10}$$

$$b_1 = y_1 - \frac{y_2 + y_1(1+r)}{(1+\beta)(1+r)} \tag{3.11}$$

显然,我们能把消费者的这些选择写成是r的函数,也就是$c_1(r), c_2(r), b_1(r)$。这样我们就能进一步分析利率 r 发生变化会对消费者的选择产生怎样的影响。这种方法是我们在微观经济学里经常使用的比较静态分析方法。要得到结论,我们只需要对利率 r 求导就行了,例如:

$$\frac{\partial c_2}{\partial r} = \frac{y_1 \beta}{1+\beta} > 0 \tag{3.12}$$

式(3.12)告诉我们,第 2 期的消费将随利率 r 的上升而增加。其背后的经济含义是:第 2 期消费品的价格为 $\frac{1}{1+r}$,利率 r 上升意味着第 2 期的消费价格下降了,这时会有两种效应产生,即替代效应和收入效应,如果假定消费的是正常商品,因此,两种效应都为正,第 2 期的消费当然会增加。

三、市场均衡

前面我们主要关注单个消费者的决策行为,事实上,经济中有 N 个消费者,因此,我们需要把这 N 个消费者整合在一起,看看会发生什么。

在前面我们曾经指出,消费者既可以借钱消费,也可以把钱贷出,主要是视 b_1 是正还是负而定。当然,消费者的借贷只能在相互间发生。这样的话,如果所有的 N 个消费者都只想借钱,那么他们将找不到愿意出借的人;反过来,如果所有的 N 个消费者都只想把钱借给别人,那么他们将找不到愿意借入钱的人。因此,从整个市场的角度看,借入的钱的总量必须等于借出的钱的总量,因而,市场出清的条件必然是

$$\sum_{i=1}^{N} b_{1i} = 0 \tag{3.13}$$

在这里,我们重新引入了代表具体某个消费者的下标,b_{1i} 表示的是第 1 个消费者在时期 i 发行的或者购买的债券量。

就目前分析的两期模型而言,价格只有一个,即利率 r;行为主体是 N 个消费者;有两个市场必须出清。第一个是商品市场,出清条件是

$$\sum_{i=1}^{N} c_{1i} + \sum_{i=1}^{N} c_{2i} = Y_1 + Y_2 \tag{3.14}$$

第二个是资本市场,出清条件由式(3.13)表示。

根据瓦尔拉斯定理,一个经济有 n 个市场,只要 $n-1$ 个市场出清,剩余的一个市场自动会出清。

在求消费者最大化的过程中,我们已经知道债券需求是利率 r 的函数:

$$b_{1i}(r) = y_{1i} - \frac{y_{2i} + y_{1i}(1+r)}{(1+\beta)(1+r)} \tag{3.15}$$

利用资本市场出清条件式(3.13),我们能求得均衡的利率

$$r^* = \frac{Y_2}{\beta Y_1} - 1 \tag{3.16}$$

这一结论有一个很有用的解释。如果我们定义 $g=Y_2/Y_1-1$，g 为经济增长率，可得

$$1+r^* = \frac{1+g}{\beta} = (1+\rho)(1+g) \tag{3.17}$$

或者近似的

$$r^* \approx \rho + g \tag{3.18}$$

这里，我们利用了前面给出的 $\beta=\dfrac{1}{1+\rho}$ 的定义。这是最优增长理论中的一个非常熟悉的结论。修正的黄金定律就是用这一形式表述的。

当然，我们也能根据式(3.18)来进行比较静态分析，例如：

$$\frac{\partial r^*}{\partial Y_2} = \frac{1}{\beta Y_1} > 0 \tag{3.19}$$

式(3.19)告诉我们，当第 2 期的外生总收入增加时，均衡的利率也将增加。这一结论背后的经济含义是：假如第 2 期外生收入增加，消费者将愿意增加第 1 期债券的发行量（借钱消费）以平滑两期的消费，然而在均衡时，这是不可能发生的，因为净债券持有量必须等于零，所以，均衡的利率必须上升，以此来抑制消费者发行债券（借钱消费）以平滑两期消费的冲动。

一旦求得均衡的利率，我们也可以求得相应的其他变量的均衡解。

第二节　考虑资本的两期动态模型

纯交换动态模型虽然可以帮助我们很好地理解行为人的储蓄行为，但是如果我们想深入理解经济增长问题，必须考虑资本积累问题，因此，需要在两期模型中引入资本。

一、决策环境：偏好、技术与禀赋

（一）基本假设

经济由一个代表性的厂商和一个代表性的消费者所组成，经济活动仅进行两期。消费者将决定最优的消费数量和储蓄数量（或资本供给数量），代表性厂商将决定最合适的资本使用数量。消费者和厂商的行为是竞争性的，也即他们都是在视市场价格为既定的情况下来做决策的。消费者拥有厂商。

（二）偏好

我们仍用如式(3.1)所示的一个简单的可分离效用函数来代表消费者的偏好。

（三）技术

出于简单考虑，我们假设厂商生产只需要资本不需要劳动。厂商根据如下的生产函数进行消费品的生产：

$$y = zf(k) \tag{3.20}$$

式中,y 是产出;k 是资本投入;z 是全要素生产率参数。我们假设生产函数具有如下性质,即 $f'(k)>0, f''(k)<0$,同时,也满足稻田条件,即

$$\lim_{k\to 0} f'(k) = \infty, \lim_{k\to \infty} f'(k) = 0 \tag{3.21}$$

(四) 禀赋

代表性消费者在第 1 期时拥有 k_0 单位的商品禀赋,这些商品既可以消费也可以作为资本使用,也即商品和资本之间是可以一对一转换的。同样,我们也规定初始资本只能租给厂商而不能直接用于自己消费①。

二、消费者和厂商的最优化行为

(一) 消费者的最优化行为

需要注意的是,在目前这个模型里,我们并没有假设生产函数是规模报酬不变的,因而均衡时厂商的利润就可能不为零。因为我们曾假设厂商由消费者所拥有,所以,厂商的利润也将归消费者所有,但是我们假定消费者在做决策时把利润看作外生变量,也即他们并不知道自己的决策与利润之间的联系。这样,消费者在时期 1 和时期 2 的预算约束方程分别为

$$c_1 + s_1 = (1+r_1) k_1^s + \pi_1 \tag{3.22}$$

$$c_2 = (1+r_2) s_1 + \pi_2 \tag{3.23}$$

式中,k_1^s 表示消费者在第 1 期的资本供给。由于我们已经强行规定初始资本只能租给厂商而不能直接用于消费,因此理性的消费者必然会把所有的初始资本都提供到第 1 期的资本市场上去。因而一定有 $k_1^s = k_0$。s_1 是消费者在第 1 期的储蓄,这一储蓄也是第 2 期生产的资本来源,因此,它也代表了消费者在第 2 期的资本供给 k_2^s。

消费者面临的问题是在把利率 r_1、r_2 视为外生给定并且在预算的约束下,通过寻找一个合适的 (c_1, c_2, s_1) 组合来实现效用的最大化。我们可以把消费者面临的最优化问题规范化地表述为

$$\max\{u(c_1) + \beta u(c_2)\} \tag{3.24}$$
$$\text{s.t.} \quad c_1 + s_1 = (1+r_1) k_1^s + \pi_1$$
$$c_2 = (1+r_2) s_1 + \pi_2$$

---

① 注意,在一个动态模型中,当我们做了这样的强行规定以后,实际上意味着行为人的决策都是在每 1 期的期末做出的。比如,在这个两期模型里,消费者在第 1 期的期初会无条件地把所有初始资本都租给企业(因为如果不租给企业,这些资本也不能给他带来任何效用),然后企业进行生产,到第 1 期期末时,生产结束,企业连本带息把租来的资本还给消费者。当消费者从企业那里得到自己的本金——初始资本以及资本的利息收入以后,开始做第 2 期的决策:本期消费多少,为下一期预留多少生产资本。如果是 3 期模型,那么第 2 期的决策同样也是在第 2 期的期末做出的,依次类推。

我们可以通过构建拉格朗日函数来具体求解上述模型,最终得到类似于上文的欧拉方程。将预算约束方程式(3.22)和式(3.23)代入欧拉方程,消掉c_1和c_2,我们可以看到,欧拉方程实际上也是消费者的储蓄函数(或资本供给函数)。

(二)厂商的最优化行为

厂商的利润函数可以表述为

$$\pi_1 = zf(k_1^D) - (1+r_1)k_1^D + (1-\delta)k_1^D \tag{3.25}$$

$$\pi_2 = zf(k_2^D) - (1+r_2)k_2^D + (1-\delta)k_2^D \tag{3.26}$$

式中,k_1^D和k_2^D分别代表厂商在第1期和第2期的资本需求;δ代表折旧率。在这里,出于简单化考虑,我们仍旧假设$\delta=1$。

厂商在把r_1和r_2视为外生给定的情况下,通过选择一个恰当的资本投入数(k_1^D, k_2^D)来最大化利润。显然,这个最优化问题的两个一阶条件分别为

$$zf'(k_1^D) = 1 + r_1 \tag{3.27}$$

$$zf'(k_2^D) = 1 + r_2 \tag{3.28}$$

对应每一个实际利率r,厂商都会根据$zf'(k^D)=1+r$的原则选择一个相应的资本使用数量k^D。这意味着厂商的资本边际产出曲线也就是厂商的资本需求曲线。

三、市场均衡

就目前分析的两期模型而言,价格有两个,即利率r_1、r_2。模型中总共有三个市场必须出清:

第一个是第1期的资本市场,出清条件为

$$k_1^S = k_0 = k_1^D \tag{3.29}$$

第二个是第2期的资本市场,出清条件为

$$k_2^S = k_2^D \tag{3.30}$$

第三个是商品市场,出清条件为

$$c_1 + c_2 = k_0 + [zf(k_1^D) - k_1^D] + [zf(k_2^D) - k_2^D] \tag{3.31}$$

式(3.31)右边的第一项为初始的资本存量;后两项分别表示第1期与第2期的净产出。根据式(3.29)所示的第1期资本市场出清的条件可知$k_0 = k_1^D$,因此,商品市场的出清条件可以进一步简化为

$$c_1 + c_2 = zf(k_1^D) + zf(k_2^D) - k_2^D \tag{3.32}$$

根据瓦尔拉斯定理,一个经济有n个市场,只要$n-1$个市场出清,剩余的1个市场自动会出清。这里,我们就忽略第三个市场出清条件。

现在,我们有八个未知数需要求解,它们分别是c_1、c_2、r_1、r_2、k_1^S、k_2^S、k_1^D、k_2^D,相应的,我们也有两个预算约束条件、两个均衡条件、两个资本供给函数、两个资本求函数。八个方程组恰好可以求解八个未知数。

如果我们假设效用函数和生产函数的具体形式如下:

$$u(c_t) = \ln c_t \tag{3.33}$$

$$y = zf(k) = zk^\alpha$$

我们可以求解出均衡时具体的解析解，它们各自为

$$r_1^* = \alpha z k_0^{\alpha-1} - 1 \tag{3.34}$$

$$r_2^* = z\alpha \left(\frac{\alpha\beta z k_0^\alpha}{1+\alpha\beta}\right)^{\alpha-1} - 1 \tag{3.35}$$

$$c_1^* = \frac{z k_0^\alpha}{1+\alpha\beta} \tag{3.36}$$

$$c_2^* = z \left(\frac{\alpha\beta z k_0^\alpha}{1+\alpha\beta}\right)^\alpha \tag{3.37}$$

$$k_1^* = k_0 \tag{3.38}$$

$$k_2^* = \frac{\alpha\beta z k_0^\alpha}{1+\alpha\beta} \tag{3.39}$$

一旦求得了两期各自的均衡利率和均衡资本使用数量，将这些均衡解代入两期的利润函数中，我们也可以进一步求得两期的最大利润，分别为

$$\pi_1^* = z(1-\alpha) k_0^\alpha \tag{3.40}$$

$$\pi_2^* = z(1-\alpha) \left(\frac{\alpha\beta z k_0^\alpha}{1+\alpha\beta}\right)^\alpha \tag{3.41}$$

四、计划者最优

假设经济中存在着一个为消费者利益服务的计划者。计划者在资源的约束下最大化消费者的最大效用。计划者实际上就是通过求解如下一个问题来实现效用的最大化：

$$\max\{u(c_1) + \beta u(c_2)\} \tag{3.42}$$

$$\text{s.t.} \quad c_1 = zf(k_0) - k_2$$

$$c_2 = zf(k_2)$$

利用预算约束条件替换掉目标函数中的 c_1 和 c_2，上述最优化问题可简化为

$$\max_{k_2}\{u[zf(k_0) - k_2] + \beta u[zf(k_2)]\} \tag{3.43}$$

该最优化问题的一阶条件为

$$-u'[zf(k_0) - k_2] + z\beta u'[zf(k_2)]f'(k_2) = 0 \tag{3.44}$$

式(3.44)就是变形后的欧拉方程。

和前面的分析一样，一旦我们给定具体的效用函数和生产函数，利用欧拉方程和两个预算约束条件组成的方程组，我们能进一步求得计划最优的解：

$$c_1^* = \frac{z k_0^\alpha}{1+\alpha\beta} \tag{3.45}$$

$$c_2^* = z \left(\frac{\alpha\beta z k_0^\alpha}{1+\alpha\beta}\right)^\alpha \tag{3.46}$$

$$k_1^* = k_0 \tag{3.47}$$

$$k_2^* = \frac{\alpha\beta z\, k_0^\alpha}{1+\alpha\beta} \tag{3.48}$$

需要注意的是,我们通过社会计划方式得到的最优解与通过市场方式产生的解是完全相同的,也就是说,在我们的这个简单的模型里,竞争均衡解与计划最优解(帕累托最优)是完全相同的。

第三节　考虑资本和劳动的两期竞争均衡模型

前面两个模型虽然简单,但是可以让我们很好地理解两期动态模型的基本实质,稍显不足的是这两个模型都没有考虑劳动的供给与需求问题,从而无法探讨影响就业的因素。在本节,我们将在模型中引入劳动力市场,从而形成一个完整的宏观模型。虽然我们的模型只有两期,但是在某种意义上说,它已经涵盖了多期甚至是无限期问题的基本经济含义,十分值得花些时间好好研究一番。

一、决策环境:偏好、技术与禀赋

(一)基本环境

经济仍由一个代表性的厂商和一个代表性的消费者所组成,经济活动仅进行两期。消费者将决定最优的消费数量、储蓄数量(资本供给数量)和劳动供给数量,代表性厂商将决定最合适的资本使用数量和劳动使用数量。消费者和厂商的行为是竞争性的,也即他们都是在视市场价格为既定的情况下来做决策的。消费者拥有厂商。

(二)偏好

我们用如下的一个简单的可分离效用函数来代表消费者的偏好:

$$v(c_1,c_2,l_1,l_2) = u(c_1,l_1) + \beta u(c_2,l_2) = u(c_1) + u(l_1) + \beta u(c_2) + \beta u(l_2) \tag{3.49}$$

该效用函数具备我们在前面内容中所描述的一切特征。

(三)技术

厂商根据如下的生产函数进行消费品的生产:

$$y = zf(k,n) \tag{3.50}$$

式中,y 是产出;k 是资本投入;n 是劳动投入;z 是全要素生产率参数。我们仍假设生产函数是一个严格准凹、二次可微、一次齐次、对每一个变量都是严格递增的函数。同时,我们也假设生产函数满足稻田条件:

$$\lim_{k\to 0} f'(k,n) = \infty,\ \lim_{k\to\infty} f'(k,n) = 0 \tag{3.51}$$

(四)禀赋

代表性消费者拥有 k_0 单位的初始资本,这些资本是以消费品的形式存在的,也即商品和资本之间是可以一对一转换的。我们仍旧规定初始资本只能租给厂商而不能直接用于自己消费。同时,代表性消费者在每一期都拥有 h 单位的时间禀赋,它们既可以用于劳动也可以用于闲暇。

在给出了基本决策环境以后,我们同样可以来看看在这个模型中代表性行为主体——消费者和厂商的处境。现在,消费者实际上面临着双重矛盾,或者说消费者要做出双重权衡:首先,消费者要在消费和闲暇之间做出权衡;其次,消费者要在当前消费和未来消费之间做出权衡。因为这是一个两期模型,而在每一期里消费者都要在消费和闲暇之间做出权衡,因此,可以预想,消费者为了追求效用的最大化,一定需要三个最佳的权衡依据。厂商面对的矛盾与前面几个模型是一样的,这里就不再赘述了。一旦明白了消费者和厂商面临的矛盾或者说所需要解决的问题,我们就可以具体地看他们是怎样寻找各自的最佳权衡依据的。

二、消费者和厂商的最优化行为

(一) 消费者的最优化行为

消费者把 w 和 r 视为外生给定,在预算约束下寻求自己的效用最大化,也就是说每个消费者都在求解如下这样一个最优化问题:

$$\max_{c_1,c_2,l_1,l_2,s_1} \{u(c_1) + u(l_1) + \beta u(c_2) + \beta u(l_2)\} \quad (3.52)$$

$$\text{s.t.} \quad c_1 + s_1 = w_1(h - l_1) + (1 + r_1) k_1^S \quad (3.53)$$

$$c_2 + s_2 = w_2(h - l_2) + (1 + r_2) k_2^S \quad (3.54)$$

$$k_1^S = k_0 \quad (3.55)$$

$$k_2^S = s_1 \quad (3.56)$$

$$s_2 = 0 \quad (3.57)$$

$$n_1^S + l_1 = h \quad (3.58)$$

$$n_2^S + l_2 = h \quad (3.59)$$

式中,k_1^S 和 k_2^S 是消费者在第 1 期和第 2 期租给厂商的资本数量;式(3.53)和式(3.54)是预算约束方程;式(3.55)说明消费者在第 1 期租给厂商的资本数 k_1^S 等于消费者外生拥有的资本数量 k_0;式(3.56)说明消费者在第 2 期租给厂商的资本数量 k_2^S 等于消费者在第 1 期的储蓄数量 s_1;因为行为人只生活两期,所以他不会为第 3 期进行储蓄,因此,约束条件式(3.57)是自然成立的;式(3.58)和式(3.59)是时间禀赋约束。

为了求解消费者的最优化问题,我们可以构建如下一个拉格朗日方程:

$$L = u(c_1) + u(l_1) + \beta u(c_2) + \beta u(l_2) + \lambda_1 [w_1(h - l_1) + (1 + r_1) k_1^S - c_1 - s_1] + \lambda_2 [w_2(h - l_2) + (1 + r_2) k_2^S - c_2 - s_2] \quad (3.60)$$

对此方程进行求解可以得到

$$\frac{u'(c_1)}{u'(c_2)} = \beta(1 + r_2) \quad (3.61)$$

$$\frac{u'(l_1)}{u'(c_1)} = w_1 \tag{3.62}$$

$$\frac{u'(l_2)}{u'(c_2)} = w_2 \tag{3.63}$$

将预算约束条件代入式(3.61)、式(3.62)和式(3.63),消掉其中的c_1和c_2,我们可以看到,式(3.61)实际上隐性地描述了消费者的储蓄函数s_1,也即消费者第2期的资本供给函数k_2^S;式(3.62)则隐性地描述了消费者第1期的闲暇需求函数,或者说第1期的劳动供给函数;同理,式(3.63)则隐性地描述了消费者第2期的闲暇需求函数,或者说第2期的劳动供给函数。

(二)厂商的最优化行为

厂商第1期和第2期的利润函数分别为

$$\pi_1 = zf(k_1^D, n_1^D) - w_1 n_1^D - (1+r_1)k_1^D + (1-\delta)k_1^D \tag{3.64}$$

$$\pi_2 = zf(k_2^D, n_2^D) - w_2 n_2^D - (1+r_2)k_2^D + (1-\delta)k_2^D \tag{3.65}$$

式中,k_1^D、k_2^D、n_1^D、n_2^D各自代表厂商在第1期和第2期的资本需求以及在第1期和第2期的劳动需求。在这里,同样出于简单化考虑,我们仍假定资本折旧率为1。

厂商在把w和r视为既定的情况下,通过选择恰当的资本投入数量和劳动投入数量来实现最大化利润。厂商利润最大化的条件可由如下的四个一阶条件来描述:

$$zf_1(k_1^D, n_1^D) = 1 + r_1 \tag{3.66}$$

$$zf_2(k_1^D, n_1^D) = w_1 \tag{3.67}$$

$$zf_1(k_2^D, n_2^D) = 1 + r_2 \tag{3.68}$$

$$zf_2(k_2^D, n_2^D) = w_2 \tag{3.69}$$

对应于每一个实际利率r_1,厂商都会根据$zf_1(k_1^D, n_1^D) = 1+r_1$的原则选择一个相应的资本使用数量$k_1^D$;对应于每一个实际利率$r_2$,厂商都会根据$zf_1(k_2^D, n_2^D) = 1+r_2$的原则选择一个相应的资本使用数量$k_2^D$。这意味着,第1期与第2期厂商的资本边际产出曲线实际上也就是厂商的资本需求曲线。同理,根据式(3.67)和式(3.69)我们知道,第1期与第2期厂商的劳动边际产出曲线实际上也就是厂商的劳动需求曲线。

三、市场均衡

这个完整的两期模型中总共有五个市场必须出清:
第一个是第1期资本市场,出清条件是

$$k_1^S = k_0 = k_1^D \tag{3.70}$$

第二个是第2期资本市场,出清条件是

$$k_2^S = s_1 = k_2^D \tag{3.71}$$

第三个是商品市场,出清条件为

$$c_1 + c_2 = zf(k_1^D, n_1^D) + zf(k_2^D, n_2^D) - k_2^D \tag{3.72}$$

第四个是第 1 期的劳动力市场，出清条件为

$$n_1^S = h - l_1 = n_1^D \tag{3.73}$$

第五个是第 2 期的劳动力市场，出清条件为

$$n_2^S = h - l_2 = n_2^D \tag{3.74}$$

根据瓦尔拉斯定理，一个经济有 n 个市场，只要 $n-1$ 个市场出清，剩余的一个市场自动会出清。因为其中一个市场可以被标准化。这里，我们就忽略第三个市场，也即商品市场的出清条件。

现在，我们有十四个未知数需要求解，它们是 c_1、c_2、l_1、l_2、r_1、r_2、k_1^S、k_2^S、k_1^D、k_2^D、n_1^D、n_2^D、w_1、w_2。而相应的，我们也有两个预算约束条件、四个均衡条件、两个资本供给函数、四个闲暇需求函数或者劳动供给函数、两个资本需求函数和两个劳动需求函数，共有十四个方程组恰好可以求解十四个未知数。

四、计划者最优

计划者在资源的约束下最大化消费者的效用。计划者实际上就是通过求解如下一个最优化问题来实现消费者的效用最大化：

$$\max_{c_1,c_2,l_1,l_2,k_2} \{u(c_1) + u(l_1) + \beta u(c_2) + \beta u(l_2)\} \tag{3.75}$$

$$\text{s.t.} \quad c_1 + k_2 = zf[k_0, (h-l_1)] \tag{3.76}$$

$$c_2 = zf[k_2, (h-l_2)] \tag{3.77}$$

可构建拉格朗日函数

$$L = u(c_1) + u(l_1) + \beta u(c_2) + \beta u(l_2) + \lambda_1\{zf[k_0,(h-l_1)] - c_1 - k_2\} - \lambda_2\{zf[k_2,(h-l_2)] - c_2\} \tag{3.78}$$

并求解 c_1、c_2、l_1、l_2、λ_1、λ_2、k_2 的一阶条件，可以得到：

$$\frac{u'(c_1)}{\beta u'(c_2)} = zf_1[k_2,(h-l_2)] \tag{3.79}$$

$$\frac{u'(l_1)}{u'(c_1)} = zf_2[k_0,(h-l_1)] \tag{3.80}$$

$$\frac{u'(l_2)}{u'(c_2)} = zf_2[k_2,(h-l_2)] \tag{3.81}$$

式(3.79)是欧拉方程。现在两个预算约束方程式(3.76)和式(3.77)加上式(3.79)、式(3.80)和式(3.81)，可以得到由五个方程组成的联立方程组，对应着五个未知数 c_1、c_2、l_1、l_2、k_2，恰好可以求解。

通过上面对完整的两期动态模型的介绍，我们可以看到，在动态模型的每一期中，不管它是几期的动态模型，行为人首先要像在静态模型中一样，要在消费和闲暇之间做出选择，这是动态模型与静态模型相同的地方，但是动态模型毕竟是不同于静态模型的，行为人除了要在每一期内部做消费与闲暇之间的选择以外，还要考虑消费如何在相邻两期之间进行分配以实现

所有期效用的最大化。特别需要注意的是,行为人需要做相邻两期之间的消费选择,也就是说,如果是一个三期模型,就必须有两个欧拉方程,一个指导消费者如何在第 1 期与第 2 期之间做消费选择,另一个指导消费者如何在第 2 期与第 3 期之间做消费选择。依次类推,如果有 N 期,那么就一定会有 $N-1$ 个欧拉方程来指导消费者做相邻两期之间的消费选择。

本章习题

1. 在纯交换的两期模型中,欧拉方程给出了行为人为了实现第 1 期和第 2 期两期总的效用最大化,必须如何让消费在两期之间进行分配的一个基本原则。满足这一原则,则行为人一生效用就会最大;不满足这一原则,则行为人一生效用就一定还有提高的余地。请分析为什么这一原则能做到这一点。

2. 在考虑资本的两期动态模型中,要达到市场均衡条件,有几个市场需要出清? 具体出清条件是什么?

3. 在考虑资本和劳动的两期竞争均衡模型中,要达到市场均衡条件,有几个市场需要出清? 具体出清条件是什么?

4. 考虑一个仅生活两期的代表性行为人。在第 1 期,行为人参加工作并可获得 w 的工资收入,在第 2 期,行为人退休并以自己在第一期的储蓄为生。行为人一生的效用为 $u(c_1)+\frac{1}{1+\rho}u(c_2)$,其中期效用函数是递增且严格的,$c_1$、$c_2$ 分别表示行为人在第 1 期和第 2 期的消费数量。假定行为人在第 1 期的储蓄(记为 s)可以获得的报酬率也即利率为 r。

(1) 写出行为人的最优化问题(目标函数和约束条件)。

(2) 推导出行为人实现效用最大化时的一阶条件,并用储蓄 s 表达出来。

(3) 根据题(2)的结果,推导出 $\partial s/\partial w$ 的表达式。分析工资收入变动会对储蓄产生怎样的影响,对你的结论给出一个简单的经济解释。

(4) 根据题(2)的结果,推导出 $\partial s/\partial r$ 的表达式。分析利率变动会对储蓄产生怎样的影响,同时,请试着推导该偏导数的符号与跨期替代弹性[我们定义为 $\sigma(c)=-\frac{u'(c)}{cu''(c)}$]之间的关系。

5. 若一个两期模型中的效用函数为 $u(c_t)=c_t^{\frac{1}{2}}$,回答以下问题:

(1) 试推导出欧拉方程。

(2) 试求代表性消费者的最优消费组合 (c_1^*, c_2^*, b_1^*)。

(3) 试求均衡的利率 r^*。

6. 假设一个人只生活两期。在每一期里她都可以获得一些消费品:第 1 期记为 e_1,第 2 期记为 e_2。她对两期消费品的偏好可由如下的效用函数来表达:$u(c_1,c_2)=\ln c_1+\beta\ln c_2$,其中,$c_1$ 和 c_2 分别是她在第 1 期和第 2 期的消费;β 是一个介于 0 和 1 之间的参数,表示的是时间偏好。如果她觉得第 1 期的禀赋 e_1 太多,她可以把它储蓄起来,以供第 2 期消费,她储蓄的数量记为 s。然而,别人会偷吃她储蓄的物品,因此,假如她在第 1 期储蓄 s 单位的物品,在第 2 期她只能得到 $(1-\delta)s$ 单位,其中,δ 是一个介于 0 和 1 之间的参数。

(1) 试写出这个人的最优化问题(描述出她的选择变量、目标函数和约束条件)。

(2) 试求最优化问题的解(把诸如 e_1、e_2、β、δ 等参数看作外生给定的)。

(3) 假如这个人发现了一种可以减少别人偷吃的方法,这会对她的最优选择产生怎样的影响?(对 δ 的变化做一个比较静态分析)

7. 假设行为人在初始时拥有外生给定的资本 k_0,并且这些资本是不能直接用于消费的。取消资本不能直接用于消费这一强制性规定,这样第 1 期的收入就不需要自己去生产了。试求每一期的均衡数量解和价格解。

第四章 代际交叠模型

在本章里,我们要介绍一个在戴蒙德和萨缪尔森研究的基础上发展起来的特别模型——代际交叠模型(overlapping generations model)。对于研究经济增长而言,这一模型非常有用:第一,这一模型比无限水平的代表性行为人模型更接近现实;第二,从这一模型中,我们可以得到与无限水平的代表性行为人模型完全不同的含义;第三,这一模型为探讨政府债务、社会养老保险模式等问题提供了理论空间。

代际交叠模型的一个关键特征是市场不完全,这个不完全是在下述意义上说的:经济行为人只生活有限期,当前活着的行为人不能与还没有出生的行为人进行交易。这样的假定导致的结果之一是,竞争均衡将不再是帕累托最优的了,李嘉图等价定理也不再成立。因此,税收的时间和政府债务的规模都是非常重要的。没有政府的干预,资源不能在每一代行为人之间实现最优的分配,资本的积累也就有可能是次优的。因此,政府债务政策可以作为一个通过重新分配各代行为人之间的财富来实现行为人最优储蓄的工具加以使用。

第一节 代际交叠模型概述

一、决策环境:偏好、技术、人口、禀赋

(一)基本环境

经济由许多本质上相同的、仅生活两期的消费者和大量本质相同的厂商所组成,经济活动进行无限期。消费者通过寻求最优的两期消费组合来实现自己的效用最大化。

(二)偏好

每个时期 t 出生的消费者的偏好由式(4.1)给定:
$$u(c_{1t}, c_{2t+1}) = u(c_{1t}) + \beta u(c_{2t+1}) \tag{4.1}$$

式中,c_{1t} 和 c_{2t+1} 分别表示第 t 期的年轻人和第 $t+1$ 期的老年人的消费,也就是同一个行为人在青年期和老年期的消费。当然,我们也假设效用函数 $u(\cdot)$ 是一个连续可微、严格递增、严格凹的函数。它也满足稻田条件:$\lim_{c \to 0} f'(c) = \infty, \lim_{c \to \infty} f'(c) = 0$。

(三) 技术

代表性厂商租用资本和雇佣劳动作为自己的投入要素来生产消费品,生产技术由式(4.2)给出:

$$Y_t = F(K_t, N_t) \tag{4.2}$$

式中,Y_t是总产出;K_t是总资本存量;N_t是经济活动中的总人口(也就是消费者的人数)。

同时,我们也假定生产函数是一个严格准凹、二次可微、一次齐次、对每一个变量是严格递增的函数。因此,仍可以使用密集形式的生产函数$y_t = f(k_t)$来重新表述式(4.2)。

(四) 人口

经济在初始时有N_0个本质上相同的消费者(或初始人口),并且假设人口也即劳动供给以外生速率$\gamma_N = n$增长,这样有

$$N_{t+1} = (1+n)N_t = (1+n)^{t+1}N_0 \tag{4.3}$$

(五) 禀赋

在每一期里,有N_t个生活两期的消费者出生,每个消费者在第1期拥有一单位劳动禀赋,这一单位劳动禀赋将无弹性地提供到劳动力市场上。而在第2期则拥有0单位的劳动禀赋。在$t=0$时期有N_0个新出生的人口(初始人口),也有$N_0/(1+n)$个老年消费者活着,他们仅仅生活一期,不参与经济活动但集体拥有K_0单位的资本。这些资本既可以用于生产也可以用于消费,即消费品与资本品是可以一对一进行转换的。

表4-1给出了代际交叠经济中的人口结构示意,从中可以看到经济活动的时期数是无限的,同时,行为人的"代数"也是无限的。正是这个"双重无限"揭示出了代际交叠模型中经济活动的本质特征。

表4-1 人口的代际交叠结构示意

期数	代数					
	0	1	2	...	t	$t+1$
0	N_0					
1	N_0	$N_0(1+n)$				
2		$N_0(1+n)$	$N_0(1+n)^2$			
3			$N_0(1+n)^2$			
⋮						
t					$N_0(1+n)^t$	
$t+1$					$N_0(1+n)^t$	$N_0(1+n)^{t+1}$

二、分散经济下的最优

我们假设整个经济是处在分散经济下的,即经济是一个由许多个体的经济组成的系统,每个个体都是分散决策者。每个分散的个体决策者的决策都会对整个经济产生影响。

(一)年轻消费者的最优化行为

为了分析简单化,我们假定由年轻消费者代表整个家庭,消费者的效用函数是一个常相对风险规避型效用函数(CRRA),具体形式为

$$u(c_t) = \frac{c_t^{1-\theta} - 1}{1-\theta} \qquad \theta > 0 \tag{4.4}$$

那么,出生在 t 期的代表性年轻消费者的最优化问题用数学语言表示出来就是

$$\max_{c_{1t}, c_{2t+1}, s_t} \frac{c_{1t}^{1-\theta} - 1}{1-\theta} + \beta \frac{c_{2t+1}^{1-\theta} - 1}{1-\theta} \tag{4.5}$$

$$\text{s.t.} \quad c_{1t} + s_t = w_t \tag{4.6}$$

$$c_{2t+1} = s_t(1 + r_{t+1}) \tag{4.7}$$

式中,w_t 是工资率;r 是资本的租金率;s_t 是年轻时的储蓄。注意,这里资本的租金率实际上就是利率。消费者在视 w_t、r_{t+1} 为外生给定的情况下,通过选择储蓄和消费来最大化自己一生的效用。假设在时期 t,消费者知道资本的租金率为 $t+1$。也就是说,我们考虑的是一种理性预期或者说完全预期的均衡,在这种均衡中,消费者能准确预期出未来的价格,并基于这个预期的价格来做出自己的最优选择。而且,在均衡时,预期是正确的,也即没有人会犯系统性的预期错误,因为在这个模型里,没有引入不确定性,所以,只要行为人是理性预期的,那么在均衡时预期是不会发生错误的。

把约束条件式(4.6)和式(4.7)代入目标函数,消掉目标函数中的 c_{1t}、c_{2t+1},可以得到一个仅含一个决策变量 s_t 的最优化问题。实现该最优化问题的一阶条件为

$$\beta c_{2t+1}^{-\theta} = \frac{1}{1 + r_{t+1}} c_{1t}^{-\theta} \tag{4.8}$$

或者

$$\frac{c_{2t+1}}{c_{1t}} = \left(\frac{1 + r_{t+1}}{1 + \rho}\right)^{1/\theta} \tag{4.9}$$

这里,我们再一次用到了 $\beta = \frac{1}{1+\rho}$ 的定义。式(4.9)就是我们熟悉的欧拉方程。它告诉我们,t 期的年轻消费者为了实现一生效用最大(年轻时和年老时的总效用)必须根据这一规则去安排年轻时和年老时的消费。式(4.9)表明,代表性消费者的消费是随时间递增还是递减,取决于实际利率是大于还是小于贴现率。θ 决定着个人的消费对 r 与 ρ 之差的反应程度有多大。

另外,我们通过消掉预算约束条件中的储蓄 s_t,可以把式(4.6)和式(4.7)合并成一个用现值表示的预算约束条件,为

$$c_{1t} + \frac{1}{1+r_{t+1}} c_{2t+1} = w_t \tag{4.10}$$

式(4.10)表明行为人一生消费的现值必须等于初始财富(此处为0)加上劳动收入的现值。

现在,我们可以利用欧拉方程,也即式(4.9)替代掉预算约束方程式(4.10)中的c_{2t+1},从而得到一个用劳动收入和利率表示的行为人第1期(也即年轻时)的消费函数

$$c_{1t} = \frac{(1+\rho)^{1/\theta}}{(1+\rho)^{1/\theta} + (1+r_{t+1})^{(1-\theta)/\theta}} w_t \tag{4.11}$$

式(4.11)表明利率决定了行为人的收入中用于第1期消费的比例。再将式(4.11)代入预算约束方程式(4.6)中,可以把最优储蓄写成是一个关于工资率和资本的租金率的函数

$$s_t = s(w_t, r_{t+1}) = \frac{(1+r_{t+1})^{(1-\theta)/\theta}}{(1+\rho)^{1/\theta} + (1+r_{t+1})^{(1-\theta)/\theta}} w_t \tag{4.12}$$

假设消费者在年轻时和年老时消费的商品都是正常商品,那么根据式(4.12)可以知道$\frac{\partial s}{\partial w_t} > 0$,也就是说,当工资收入上升时,行为人的储蓄将增加。但是,$\frac{\partial s}{\partial r_{t+1}} > 0$的符号是不确定的。具体而言,式(4.12)表明,当且仅当$(1+r_{t+1})^{(1-\theta)/\theta}$随$r$递增时,年轻人的储蓄才随着$r$递增。$(1+r_{t+1})^{(1-\theta)/\theta}$的导数为$[(1-\theta)/\theta](1+r_{t+1})^{(1-2\theta)/\theta}$。因此,如果$\theta < 1$,则$s$随$r$递增;如果$\theta > 1$,则$s$随$r$递减。要理解其中的缘由也不难,从以现值表示的预算约束方程式(4.10)中可以看到,当我们把行为人第1期(年轻时)消费的商品的价格标准化为1以后,其第2期(年老时)消费的商品的价格就为$\frac{1}{1+r}$。利率r上升实际上就意味着第2期商品的价格下降了。当商品的价格发生变化时,必然会产生两种效应:替代效应和收入效应。

从收入效应的角度看,价格下降会提高两期的总收入,因而会使两期的消费都增加,第1期(年轻时)的消费增加必然会减少第1期的储蓄。从替代效应的角度看,第2期的商品相对于第1期的商品更便宜了,行为人会增加第2期商品的消费而减少第1期商品的消费。这会导致第1期的储蓄增加。当θ比较小(具体而言,是$\theta < 1$)时,从效用函数中可以看到,随着消费的增加,边际效用下降会比较慢,这时,行为人需要增加很多第2期的消费同时减少很多第1期的消费才能使式(4.9)所示的欧拉方程重新相等起来。也就说,在这种情形下,行为人是很愿意在两期消费之间进行替代以利用利率与贴现率之间的差异。此时,替代效应会大于收入效应,从而导致s随r递增。当θ比较大(具体而言,是$\theta > 1$)时,根据上面的逻辑可以知道行为人对在两期消费之间进行替代以利用利率与贴现率之间差异的意愿不会很强烈,因而替代效应会小于收入效应,从而导致s随r递减。在$\theta = 1$的特殊情形下,此时,常相对风险规避型效用函数退化为对数型,替代效应恰好等于收入效应,此时,年轻人的储蓄s将与利率r无关。

(二)厂商的最优化行为

对于厂商的行为来说,只需要求解如下一个静态的最优化问题:

$$\max_{K_t, N_t}\{F(K_t, N_t) - w_t N_t - (1+r_t)K_t + (1-\delta)K_t\} \tag{4.13}$$

在这里,出于简单化考虑,我们假设折旧率 $\delta=1$,这样可以把式(4.13)简化为

$$\max_{K_t, N_t}\{F(K_t, N_t) - w_t N_t - (1+r_t)K_t\} \tag{4.14}$$

最大化这个问题的一阶条件就是通常的边际条件:

$$F_1(K_t, N_t) - (1+r_t) = 0 \tag{4.15}$$

$$F_2(K_t, N_t) - w_t = 0 \tag{4.16}$$

因为生产函数是一次齐次的,我们能把这两个一阶条件改写为

$$f'(k_t) - (1+r_t) = 0 \tag{4.17}$$

$$f(k_t) - k_t f'(k_t) - w_t = 0 \tag{4.18}$$

(三)竞争均衡

对于每一个时期 $t=0,1,2,\cdots$,在给定初始的资本劳动比率 k_0 的情况下,竞争均衡是一个数量序列 $\{k_{t+1}, s_t\}_{t=0}^{\infty}$ 和一个价格序列 $\{w_t, r_t\}_{t=0}^{\infty}$ 的均衡,它们满足三个条件:①消费者最优;②厂商最优;③市场出清。

这里一共有三个市场,即劳动力市场、资本市场和商品市场。根据瓦尔拉斯定理,一个市场只要两个市场出清,另一个市场会自动出清,因此省略商品市场。消费者最优的行为由式(4.12)得到概括,这一方程实际上就是资本的供给函数,而式(4.17)则隐含地给出了资本的需求函数;消费者的劳动供给是固定的,劳动的需求隐含在式(4.18)中。利用这两个出清条件可以求出均衡的数量解和价格解,但是在这里重点关注的是稳定均衡解而不是每一期的均衡解,因此,可以利用 t 期年轻人的储蓄将成为下一期生产资本来源这一条件来获得稳定的资本存量解:

$$K_{t+1} = N_t s(w_t, r_{t+1}) \tag{4.19}$$

或者

$$(1+n)k_{t+1} = s(w_t, r_{t+1}) \tag{4.20}$$

将式(4.17)和式(4.18)代入式(4.20)中,消掉其中的 w_t 和 r_{t+1},可以得到

$$k_{t+1} = \frac{(f'(k_{t+1}))^{(1-\theta)/\theta}}{(1+\rho)^{1/\theta} + (f'(k_{t+1}))^{(1-\theta)/\theta}} \cdot \frac{[f(k_t) - k_t f'(k_t)]}{1+n} \tag{4.21}$$

式(4.21)隐性地给出了 k_{t+1} 和 k_t 之间的函数关系,我们把它描述为人均资本的运动轨迹。

三、计划经济下的最优

我们分析了分散经济的最优化行为以后,再来看看社会计划最优的情况。假设整个经济处在集中经济条件下,存在着一个社会计划者来代替分散经济中的各个个体决策而进行集中决策。在社会计划者经济下,社会计划者控制着生产资本积累以及消费品在年轻人和年老人之间的分配,社会计划者的目标则是实现社会所有消费者效用的最大化。

在时期 t,社会计划者面临的资源约束条件可描述为

$$c_{1t}N_t + c_{2t}N_{t-1} + K_{t+1} = F(K_t, N_t) \tag{4.22}$$

式(4.22)的右边是时期 t 可以获得的商品数量；左边的前两部分表示 t 期年轻人和年老人的消费，后一部分是 $t+1$ 期的生产资本。

按照以前同样的处理方式，把每个变量都表示成人均的形式将会使分析更为方便。定义 $k_t \equiv \frac{K_t}{N_t}, f(k_t) \equiv F(k_t, 1)$，这样，我们可以将式(4.22)重写为

$$(1+n)k_{t+1} + c_{1t} + \frac{c_{2t}}{1+n} = f(k_t) \tag{4.23}$$

尽管社会计划最优为我们提供了一个很好的评价消费者福利的标准，但是在模型里要把社会计划最优的分配序列计算出来是非常复杂的，因为代际交叠模型与前面所学习的新古典增长模型不同。在新古典增长模型中，行为人是生活无限期的，也即是"长生不老"的，而在分析社会计划者最优时，又假定计划者的目标是实现消费者的效用最大化，因此，直接可以用消费者的效用函数来代表计划者的效用函数。在代际交叠模型中，消费者仅生活两期，在分散经济下，单个消费者需要考虑的是如何实现自己两期效用的最大化。在计划经济下，计划者必须考虑所有消费者的效用最大化，这就需要比较不同代之间消费者的效用，或者说，计划者需要把未来代的消费者的效用贴现到当前来。这就涉及计划者如何设定贴现率的问题。如果计划者更关心未来代的效用，那么他就会让当前代消费者少消费多储蓄；反之，如果计划者更关心当前代的效用，那么他就会让当前代的消费者多消费少储蓄。显然，这是一个非常主观性的问题。为了尽可能避免这些主观性的问题，下面通过关注稳定状态来简化分析。

在稳定状态下，有 $k_t = k^*, c_{1t} = c_1^*, c_{2t} = c_2^*$，其中 k^*、c_1^* 和 c_2^* 都是固定不变的。

在给定约束条件式(4.23)下，社会计划者要在稳定状态下使每个消费者的效用最大化，实际上就相当于在求解如下一个最大化问题：

$$\max\{u(c_1) + \beta u(c_2)\} \tag{4.24}$$

$$\text{s.t.} \quad c_1 + \frac{c_2}{1+n} = f(k) - (1+n)k \tag{4.25}$$

将约束条件代入目标函数，消掉目标函数中的 c_2，可以得到如下一个无约束的最大化问题：

$$\max_{c_1, k}\{u(c_1) + \beta u[(1+n)(f(k) - (1+n)k - c_1)]\} \tag{4.26}$$

该最大化问题的两个一阶条件分别为

$$u'(c_1) - \beta(1+n)u'(c_2) = 0 \tag{4.27}$$

$$f'(k) = 1+n \tag{4.28}$$

式(4.28)就是确保产生黄金律资本存量的条件。显然，如果分散经济下稳定的资本存量与黄金律资本存量不同的话，那么就可以说，分散经济不是帕累托最优的。下面通过一个具体的例子来看一下在代际交叠模型中，分散经济究竟是不是帕累托最优的。

假设 $u(c_{1t}, c_{2t+1}) = \ln c_{1t} + \beta \ln c_{2t+1}, F(K_t, N_t) = K_t^\alpha N_t^{1-\alpha}$，其中 $\beta > 0, 0 < \alpha < 1$。试求均衡的价格以及数量解。

显然，我们能够通过构建拉格朗日方程，求解得到利润最优一阶条件：

$$r_t = \alpha k_t^{\alpha-1} - 1 \tag{4.29}$$

$$w_t = (1-\alpha) k_t^{\alpha} \tag{4.30}$$

进而求出 k 的具体解：

$$k^* = \left[\frac{\beta(1-\alpha)}{(1+n)(1+\beta)}\right]^{\frac{1}{1-\alpha}} \tag{4.31}$$

一旦求得稳定状态的人均资本解，就能利用式(4.29)和式(4.30)求出稳定状态下的价格解：

$$r^* = \frac{(1+n)(1+\beta)}{\beta(1-\alpha)} - 1 \tag{4.32}$$

$$w^* = (1-\alpha)\left[\frac{\beta(1-\alpha)}{(1+n)(1+\beta)}\right]^{\frac{\alpha}{1-\alpha}} \tag{4.33}$$

当然，我们也可以利用预算约束条件求出稳定状态下的消费解：

$$c_1^* = w^* - \frac{\beta}{1+\beta}w^* = \frac{w^*}{1+\beta} \tag{4.34}$$

$$c_2^* = \frac{\beta}{1+\beta}w^*(1+r^*) \tag{4.35}$$

现在，可以注意到在社会计划最优下，稳定状态下的资本存量 $\hat{k}$ 由式(4.28)所决定，也即

$$\alpha \hat{k}^{\alpha-1} = 1+n \tag{4.36}$$

或者

$$\hat{k} = \left(\frac{\alpha}{1+n}\right)^{\frac{1}{1-\alpha}} \tag{4.37}$$

需要注意的是，在一般情况下，式(4.31)与式(4.37)并不相同，也即 $k^* \neq \hat{k}$。这说明，在一般情况下，稳定状态下的竞争均衡一般不是社会最优的，因而经济遭遇了动态无效率（dynamic inefficiency）。稳定状态下的竞争均衡可能会出现过多或过少的资本存量，究竟是偏多还是偏少则取决于参数的值。

上面的这个具体的例子告诉我们，在竞争均衡状态下，经济也有可能出现动态无效率。具体而言，代际交叠模型出现动态无效率可能源于如下情况：世代的无限性使计划者拥有一条满足老年人消费的途径，而这条途径通过市场的方式是得不到的。市场经济中，一个人如果想在年老时有消费，其唯一的选择是持有资本，即使资本的报酬率非常低。然而，计划者无须使老年人的消费取决于其资本存量以及资本报酬率。相反，该计划者可以以任何方式将用来消费的资源在年轻人和老年人之间进行分配。比如，该计划者可以从每个年轻人那里拿走1单位劳动收入并将其转移给老年人；由于年轻人与老年人的人数比率为常数 $1+n$，因此这使每个老年人的消费增加了 $1+n$ 单位。若不希望有人因这一变化而境况变坏，计划者可以要求下一代年轻人在下一期做同样的事情，并每期继续进行同一过程。计划者通过这样一种资源配置的方式是有可能提高整个社会的福利的。如果资本的边际产品小于 n，也就是说如果资本存量超过黄金律资本存量，则在年轻人与老年人之间转移资源的这种方式会比储蓄更有效率，因此，计划者可以对市场的配置资源方式加以改进。

上述这种资源配置的无效率与传统的无效率来源不同,且由于它源于经济的跨期结构,因此,常被称作动态无效。

动态无效率的根源在于市场的某种不完全性:当前活着的行为人不能与未出生的行为人进行交易。要修正这种动态无效率,必须引入某种机制,这种机制可以允许老年人和年轻人之间进行交易。

第二节 代际交叠模型中的政府

既然在经济增长过程中存在着资源配置上的动态无效率,对代际交叠模型要问的一个自然而然的问题就是,如果引入一个进行购买、征税并发行债券的政府,将会出现什么情况。为了简单起见,我们着重考察对数效用函数和柯布-道格拉斯生产函数的情形。

一、以税收融资的政府购买的影响

令 g_t 表示 t 期人均政府购买。我们先假定政府是通过向年轻人征收一次性税收来为自己的购买融资的。

如果政府完全以税收为其购买融资,则消费者在 t 期的税后收入就是 $(1-\alpha)k_t^\alpha - g_t$。而非 $(1-\alpha)k_t^\alpha$。人均资本 k 的运动方程因而成为

$$k_{t+1} = \frac{1}{(1+n)(2+\rho)}[(1-\alpha)k_t^\alpha - g_t] \tag{4.38}$$

为了更好地理解政府购买的影响,现假定经济处在平衡增长路径上,并假定人均政府购买 g 有一个永久性增加。从式(4.38)中可以看出,这将使得 k_{t+1} 函数向下移动,如图 4-1 所示。k_{t+1} 函数下移降低了 k^*。因此,经济将从初始的平衡增长路径平滑地移至新的平衡增长路径。

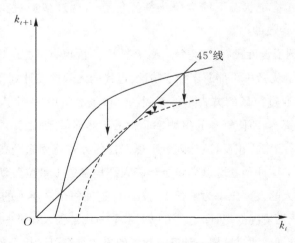

图 4-1 政府购买永久性增加的影响

二、以税收与债券融资的政府购买的影响

要使经济中代际的交易成为可能,一种可行的方法是引入政府债券。政府就相当于是一个金融中介,它向当前期的年轻人借债,把这部分融资转移给当前期的老年人,然后,政府通过向下一期的年轻人征税来偿还本金及利息。

我们用 B_{t+1} 来代表政府在时期 t 发行的期限为一期的债券的数量。这些债券承诺到时期 $t+1$,将支付 $1+r_{t+1}$ 单位的消费品给债券的拥有者。显然,政府债券的利率一定是与资本租金率相同的,因为只有这样,行为人才愿意或者持有资本或者持有债券。我们假设

$$B_{t+1} = b N_t \tag{4.39}$$

式中,b 是一个固定的常数,也就是说,人均政府的债券是固定的。

政府的预算约束是

$$(1+r_t)B_t + G_t = B_{t+1} + T_t \tag{4.40}$$

式(4.40)的右边代表的是政府在 t 期的收入,有两个来源:一个是税收收入,另一个则是发行债券收入;左边代表的是政府的支出,也有两种支出:一个是政府购买,另一个是政府要为上一期($t-1$)发行的债券还本付息。

我们假定对年轻行为人征的是总额税,以 τ_t 表示每个年轻行为人被征的税收,则有

$$T_t = \tau_t N_t \tag{4.41}$$

将式(4.39)和式(4.40)代入式(4.41),并将变量人均化可以得到

$$\tau_t = g_t + \frac{r_t - n}{1+n} b \tag{4.42}$$

如果我们假定人均政府购买为固定的常数 g,也即 $g_t = g$,那么,从式(4.42)中可以看到,当经济处于初始时期,一般地说,人均资本会比较小,对应的资本的边际报酬相对就会比较大,这样要使式(4.42)成立的 τ_t 就必须比较大。随着时间的推移,人均资本逐渐增加,对应的资本的边际报酬也会逐步下降,这样确保式(4.42)成立的 τ_t 也会逐渐减少。特别地,当资本的边际报酬 $r_t = n$ 时,也即当资本存量处于黄金律资本存量时,人均的政府税收就等于人均政府购买的数量 g。

这也说明政府总是可以借助税收和债券并举的措施来实现资源在年轻人和老年人之间的转移。我们以初始资本小于黄金律资本存量的情形为例,在这种情形下,初始的资本报酬会非常高,也即 $r_t > n$,而政府每期发行的债券数量是固定的,这意味着政府在下一期还本付息支付给老年人的支出也会比较高,政府为了满足自己的预算约束,就必须向年轻人征比较高的总额税,这实际上就是政府通过征税实现了资源从年轻人向老年人的转移。随着人均资本慢慢增加,资本的边际报酬逐渐下降,政府需要还本付息支付给老年人的支出也会逐渐下降,这样政府为了满足自己的预算约束而必须向年轻人征收的税收数量也会逐渐下降。特别有意思的一点是,根据上面的分析我们可以发现,政府总是可以通过选择一个合适的债券数量来

使得稳定状态下的资本存量收敛在黄金律资本存量的位置。我们已经做了人均政府购买为常数的假定,既然人均政府购买是常数,为什么不能假定这个常数就等于零呢?回答当然是肯定的。当假定人均政府购买等于零以后会大大简化分析,但又不妨碍对这一问题本质特征的认识。

当我们做了人均政府购买等于零的假定以后,那么政府的预算约束条件就可以进一步改写为

$$\tau_t = \frac{r_t - n}{1 + n} b \tag{4.43}$$

在描述完政府的行为以后,再来看消费者的最优化行为。仍旧假定消费者的效用函数为对数型效用函数。这样,出生在 t 期的代表性年轻消费者实际上是在求解如下一个最优化问题:

$$\max_{c_{1t}, c_{2t+1}, s_t} \{\ln c_{1t} + \beta \ln c_{2t+1}\} \tag{4.44}$$

$$\text{s.t.} \quad c_{1t} + s_t + b = w_t - \tau_t \tag{4.45}$$

$$c_{2t+1} = (1 + r_{t+1})(s_t + b) \tag{4.46}$$

将约束条件式(4.45)和式(4.46)代入目标函数,可以求得年轻消费者的最优储蓄方程为

$$s_t = \left(\frac{\beta}{1+\beta}\right)(w_t - \tau_t) - b \tag{4.47}$$

现在,资本市场的均衡条件为

$$(1+n) k_{t+1} = \left(\frac{\beta}{1+\beta}\right)(w_t - \tau_t) - b \tag{4.48}$$

如果仍旧假定生产函数为柯布-道格拉斯型,也即 $f(k) = k^\alpha$。利用式(4.29)、式(4.30)和式(4.43)消掉式(4.48)中的 w_t 和 τ_t 可以得到

$$(1+n) k_{t+1} + b = \left(\frac{\beta}{1+\beta}\right)\left[(1-\alpha) k_t^\alpha - \frac{(\alpha k_t^{\alpha-1} - 1 - n)b}{1+n}\right] \tag{4.49}$$

通过令式(4.49)中的 $k_t = k_{t+1} = k^*(b)$,我们可以借助式(4.50)来求得稳定状态下的人均资本 $k^*(b)$:

$$(1+n)(k^*(b)) + b = \left(\frac{\beta}{1+\beta}\right)\left\{(1-\alpha)(k^*(b))^\alpha - \frac{[\alpha (k^*(b))^{\alpha-1} - 1 - n]b}{1+n}\right\} \tag{4.50}$$

现在,假如我们希望发现最优的债券政策,也即通过调整 b 来使得稳定状态下的竞争均衡解与社会计划者的最优解相同。给定 $f'(\hat{k}) = 1 + n$,有 $\alpha \hat{k}^{(\alpha-1)} = 1 + n$ 或者 $\hat{k} = \left(\frac{\alpha}{1+n}\right)^{1/(1-\alpha)}$,利用式(4.50)能求解出最优的债券数量 $\hat{b}$ 为

$$\hat{b} = \left(\frac{\beta}{1+\beta}\right)(1-\alpha)\left(\frac{\alpha}{1+n}\right)^{\frac{\alpha}{1-\alpha}} - (1+n)\left(\frac{\alpha}{1+n}\right)^{\frac{1}{1-\alpha}} \tag{4.51}$$

根据式(4.51),我们知道当经济处于黄金律资本存量的稳定状态时有 $\tau_t = 0$。此时,政府

债务的规模增加将保持在这样一个适度的水平,只要能支付政府在上一期发行的债券的本金和利息就行了,也就是说,政府债务将以速率 n 增加,这个速率实际上也等于利率。

基于上面已经提及的原因,在代际交叠模型里,竞争均衡在一般情况下会是次优的,而不是最优的。因此,政府的税收与债券融资显得十分重要。当然,政府的税收与债券融资只是实现资源在行为人代际进行转移的方式之一,实际上,还有其他实现资源在行为人代际转移的机制,比如社会保障等,这些机制也能起到与模型中所分析的政府税收和债券融资同样的功能。

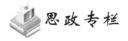

政府在中国经济增长过程中的关键作用

在代际交叠模型里,竞争均衡在一般情况下只会是次优的,而不是最优的。因此,政府担任计划经济中计划者的角色就显得尤为重要。政府在推动经济增长过程中的作用不仅表现在通过税收与债券进行融资,还表现在更为广泛的领域。约瑟夫·斯蒂格利茨根据以美国为代表的发达国家和迅速增长的东亚等新兴经济体的发展经验,指出政府在经济增长过程中发挥着以下六种促进经济增长的重要作用:促进教育;提高技术;支持金融部门;投资于基础设施;阻止环境恶化;建立和维持一个社会保障体系,包括提供基本医疗和养老服务。

在改革开放以来的40多年的时间里,中国经济高速发展,经济实力迅速增强,人们生活水平极大提高。中国走了一条与西方发达国家不同的独具特色的增长之路,这个特色之路似乎挑战了经典的西方经济理论,从而被称为中国经济增长之谜。

探究中国经济增长之谜已成为一项有重大意义的研究工作。逐步形成的已有的研究成果也揭示了中国经济增长之谜的谜底。之所以中国能取得这一举世罕见的经济发展奇迹是因为中国在发展过程中始终坚持中国共产党的领导,坚持走中国特色社会主义道路,坚持改革开放。

在中国的经济社会发展过程中,党和政府发挥着无可代替的关键作用。习近平总书记在党的二十大报告中指出:"十年来,我们坚持马克思列宁主义、毛泽东思想、邓小平理论、'三个代表'重要思想、科学发展观,全面贯彻新时代中国特色社会主义思想,全面贯彻党的基本路线、基本方略,采取一系列战略性举措,推进一系列变革性实践,实现一系列突破性进展,取得一系列标志性成果,经受住了来自政治、经济、意识形态、自然界等方面的风险挑战考验,党和国家事业取得历史性成就、发生历史性变革,推动我国迈上全面建设社会主义现代化国家新征程。"现代经济是高度发达的分工经济。随着社会分工的复杂程度上升,合作的难度越来越大,市场协调分散决策的效率会降低,成本不断提高。一方面,党和政府代表国家利益,在经济生活中代表的是广大人民群众的根本利益,不会偏袒某一方,因此可以成为比较可信的协调者。另一方面,政府拥有行政权力,具有一定的资源配置能力,因此,可以成为比较有力的协调者。

中国共产党和中国政府具备强大的协调能力,多年来为中国经济社会发展提供了大量的协调服务,为中国社会经济发展提供了有力保障,推动中国取得举世瞩目的重大经济社会发展成就。

本章习题

1. 什么是动态无效率?在一个动态无效率的经济中,政府实施现收现付制和基金制会对经济产生怎样不同的影响?

2. 请描述一个不可能出现动态无效率的经济,简要解释你的理由。

3. 当商品的价格发生变化时,会产生哪两种效应?请详述两者关系。

4. 在竞争均衡状态下,经济也有可能出现动态无效率。请阐述代际交叠模型出现动态无效率可能源于什么情况。

5. 假定人们重视其子女的快乐,如果从父母到子女之间的利他主义联系强得足以产生代际让与,则有限期界效应就会消失。容许各代之间利他性联系的一种方式是假设一个在 t 时出生的人的效用来自他一生的消费和其子女的未来效用(注意:此处是父母不可能要求他们的孩子提供让与)。

(1)试推导出在存在父母对孩子提供让与的情况下的效用最大化的目标函数和约束条件。

(2)进一步分析 k_t 和 C_t 的动态。

6. 与代际交叠模型类似,假设在 t 期出生的 L 个人只生存两期,并且 $L_t = (1+n)L_{t-1}$。为了简单起见,令效用函数为不折现的对数效用函数:$U_t = \ln c_{1t} + \ln c_{2t+1}$。经济中只有一种产品,它既可用于消费,也可用于储存;每个在 t 期出生的人都拥有 A 单位该产品;储存每单位产品可使经济主体在下一期得到 $x(x>0)$ 单位产品;假设在最初的第 0 期,除 L_0 个拥有 A 单位产品的年轻人之外,还有 $[1/(1+n)]L_0$ 个只生活在第 0 期的老年人,每个老年人拥有 Z 单位的产品,其效用就是在起始期的消费 c_0。

(1)描述该经济的分散均衡。(提示:给定上述世代交叠结构,某一代的成员是否会与另一代的成员进行交易?)

(2)考虑如下情形:当事人的资源禀赋中用于储蓄的份额 f 是不随时间变化的常数。在这样的路径上,请把人均总消费(总消费指所有年轻人与所有老年人的消费总和)表示为 f 的函数形式。如果 $x < 1+n$,满足 $0 \leqslant f \leqslant 1$ 且最大化人均消费的 f 值是多少?此时该分散化均衡是否是帕累托有效的?若非如此,社会计划者怎样才能提高福利?

7. 假设代际交叠模型中的效用函数为对数函数,生产函数为柯布-道格拉斯生产函数。请说明下列变化会如何影响 $k_{t+1}(k_t)$ 函数:

(1) n 上升;

(2)生产函数向下移动(即 $f(k)$ 的形式为 Bk^α 并且 B 下降);

(3) α 上升。

8. 假设 x 为零,并且效用函数不是对数函数,而是 $\theta<1$ 的常相对风险规避型函数。为了简单起见,假设 $n=0$。

(1) 请把出生于时刻 t 的个体行为表示为 P_t/P_{t+1} 的函数,证明个体用于出售的禀赋数量是 P_t/P_{t+1} 的增函数,并且当 P_t/P_{t+1} 趋于零时,该数量也趋于零。

(2) 假设 $P_0/P_1<1$,出生于第 0 时期的个体会计划在第 1 期向那时出生的个体购买多少产品?而要使第 1 期出生的个体愿意供给这一数量,P_1/P_2 应为多少?

(3) 如果不断重复这一推理过程,P_t/P_{t+1} 会如何?

9. 假定人口只存活两期,令 C_1 和 C_2 分别表示其 t 期年轻时和 $t+1$ 期年老时的消费,则此人的效用 U_t 取决于 C_1 和 C_2。假定效用函数为相对风险回避系数不变的效用函数:

$$U_t = \frac{C_1^\theta}{1-\theta} + \frac{1}{1+\rho} \cdot \frac{C_2^\theta}{1-\theta}, \theta>0, \rho>-1$$

令 P_1 和 P_2 代表消费品在这两期的价格,w 代表其一生收入的价值,因此预算约束为

$$P_1 C_1 + P_2 C_2 = w$$

(1) 如果 P_1 和 P_2 和 w 一定,求其效用最大化时的 C_1 和 C_2;

(2) 求两期消费之间的替代弹性。

10. 对于代际交叠模型,在对数效用($\theta=1$)与柯布-道格拉斯生产函数的特殊情况下求 k 的变动方程。

11. 假定及已知条件见习题 6,在本题中,假定 $x<(1+n)$。假定 0 期的老年人拥有 Z 单位该产品外,每人还拥有 M 单位可储藏、可分割的商品,称为货币(货币不是效用之源)。

(1) 考虑一个 t 期出生的人。假定以货币单位表示的该产品的价格在 t 期为 P_t,在 $t+1$ 期为 P_{t+1}。因此,这个人可用 1 单位资源禀赋换取 P_t 单位的货币,并用此货币在下一期换取下一代人 P_t/P_{t+1} 单位的资源禀赋。将这个人的行为表示为 $P_t \mid P_{t+t}$ 的函数。

(2) 证明存在一满足 $P_{t-1}=P_t/(1+n)$(对于所有 $t \geqslant 0$)且没有储藏的均衡,并因此证明"货币"的出现使得经济能达到黄金律储藏水平。

(3) 证明:也存在一个满足 $P_{t+1}=P_t/x$(对于所有 $t \geqslant 0$)的均衡。

12. 考虑如下一个代际交叠模型。我们用 $t=0,1,2,\cdots,\infty$ 来表示时间。在时期 t 期里,有 N_t 个生活两期的消费者出生,这里,$N_t=N_0(1+n)^t$,其中,N_0 外生给定,$n(n>0)$ 代表人口增长率。在 $t=0$ 时期,有一些仅生活一期的老年行为人,他们集体拥有 K_0 单位资本并最大化在 $t=0$ 时期的消费。每个时期 t 出生的消费者的偏好为

$$u = (c_{1t}, c_{2t+1}) = u(c_{1t}) + \beta u(c_{2t+1}) = \ln c_{1t} + \ln c_{2t+1}$$

式中,c_{1t} 和 c_{2t+1} 分别表示第 t 期的年轻人和第 $t+1$ 期的老年人的消费,也就是同一个行为人在青年期和老年期的消费;$\beta>0$ 为折现因子。每个消费者在第 1 期拥有 1 单位的劳动禀赋,而在第 2 期则拥有 0 单位的劳动禀赋。生产技术由下式给出:

$$F(K_t, N_t) = AK_t^\alpha N_t^{1-\alpha}$$

式中，Y_t 是产出；K_t 和 N_t 是资本和劳动投入；$A>0$；$0<\alpha<1$。消费品能被一对一地转化为资本，反之亦然，即资本品也能一对一转化为消费品。当期的资本品只有到下一期才能具有生产性，我们也假设生产中不存在折旧。

在时期 t，政府发行 B_{t+1} 单位期限为一期的债券。每一单位债券承诺到时期 $t+1$，将支付 $1+r_{t+1}$ 单位的消费品给债券的拥有者。在时期 t，政府向每个年轻消费者征 τ_t 单位的总额税。我们假设 $B_{t+1} = bN_t$，这里，b 是一个固定的数，也就是说，人均政府的债务是固定的。

(1)假设 $b=0$，试求解实现社会最优稳定均衡时的人均资本存量 $\hat{k}$。

(2)假设 $b=0$，试求解实现竞争均衡时的人均资本存量 k^*。

(3)现在假设 $b\neq 0$，试证明政府可以通过选择一个合适的 b 来使得社会最优稳定均衡解 $\hat{k}$ 与竞争均衡稳定解 k^* 相同，若定义这个合适的 b 为 $\hat{b}$，试求解最优的 $\hat{b}$ 值，判断 $\hat{b}$ 是正的还是负的，并说明理由。

13. 一些经济学家认为东亚国家的经济之所以能实现快速增长是因为这些国家的劳动参与率非常高。在这里，我们试着用代际交叠模型来分析这一论断的真实性。考虑一个行为人仅生活两期的代际交叠模型。当行为人年轻时，他们参加工作，工资为 w_t，储蓄为 s_t，消费为 c_{1t}。当他们到了老以后，消费为 c_{2t+1}。他的效用最大化为

$$u = \ln c_{1t} + 0.9 \ln c_{2t+1}$$

$$c_{1t} + s_t = w_t n_t$$

$$c_{2t+1} = (1+r_{t+1})s_t$$

我们把年轻行为人的数目标准化为 1。并假设每个行为人有一半时间用于工作，也即劳动供给为 $n_t=0.5$。生产函数为

$$y_t = K_t^{0.5} n_t^{0.5}$$

假定折旧率为零，则市场出清条件为

$$K_{t+1} = s_t$$

回答以下问题：

(1)把储蓄表示为实际工资的函数。

(2)试求稳定均衡状态下的 w 和 r 的解。

(3)现在假设劳动参与率永久性地上升到 $n_t=1$，试分析这一变化对稳定状态下的 y、w 和 r 的影响。

(4)劳动参与率提高会导致劳动供给发生一个未被预期到的增加。请描述当这一情况发生时，当经济向新的稳定状态过渡的时候，w 和 r 会发生怎样的变化。

第五章
内生技术进步模型

熊彼特很早就曾经指出,厂商为追逐垄断利润而进行的创新是经济得以持续增长的源泉。技术进步是创新的具体表现,而以索洛为代表的大量经验研究已经表明,技术进步至少是经济增长的一个重要源泉,然而在之前的增长模型中,长期稳定的经济增长来源于物质资本和人力资本的不断积累。由于忽视了创新的作用,这些模型显然不能解释经济增长的全部内容,因而把创新引入增长理论也就自然成为内生增长理论的发展方向。

根据创新结果的不同,我们可以把创新分为水平创新和垂直创新,前者增加产品种类,后者提高产品质量。根据创新对象的不同,我们还可以把创新分为消费品创新和中间品创新。消费品创新可以改善福利水平,而中间品创新则可以推动产出的增加。

为了将知识积累拉入模型,我们需要在经济中增加一个生产新知识的部门,并刻画资源如何在传统的生产部门和新的研发部门(R&D部门)之间进行分配,以及投入研发部门的要素如何生产出新的知识要素。在标准模型中,我们会比较机械地看待新技术的生产。具体而言,我们将假设一个大体上较标准的生产函数,其中劳动、资本和技术以确定的方式相结合并生产出"技术改进"这一产品。虽然上述生产函数并不能完全地刻画出技术进步的过程,但一个合理的解释是,在其他条件相同的条件下,用于研究的资源越多,取得的新发现就越多,而这正是生产函数所刻画的。由于我们感兴趣的是长期经济增长,在模型中考虑技术进步的随机性并不能帮助我们对这个问题加深理解,因此,我们也没有考虑技术进步的随机性。20世纪90年代以来,不少经济学家对创新与经济增长之间的关系进行了深入的研究,其中比较著名的有吉恩·格罗斯曼和埃尔赫南·赫尔普曼对于消费品水平创新、保罗·罗默与吉恩·格罗斯曼和埃尔赫南·赫尔普曼对于消费品垂直创新以及菲利普·阿吉翁和彼得·豪伊特对于中间品垂直创新的研究。

我们考虑了一个具体模型,其中研发资源的分配建立在微观基础之上,即保罗·罗默提出的中间品水平创新与经济增长之间关系的模型。

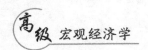

第一节 模型的基本环境介绍

一、基本假设

经济中有三个部门,分别是最终产品部门、中间产品部门和研发部门。最终产品部门是完全竞争的,因此,生产者获得零利润,最终产品或者被用于消费,或者用于其他两个部门的投入。

中间产品部门是垄断的,其产品有差异。就自己独特的产品而言,每一个中间产品的生产者都是一个准垄断者,因而能获得正的利润,但是要想成为一个中间产品的生产者,他必须首先从研发部门获得一份生产中间产品的设计图。一份设计图就是一种生产技术,有了这种技术,生产者就知道怎样把最终产品转换成各种有差异的中间投入品。

研发部门也是完全竞争的。研究者开发设计图,也即开发能把最终产品转换成各种有差异的中间投入品的技术。设计图享受永久性的专利保护。研究者把自己的设计图以拍卖的方式卖给数量众多的潜在购买者(中间产品的生产者),因而能把中间产品部门所获取的所有利润都转移到自己的部门。但是,研发部门的进出是自由的,因而在竞争的驱使下,研发部门的利润也将趋于零。

二、三部门经济

最终产品部门使用如下的生产技术进行生产:

$$Y_t = A L_t^{1-\alpha} \sum_{j=1}^{N_t} (X_{t,j})^\alpha \tag{5.1}$$

式中,$0<\alpha<1$;N_t代表在时期 t 可以获得的专业化中间产品的种类数;Y_t 是产出;L_t 是最终产品部门使用的劳动数量,$X_{t,j}$代表在时期 t 第 j 种专业化中间产品的使用数量。生产函数规定了每种投入要素 L_t 和 $X_{t,j}$ 的递减边际生产率,然而所有投入加在一起时规模报酬不变。$(X_{t,j})^\alpha$ 的可加性可分形式意味着中间产品 j 的边际产出独立于所有的其他中间产品数量 j'。从这种意义上说,一种新产品既不是对旧产品的直接替代,也不是直接互补。对于突破性的革新也即我们想要建模的那种技术进步而言,这一规定大体上是合理的。在特殊情况下,一种新产品 j 会替代一种现有产品 j'(也即减少了 X_j 的边际产量)或补充这种产品(提高了 $X_{j'}$ 的边际产量)。但在一般情况下,边际产量的独立性是成立的。独立性假设之所以重要是因为它暗示新产品的发现并不会使任何一种现有的产品过时。

式(5.1)中,每种中间产品的边际产量 $\frac{\partial Y_t}{\partial X_{t,j}}$ 在 $X_{t,j}=0$ 时都是无穷大的,然后随着 $X_{t,j}$ 的上升而递减。如果当前可以以有限价格获得 N 种产品,则厂商将有动力使用所有这 N 种产品。

技术进步采取了扩大可利用的专业化中间产品数目 N 的形式。为考察 N 增加的影响,假定中间产品可以以共同的物质单位来衡量,而且所使用的数量都相同,即$X_{t,j}=X$(可以证明在均衡中确实如此)。由式(5.1)可知产出数量为

$$Y_t = AL^{1-\alpha}N_t X^\alpha = AL^{1-\alpha}(N_t X)^\alpha N_t^{1-\alpha} \tag{5.2}$$

对于给定的N,式(5.2)意味着生产呈现出了对L和中间投入的总数量的不变规模报酬。对于L和N_tX的给定数量,式(5.2)中的$N_t^{1-\alpha}$项表明Y_t随N_t的增加而增加,这一效应抓住了技术进步的实质,反映出把给定的中间产品总量N_tX分散到更广的范围N_t上所获得的收益。这种收益之所以能产生是因为单独对每种$X_{t,j}$而言报酬是递减的。

式(5.2)中假设人口增长率为0,这意味着$L_t=L$(以下假设相同),那么对于固定的L,式(5.2)暗示如果中间产品的增加是对于给定的N_t经由X的增加而发生,则会遇到报酬递减;然后如果N_tX的增加采取了对于给定的X增加N_t的形式,就不会造成报酬递减。因此,以连续增加N_t为形式的技术进步避免了报酬递减的趋势。生产函数的这一性质为内生增长提供了基础。

如果我们把中间投入品视为经济中的资本品,那么经济中的总资本就是所有中间投入品的总和

$$K_t = N_t X_{t,j} = N_t X \tag{5.3}$$

将式(5.3)代入式(5.2),可以进一步获得

$$Y_t = A(N_t L)^{1-\alpha}(K_t)^\alpha \tag{5.4}$$

或者,以密集的形式表示为

$$y_t = AN_t^{1-\alpha}k_t^\alpha \tag{5.5}$$

因此,当经济演进到这样一个阶段,即所有种类的中间投入产品的使用数量都相等的阶段,生产技术将呈现出对N_t和中间投入的总数量K_t的不变规模报酬。这样,如果N_t和K_t以固定速率增加,经济将呈现出像在AK模型中一样的内生增长。

我们也假定最终产出Y_t可以以一种完全相互替代的方式被用于各种目的。具体来说,产出可被用于消费、中间产品$X_{t,j}$的生产以及为发明新的中间品(即为了扩大N_t)所需要的研究与开发。同时,我们也以最终产品作为计价物来衡量所有的价格。

第二节 各部门的最优化行为分析

一、最终产品部门的行为分析

一个最终产品的生产者的利润为

$$Y_t - w_t L - \sum_{j=1}^{N} p_{t,j} X_{t,j} \tag{5.6}$$

式中,w_t是工资率;$p_{t,j}$是第j种中间产品的价格。最终产品部门是完全竞争的,因而厂商是在把价格视为给定的情况下来做自己的最优化决策。厂商利润最大化的基本条件是要素的价格等于要素的边际产出。

式(5.1)中的生产函数意味着第 j 种中间产品的边际产量由式(5.7)给出

$$\frac{\partial Y_t}{\partial X_{t,j}} = \alpha A L^{1-\alpha} X_{t,j}^{\alpha-1} \tag{5.7}$$

这一边际产量与要素的价格 $p_{t,j}$ 相等意味着

$$X_{t,j} = L \left(\frac{\alpha A}{p_{t,j}}\right)^{\frac{1}{1-\alpha}} \tag{5.8}$$

由劳动这种要素的边际产出等于其价格 w 这一条件,可以得到如下的等式

$$w_t = \frac{\partial Y_t}{\partial L} = (1-\alpha)\frac{Y}{L} \tag{5.9}$$

二、中间产品部门的行为分析

中间产品部门是垄断的。厂商知道他们会面对一条向下倾斜的对他们产品的需求曲线。这样,中间产品 j 的生产者实际上就相当于在求解这样一个最优化问题:

$$\max \pi_{t,j} = p_{t,j} X_{t,j} - \kappa(X_{t,j}) - D \tag{5.10}$$

受约束于他们的需求曲线:

$$X_{t,j} = L \left(\frac{\alpha A}{p_{t,j}}\right)^{\frac{1}{1-\alpha}}$$

式(5.10)中,D 代表中间产品的生产者为了从研发部门获取一份生产中间产品的设计图而支付的固定成本。$\kappa(X_{t,j})$ 代表以最终产品衡量的生产中间产品 $X_{t,j}$ 的成本。出于简单考虑,我们也假设中间产品的生产成本函数为线性的,即

$$\kappa(X_{t,j}) = X_{t,j} \tag{5.11}$$

隐含在线性生产成本函数假设背后的含义是中间产品的生产技术与生产最终产品的生产技术一样。等价地,我们能把中间产品的生产者想象为一个购买最终产品并把最终产品转化为中间投入品的行为人。确保中间产品生产者能进行这样转化的技术恰好就是他们持有的设计图。

将式(5.8)和式(5.11)代入目标函数式(5.10),并对价格 $p_{t,j}$ 求导,可以得到对应于最优价格的一阶条件:

$$p_{t,j} = p \equiv \frac{1}{\alpha} > 1 \tag{5.12}$$

因此,价格 $p_{t,j}$ 是持续不变的,并且对所有中间产品 j 都相同。可以注意到,中间产品的价格要比生产中间产品的边际成本高 $\left(p = \frac{1}{\alpha} > \kappa'(X) = 1\right)$,高出的部分代表了中间产品生产者对他们的消费者(或最终产品生产者)的额外的价格加成。因为垄断价格是在边际生产成本 1 之上的加价 $\frac{1}{\alpha}$,而且生产成本对所有中间产品都一样,并且每种中间产品都对称地进入式(5.1)的生产函数中,所以价格对所有产品 j 都相同。

将式(5.12)代入需求函数式(5.8)可以确定每种中间品生产的数量为

$$X_{t,j} = X_t = L A^{\frac{1}{1-\alpha}} \alpha^{\frac{2}{1-\alpha}} \tag{5.13}$$

由式(5.13)可以看出,在任意一时期,所有类中间产品的生产数量都是相等的。

最后,我们也能求出生产第 j 种中间产品的垄断厂商的最大化的利润为

$$\pi_{t,j} = (p-1)X_t - D = \frac{1-\alpha}{\alpha} A^{\frac{1}{1-\alpha}} \alpha^{\frac{2}{1-\alpha}} L - D \tag{5.14}$$

三、研发部门的行为分析

在时期 t 存在生产 N_t 种中间产品的技术。数目 N_t 的扩大要求有技术进步即允许新的中间产品种类的发明或改进。我们假设这一技术进步是通过有目的的研究与开发努力实现的。对这一研究过程的真实描述还需要包括为生产发明所需要的有关资源数量以及有关发明成功与否的不确定性。但是为了简化分析,我们假设只要花费确定数量的努力就能生产出一种成功的新产品。

我们也假定发明一种新产品的成本被固定在 η 单位的最终产品 Y 上。因此这一成本并不依赖于已经被发明的产品数目 N_t。新思想会逐渐枯竭的趋势暗示成本应随着 N_t 的增加而上升。但是如果已有的概念会易于新思想的萌芽,这个成本又可能随着 N_t 的增加而下降。这里我们假定这些效应差不多相互抵消,所以发明一种新产品的成本不会持续变化。

为了激发研究,应以某种方式对成功的发明予以补偿。根本问题是一种思想或设计,譬如对中间产品 j 的发明是有成本的,但它却可以被产品 j 的所有潜在生产者以一种非竞争性的方式无偿利用。也就是说,一个生产者对设计的利用并不影响也同样利用这个设计的其他生产者在给定投入情况下所能生产的产出。从使得现有发明能被所有生产者无偿使用这一点看,这在事后是有效率的,但是这种活动却不能为进一步的发明创造提供事前的激励。正如在通常的专利分析中一样,在利用现有思想的限制和对发明性活动的奖励之间产生了一个"鱼与熊掌不可兼得"的交替。

我们也假设产品 j 的发明者拥有对利用他设计的产品 X_j 的生产和销售的永久垄断权,则垄断租金流会为发明提供奖励。垄断权利可以经由明确的专利保护或保密而得以执行。产品 j 的发明者知道自己的产品设计图能够给中间产品的生产者在每一期带来 $(p-1)X_t$ 单位的利润,因此,中间产品的生产者从自己发明的第 j 种中间产品的"设计图"中能获取的利润的现值总和为

$$V_{t,j} = \sum_{i=1}^{\infty} \frac{(p-1)X_{t+i}}{\prod_{i=1}^{j}(1+r_{t+i})} \tag{5.15}$$

根据式(5.13)可知每种中间产品的使用数量是固定且相等的,将式(5.13)代入式(5.15),消掉其中的 X_{t+i},并把式(5.12)也代入式(5.15),消掉其中的 p,然后把参数项移到求和公式之外,我们可以进一步得到

$$V_{t,j} = \frac{1-\alpha}{\alpha} A^{\frac{1}{1-\alpha}} \alpha^{\frac{2}{1-\alpha}} L \sum_{i=1}^{\infty} \frac{1}{\prod_{i=1}^{j}(1+r_{t+i})} \tag{5.16}$$

因为我们假定研究者是把自己的设计图以拍卖的方式卖给数量众多的中间产品的生产者,因此,在竞争的约束下,第 j 种中间产品的设计图的拍卖价格必然会等于中间产品的生产者从第 j 种中间产品的设计图中能获取的利润的现值总和,也就是说,研发部门能把中间产品所获取的所有利润都转移到自己的部门中来。

另外,我们也假设研发部门的进出是自由的,因而根据式(5.16)可知,任何一个愿意支付 η 单位研发成本的行为人都能获得拍卖自己的设计图的价值 $V_{t,j}$ 单位的收益。因此,若 $V_{t,j} > \eta$,则在时期 t 会有无限数额的资源投入研发部门中去,因此,在均衡时 $V_{t,j} > \eta$ 不可能成立。若 $V_{t,j} < \eta$,则在时期 t 会没有资源投入研发部门中去,因此,产品数目 N 将不会随时间变化。因为我们的讨论主要集中于具有正研发的均衡,从而在所有时期中 N 不断增长。在这种情形下,对所有的时期 t,一定会有 $V_{t,j} = \eta$,即

$$\eta = \frac{1-\alpha}{\alpha} A^{\frac{1}{1-\alpha}} \alpha^{\frac{2}{1-\alpha}} L \sum_{i=1}^{\infty} \frac{1}{\prod_{i=1}^{i}(1+r_{t+i})} \tag{5.17}$$

可以看到式(5.17)中除了求和公式一项以外其他一切都被假设不变,因而只有当求和公式部分是不变时,式(5.17)才能对所有的时期 t 成立。这样,就要求利率 r_t 不能随时间而变化,也即要等于固定的常数 r。利用这一要求我们能求解出固定的利率 r 为

$$r = \left(\frac{L}{\eta}\right)\left(\frac{1-\alpha}{\alpha}\right) A^{\frac{1}{1-\alpha}} \alpha^{\frac{2}{1-\alpha}} \tag{5.18}$$

第三节 模型的均衡分析

一、消费者的最优化行为

消费者所面临的问题与以前介绍的经济增长模型中所面临的问题是一样的,消费者在视价格即工资和利率为外生给定的情况下,通过求解如下这样一个最优化问题来实现自己的效用最大化:

$$\max_{\{c_t, k_{t+1}\}_{t=0}^{\infty}} \sum_{t=0}^{\infty} \beta^t u(c_t) \tag{5.19}$$

$$\text{s.t.} \quad c_t + k_{t+1} = w_t + (1+r_t)k_t \tag{5.20}$$

$$k_t = \frac{K_t}{L} = \frac{X}{L} N_t = x N_t \tag{5.21}$$

式中,x 表示人均中间产品。

上述这个最优化问题,用贝尔曼方程的语言表达出来,就是

$$v(k_t) = \max_{c_t, k_{t+1}} [u(c_t) + \beta v(k_{t+1})] \tag{5.22}$$

$$\text{s.t.} \quad c_t + k_{t+1} = w_t + (1+r_t)k_t$$

求解这个贝尔曼方程,可以得到如下的欧拉方程:

$$-u'(c_t)+\beta(1+r_{t+1})u'(c_{t+1})=0 \quad (5.23)$$

如果我们假定效用函数是如式(5.24)所示的常相对风险规避型的,也即

$$u(c)=\frac{c^{1-\theta}-1}{1-\theta} \quad (5.24)$$

则上面的欧拉方程可以进一步改写为

$$\frac{c_{t+1}}{c_t}=[\beta(1+r_{t+1})]^{\frac{1}{\theta}} \quad (5.25)$$

如果我们记消费的增长率为 γ_c,将式(5.18)代入式(5.25)后可得

$$1+\gamma_c=\frac{c_{t+1}}{c_t}=\left\{\beta\left[1+\left(\frac{L}{\eta}\right)\left(\frac{1-\alpha}{\alpha}\right)A^{\frac{1}{1-\alpha}}\alpha^{\frac{2}{1-\alpha}}\right]\right\}^{\frac{1}{\theta}} \quad (5.26)$$

当然,要想使消费保持正的增长,我们必须要求式(5.26)中的右边部分大于1,在这里我们假设所给出的参数满足这一要求。

二、社会资源约束

最终产品要么用于消费者的消费,要么用于中间品的生产或者用于研发部门生产设计图,因此,经济中的资源约束条件就为

$$C_t+K_t+\eta\Delta N_t=Y_t \quad (5.27)$$

式中,$C_t=c_tL$,$Y_t=y_tL$,$\Delta N_t=N_{t+1}-N_t$,$K_t=N_tX$。

式(5.27)两边同除以 N_tL 后,可以进一步改写为

$$\frac{c_t}{N_t}+\frac{X}{L}+\frac{\eta}{L}\left(\frac{N_{t+1}}{N_t}-1\right)=\frac{y_t}{N_t} \quad (5.28)$$

另外,将式(5.13)代入式(5.2)中我们可以确定如下的总产出水平:

$$Y_t=AL^{1-\alpha}N_tX^\alpha=A^{\frac{1}{1-\alpha}}\alpha^{\frac{2\alpha}{1-\alpha}}LN_t \quad (5.29)$$

因为 L 是固定的,因此,$\frac{Y_t}{LN_t}$ 的比值也是固定的,这说明 y_t 和 N_t 将以相同的固定速率增长。再来看式(5.28),因为右边部分的值是固定的,在左边部分中,因为 N_t 也是以固定的速率增长的,因此,除了 $\frac{c_t}{N_t}$ 部分以外也是固定的,这意味着 c_t 和 N_t 必须以相同的固定速率增长。综上所述,c_t、y_t 和 N_t 将以相同的固定速率增长,也即

$$1+\gamma_c=1+\gamma_y=1+\gamma_N=\left\{\beta\left[1+\left(\frac{L}{\eta}\right)\left(\frac{1-\alpha}{\alpha}\right)A^{\frac{1}{1-\alpha}}\alpha^{\frac{2}{1-\alpha}}\right]\right\}^{\frac{1}{\theta}} \quad (5.30)$$

三、增长率的决定因素

现在我们来考察经济增长率的决定因素。从式(5.30)中我们可以看到,行为人的贴现因子 β(或者行为人的时间偏好参数 ρ,因为 $\beta=\frac{1}{(1+\rho)}$)和风险规避系数 θ 以及生产技术水平 A,表现为更低的 ρ 和 θ 的更大的储蓄意愿,以及表现为更高的 A 的更好的技术都将提高增长率。

新的效应涉及发明一种新产品的成本 η。η 的降低提高了由式(5.18)所表示的资本的报酬率 r，从而提高了式(5.30)中的增长率 γ。

上述模型还包含了规模效应：一个更大的劳动力禀赋 L 会提高式(5.30)中的增长率 γ。我们的这个模型之所以会具有规模效应，是因为发明成本为 η 的一种新产品可以在整个经济之中以一种非竞争性的方式被利用。以 L 代表的经济规模越大，每单位 L（或 Y）的发明成本就越低。实际上每单位经济活动研发成本为 $\frac{\eta}{L}$。因此，L 的增加和 η 的等比例下降对式(5.30)中的 γ 有相同的影响。

如果我们把规模等同于一个国家人口或经济活动的规模，那么规模效应并不能从经验上得到支持，然而在目前的背景下，国家并不是一个合适的衡量规模的单位。在本模型中合适的规模单位应该具有两方面的特征：首先，它必须覆盖在一种新思想可以以非竞争性方式被利用的全部生产范围内；其次，它要衡量出发明者的产权界限。如果思想的流动能立即跨越国界，那么从第一种意义上来说国家就并不是合适的规模单位；然而，如果专利保护能在国际上适用或者可以保密而在世界范围内保持垄断地位，从第二种意义上来说国家也是不合适的。

若从思想的流动和产权的维护角度来说，全世界只作为一个整体运作，那么就可以认为 L 是全世界人口或世界经济活动的总量。因此，该模型预测了世界人均增长与世界人口水平或世界产出总量之间的正相关关系。根据克雷默(Kremer)的实证研究，这一假说基本是正确的。

第四节 帕累托最优与政策含义

我们现在来证明分散经济中的结果不是帕累托最优的。我们可以把式(5.30)中所示的增长率 γ 与由对于一个假想的社会计划者而言相似的问题中得到的结果相比较来评价帕累托最优性。

一、社会计划者问题

我们已经在式(5.11)中给出了中间产品的成本函数，对于一个追求最大化的计划者而言，他们一定会使用中间产品直到中间产品的边际产出等于边际成本的时候为止。根据式(5.11)可知，中间产品的边际生产成本为 $\kappa'(X_{t,j})=1$，然而，根据式(5.1)我们能求出第 j 种中间产品的边际产出，令两者相等，我们能得到如下的表达式：

$$\frac{\partial Y_t}{\partial X_{t,j}} = \alpha A L^{1-\alpha}(X_{t,j})^{\alpha-1} = \kappa'(X_{t,j}) = 1 \tag{5.31}$$

求解式(5.31)，我们可以进一步确定社会计划者对中间产品 $X_{t,j}$ 的最优使用数量：

$$X_{t,j} = X(\text{社会计划者}) = L A^{\frac{1}{1-\alpha}} \alpha^{\frac{1}{1-\alpha}} \tag{5.32}$$

将式(5.32)代入式(5.2)中，我们可以看到 X 的选择意味着社会的产出水平为

$$Y_t(\text{社会计划者}) = AL^{1-\alpha} N_t X^\alpha = A^{\frac{1}{1-\alpha}} \cdot \alpha^{\frac{\alpha}{1-\alpha}} \cdot L N_t \tag{5.33}$$

与式(5.32)中社会计划者的选择相比,由式(5.13)给出的分散经济下的$X_{t,j}$解被乘以了$\alpha^{\frac{1}{1-\alpha}}<1$。因此,与社会计划者相比,分散经济把更少的资源分配给中间产品,从而产出水平也就更低[对照式(5.29)和式(5.33)]。这一差距代表由于垄断而引起的静态效率损失。

社会计划者的目标是在式(5.1)给出的生产函数的约束下,来最大化由式(5.19)给出的消费者的一生效用。通过上面的分析我们知道社会计划者对每一种类的中间产品的适用数量是相同的,而且也知道社会最终产品不是用于消费者的消费,就是用于中间产品的生产或者用于研发部门生产设计图。因此,我们能把社会计划者的问题借助如下这一最优规划问题表述出来:

$$\max_{\{c_t, N_{t+1}\}_{t=0}^{\infty}} \sum_{t=0}^{\infty} \beta^t u(c_t) \tag{5.34}$$

$$\text{s.t.} \quad C_t + N_t X + \eta \Delta N_t = Y_t = A L^{1-\alpha} N_t X^\alpha \tag{5.35}$$

如果我们把约束条件式(5.35)中的总变量转化成人均变量,那么上述这个最优化问题用贝尔曼方程的语言表达出来,就是

$$v(N_t) = \max_{c_t, N_{t+1}} [u(c_t) + \beta v(N_{t+1})] \tag{5.36}$$

$$c_t + N_t \left(\frac{X}{L}\right) + \frac{\eta}{L}(N_{t+1} - N_t) = y_t = A L^{-\alpha} N_t X^\alpha \tag{5.37}$$

求解这个贝格曼方程,可以得到如下的欧拉方程:

$$-\frac{\eta}{L} u'(c_t) + \beta \left(A L^{-\alpha} X^\alpha - \frac{X}{L} + \frac{\eta}{L}\right) u'(c_{t+1}) = 0 \tag{5.38}$$

我们仍旧假定效用函数是如式(5.24)所示的常相对风险规避型的效用函数,那么上面的欧拉方程可以进一步改写为

$$\frac{c_{t+1}}{c_t} = \left[\beta \frac{L}{\eta}\left(A L^{-\alpha} X^\alpha - \frac{X}{L} + \frac{\eta}{L}\right)\right]^{\frac{1}{\theta}} \tag{5.39}$$

如果我们记社会计划经济下消费的增长率为γ_c,并代入式(5.32)中已经求得的社会计划者的最优中间产品适用数量X的解进式(5.39),经过简单整理后可得

$$1 + \gamma_c(\text{社会计划者}) = \frac{c_{t+1}}{c_t} = \left\{\beta\left[1 + \left(\frac{L}{\eta}\right)\left(\frac{1-\alpha}{\alpha}\right) A^{\frac{1}{1-\alpha}} \alpha^{\frac{1}{1-\alpha}}\right]\right\}^{\frac{1}{\theta}} \tag{5.40}$$

对照式(5.26)和式(5.40)可知,由式(5.26)所示的分散经济下的增长率中,方括号内的第二项$\left(\frac{L}{\eta}\right)\left(\frac{1-\alpha}{\alpha}\right) A^{\frac{1}{1-\alpha}} \alpha^{\frac{2}{1-\alpha}}$要比式(5.40)所示的社会计划者而言的增长率中相应项$\left(\frac{L}{\eta}\right)\left(\frac{1-\alpha}{\alpha}\right) A^{\frac{1}{1-\alpha}} \alpha^{\frac{1}{1-\alpha}}$多$\alpha^{\frac{1}{1-\alpha}}$,但是$\alpha^{\frac{1}{1-\alpha}}<1$。回想一下,式(5.26)中的这一项对应于式(5.18)给出的分散经济下的私人报酬率与由社会计划者隐含使用的社会报酬率之间的差距。社会报酬率就是式(5.40)中方括号内的第二项:

$$r(\text{社会计划者}) = \left(\frac{L}{\eta}\right)\left(\frac{1-\alpha}{\alpha}\right) A^{\frac{1}{1-\alpha}} \alpha^{\frac{1}{1-\alpha}} \tag{5.41}$$

在该模型中,新产品发明以及对这些发明的垄断权力,就会导致社会与私人收益之间的差距。产生这一基本的扭曲源于中间产品的垄断定价:从式(5.12)中可以看到,垄断厂商对中间产品的定价是其边际生产成本 1 的 $\frac{1}{\alpha}$ 倍。如果政府可以执行某种税收补贴政策,从而既诱使了中间产品的生产者能进行边际成本定价,同时又没有消除投资者开发新产品种类的积极性,那么就可以在一个分散经济的框架中引导私人部门达到社会最优。

二、政策含义

(一) 对中间产品的购买实行补贴

假定经济是分散的,但是政府会利用一次总付税来对所有种类的中间产品的购买予以补贴。如果补贴率为 $1-\alpha$,则 Y 的生产者对每单位 X 只用支付 αp。式(5.8)中对第 j 种中间产品的需求 $X_{t,j}$ 也就相应增加了 $\left(\frac{1}{\alpha}\right)^{\frac{1}{1-\alpha}}$ 倍。均衡价格 p 仍是边际成本 1 的 $\frac{1}{\alpha}$,但是式(5.13)中的均衡数量 X 被乘以倍数 $\left(\frac{1}{\alpha}\right)^{\frac{1}{1-\alpha}}$,从而与式(5.32)中社会计划者的选择相一致。之所以能得到这个结果是因为 X 的使用者价格减去公共补贴后等于 1。

中间品数量 X 的增加提供了效率的静态和动态收益。在静态背景下,当 N 固定时,垄断定价意味着 X 的边际产量超过其生产成本 1,因而经济不能最大化可用于消费的产品。如果更多的产出被分配给 X,那么 Y 的扩大就意味着消费能够增加,所以政府对购买 X 的补贴能容许经济确保这一静态收益。

更高水平的 X 还产生了激励持续增加 N 的动态效应。式(5.16)中中间产品数量 X_j 的增加使垄断利润流提高了 $\left(\frac{1}{\alpha}\right)^{\frac{1}{1-\alpha}}$ 倍。在式(5.18)中利润的增加又把报酬率 r 提高了相同的倍数。因此,私人收益率就与式(5.41)中给出的社会收益率相一致。由此可知,分散经济下的增长率就等于式(5.40)中所示的社会计划者的增长率,于是公共补贴提供了动态收益,因此 N 现在以有效速度增长。

(二) 对最终产品实行补贴

如果政府通过补贴生产来刺激对最终产品的需求,那么也可以诱使私人经济达到社会最优,所需的对产出 Y 的补贴率为 $\frac{1-\alpha}{\alpha}$,每生产出一单位产品,生产者就获得 $\frac{1}{\alpha}$ 单位的收入。

(三) 对研发实行补贴

在该模型中看来很自然但总不能达到社会最优目标的一项政策是对研发的补贴。如果政府吸收了部分研发成本,那么相应地在式(5.18)中一个潜在发明者的净研究成本 η 也就降低了。这一变化可以把 r 和 γ 的私人选择值提高到和社会计划者的值相等的水平,然而问题是,由于垄断定价式(5.13)中的中间产品数量 X 从社会角度来说仍然是错误的。于是,尽管经济以"正确"的速度增长,但是它却不能获得静态效率,因为对于给定的 N 中间产品的资源配置不足。

尽管该模型中各种政府补贴政策对于改善资源配置都能起作用,但是这些政策的成功执行仍困难重重。政府不仅要对好东西,例如主要是对被垄断定价的产品的需求予以补贴,还要想方设法以税收来对补贴进行融资。如果税是对产出征收的,那么这种补贴无疑是"自掘坟墓"。

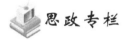思政专栏

创新在经济增长中的关键作用

创新是第一生产力,也是人类能够不断推动经济社会发展的关键,通过创新化观点的引入,人类在生产和生活中能够及时进行相关资源的开发运用;通过对这些资源的深层次化运用,能够保证人类生产生活中经济的可持续增长。习近平总书记在中国科学院第十七次院士大会、中国工程院第十二次院士大会上的讲话中指出:"面向未来,增强自主创新能力,最重要的就是要坚定不移走中国特色自主创新道路,坚持自主创新、重点跨越、支撑发展、引领未来的方针,加快创新型国家建设步伐。"

创新包括科技创新和制度创新。这两者对社会经济发展都至关重要。中国的经济现在已经由高速增长阶段转向了高质量发展阶段。科技创新能够为国家的高质量发展提供新的成长空间、关键着力点以及重要支撑,是促进实体经济升级、引领高质量发展的核心驱动力。

技术进步固然能够推动经济增长,但是什么样的技术进步能够促进中国经济的高质量增长值得探讨。与历史上的技术相比,促进高质量增长的技术进步不仅具有提高生产率的直接作用,而且要素投入和实现手段等方面具有更明显的特征。在高质量增长阶段,自主创新研发是实现技术进步的重要手段。在开放经济中,技术进步的手段主要包括技术引进、技术扩散和自主研发。对于像中国这样的后工业化国家来说,技术赶超前期以技术引进为主,随后有选择性地进行技术研发,建立主导产业和优势产业,打破发达国家的技术垄断。技术引进虽然在短期内提高了生产力,但是由于缺乏核心技术和创新能力,后工业化国家处于国际产业链低端,并在国际竞争中容易受制于人。因此,在形成一定的经济基础和经济规模之后,后工业化国家则需要聚焦战略前沿和制高点领域,通过自主创新突破核心关键技术、增强国际竞争力,从而实现现阶段的重大发展需求。

制度供给的有效性是影响经济社会发展的重要外部因素,随着发展阶段和目标的转变,制度供给也需要结合发展现状进行相应的改革和创新。因此,在高质量增长阶段,促进更有效的宏观调控、更强的社会治理能力和教育文化社会全面进步的制度创新,才有助于中国经济转型成功和高质量增长。首先,适度有效的宏观调控能够克服市场的调节失灵,从而推动经济的高质量增长。在完善的市场制度下,市场机制调节是很有效的,但是并非在所有领域都能确保市场有效。市场可能由于内在原因的复杂性和特殊性而具有盲目性,从而导致调节失灵的发生。健全的国内各方面政策和国际宏观政策的协调机制,有效创新的宏观调控工具,以及法治化和

制度化的政府宏观调控体系能够更好地激发市场活力。其次,通过市场机制和政府调控的相互补充实现发展路径的转换和经济的高质量增长。经济增长的高质量是社会高质量和治理高质量的输出,因此,落后的治理能力会限制社会经济发展,然而先进的治理能力对经济的高质量增长具有正反馈作用。最后,良好的社会文化环境也是影响高质量增长的关键因素。文化环境属于一种非正式制度安排,在人类的行为约束体系中,长期形成的习俗、伦理道德、价值观念、文化传统等在经济社会发展中具有重要地位,即使在最发达的经济体系,人们的大部分行为决策选择也会受非正式制度的约束。

本章习题

1. 2007年,美国爆发次贷危机和金融危机,金融市场波动增加,风险增大。美国联邦储备委员会,即美国的中央银行采取了一系列的对抗措施,力图阻止经济产生更大波动,稳定增长和就业,促进经济增长。其先是把联邦基金利率从2007年7月的5.25%,下降到2008年12月的几乎为零,一年半的时间内下调了超过5个百分点,然后,先后在2008年11月、2010年11月、2012年9月推出三轮量化宽松的政策,大量购买美国国债、机构债、资产抵押债券,向市场注入资金。

基于索洛模型,一个经济体的产出由技术和要素投入决定:$Y=AF(K,L,H)$,其中Y是产出,A是生产技术,K是资本,L是劳动力,H是附着在劳动力上面的人力资本。这个模型还可以进一步扩展,比如把自然资源包含进去作为生产函数的另一种要素投入,再比如进一步考虑生产技术A如何变化。一个有意思的观察是,在增长模型中并没有货币因素,也没有就业,但是为什么美国联邦储备委员会认为在这样一个模型中,货币政策可以促进就业呢?请从政策目标之间的关系考虑。

2. 请解释为什么总不能达到社会最优目标的一项政策是对研发的补贴。

3. 请简要分析增长率的决定因素。

4. 有技术进步的索洛模型如下。生产函数:$Y=K^{\alpha}(AL)^{1-\alpha}$,$0<\alpha<1$;技术进步$\dot{A}(t)/A(t)=g$;人口增长$\dot{L}(t)/L(t)=n$;资本积累$\dot{K}(t)=sY(t)-\delta K(t)$;单位有效劳动资本量:$\bar{k}(t)=K(t)/[A(t)L(t)]$;单位有效劳动产出:$\bar{y}(t)=Y(t)/[A(t)L(t)]$。

(1) 请将单位有效劳动产出表示成单位有效资本量的函数;

(2) 请写出单位有效劳动资本量$\bar{k}(t)$的动态变化等式;

(3) 计算稳态时人均产出以及人均产出的增长率;

(4) 假设经济初始时处于稳态,画出并简述投资率上升对$\bar{k}(t)$及其增长率的影响。

5. 假设索洛模型有人口增长和技术进步,在下列情形下政策是如何影响稳定水平的人均产出和稳定水平下人均产出的增长率的:

(1) 削减政府财政赤字;

(2) 加大科研投入;

(3)通过税收刺激政策来增加私人储蓄；

(4)给予私人产权更多的保护。

6.考虑一个具有技术进步但无人口增长的经济,其正处在平衡增长路径上。现在假设工人数发生了一次跳跃。

(1)在跳跃时刻每单位有效劳动的产出是上升、下降还是保持不变？为什么？

(2)在新工人出现时,每单位有效劳动的产出发生初始变化(如果存在的话)之后,单位有效劳动的产出是否存在任何进一步的变化？如果发生变化,其将上升还是下降？为什么？

(3)一旦经济再次达到平衡增长路径,每单位有效劳动的产出是高于、低于还是等于新工人出现之前的？为什么？

7.(1)考虑一个具有稳态人均产出水平的新古典模型。假定一个社会能选择其人口增长率。这个选择如何影响其稳态人均产出？这样一种政策能否有助于该国避免落入贫困陷阱？

(2)现在假定我们处在一个内生增长模型中,较低的人口增长率如何影响社会的长期增长潜力？

8.考虑两个由 $Y_i(t)=K_i(t)^\theta$ 和 $\dot{K}_i(t)=s_i Y_i(t)$ 刻画的经济(其中 $i=1,2,\theta>1$)。假定两个经济具有相同的初始 K 值,但 $s_1>s_2$。证明 Y_1/Y_2 会持续增加。

9.假设有两个部门,一个生产消费品,一个生产资本品,并且有资本和土地两个生产要素。资本可用于两个部门,而土地只能用于生产消费品。具体而言,生产函数分别为 $C(t)=K_C(t)^\alpha T^{1-\alpha}$ 和 $\dot{K}(t)=BK_K(t)$,其中 K_C 和 K_K 分别是两个部门所用的资本,$K_C(t)+K_K(t)=K(t)$,T 表示土地数量,$0<\alpha<1$ 且 $B>0$。生产要素的报酬为其边际产出,资本可以自由地在两个部门之间流动。为简单起见,T 标准化为 1。

令 $P_K(t)$ 表示在时刻 t 资本品相对消费品的价格。根据两个部门用消费品表示的资本所得必须相等,推导 $P_K(t)$、$K_C(t)$ 与参数 α、B 之间的关系。如果 K_C 的增长率为 $g_K(t)$,则 P_K 增长(或减少)的速率为多少？用 $g_P(t)$ 表示这个增长率。

10.考虑封闭经济中的索洛模型:储蓄率 s 外生给定,$0<s<1$,即储蓄率始终为可支配收入的固定比率；人均生产函数表示为 $y=f(k)=Ak^\alpha$,$0<\alpha<1$；资本折旧率 σ 为 0；技术 A 的进步速率为 $g=0$,人口增长率为 $n>0$。

(1)假如政府通过一项移民法令使得移民流入下降,受其影响该国人口增长率从 n 下降到 n^{new},即 $0<n^{\text{new}}<n$。假设这一政策改革瞬间完成,并一直持续下去。进一步假设该国在政策改革之前就已经处于稳态之中。请回答：这一政策改革对于稳态的人均资本存量 k、人均产出 y、工资率 w、资本价格 r 的影响？谁是受益者,是劳动者还是资本所有者？

(2)假设政府通过的移民法令并未改变人口增长率,但限制了高技术人员的移民门槛,这使得技术水平从 A 下降到 A^{new},即 $0<A^{\text{new}}<A$,假设这一政策实施了一段时间,从 t_1 开始到 t_2 结束。进一步假设该国在政策改变之前就已处于稳态之中。请绘图并回答：该国的人均资本存量 k_t 和人均产出 y_t 是如何随着时间而变化的？(分别作出 k_t 和 y_t 的图,以时间为 x 轴)

第六章 经济周期导论

关于经济周期,维克塞尔(Wicksell)提出了一个著名的比喻:如果你用棍棒击打摇摆的木马,木马的运动和棍棒的运动会存在很大不同。这个比喻巧妙地提出了经济周期的传导问题和冲击问题。木马是经济本身,它决定了冲击如何被传导以及其所导致的形态;棍棒是外部冲击,它为经济周期波动提供动力。一个国家或经济体本身的性质主要是经济体制和经济运行方式问题,这些因素决定了经济周期波动的基本形态,然而一些突发的外部事件则成为经济周期波动的冲击来源。

第一节 经济周期的定义与测量

一、经济周期的定义

美国经济学家阿瑟·伯恩斯(Arthur Burns)和韦斯利·米切尔(Wesley Mitchell)的经典著作中,对经济周期进行了如下定义:经济周期是国家总量经济活动的波动,这些经济活动主要在企业中进行,一个周期包括许多经济活动的同时繁荣,接着是普遍的衰退,而后是复苏,之后就进入下一个周期的繁荣阶段。这种顺序是周期性的但不是定期的,并且经济周期的持续时间少则一年多则数十年,但是我们不能根据振幅的近似特征把它们分成更小的周期。

经济周期的这个定义强调了几点:

(1)总量经济活动。经济周期是以众多经济活动的联动为特征的,而不是仅仅以一个单独变量如真实国内生产总值的变动为特征。

(2)企业的组合。经济周期是在分散的市场经济中发生的一种现象。

(3)繁荣和衰退。经济活动的繁荣时期后面紧跟着经济活动减少的衰退时期。

(4)多于一年的持续期(持久性)。一个完整的经济周期持续至少一年,而短期的波动不具备经济周期的特征。这意味着一年中季度经济活动的变动不是经济周期。换言之,经济周期的变动表现出持久性:一旦繁荣开始,它往往会持续一段时间,其间繁荣的力量会自我强化,同样的,一旦衰退到来,一段时间内它就会演变为进一步的衰退。

(5)周期的但不是定期的。尽管经济周期自己会不断重复,但其不是定期发生的。经济周期的持续时间少则一年多,多则十年甚至十二年,衰退的严重性也会有相当大的变化,甚至可能会演变成萧条。

尽管没有两个周期是完全一样的,但是它们通常有一些重要的共同特征,因此,有必要将经济周期理论化。通过对一系列经济变量间联动的定性分析,找寻这些特征,可以帮助经济学家给政策制定者提出减少经济波动的建议。

二、经济周期的时期性

由于不同经济变量的变动是完全不同步的,因此经济周期的时期性需要分析和判断,需要从时间上明确经济周期何时达到波峰并从繁荣转为衰退,以及何时达到波谷并从衰退转为繁荣。伯恩斯和米切尔记录了一些经济变量随时间的动态变化,美国国家经济研究局(National Bureau of Economic Research,NBER)在伯恩斯和米切尔的基础上,成立了一个经济周期定期委员会来对经济周期进行研究。美国国家经济研究局的经济周期定期委员会把经济衰退定义为总产量、收入、就业以及贸易明显并且普遍减少的一段时期,它通常持续 6 个月到 1 年。在此基础上,经济周期定期委员会已经成功为 1854—2007 年的美国经济周期进行了定期,共含 33 个周期,如表 6-1 所示。

表 6-1 美国的繁荣期和衰退期时间

经济周期参考时期			持续时间			
波谷	波峰	波谷	扩张/月	收缩/月	周期/月	扩张/收缩
1854 年 12 月	1857 年 6 月	1858 年 12 月	30	18	48	1.67
1858 年 12 月	1860 年 10 月	1861 年 6 月	22	8	30	2.75
1861 年 6 月	1865 年 4 月	1867 年 12 月	46	32	78	1.44
1867 年 12 月	1869 年 6 月	1870 年 12 月	18	18	36	1.00
1870 年 12 月	1873 年 10 月	1879 年 3 月	34	65	99	0.52
1879 年 3 月	1882 年 3 月	1885 年 5 月	36	38	74	0.95
1885 年 5 月	1887 年 3 月	1888 年 4 月	22	13	35	1.69
1888 年 4 月	1890 年 7 月	1891 年 5 月	27	10	37	2.70
1891 年 5 月	1893 年 1 月	1894 年 6 月	20	17	37	1.18
1894 年 6 月	1895 年 12 月	1897 年 6 月	18	18	36	1.00
1897 年 6 月	1899 年 6 月	1900 年 12 月	24	18	42	1.33
1900 年 12 月	1902 年 9 月	1904 年 8 月	21	23	44	0.91
1904 年 8 月	1907 年 5 月	1908 年 6 月	33	13	46	2.54
1908 年 6 月	1910 年 1 月	1912 年 1 月	19	24	43	0.79

续表

经济周期参考时期			持续时间			
波谷	波峰	波谷	扩张/月	收缩/月	周期/月	扩张/收缩
1912年1月	1913年1月	1914年12月	12	23	35	0.52
1914年12月	1918年8月	1919年3月	44	7	51	6.29
1919年3月	1920年1月	1921年7月	10	18	28	0.56
1921年7月	1923年5月	1924年7月	22	14	36	1.57
1924年7月	1926年10月	1927年11月	27	13	40	2.08
1927年11月	1929年8月	1933年3月	21	43	64	0.49
1933年3月	1937年5月	1938年6月	50	13	63	3.85
1938年6月	1945年2月	1945年10月	80	8	88	10.0
1945年10月	1948年11月	1949年10月	37	11	48	3.36
1949年10月	1953年7月	1954年5月	45	10	55	4.50
1954年5月	1957年8月	1958年4月	39	8	47	4.88
1958年4月	1960年4月	1961年2月	24	10	34	2.40
1961年2月	1969年12月	1970年11月	106	11	117	9.64
1970年11月	1973年11月	1975年3月	36	16	52	2.25
1975年3月	1980年1月	1980年7月	58	6	64	9.67
1980年7月	1981年7月	1982年11月	12	16	28	0.75
1982年11月	1990年7月	1991年3月	92	8	100	11.5
1991年3月	2001年3月	2001年11月	120	8	128	15.0
2001年11月	2007年12月	N.A.	73	N.A.	N.A.	N.A.

注：这里把从一个波谷到下一个波谷的时间作为一个完整的经济周期的持续时长。

经济周期的长度是从波谷到波谷来进行测量的,在表6-1的最后一列计算了繁荣阶段的持续时间和衰退阶段的持续时间之比。其结果表明,经济周期并不是规律和定期的。周期的持续时间变化很大,但是通常繁荣阶段比衰退阶段持续得更久,这也反映了经济长期增长的潜力,但是也存在特例,比如1927年11月至1933年3月的大萧条时期,美国的经济衰退了43个月。在这次经济噩梦中,真实国内生产总值下降了接近30%,失业率则升高到25%。

三、经济周期的测度

分析现实经济的波动发现大多数经济时间序列围绕着一个增长的时间趋势波动,这种增长的趋势反映了经济增长理论所描述的力量,但是经济周期理论的任务是解释经济波动的原因。例如,Y_t是t时期的真实国内生产总值,它一方面体现了增长分量Y_t^g,另一方面则体现了周期分量Y_t^c。Y_t^g是指经济总是处于长期增长路径上的Y_t的趋势值,Y_t^c是指围绕着长期均值1的波动程度。

$$Y_t = Y_t^g \cdot Y_t^c \tag{6.1}$$

对Y_t^c均值的假设意味着平均起来$Y_t = Y_t^g$。式(6.1)也意味着,只要周期分量中波动的振幅保持不变,真实国内生产总值的经济周期波动的振幅就恰好等于产出的趋势水平,所以经济周期中实际产出偏离趋势产出的百分比随着时间的推移将趋向于保持不变。

用不同变量的自然对数形式要比用变量本身更为方便,因为一些变量X的对数形式的变动近似等于X的变动百分比。我们对式(6.1)两边取对数,并且定义$y_t = \ln Y_t, g_t = \ln Y_t^g, c_t = \ln Y_t^c$,得到如下等式:

$$y_t = g_t + c_t \tag{6.2}$$

假设只有y_t的观测值,该如何估计趋势分量g_t和周期分量c_t?如图6-1所示,图中的曲线的斜率大致等于观测期平均增长率的回归线。从技术上来说,回归线的截距和斜率是为了将观测到的国内生产总值的对数值和线上的点之间的方差的平方和最小化而选取的。有一个最简单的衡量办法,即让回归直线代表产出的趋势值,将国内生产总值的周期分量测定为与那条假定的平稳增长路线的偏差,但是这样得出的结果不准确,因为经济的真实增长率是不变的。若让回归线代表增长趋势线,也就假设了在不被经济波动干扰条件下,经济将会一直处在一个有着不变增长率的平衡稳定状态中。现实情况中经济并非一直处在稳定状态,不可能存在不变的长期增长率。

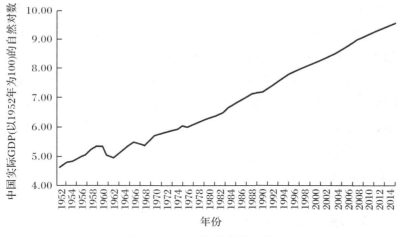

图6-1 中国经济指数变化

近些年被广泛应用的一种方法是霍德里克-普雷斯科特滤波器(Hodrick-Prescott filter,HP滤波器)方法,它是以美国经济学家罗伯特·霍德里克(Robert Hodrick)和爱德华·普雷斯科特(Edward Prescott)的名字命名的。这种方法能把国内生产总值的增长趋势和周期分量区分开来,使之在基础的增长趋势上随时间变动,即去趋势。运用滤波器这种方法,在国内生产总值的对数形式下,像$(y_t)_{t=1}^T$这样的经济时间序列的增长分量g_t就可以通过最小化式(6.3)的值得出:

$$\sum_{t=1}^{T}(y_t-g_t)^2+\lambda\sum_{t=2}^{T-1}[(g_{t+1}-g_t)-(g_t-g_{t-1})]^2 \tag{6.3}$$

相对于所有的 g_t，时间 $t=1,2,\cdots,T$ 内的观测值都是可获得的；λ 是观测者选取的平滑参数。因为 y_t 是用对数形式来测量的，所以 $g_{t+1}-g_t$ 和 g_t-g_{t-1} 的大小值各自近似等于在 $t+1$ 期和 t 期真实国内生产总值趋势值的百分比增长率。因此，式(6.3)中方括号内的项表示了从一个时期到下一个时期我们所测量的趋势增长率的变化，即长期增长趋势的变动。根据定义，式(6.3)的 y_t-g_t 测量了 t 期 y_t 的周期分量 c_t。想要最小化式(6.3)，就必须在以下两个方面做出平衡：一方面，选择 g_t 以最小化所估计的趋势增长率随着时间的变化，这将会使式(6.3)中第二项的表达式最小化；另一方面，让 g_t 尽可能地近似于（对数形式的）实际产出 y_t 以最小化式(6.3)中的第一项。对于上述两个相矛盾的目标上的相对权重的选取取决于我们对平滑参数 λ 的选择。

考虑令 $\lambda=0$ 的极端情况。在这种特殊情况下，通过简单地选取 $g_t=y_t$，对所有的 $t=1,2,\cdots,T$ 来最小化式(6.3)，因为它将会取到它的最低可能值 0，但是这就意味着我们假设所有观测到的 y_t 的波动都反映了基础增长趋势的变动，而这显然没有任何意义，因为这将否认经济波动的存在。

考虑令 λ 趋向于无穷大的相反的极端。在这种情况下，式(6.3)中的第一项不占任何权重，如果我们选取 g_t 使所估计的趋势增长率在观测期内保持不变，也就是说对所有的 $t=2,3,\cdots,T-1,g_{t+1}-g_t=g_t-g_{t-1}$，那么式(6.3)将会取到它的最低可能值 0。这能让我们得到根据图 6-1 中的曲线拟合的直线，但是假定趋势增长率不变是错误的。

λ 的取值明显应该是正的且有限的。一方面，λ 的值越大，我们就越想消除所估计的趋势增长率随时间的变动，即所估计的增长趋势会越平缓，这样它就越接近一条水平线；另一方面，λ 的值越小，所估计的 g_t 和产出的实际值 y_t 之间的偏差就会越小，即归因于基础增长趋势变化的实际产出部分就会越大。

在有关这一问题的实证分析中，使用季度数据的美国经济周期研究者都习惯设定 $\lambda=1600$。理论上讲，如果产出周期数据和产出长期趋势数据的二阶差分是两个相互独立的、方差分别为 σ_c^2 和 σ_p^2 的白噪声，当 $\lambda=\sigma_c^2/\sigma_p^2$ 时，HP 滤波器就是一个最优的线性滤波器。霍德里克和普雷斯科特认为，美国季度产出的合理周期波动是 5%，季度产出长期增长趋势波动大致为 0.125%，故取值 $\lambda=5/0.125$。事实上，大部分美国研究者选取 $\lambda=1600$ 实际上是隐含认可美国季度数据表示的经济周期长度介于 6 个季度（或 18 个月）至 32 个季度（或 8 年）之间。如果其他国家的经济周期长度与美国的不同，则平滑参数 λ 就应该取与 $\lambda=1600$ 不相同的值。例如在中国，因为经济的年度数据相对完整而且得以广泛使用，所以中国学者在对中国的经济周期进行研究时习惯于取 25、100 或者 400 等。

一旦用 HP 滤波器得到一个合适的增长趋势，我们就能通过 $c_t=y_t-g_t$ 来获得真实 GDP 的周期分量的估计值。

第二节 经济周期中的经济事实

从卢卡斯开始,现代经济周期理论研究开始强调宏观经济时间序列的变动性(volatility)、持续性(persistence)和协动性(co-movement)等。这些性质可以用方差和相关系数等统计量刻画,它们构成经济周期波动特征事实的主要方面。变动性由单个序列的方差表示,刻画该序列的变动程度;持续性由单个序列的自相关系数表示,刻画该序列前后项之间的相关关系,即该序列的持续和黏滞程度;协动性则由两个序列之间的相关系数表示,刻画这两个序列之间的变动关系和相互影响。在这一节,我们将研究针对不同国家组的一些时间序列所估计出的周期分量的统计特征,以便对经济周期进行更加详细深入的研究。

我们基于按季节调整的季度数据,通过 HP 滤波器进行研究。国家收入和产出数据均以固定价格测量,而且所有的变量都用 HP 滤波器进行了去趋势,其中 λ 的值取为用季度数据进行经济周期分析常用的 1600,表现出增长的时间趋势的各变量在去趋势前进行了取对数处理。此外,因 HP 滤波器在一个时间序列的末端会给出不精确的趋势估计值,因此,像前面提到的那样,我们已经从统计分析中排除了每个序列的前后各 12 个所估计的周期分量。

一、经济周期的波动性

在一个典型化经济周期中,不同经济变量的可变性是怎么样的?对这个问题,我们可以通过计算在不同时间序列中所估计的周期分量的标准差来确定这种可变性的大小。在时间区间 $t=1,2,\cdots,T$ 内变量 x_t 的一系列观测值的标准差 s_x 被定义为

$$s_x = \sqrt{\frac{1}{T-1}\sum_{t=1}^{T}(x_t - \overline{x})^2}, \overline{x} \equiv \frac{1}{T}\sum_{t=1}^{T} x_t \tag{6.4}$$

式中,$\overline{x}$ 是 x_t 的均值。标准差测量了观测期内 x_t 对均值的偏离,这是测量经济变量 x_t 波动性的一个天然指标。

表 6-2 至表 6-7 的绝对标准差是对一些重要宏观经济变量的周期分量的波动性的测量。当变量以对数形式被测量时,一些变量的绝对标准差($x \equiv \ln X$)大致表示 X 和它的均值的平均离差百分比。例如,表 6-2 第三列的第一个数字表示在英国的经济周期中,真实季度国内生产总值的周期分量平均偏离它的均值 1.47 个百分点。

表 6-2 英国各宏观经济变量的波动性

变量	占国内生产总值的比例/%	绝对标准差/%	相对标准差[①]
国内生产总值	100	1.47	1.00
私人消费	62	1.64	1.11
总固定投资[②]	19	3.75	2.54
公共消费	20	1.30	0.88

续表

变量	占国内生产总值的比例/%	绝对标准差/%	相对标准差[①]
出口	24	2.99	2.03
进口	25	3.71	2.52
就业		0.95	0.65

注：基于1956年第一季度至2007年第一季度的季度数据，其中有24个观察点没有包括进去。

① 相对于国内生产总值标准差的标准差。

② 包括私人投资和公共投资。

数据来源：UK Office for National Statistics（英国国家统计局）。

表6-3 美国各宏观经济变量的波动性

变量	占国内生产总值的比例/%	绝对标准差/%	相对标准差[①]
国内生产总值	100	1.64	1.00
私人消费	64	1.30	0.80
私人投资	16	7.53	4.60
公共消费	16	3.30	2.02
公共投资	4	5.85	3.58
出口	8	5.38	3.29
进口	8	5.09	3.11
就业		1.40	0.86

注：基于1956年第一季度至2007年第一季度的季度数据，其中有24个观察点没有包括进去。

① 相对于国内生产总值标准差的标准差。

数据来源：Bureau of Economic Analysis（经济分析局）、Bureau of Labor Statistics（劳工统计局）、Federal Reserve Bank of St. Louis（圣路易斯联储）。

表6-4 丹麦各宏观经济变量的波动性

变量	占国内生产总值的比例/%	绝对标准差/%	相对标准差[①]
国内生产总值	100	1.61	1.00
私人消费	51	1.98	1.23
私人投资	16	6.21	3.85
公共消费	26	1.15	0.72
公共投资	3	7.12	4.42
出口	35	3.32	2.06
进口	31	3.44	2.13
就业		0.82	0.51

注：基于1956年第一季度至2007年第一季度的季度数据，其中有24个观察点没有包括进去。

① 相对于国内生产总值标准差的标准差。

数据来源：Danmark's National Bank（丹麦国家银行）。

表 6-5 芬兰各宏观经济变量的波动性

变量	占国内生产总值的比例/%	绝对标准差/%	相对标准差[①]
国内生产总值	100	2.18	1.00
私人消费	52	1.89	0.87
私人投资	19	7.43	3.41
公共消费	23	1.24	0.57
公共投资	3	5.13	2.36
出口	30	5.77	2.65
进口	27	5.81	2.67
就业		1.75	0.08

注：基于1956年第一季度至2007年第一季度的季度数据，其中有24个观察点没有包括进去。

① 相对于国内生产总值标准差的标准差。

数据来源：Statistics Finland（芬兰统计局）、Bank of Finland（芬兰银行）。

表 6-6 比利时各宏观经济变量的波动性

变量	占国内生产总值的比例/%	绝对标准差/%	相对标准差[①]
国内生产总值	100	1.13	1.00
私人消费	55	1.09	0.97
私人投资	17	4.55	4.01
公共消费	24	0.88	0.78
公共投资	2	7.05	6.22
出口	65	2.78	2.46
进口	63	3.24	2.86
就业		0.65	0.57

注：基于1956年第一季度至2007年第一季度的季度数据，其中有24个观察点没有包括进去。

① 相对于国内生产总值标准差的标准差。

数据来源：National Bank of Belgium（比利时国家银行）。

表 6-7 荷兰各宏观经济变量的波动性

变量	占国内生产总值的比例/%	绝对标准差/%	相对标准差[①]
国内生产总值	100	1.33	1.00
私人消费	52	1.36	1.02
私人投资	17	5.34	4.02
公共消费	24	1.05	0.79
公共投资	3	5.20	3.91
出口	54	2.96	2.23
进口	50	3.21	2.41
就业		0.80	0.60

注：基于1956年第一季度至2007年第一季度的季度数据，其中有24个观察点没有包括进去。

① 相对于国内生产总值标准差的标准差。

数据来源：Statistics Netherlands（荷兰中央统计局）、De Nederlandsche Bank（荷兰中央银行）。

表 6-2 至表 6-7 的最后一栏的相对标准差测量了不同变量的标准差与国内生产总值的标准差之比。当相对标准差大于 1 时,表示这个变量比国内生产总值有更多的波动性;反之,则认为这个变量比国内生产总值有更少的波动性。表 6-2 至表 6-7 的一个明显特征在于投资的波动性是国内生产总值波动性的 2.5~4.5 倍。进出口量的波动性也明显高于国内生产总值的波动性,这表示国外贸易部分是相对不稳定的,然而就业的波动性则比国内生产总值的波动性小很多。私人消费相对于国内生产总值,有时有更大的波动性,有时有更小的波动性。

典型化经济事实是指关于国内生产总值、消费、投资、利率等总体变量自身的易变性和相互之间关系等特征的描述。表 6-2 至表 6-7 的主要信息可以总结为以下关于经济周期的三个典型化事实:

典型化经济周期事实 1:在经济周期中投资比国内生产总值有更大的波动性,其波动性通常为国内生产总值波动性的 3~4 倍。它是总需求中最不稳定的部分。

典型化经济周期事实 2:国外贸易量的波动性通常是国内生产总值波动性的 2~3 倍。

典型化经济周期事实 3:在经济周期中就业的波动性比国内生产总值的波动性小很多,其波动性通常是国内生产总值波动性的 60%~80%。

二、经济周期的相关性、前导和滞后

(一)相关性

表 6-2 至表 6-7 展示了不同变量与国内生产总值之间波动性的比较,但是经济变量的周期分量 x_t 与真实国内生产总值的周期分量 c_t 是同方向变动还是反方向变动,并且在多大程度上变动的问题还未给出答案。针对这个问题,我们用 x_t 和 c_t 的协方差来衡量,定义如下:

$$s_{xc} = \frac{1}{T-1}\sum_{t=1}^{T}(x_t-\bar{x})(c_t-\bar{c}) \qquad \bar{c} \equiv \frac{1}{T}\sum_{t=1}^{T}c_t \qquad (6.5)$$

式中,$\bar{c}$ 是 c_t 的平均值。协方差测量 x 和 c 共同变动的程度,但是它的大小取决于我们测量 x 和 c 时所选取的组合。为了得到一个独立于组合选取的指标,我们可以用各自的标准差 s_x 和 s_c 来标准化 $x_t-\bar{x}$ 和 $c_t-\bar{c}$ 的观测值,并且进一步研究标准化离差 $(x_t-\bar{x})/s_x$ 和 $(c_t-\bar{c})/s_c$ 的共同变动。根据这个步骤,我们会得到 x 和 c 的相关系数,它被定义为

$$\rho(x_t,c_t) = \frac{s_{xc}}{s_x s_c} = \frac{\sum_{t=1}^{T}(x_t-\bar{x})(c_t-\bar{c})}{\sqrt{\sum_{t=1}^{T}(x_t-\bar{x})^2}\sqrt{\sum_{t=1}^{T}(c_t-\bar{c})^2}} \qquad (6.6)$$

可以看出,相关系数在区间 -1 到 1 之间取值。如果 $\rho(x_t,c_t)$ 等于 1,我们就说 x_t 和 c_t 完全正相关;如果 $\rho(x_t,c_t)$ 等于 -1,我们就说这两个变量完全负相关。在这两种情况下,两个变量之间都存在严格的线性关系。如果 $\rho(x_t,c_t)$ 是正值但小于 1,则 x_t 和 c_t 将同向变动,$\rho(x_t,c_t)$ 与 1 的差越小,两个变量的联动就越同步。如果 $\rho(x_t,c_t)$ 是负值,则 x_t 和 c_t 将反向变动。如果 $\rho(x_t,c_t)$ 等于 0,则 x_t 和 c_t 之间就不相关。

在 c_t 代表真实国内生产总值周期分量的情况下,当 $\rho(x_t,c_t)$ 为正时,x 顺周期变化,因为正

相关意味着 x 会随着国内生产总值一起升降。当 $\rho(x_t, c_t)$ 为负时，x 逆周期变动，因为负相关意味着 x 会与国内生产总值反向变动。

(二) 前导和滞后

在经济周期中不同经济变量的联动并不都是同步的，一些变量可能会在其他变量之前或之后达到拐点。通过测量 c_t 和 n 期前的 x 值 x_{t-n} 之间的相关系数 $\rho(x_{t-n}, c_t)$，以及 c_t 和 n 期后的 x 值 x_{t+n} 之间的相关系数 $\rho(x_{t+n}, c_t)$，可以验证是否有变量不与真实国内生产总值同步变动。如果 $\rho(x_{t-n}, c_t)$ 明显不等于 0，并且在数值上比 $\rho(x_t, c_t)$ 大得多，那么 x_t 就是一个前导指标，因为 n 期前观测到的 x 的变动与现期国内生产总值的变动相关，即 x 的变动会引导总产出的变动，所以 x 的转变就意味着以后 c 的转变。类似地，如果 $\rho(x_{t+n}, c_t)$ 明显不等于 0，并且，在数值上比 $\rho(x_t, c_t)$ 大得多，那么，我们就说 x_t 是一个滞后变量，因为这意味着 x 会后于 c 到达它的波峰和波谷。

表 6-8 至表 6-13 列示了不同变量的对数和国内生产总值的对数之间的相关系数，既包括前导的，也包括滞后的，其中 x_t 是表 6-8 至表 6-13 第一列列示的相关变量，第二列前两栏分别表示当期 GDP(c_t) 和 x_{t-2}、x_{t-1} 之间的相关性，后两栏分别表示当期 GDP(c_t) 和 x_{t+1}、x_{t+2} 之间的相关性。比如，从表 6-8 私人消费那一行我们可以推知，当期国内生产总值和 x_{t-2} 的私人消费之间的相关系数是 0.55，然而当期国内生产总值和 x_{t+1} 的私人消费之间的相关系数是 0.59。

表 6-8 英国宏观经济变量的相关性(包括提前项和滞后项)

变量	国内生产总值和 x_t 的相关系数季度领先和滞后				
	−2	−1	0	1	2
x_t(真实变量)					
国内生产总值	0.63	0.78	1.00	0.78	0.63
私人消费	0.55	0.64	0.74	0.59	0.50
私人投资	0.35	0.48	0.65	0.62	0.54
公共消费	−0.14	−0.09	−0.09	−0.15	−0.09
出口	0.15	0.26	0.46	0.34	0.36
进口	0.43	0.62	0.69	0.61	0.54
就业	0.24	0.42	0.59	0.68	0.74
真实工资	0.15	0.24	0.36	0.25	0.24
劳动生产率	0.01	0.71	0.35	0.14	−0.05
x_t(名义变量)					
通货膨胀率	−0.22	−0.11	−0.04	0.19	0.21
短期名义利率	−0.19	0.01	0.20	0.36	0.49
长期名义利率	−0.33	−0.15	−0.01	0.11	0.24

注：基于 1956 年第一季度至 2007 年第一季度的季度数据，其中有 24 个观察点没有包括进去。

数据来源：UK Office for National Statistics。

表6-9 美国宏观经济变量的相关性(包括提前项和滞后项)

变量	国内生产总值和x_t的相关系数季度领先和滞后				
	−2	−1	0	1	2
x_t(真实变量)					
国内生产总值	0.60	0.84	1.00	0.84	0.60
私人消费	0.65	0.77	0.78	0.60	0.36
私人投资	0.57	0.75	0.85	0.66	0.40
公共消费	−0.09	0.02	0.11	0.19	0.25
公共投资	0.01	0.11	0.22	0.23	0.25
出口	−0.04	0.17	0.37	0.46	0.45
进口	0.46	0.62	0.69	0.61	0.39
就业	0.27	0.57	0.81	0.89	0.83
真实工资	0.19	0.23	0.22	0.16	0.08
劳动生产率	0.50	0.49	0.45	0.13	−0.14
x_t(名义变量)					
通货膨胀率	−0.03	0.17	0.31	0.39	0.39
短期名义利率	−0.09	0.17	0.38	0.47	0.48
长期名义利率	−0.28	0.10	0.06	0.11	0.12

注:基于1956年第一季度至2007年第一季度的季度数据,其中有24个观察点没有包括进去。

数据来源:Bureau of Economic Analysis, Bureau of Labor Statistics, Federal Reserve Bank of St. Louis。

表6-10 丹麦宏观经济变量的相关性(包括提前项和滞后项)

变量	国内生产总值和x_t的相关系数季度领先和滞后				
	−2	−1	0	1	2
x_t(真实变量)					
国内生产总值	0.53	0.74	1.00	0.74	0.53
私人消费	0.65	0.72	0.78	0.63	0.47
私人投资	0.48	0.65	0.76	0.73	0.61
公共消费	−0.03	0.09	0.20	0.24	0.27
公共投资	0.31	0.41	0.49	0.53	0.53
出口	−0.23	0.21	−0.19	0.24	−0.23
进口	0.28	0.40	0.46	0.38	0.24
就业	0.38	0.61	0.72	0.77	0.69
真实工资	−0.08	0.04	−0.09	0.23	−0.27
劳动生产率	0.04	0.08	0.36	0.09	−0.06
x_t(名义变量)					
通货膨胀率	−0.03	0.10	0.31	0.24	0.24
短期名义利率	−0.09	0.18	0.38	0.14	0.30
长期名义利率	−0.28	0.22	0.06	0.09	0.10

注:基于1956年第一季度至2007年第一季度的季度数据,其中有24个观察点没有包括进去。

数据来源:Danmark's National Bank。

表 6-11 芬兰宏观经济变量的相关性(包括提前项和滞后项)

变量	国内生产总值和x_t的相关系数季度领先和滞后				
	−2	−1	0	1	2
x_t(真实变量)					
国内生产总值	0.80	0.87	1.00	0.87	0.80
私人消费	0.74	0.80	0.82	0.77	0.73
私人投资	0.57	0.71	0.83	0.82	0.86
公共消费	−0.01	0.13	0.26	0.39	0.52
公共投资	0.03	0.07	0.13	0.17	0.23
出口	0.41	0.29	0.27	0.11	−0.01
进口	0.62	0.66	0.75	0.64	0.55
就业	0.42	0.59	0.70	0.80	0.85
真实工资	0.50	0.59	0.66	0.71	0.72
劳动生产率	0.64	0.58	0.67	0.36	0.20
x_t(名义变量)					
通货膨胀率	0.30	0.37	0.39	0.39	0.40
短期名义利率	−0.19	0.00	0.14	0.25	0.37
长期名义利率	0.03	0.15	0.26	0.34	0.37

注:基于1956年第一季度至2007年第一季度的季度数据,其中有24个观察点没有包括进去。
数据来源:Statistics Finland,Bank of Finland。

表 6-12 比利时宏观经济变量的相关性(包括提前项和滞后项)

变量	国内生产总值和x_t的相关系数季度领先和滞后				
	−2	−1	0	1	2
x_t(真实变量)					
国内生产总值	0.62	0.88	1.00	0.88	0.62
私人消费	0.56	0.71	0.78	0.72	0.58
私人投资	0.49	0.64	0.70	0.64	0.49
公共消费	0.09	0.07	0.04	0.01	0.00
公共投资	0.04	0.04	0.01	−0.08	−0.14
出口	0.57	0.73	0.78	0.67	0.44
进口	0.60	0.74	0.78	0.67	0.46
就业	0.42	0.57	0.67	0.72	0.69
真实工资	−0.16	0.16	−0.15	0.13	−0.10
x_t(名义变量)					
通货膨胀率	0.00	0.14	0.39	0.39	0.38
短期名义利率	0.15	0.38	0.14	0.25	0.57
长期名义利率	0.17	0.36	0.26	0.34	0.49

注:基于1956年第一季度至2007年第一季度的季度数据,其中有24个观察点没有包括进去。
数据来源:National Bank of Belgium。

表 6-13 荷兰宏观经济变量的相关性(包括提前项和滞后项)

变量	国内生产总值和x_t的相关系数季度领先和滞后				
	-2	-1	0	1	2
x_t(真实变量)					
国内生产总值	0.44	0.58	1.00	0.58	0.44
私人消费	0.47	0.57	0.62	0.51	0.44
私人投资	0.41	0.42	0.65	0.33	0.35
公共消费	-0.17	0.15	-0.12	0.02	-0.10
公共投资	-0.02	0.01	0.24	0.02	0.03
出口	0.44	0.54	0.63	0.46	0.30
进口	0.56	0.63	0.64	0.61	0.45
就业	0.34	0.47	0.56	0.64	0.67
真实工资	-0.11	0.06	-0.09	0.09	-0.18
劳动生产率	0.05	0.05	0.29	0.12	-0.27
x_t(名义变量)					
通货膨胀率	0.01	0.03	0.39	0.39	0.20
短期名义利率	0.08	0.24	0.14	0.25	0.50
长期名义利率	-0.05	0.12	0.26	0.34	0.32

注:基于1956年第一季度至2007年第一季度的季度数据,其中有24个观察点没有包括进去。

数据来源:Statistics Netherlands,De Nederlandsche Bank。

表 6-8 至表 6-13 显示,虽然公共消费与国内生产总值几乎不相关,但是私人消费、私人投资和进口都是顺周期的,其和国内生产总值呈明显的正相关关系,其中私人消费和私人投资与同期的国内生产总值表现出高度的相关性。同时,由表 6-8 至表 6-13 可知,就业是顺周期变动的,因为产出的增加需要劳动投入的增加,相应地也可以推出失业是逆周期的。此外,在表中的就业那一行,由于当期 GDP(c_t) 和 x_{t+1}、x_{t+2} 之间的相关性明显大于当期 GDP(c_t) 和 x_{t-2}、x_{t-1} 之间的相关性,因此可知就业是一个滞后变量。

劳动生产率(每小时的产出)和当期国内生产总值正相关,表明当对产出的需要提高时,工人会更努力地工作。这也说明了为什么就业是一个滞后变量,因为对产出的需求带来了对劳动力的需求,所以就业滞后于产出发生。

关于前导性,表 6-11 中出口那一行,当期 GDP(c_t) 和 x_{t+1}、x_{t+2} 之间的相关性明显小于当期 GDP(c_t) 和 x_{t-2}、x_{t-1} 之间的相关性,因此,出口在芬兰是一个前导变量,但是这种情况没有在其他被观测国家中发现,一般来说,经济波动好像不是由出口需求的变动引起的。

表 6-8 至表 6-13 的下面三行显示出了真实国内生产总值和一些重要名义变量的相关性。在大部分国家,通货膨胀率与国内生产总值呈现正相关关系,虽然这种相关性不是特别

强,这表明产出和通货膨胀率的正相关,表示经济周期主要由总需求冲击驱动。我们也可以看出通货膨胀率有成为一个滞后变量的倾向,因为它与当期国内生产总值比与两季度后的国内生产总值有更弱的相关性。此外,在所有的国家中,短期名义利率倾向于在国内生产总值上升两个季度后才上升,这反映了中央银行会在经济繁荣时期采取紧缩的货币政策。

在以上分析中我们主要得出以下几个典型化事实:

典型化经济周期事实 4:私人消费、投资和进口与国内生产总值高度正相关。

典型化经济周期事实 5:就业(失业)是顺(逆)周期的,并且相较于真实工资和劳动生产率,其与国内生产总值具有更高的相关度,劳动生产率是顺周期的,但真实工资和国内生产总值的相关性较弱。

典型化经济周期事实 6:在大多数国家,通货膨胀率和国内生产总值正相关,尽管相关性不是很强。

典型化经济周期事实 7:就业、通货膨胀率和名义利率均为滞后变量。

三、经济周期的持久性

经济周期的持久性是指,一旦经济进入繁荣或衰退时期,它就倾向于保持那个状态一段时间,即 x 在 t 时期的观测值 x_t,不独立于 x 在 $t-n$ 时期的观测值 x_{t-n},其中 $n \geqslant 1$。换言之,如果 x 在 $t-n$ 期为高(低)值,它在 t 期也很大可能为高(低)值。宏观经济变量的持久性可以通过它与其自身滞后变量之间的相关系数即所谓的自相关系数 $[\rho(x_t, x_{t-n})]$ 来测量,即通过计算 x_t 和它自己的滞后值 $x_{t-n}(n=1,2,\cdots)$ 之间的相关系数来测量一个时间序列 $(x_t)_{t=1}^T$ 的这种持久性。对 n 的几个正值,如果 $\rho(x_t, x_{t-n})$ 明显高于 0,那么就有一个高度的持久性,一旦 x 高于或低于它的平均值,它就倾向于继续高于或低于它的平均值一段时间。

表 6-14 至表 6-19 通过自相关系数测量了经济波动的持久性。6-14 第二列第一栏的第一个数字 0.78 表示真实国内生产总值在当前季节上升 1 个百分点,然后在下一季节这种增长会保持 0.78 个百分点。从表 6-14 至表 6-19 我们能看出,国内生产总值和私人消费有相当大的持久性,但是最具持久性的变量是就业(除了丹麦)。就业的高度持久性可能反映出公司不愿意雇用和解雇工人,因为雇用和解雇都是有成本的。总结起来,我们有以下两个典型化事实。

表 6-14 英国宏观经济变量的持久性

变量	相关系数			
	滞后 1 季度	滞后 2 季度	滞后 3 季度	滞后 4 季度
真实变量				
国内生产总值	0.78	0.63	0.46	0.26
私人消费	0.77	0.64	0.50	0.32

续表

变量	相关系数			
	滞后1季度	滞后2季度	滞后3季度	滞后4季度
国内总投资	0.72	0.53	0.39	0.19
公共消费	0.63	0.50	0.41	0.23
出口	0.39	0.30	0.10	−0.09
进口	0.68	0.43	0.23	0.01
就业	0.94	0.83	0.68	0.52
每周真实所得	0.53	0.18	0.00	0.03
劳动生产率	0.72	0.54	0.39	0.17
名义变量				
通货膨胀率	0.37	0.24	0.31	−0.09
短期名义利率	0.81	0.57	0.38	0.13
长期名义利率	0.78	0.48	0.06	0.11

注：基于1956年第一季度至2007年第一季度的季度数据，其中有24个观察点没有包括进去。
数据来源：UK Office for National Statistics。

表6-15 美国宏观经济变量的持久性

变量	相关系数			
	滞后1季度	滞后2季度	滞后3季度	滞后4季度
真实变量				
国内生产总值	0.84	0.60	0.34	0.11
私人消费	0.80	0.63	0.39	0.16
私人投资	0.80	0.55	0.29	0.05
公共消费	0.88	0.73	0.53	0.30
公共投资	0.80	0.60	0.40	0.26
出口	0.71	0.55	0.31	0.07
进口	0.71	0.46	0.27	0.07
就业	0.91	0.70	0.46	0.21
真实工资	0.79	0.58	0.39	0.21
劳动生产率	0.69	0.43	0.16	−0.01
名义变量				
通货膨胀率	0.48	0.25	0.29	0.01
短期名义利率	0.81	0.55	0.41	0.24
长期名义利率	0.80	0.53	0.29	0.05

注：基于1956年第一季度至2007年第一季度的季度数据，其中有24个观察点没有包括进去。
数据来源：Bureau of Economic Analysis，Bureau of Labor Statistics，Federal Reserve Bank of St. Louis。

表 6-16　丹麦宏观经济变量的持久性

变量	相关系数			
	滞后 1 季度	滞后 2 季度	滞后 3 季度	滞后 4 季度
真实变量				
国内生产总值	0.74	0.53	0.29	0.13
私人消费	0.88	0.73	0.56	0.38
私人投资	0.81	0.62	0.45	0.23
公共消费	0.86	0.64	0.39	0.17
公共投资	0.86	0.73	0.60	0.42
出口	0.81	0.61	0.35	0.13
进口	0.82	0.49	0.06	−0.31
就业	0.86	0.70	0.54	0.39
真实工资	0.74	0.51	0.37	0.18
劳动生产率	0.21	0.06	−0.06	−0.02
名义变量				
通货膨胀率	−0.11	0.25	−0.13	0.04
短期名义利率	0.50	0.04	0.05	−0.23
长期名义利率	0.79	0.45	0.13	0.15

注：基于 1956 年第一季度至 2007 年第一季度的季度数据，其中有 24 个观察点没有包括进去。
数据来源：Danmark's National Bank。

表 6-17　芬兰宏观经济变量的持久性

变量	相关系数			
	滞后 1 季度	滞后 2 季度	滞后 3 季度	滞后 4 季度
真实变量				
国内生产总值	0.87	0.80	0.69	0.52
私人消费	0.92	0.81	0.69	0.54
私人投资	0.89	0.80	0.69	0.54
公共消费	0.93	0.82	0.66	0.48
公共投资	0.75	0.46	0.21	0.05
出口	0.59	0.44	0.31	0.09
进口	0.54	0.48	0.34	0.11
就业	0.93	0.83	0.69	0.53
真实工资	0.92	0.79	0.67	0.52
劳动生产率	0.68	0.61	0.48	0.23
名义变量				
通货膨胀率	0.25	−0.01	0.25	0.46
短期名义利率	0.73	0.51	0.31	0.18
长期名义利率	0.83	0.57	0.29	0.07

注：基于 1956 年第一季度至 2007 年第一季度的季度数据，其中有 24 个观察点没有包括进去。
数据来源：Statistics Finland, Bank of Finland。

表 6-18　比利时宏观经济变量的持久性

变量	相关系数			
	滞后 1 季度	滞后 2 季度	滞后 3 季度	滞后 4 季度
真实变量				
国内生产总值	0.88	0.62	0.30	0.02
私人消费	0.91	0.73	0.49	0.26
私人投资	0.88	0.66	0.40	0.19
公共消费	0.90	0.65	0.33	0.06
公共投资	0.63	0.57	0.36	0.26
出口	0.88	0.62	0.29	−0.04
进口	0.90	0.67	0.37	0.08
就业	0.96	0.83	0.67	0.48
真实工资	1.00	0.99	0.98	0.97
名义变量				
通货膨胀率	0.30	0.28	0.09	0.21
短期名义利率	0.79	0.45	0.19	0.03
长期名义利率	0.88	0.68	0.48	0.28

注：基于 1956 年第一季度至 2007 年第一季度的季度数据,其中有 24 个观察点没有包括进去。

数据来源：National Bank of Belgium。

表 6-19　荷兰宏观经济变量的持久性

变量	相关系数			
	滞后 1 季度	滞后 2 季度	滞后 3 季度	滞后 4 季度
真实变量				
国内生产总值	0.58	0.44	0.30	0.17
私人消费	0.76	0.70	0.62	0.50
私人投资	0.44	0.48	0.32	0.27
公共消费	0.51	0.46	0.33	0.25
公共投资	0.29	0.07	0.05	0.11
出口	0.69	0.49	0.33	0.05
进口	0.84	0.67	0.47	0.27
就业	0.97	0.90	0.78	0.64
真实工资	0.63	0.56	0.34	0.18
劳动生产率	0.71	0.60	0.48	0.36
名义变量				
通货膨胀率	−0.17	0.33	−0.22	0.53
短期名义利率	0.73	0.40	0.22	0.07
长期名义利率	0.84	0.61	0.43	0.22

注：基于 1956 年第一季度至 2007 年第一季度的季度数据,其中有 24 个观察点没有包括进去。

数据来源：Statistics Netherlands, De Nederlandsche Bank。

典型化经济周期事实 8：国内生产总值有相当大的持久性，私人消费有几乎同等程度的持久性。

典型化经济周期事实 9：就业相比国内生产总值有更大的持久性。

第三节 产出缺口的测度：引进生产函数

真实国内生产总值和它的趋势价值相差的百分比通常被称为产出缺口，一个显著的正产出缺口意味着经济处在繁荣中，而显著的负产出缺口则意味着经济处在衰退中或代表资源没有被充分利用。产出缺口可以用 HP 滤波器将真实国内生产总值以对数形式的时间序列通过去趋势来测量，但是还有另一个更巧妙的方法用来估计产出缺口——对缺口进行分解。以下部分内容将简要描述这个引用了经济增长理论中总生产函数概念的方法。

一、产出缺口的数学表达

假设真实国内生产总值由下面的柯布-道格拉斯生产函数给出：

$$Y_t = B_t K_t^\alpha L_t^{1-\alpha}, 0 < \alpha < 1 \tag{6.7}$$

式中，K_t 是总资本存量；L_t 是总工作小时数；B_t 是测量资本和劳动的联合生产率的"全要素生产率"(total factor of productivity，简称 TFP)。根据定义，总工作小时数被指定为

$$L_t = (1 - u_t) N_t H_t \tag{6.8}$$

式中，u_t 是失业率；N_t 是总劳动力；H_t 是每个被雇佣的工人的平均工作小时数。因此，我们可以将国内生产总值细化为

$$Y_t = B_t K_t^\alpha [(1 - u_t) N_t H_t]^{1-\alpha} \tag{6.9}$$

现假设 Y_t、B_t、u_t、N_t 和 H_t 都围绕一些长期趋势水平波动，这些趋势水平分别由 $\overline{Y}_t$、$\overline{B}_t$、$\overline{u}_t$、$\overline{N}_t$ 和 $\overline{H}_t$ 代表。和式(6.9)类似，我们可以把趋势产出（也称为潜在产出）写为

$$\overline{Y}_t = \overline{B}_t K_t^\alpha [(1 - \overline{u}_t) \overline{N}_t \overline{H}_t]^{1-\alpha} \tag{6.10}$$

注意，这个指定没有区分实际资本存量和它的趋势水平，以方便未来我们假定资本存量被充分利用。

产出缺口可以用 $y_t - \overline{y}_t$ 近似得出，其中 $y_t \equiv \ln Y_t$，$\overline{y}_t \equiv \ln \overline{Y}_t$。把式(6.9)和式(6.10)取对数，将得到的等式相减：

$$y_t - \overline{y}_t = \ln\{B_t K_t^\alpha [(1 - u_t) N_t H_t]^{1-\alpha}\} - \ln\{\overline{B}_t K_t^\alpha [(1 - \overline{u}_t) \overline{N}_t \overline{H}_t]^{1-\alpha}\} \tag{6.11}$$

二、产出缺口的分解

运用 $\ln(1-u) \approx -u$ 的近似关系，对式(6.11)进行分解，得到

$$y_t - \overline{y}_t \approx \ln B_t - \ln \overline{B}_t + (1-\alpha)[(\ln N_t - \ln \overline{N}_t) + (\ln H_t - \ln \overline{H}_t) - (u_t - \overline{u}_t)] \tag{6.12}$$

因此，产出缺口可以被看成是全要素生产率的周期分量 $\ln B_t - \ln \overline{B}_t$，加上 $1-\alpha$ 倍的总劳动投入的周期分量[式(6.12)中方括号内的部分]。后者可以被依次分解为劳动力的周期分量 $\ln N_t - \ln \overline{N}_t$，平均工作小时数的周期分量 $\ln H_t - \ln \overline{H}_t$，以及周期性失业率的值 $u_t - \overline{u}_t$。

如果我们有真实国内生产总值、总劳动力、平均工作小时数、失业率和总资本存量的数据，式(6.12)就可以用来估计产出缺口。劳动供给和失业率的周期分量可以通过 HP 滤波器将 $\ln N_t$、$\ln H_t$ 和 u_t 去趋势来估计。为了估计对数形式的全要素生产率的周期分量，我们可以进行以下操作。

第一步，对式(6.7)的两边取对数，重新整理得

$$\ln B_t = \ln Y_t - \alpha \ln K_t - (1-\alpha)\ln L_t \tag{6.13}$$

式中，L_t 可以由式(6.8)计算得出，或者 L_t 的数据直接是现成可用的。从经济增长理论和经验主义者那里得知，$1-\alpha$ 的大小应该近似于劳动收入占国内生产总值的比例，在大多数国家这个比例接近于 $\frac{2}{3}$。因此，我们可以假设 $\alpha = \frac{1}{3}$。把 Y_t、K_t、L_t 的数据代入式(6.13)，然后得到一个全要素生产率的估计值。

第二步，用 HP 滤波器将估计出的 $\ln B_t$ 的时间序列去趋势，以得到全要素生产率的周期分量的一个估计值。

最后，把 $\ln B_t - \ln \overline{B}_t$、$\ln N_t - \ln \overline{N}_t$、$\ln H_t - \ln \overline{H}_t$ 和 $u_t - \overline{u}_t$ 的估计值连同 $\alpha = \frac{1}{3}$ 一起代入式(6.12)，得到产出缺口的一个估计的时间序列。

典型化经济周期事实 10：总劳动投入以一种强烈的顺周期方式变动，解释了产出缺口变动的主要原因。全要素生产率也顺周期变动，并且全要素生产率的周期分量解释了在经济周期的波峰和波谷中总产出缺口出现的主要原因。

典型化经济周期事实 11：总劳动投入的大部分周期性变动由周期性失业的波动引起，但平均工作时间以及一定程度上的总劳动力也顺周期变动。

第四节 主要经济体经济周期的经验

一、美国的经验

美国经济是世界经济最重要的引擎，其经济波动对全球其他国家有深刻影响，因此美国经济走势一直为全世界所关注。按照前述美国国家经济研究局的划分方法，从 1854 年到 2007 年美国共经历了 33 次经济周期，其中每次周期波动的特点都有所变化。这 33 个前后相继的周期波动又可以第二次世界大战为标界分为二战前、二战后两个差异明显的阶段。由于二战后美国政府开始实施广泛、持久的国家干预，在相当程度上改变了经济运行的宏观条件，使得美国经济的运行周期呈现出一系列新的特点，如衰退期缩短、衰退程度减弱、无明显的萧条阶

段、"滞胀"并发等,但是由于美国经济运行的微观机制并未变化,周期波动的成因、性质及其影响并未产生实质性的变化。事实上,20世纪70年代中期"滞胀"现象的出现就表明,在微观经济运行机制尚未变更的条件下,政府人为地干预经济运行并不能真正长久地熨平经济周期、阻抑衰退,而只能导致周期波动以扭曲的方式呈现。

20世纪第二次世界大战以后,美国成为主要资本主义国家中经济周期波动最为频繁的国家,据表6-1的数据,从1945年到2007年,美国的经济共经历了11次周期性波动。在第二次世界大战结束以来,美国经济运行中已出现了三个较长的经济周期,它们分别是1961年2月到1970年11月、1982年11月到1991年3月、1991年3月到2001年11月。在这三个较长的周期中,美国经济运行分别实现了106个、92个和120个月的增长。从三个长期增长出现的时间看,20世纪60年代和20世纪80年代的两个长期增长均出现于美国工业经济发展的鼎盛阶段,20世纪90年代这次历史上最长的增长期则出现于美国工业经济向知识经济转型、新经济迅猛发展的阶段。

从这三个阶段的增长状况看,美国的国内生产总值的年度增长率都呈现出不稳定的波动状态,但是20世纪90年代的波动幅度明显小于20世纪60年代和20世纪80年代的波动幅度(如图6-2所示)。尽管20世纪70—80年代出现了"滞胀"和数次经济衰退,但是美国的经济学家们基本都认同美国经济周期比20世纪第二次世界大战之前稳定了,从国内生产总值增长率、通货膨胀率和失业率等指标来看,美国的经济周期变得越来越稳定,其波动的振幅越来越小(如图6-2所示)。美国研究者把这种逐渐稳定的趋势归因于三个方面,第一方面是外部冲击的减弱,第二方面是产业结构、信息技术、金融创新等因素,第三方面即政府采取的宏观经济政策等。

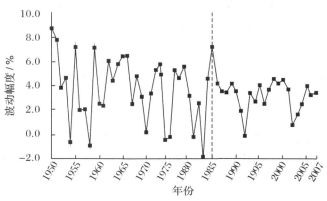

图6-2 美国国内生产总值年度增长率

二、欧洲的经验

随着欧洲一体化的发展,欧盟国家的经济周期趋同性问题更加受到关注,特别是在欧洲货币联盟建成之后,统一的货币政策是否促进成员国经济周期趋同更是成为争论的焦点。目前主要存在两种观点,一种观点认为欧洲货币联盟导致经济周期更加趋同,另一种观点则否认货币一体化对经济周期趋同的影响。1961—2017年欧盟国家的经济增长波动呈现收敛的趋势,如图6-3所示。1980年之后欧盟国家的经济增长波动幅度差距逐渐缩小,特别是20世纪90年代之后这种收敛趋势更为显著。

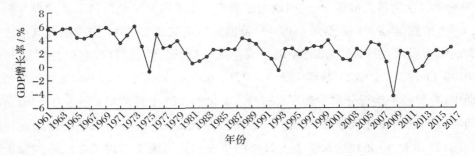

图6-3 欧盟GDP增长率

德国、法国、英国、意大利、西班牙这五个经济大国具有愈益明显的同步性。如图6-4所示,这些国家的经济增长不仅波动幅度比较接近,而且经济增长波动的同步性逐渐增强,特别是20世纪90年代以后经济增长波动的差异性进一步减小。其中值得一提的是英国,英国奉行与美国相近的政策,以经济的快速增长作为经济发展的主要目标,因此经济增长的波动幅度较大。由图6-4可以看出,英国经济增长波动幅度最大,而1996年之后英国与其他几个国家的差异明显减小,这主要归功于共同市场的建立和经济趋同标准对其经济发展的影响。共同市场的建立扩大了英国与欧盟其他国家的贸易往来,促使英国的宏观经济发展与欧盟其他国家的相似性逐渐增强。更为重要的是,成员国为了进入欧洲货币联盟,促使本国经济的发展达到经济趋同标准的要求,有效地缩小了成员国之间经济发展的差距。

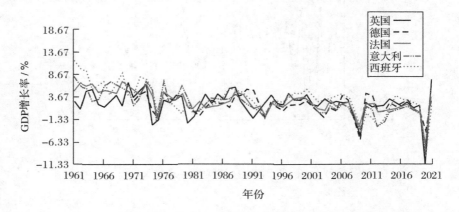

图6-4 欧洲五个主要国GDP增长率

三、中国的经验

中国经济活动中的周期波动现象是普遍存在的。新中国成立以来,虽然中国的经济增长经历了上上下下、高低起伏的波动,宏观运行机制也经历了从计划经济到市场经济的转变,但是经济周期这一规律却始终存在,在经济运行中的这种上下波动并不是杂乱无章的随机波动,而是较为固定的周期波动。虽然中国经济周期在产生机制和形成原因上可能与西方工业国家不同,但是表现形式却十分相似,说明经济周期是超越体制和发展阶段的客观存在。

中国的经济发展过程中有两条主线相互交织:一是经济发展问题,二是体制设计和体制转型问题。发展战略和自然禀赋状况在很大程度上影响了体制设计,而体制在意识形态方面的属性也规定了发展战略的某些方面。这两个问题的解决都是在政府主导下进行的,中国经济周期波动的基本形态大致取决于这两个问题的解决方式。当新中国成立初期体制成型、发展战略勘定之后,许多年经济周期波动的基本形态也就被决定了;然而当市场导向的经济改革开始以后,经济周期波动的形态也就不可避免地发生了重大变化。

目前可以获取的中国经济季度数据主要是 1995 年以后的数据,时间跨度相对较短,经济指标也较为有限,因此,对中国经济周期的研究多采用年度数据。使用年度数据容易遗漏一些高频信息,但是可以观察出相对长期的顺周期关系。对于年度数据的选择,大部分研究和著作都选用 1952 年后的数据,1949 年到 1957 年为国民经济恢复时期,1958 年到 1978 年为我国计划经济体制时期,因此也有很大部分研究刨除了 1949—1978 年的数据,选择从 1978 年开始研究。由于在 1982 年及 1991 年左右国内生产总值陷入较深的谷底,根据代表性的传统"谷-谷"划分法,中国经济在 1978—2005 年可能存在两个周期。

表 6-20 显示,1978—2005 年,除就业和城镇居民消费外,其他经济变量均呈现出比产出更大的波动性。全社会固定资产投资波动为 12.24%,是产出波动的 3.85 倍,投资波动远比产出波动剧烈。消费的波动也大于产出,居民消费波动为 3.64%,产出波动为 3.18%,产出波动略小于居民消费波动。在居民消费波动中,农村居民消费波动为 5.82%,比产出波动剧烈;而城镇居民消费波动为 2.97%,略小于产出波动。政府消费波动幅度为 4.49%,是产出波动的 1.41 倍,略大于产出波动。此外,进口和出口的波动性均大于产出,且进口波动比出口波动剧烈。全社会固定资产投资与产出的相关系数为 0.85,居民消费与产出的相关系数为 0.71,两者都显得较大,从而说明投资、居民消费的波动变化均与产出保持较高的一致性。政府消费基本呈现非周期性(相关系数仅为 0.15),进口是顺周期的,出口是非周期的,它们与产出的同期相关系数都较小,可见进出口对产出波动的同期影响也较弱。

表 6-20 中国各宏观经济变量的波动性和相关性

变量	标准差/%			相关系数
	1978—2005	1978—1991	1992—2005	1978—2005
国内生产总值	3.18	4.03	2.10	1.00
居民消费	3.64	5.04	1.38	0.71
城镇居民消费	2.97	3.90	1.59	0.66
农村居民消费	5.82	7.44	3.87	0.55
政府消费	4.49	4.74	4.28	0.15
投资	12.24	16.07	7.24	0.85
出口	10.93	9.42	12.61	0.16
进口	16.07	18.11	14.43	0.51
固定资本形成	9.48	12.33	5.71	0.85
存货增加	29.57	22.24	36.29	0.31
总就业人数	0.64	0.81	0.33	−0.20
第一产业就业	2.49	2.12	2.85	−0.79
第二产业就业	3.06	3.31	2.89	0.71
第三产业就业	3.19	3.56	2.90	0.85
劳动生产率	3.36	4.12	2.38	0.98
居民消费价格指数	6.91	5.42	8.15	0.38
固定资产投资价格指数	7.17	6.37	7.22	0.34
商品零售价格指数	6.81	5.46	7.94	0.44

资料来源:中国国家统计局。

同时,从表 6-20 可以看出相比 1978—1991 年的数据,1992—2005 年的数据稳定性更高。从图 6-5 也可以看出中国国内生产总值年度增长率的波动性也逐渐降低,说明中国经济周期波动也表现出稳定化问题。改革开放以来,中国的经济周期波动由大起大落型逐渐转为平稳型,表明我国经济的稳定性增强。中国作为发展中国家,其经济周期波动和稳定性与美国等成熟市场经济国家相比,自有其本身不同的特点。对于中国如何在保持经济快速增长的同时增强宏观经济的稳定性,从美国的经济发展中我们也能获得许多经验,比如:完善社会保障体系以平滑居民收入的波动;积极发展稳定性相对较强的服务业,尤其是现代服务业;积极推广信息技术以平滑库存投资波动;促进金融创新和金融市场的发展;规范和促进公司间的合理竞争;加强货币(财政)政策的调控;等等。

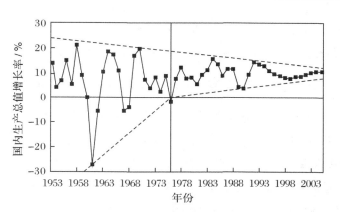

图 6-5 中国国内生产总值年度增长率

本章习题

1. 假设价格有完全的伸缩性,并且经济中产出的波动正如真实经济周期理论所说的是由于技术冲击所造成的。

(1)如果中央银行保持货币供给不变,随着产出的波动,物价水平会发生什么变动?

(2)如果中央银行调整货币供给以稳定物价水平,随着产出的波动,货币供给会发生什么变动?

(3)经济学家观察到,货币供给的波动与产出的波动正相关,我们可以将此作为反对实际经济周期模型的证据,认为产出的波动源自货币供给的波动吗?

2. 简述实际经济周期(RBC)理论。

3. 请论述实际经济周期理论(新古典理论中的代表学说之一)与新凯恩斯理论在劳动力市场、技术冲击、货币中性以及工资弹性方面的主要分歧。

4. 简述实际经济周期理论和新凯恩斯主义经济学对经济波动的解释。

5. 请说明用 HP 滤波器将一个经济时间序列去趋势的方法应当被慎重使用的原因。

6. 假定有一场自然灾害,摧毁了一国的一部分资本存量。中央银行的目标是稳定价格水平。在这个目标既定的情况下,为了应对自然灾害,中央银行应采取什么措施?请画图解释。

7. 假设经济个体生活两期,并且效用为 $\ln C_1 + \ln C_2$。

(1)假设经济个体在生命中第 1 期的劳动收入为 Y_1,第 2 期为零。于是第 2 期的消费为 $(1+r)(Y_1-C_1)$,资本回报率 r 可能是随机的。

①找出经济个体选择 C_1 的一阶条件。

②假设 r 由确定的变为不确定的,并且 $E[r]$ 不变。C_1 会如何对这一变化做出反应?

(2)假设经济个体在第 1 期的劳动收入为零,第 2 期为 Y_2。于是第 2 期的消费为 $Y_2-(1+r)C_1$。Y_2 是确定的,而 r 仍然可能是随机的。

①找出经济个体选择 C_1 的一阶条件。

② 假设 r 由确定的变为不确定的，并且 $E[r]$ 不变。C_1 会如何对这一变化做出反应？

8. 考虑一个由具有无限寿命的经济个体所组成并且人口数量不变的经济。代表性个体最大化 $\sum_{t=0}^{\infty} u(C_t)/(1+\rho)^t$ 的期望值，$\rho > 0$。瞬时效用函数为 $u(C_t) = C_t - \theta C_t^2$，$\theta > 0$。假设 C 总处在 $u'(C)$ 为正的区间内。产出是资本的线性函数再加上一个可加的扰动 $Y_t = AK_t + e_t$。没有折旧，因此 $K_{t+1} = K_t + Y_t - C_t$，利率为 A。假设 $A = \rho$。最后，扰动服从一阶自回归过程：$e_t = \varphi e_{t-1} + \varepsilon_t$，其中 $-1 < \varphi < 1$，且 ε_t 是零均值、独立同分布的冲击。

(1) 求关于 C_t 与 C_{t+1} 期望值的一阶条件（欧拉方程）。

(2) 假设消费方程的形式为 $C_t = \alpha + \beta K_t + \gamma e_t$。根据这一猜测，把 K_{t+1} 表示为 K_t 和 e_t 的函数。

(3) 参数 α、β 和 γ 必须如何取值才能使(1)题中的一阶条件对于 K_t 和 e_t 的所有值都成立？

(4) ε 的一次性冲击如何影响 Y、K 和 C 的路径？

9. 考虑一个由具有无限寿命的经济个体所组成并且人口数量不变的经济。代表性个体最大化 $\sum_{t=0}^{\infty} u(C_t)/(1+\rho)^t$ 的期望值，$\rho > 0$。假设没有技术扰动（即 e），瞬时效用函数为 $u(C_t) = C_t - \theta(C_t + v_t)^2$，$v$ 是零均值、独立同分布的冲击。产出是资本的线性函数再加上一个可加的扰动 $Y_t = AK_t$。没有折旧，因此 $K_{t+1} = K_t + Y_t - C_t$，利率为 A。假设 $A = \rho$。

(1) 求关于 C_t 与 C_{t+1} 期望值的一阶条件（欧拉方程）。

(2) 假设消费方程的形式为 $C_t = \alpha + \beta K_t + \gamma v_t$。根据这一猜测，把 K_{t+1} 表示为 K_t 和 v_t 的函数。

(3) 参数 α、β 和 γ 必须如何取值才能使(1)题中的一阶条件对于 K_t 和 v_t 的所有值都成立？

(4) v 的一次性冲击如何影响 Y、K 和 C 的路径？

第七章 投资与货币经济

第一节 投资理论

一、费雪和凯恩斯的投资理论

欧文·费雪(Irving Fisher)以及凯恩斯认为投资是在预期未来收入的现值等于资本的机会成本的前提下进行的,其意味着投资要在净现值等于零之前进行。我们将投资预计产生的未来现金流定义为 $C(t)$。由于投资 I 表示在时间 0 点的支出,因此,可以表示为负现金流 $-C_0$,那么我们可以将一笔投资的净现值(net present value,NPV)写成

$$\text{NPV} = -C_0 + \int_0^\infty C(t) e^{(g-r)t} \tag{7.1}$$

式中,g 代表经济增长率;r 表示资本的机会成本,也即是贴现率。费雪将贴现率称为成本回报率或内部回报率,凯恩斯则将其称为资本的边际效率。只要投资的预期回报高于资本的机会成本,我们则认为该项投资是值得的。当 $r=i$ 的时候,一笔投资的净现值等于零。在这里的投资回报率等于凯恩斯的资本边际效率和费雪的内部收益率。在式(7.1)中,投资的净现值可以写成 $C_1/(r-g)$,这意味着 NPV/I=1。

凯恩斯和费雪认为当投资于一种资产时不再存在投资的边际效率超过当前利率的任何其他可以投资的资本资产的时候,投资者才会对这种资产进行投资。在这里,凯恩斯观点和费雪观点的最大区别在于经济主体对风险和不确定性的认知,以及对未来经济情况预期形成的机制的不同。凯恩斯并不认为投资是一个走向均衡的调整过程,但是费雪和哈耶克则将投资视为通向最优资本存量的最优调整路径。在凯恩斯投资理论中,投资不是由一些潜在的最优资本存量决定的,一些不确定性则在这一过程中起到了决定性的作用。凯恩斯指出人类是"精神性动物",再加上非理性和不稳定的预期,如果我们将投资视为一种走向均衡的并不断调整过程的想法是不正确的。

现代投资理论是在凯恩斯和费雪投资理论的基础上产生的,并且将凯恩斯和费雪的投资理论的各个方面都融合进了其中。目前,在投资中经常用到凯恩斯和费雪的投资的净现值规则已成为公司融资的普遍标准。同时,凯恩斯的投资理论也影响了所谓的投资加速器理论,萨

缪尔森随后将其应用于商业周期的研究,并且凯恩斯还对于托宾和布雷纳德发展 Q 投资理论起到了巨大的作用。缪勒和雷尔顿提出的测量边际 q 的方法也借鉴了这一思路。新古典投资理论则进一步规范了凯恩斯和费雪所提出的观点。

总之,凯恩斯和费雪的投资理论是现代投资理论的重要基础。我们在下面的内容中将分析现代投资理论,进一步展示新古典投资理论、投资加速器理论和 Q 投资理论等各项理论之间的关系。这三种理论都假设了代表性决策者,也即是投资主体的优化行为。新古典投资理论和 Q 投资理论假设利润或者价值最大化。投资加速器理论则通过假设投资由最优资本存量决定,隐含地假设了这一点。

二、新古典投资理论

新古典投资理论的出发点是企业的利润最大化问题。每个时期的企业利润最大化将得出一个最优的资本存量。假设生产函数可以写成传统的柯布-道格拉斯生产函数

$$Y(t) = f(K(t), L(t)) = AK^{\alpha}L^{1-\alpha} \tag{7.2}$$

式中,$Y(t)$ 表示企业产出;K 表示资本;L 表示劳动力;t 表示时间。代表性企业的利润函数可以表示为

$$\pi(t) = p(t)Y(t) - s(t)I(t) - w(t)L(t) \tag{7.3}$$

式中,$\pi(t)$ 表示利润;$p(t)$ 是产出价格;$s(t)$ 为资本价格;$I(t)$ 表示投资;$w(t)$ 表示工资。假设企业追求利润最大化,企业的现值 $V(0)$ 可以写成

$$V(0) = \max E_{\Phi_0} \int_0^{\infty} \pi(t) e^{-rt} dt = E_{\Phi_0} \int_0^{\infty} [p(t)Y(t) - s(t)I(t) - w(t)L(t)] e^{-rt} dt \tag{7.4}$$

受限于条件,$dK/dt = I(t) - \delta K(t) = \dot{K}(t)$,同时,$K(0)$ 也是给定的。

式(7.4)中的符号 E 代表期望值,条件是信息集 Φ,即公司在每个时期可用的信息集。我们暂时不谈这一点,到后面的章节中谈到预期和有效市场假设的时候会再提及。为了避免混乱和简化,从现在起我们将最优化中的时间符号删除。

为了使初始值 $V(0)$ 实现最大化,我们首先建立拉格朗日方程

$$L = V(0) + \int_0^{\infty} \lambda [(I - \delta K) - \dot{K}] e^{-rt} dt \tag{7.5}$$

进而得到

$$L = \int_0^{\infty} [pY - sI - wL + \lambda(I - \delta K) - \lambda \dot{K}] e^{-rt} dt \tag{7.6}$$

由此,我们可以得到哈密顿现值方程

$$H = pf(K, L) - sI - wL + \lambda(I - \delta K) \tag{7.7}$$

式中,拉格朗日乘子 $\lambda(t)$ 是我们的同态变量,与此同时 $\lambda(t)$ 代表资本的影子价格。通过对哈密顿方程进行微分,得到以下一阶条件

$$\frac{\partial H}{\partial I} = -s + \lambda = 0 \tag{7.8}$$

该条件认为,资本的机会成本应等于资本的影子价格。

$$\frac{\partial H}{\partial L} = pf'_L - w = 0 \tag{7.9}$$

式(7.9)中的条件简单地说,就是企业应该雇佣劳动力,直到劳动力的边际收入等于工资水平。根据最大值原理得到

$$\frac{\partial H}{\partial \lambda} = \frac{\partial K}{\partial t} = I - \delta K = 0 \tag{7.10}$$

这表明在均衡状态下,净投资应该为零,总投资等于 K 的折旧。最后,资本的边际条件为

$$\frac{\partial H}{\partial K} = pf'_K - \lambda \delta = 0 \tag{7.11}$$

标准化方程的要求 $\dot{y} = -\partial H/\partial K$,其中 y 是控制变量,使得在时间 t 时 $y = \lambda e^{-rt}$:

$$-\frac{\partial H}{\partial K} = \frac{\mathrm{d}}{\mathrm{d}t}[e^{-rt}\lambda(t)] = \frac{\partial \lambda}{\partial t} - r\lambda \tag{7.12}$$

这意味着式(7.11)可以写成

$$-pf'_K + \lambda \delta = \frac{\partial \lambda}{\partial t} - r\lambda \tag{7.13}$$

同样,从式(7.8)我们知道,可以用以下方式说明

$$pf'_K + s\delta = \frac{\partial s}{\partial t} - rs \tag{7.14}$$

通过重新安排获得

$$pf'_K = s[\delta + r - (\partial s/\partial t)/s] \tag{7.15}$$

式(7.11)可以改写为

$$f'_K = s[\delta + r - (\partial s/\partial t)/s]/p \tag{7.16}$$

如果资本边际成本 c 定义为 $s[\delta + r - (\partial s/\partial t)/s]$,那么资本的边际收益等于资本边际成本意味着

$$pf'_K = c \tag{7.17}$$

这样,我们就可以来推导最优资本存量和投资函数。使用柯布-道格拉斯生产函数,资本的边际产品变成

$$\frac{\partial Y}{\partial K} = f'_K = \alpha K^{\alpha-1} L^{1-\alpha} \tag{7.18}$$

式(7.18)又可以表示为

$$\frac{\mathrm{d}Y}{\mathrm{d}K} = \frac{\alpha Y}{K} \tag{7.19}$$

乘以 p,并且结合式(7.17),得到

$$\frac{\partial H}{\partial K} = p\frac{\alpha Y}{K} = c \tag{7.20}$$

通过求解 K，得到最优资本存量的表达式

$$K^* = \frac{p\alpha Y}{c} \qquad (7.21)$$

现在我们很容易看出，最优资本存量取决于产出、产出价格和资本使用者成本。因此，投资成为两个时期之间的资本变化

$$I = \frac{p\alpha Y}{c} - K^*(t-\tau) \qquad (7.22)$$

需要注意的是，在这里，我们假设 $K(t)$ 瞬时且能够完全调整。假设每个时期对最优资本存量的调整仅为部分调整，可通过引入取决于实际资本和期望资本之间差异的调整参数将其纳入式(7.22)。由于新古典投资理论假设资本立即完全调整到所需股本，投资函数基本上被消除了，因此，有人认为，新古典投资理论实际上是一种资本理论，而不是一种投资理论。

三、投资加速器理论

投资加速器理论首先由克拉克于1917年提出，并且因为萨缪尔森将其运用于商业周期而被众人得知。加速器理论通常是与凯恩斯方法联系在一起的，主要是假设存在一个固定的价格。事实上，加速器理论所讨论的是新古典投资理论的一个特别情况，其中价格变量被设置为常量。如果假设产出价格为常数，并且资本成本中的价格变量 s 和 r 是固定的，则式(7.21)可以简化为以下等式：

$$K^* = \alpha Y \qquad (7.23)$$

式(7.23)就是众所周知的加速器理论，其中假设所需资本存量与产出成比例。因此，任何时期的投资都将取决于产出的增长：

$$I = \alpha \dot{Y} \qquad (7.24)$$

鉴于灵活的价格和对所需资本存量的部分调整，每个时期的投资取决于产出和投入的价格以及资本成本，即利率水平。

我们一般认为存在两个不同的投资加速器理论：完全调整的投资加速器理论和弹性加速器理论。对于完全调整的投资加速器理论，史密斯证明了他所说的"边际效率"和投资支出的"加速器"决定因素的"逻辑不可分割性"。他认为这一投资加速器理论假设对资本存量进行完全和即时的调整。弹性加速器理论考虑了资本存量的滞后性问题。艾斯讷和斯卓茨认为这些滞后是因为资本的单价 $s(t)$ 随着调整速度而增加。

在考虑到资本存量调整的滞后性之后，我们认为新古典投资理论实际上无法与投资加速器理论完全区分开来。此外，尽管投资加速器理论经常与凯恩斯主义方法结合在一起，但是凯恩斯本人对这种方法非常怀疑。凯恩斯认为投资加速器理论刻画经济行为的正式模型存在缺陷。同时，凯恩斯也不认为投资是朝着均衡方向调整的。

四、Q 投资理论

投资加速器理论和新古典投资理论都存在两个基本问题。第一个问题是两种理论都认为在每个时期资本存量调整到其预期水平是瞬时的,并且在每个时期都是完整的。这是一个太过理想的假设,对此的解决方案是在优化问题中添加调整成本函数。第二个问题是期望在新古典投资理论和投资加速器理论中都不起作用,这不符合实际情况。这个问题的解决方案是在投资进行的过程中将投资支出确定在资产的市场价值等于资产的重置成本的水平上。Q 投资理论就用上述两种解决方案解决了这两个问题,这样新古典投资理论在逻辑上也就等同于 Q 投资理论了。

(一) 基本 Q 理论

将调整成本函数添加到利润函数中,式(7.4)中企业价值就可以写成

$$V(0) = \max E_{\Phi_0} \int_0^\infty \pi(t) e^{-rt} dt$$
$$= E_{\Phi_0} \int_0^\infty [p(t)Y(t) - s(t)I(t) - \vartheta(I(t))s(t)I(t) - w(t)L(t)] e^{-rt} dt \quad (7.25)$$

式中,$\vartheta(I(t))$ 是边际调整成本函数。设置哈密顿量和微分产生与之前相同的 K、L 和 λ 的边界条件,经适当修改后,当前值哈密顿量写为

$$H = pf(K,L) - sI - \vartheta(I)sI - wL + \lambda(I - \delta K) \quad (7.26)$$

很容易看出,边际条件与新古典投资理论下的情况相同,但投资除外。式(7.26)中的条件现在反映了调整成本:

$$\frac{\partial H}{\partial I} = -s - \vartheta(I)s - \vartheta'(I)sI + \lambda = 0 \quad (7.27)$$

式(7.27)可以写为

$$\lambda = s[\vartheta(I) + \vartheta'(I)I + 1] \quad (7.28)$$

由于 λ 是资本的影子价格,s 是额外一个单位资本的成本,商 λ/s 是相对于资本成本的资本边际回报。因此,除以 s 并将边缘 q 定义为 $q_m = \lambda/s$,式(7.28)可以写成

$$q_m = \vartheta(I) + \vartheta'(I)I + 1 \quad (7.29)$$

这允许我们将投资定义为 q_m 的隐式函数:

$$I = \varphi(q_m) \quad (7.30)$$

关于资本和投资的微分产生微分方程系统,通过求解最优资本存量将得到与新古典投资理论下相同的最优值。Q 投资理论与新古典投资理论的不同之处在于,在 Q 投资理论中投资被确定为最优资本存量的最优调整路径。简言之,Q 投资理论包含了新古典投资理论的所有假设,但通过添加调整成本函数限制了股本调整的速度从而更符合实际情况。根据 Q 投资理论求解最优资本存量将产生与新古典投资理论的资本存量相同的最优资本存量。只要 $\lambda/s = q_m$ 所得到的值大于 1,那么投资就是值得的;当 $q_m = 1$ 时,就没有更多的利润投资

机会了，这样，$K_t = K_t^*$。

（二）测量托宾的平均 q 值和边际 q 值

以市盈率衡量的托宾的平均 q 值已成为证券市场上衡量投资机会的常用指标，然而托宾的平均 q 值和边际 q 值都存在一些测量上的挑战。

1. 测量托宾的平均 q 值

托宾的平均 q 值表示为 q_a，被定义为总市值 M_t 除以 t 时期的公司资本的重置成本 K_t：

$$q_{a,t} = \frac{M_t}{K_t} \tag{7.31}$$

$q_{a,t}$ 通过资产总市值 M_t 超过资产账面价值的程度来衡量，M_t 是债务和股权的市场价值。在这种情况下，分子和分母都可能包含测量误差。

（1）市场价值的测量误差。市场价值基本上是所有现金流的预期净现值，即

$$M_t = E\left(\int_0^\infty \pi(t) e^{-rt} dt\right) \mid \Phi_t \tag{7.32}$$

对于上市公司来说，股票的市场价值通常很容易获得，然而通常无法获得债务的市场价值。如果企业价值在式（7.4）中最大化，则市场价值将等于未来现金流的预期价值，然而证券市场在任何时候都可能对上市公司市场价值的估值产生错误。这可以通过在 M_t 中添加误差项 μ_t 来纳入分析。如果有效市场假设成立，这意味着 Φ 包含与公司价值相关的所有历史、公共和私人信息。如果将该信息贴现到公司的市场评估中，则 $M_t = V_t$。

（2）股本重置价值的测量误差。测量误差的第二个潜在来源是如何获得股本重置价值的正确值。通常的解决方案是使用资本的账面价值，由于这通常是对资本重置成本的错误衡量方式，因此很难准确解释账面价值，例如，不可能评估市账率接近 1 的公司的绩效。寻找资产重置成本的准确衡量标准的问题使得传统的对账面价值的衡量标准存在缺陷和随意性。

2. 测量托宾的边际 q 值

q_a 衡量的是资本相对于资本成本的平均回报，然而，对于资本存量的调整而言，资本边际回报与其更为相关。边际 q 值衡量资本的边际回报，表示为 q_m，可以从托宾的平均 q 值中推导出来。资本边际回报率为

$$q_{m,t} = \frac{\Delta M_t}{\Delta K_t} = \frac{M_t - M_{t-1} - \delta M_{t-1}}{K_t - K_{t-1}} \tag{7.33}$$

式中，δ 是折旧率。出于实证目的，我们还可以得出式（7.33）的多期加权平均数

$$\bar{q}_m = \frac{M_{t+n} - M_{t-1}}{\sum_{j=0}^{n} I_{t+j}} + \frac{\sum_{j=0}^{n} \delta_{t+j} M_{t+j-1}}{\sum_{j=0}^{n} I_{t+j}} - \frac{\sum_{j=0}^{n} \mu_{t+j}}{\sum_{j=0}^{n} I_{t+j}} \tag{7.34}$$

需要注意的是,有必要在式(7.32)和式(7.33)中假设折旧率,也可以估计 q_m 和 M。同时,因为时期 t 中的市场价值可以写成

$$M_t = M_{t-1} + \text{PV}_t - \delta M_{t-1} + \mu_t \tag{7.35}$$

在式(7.35)中,PV_t 是 t 期投资产生的现金流的现值,μ_t 是标准误差项。投资的净现值规则规定,投资应达到 $\text{PV}_t = I_t$ 的水平。这意味着 $\text{PV}_t / I_t = 1$,因此,可以重写为 $\text{PV}_t / I_t = q_m$。通过将式(7.35)的两边除以 M_{t-1} 并重新排列,我们得到以下等式:

$$\frac{M_t - M_{t-1}}{M_{t-1}} = -\delta + q_m \frac{I_t}{M_{t-1}} + \frac{\mu_t}{M_{t-1}} \tag{7.36}$$

式(7.36)假设资本市场是有效的,即市场价值是对未来现金流的无偏估计。随着 t 变大,式(7.36)的左边项将接近0。式(7.36)可以用实际会计数据和证券市场的股价信息进行经验估计。

与平均 q 值相比,边际 q 值的市盈率指标有许多优势。首先,当测试关于管理自由裁量权的假设时,边际 q 值指标比平均 q 值更合适,因为,平均 q 值指标混淆了平均 q 值和边际 q 值的回报。其次,边际 q 值 q_m 是一个进行投资决策的简单工具。如果投资者投资的项目产生的回报低于资本成本,即 $q_m < 1$,这意味着存在投资者过度投资的现象,也就是说投资的回报低于资本成本,意味着如果公司直接将这些资金分配给股东,股东的境况会更好;相反,如果 $q_m > 1$,则说明存在投资者投资不足的现象。这意味着边际投资的回报超过了资本成本,投资者本应该投入更多。因此,为了使公司股东价值最大化,q_m 必须等于1。

边际 q 值也存在着缺点。如果证券市场在一个时期内未能正确评估一家公司的市场价值,这可能会导致后续时期的重新评估。这意味着误差分量 μ 包含一个潜在的较大重新评估因子。随着年度观测数量的增加,人们预计这一部分将应该接近于零。这也意味着当期边际 q 值 q_m 可能包含相对较大的估值误差,这使得其不太适合作为投资机会的绩效衡量或控制的重要工具。

第二节 货币经济

货币经济是现代经济最重要的基本形态,投资是在货币经济中进行的。虽然人们对货币在现代经济中的作用有很多共识,但对货币经济的深入分析始终是一个新思想蓬勃发展并引发激烈辩论的话题。在讨论宏观经济理论时,我们认为劳动力市场是一个家庭用劳动力交换商品和服务的地方。在现实中,家庭先将劳动换成货币,然后再将货币换成商品和服务。货币在这一交换过程中的重要地位很明显。人们用劳动力交换货币时,他们这样做是因为他们希望用自己的货币来换取商品和服务。在某种程度上,我们只是看到货币表层职能,从而掩盖了构成交换动机的真正基础。货币用于交换的职能确实意味着货币必须在经济中发挥重要作用。货币促进了交换过程,也就是说,货币交换可以帮助人们进行交易,如果没有货币作为支

付手段,他们可能无法进行交易。本章将介绍一个简单的模型,旨在展示这一基本思想。该模型还可以帮助我们理解各种名义经济变量的决定,如价格水平、通货膨胀、名义利率和名义汇率。

一、简单的货币模型

考虑一个经济体,时间指数为 $t=1,2,\cdots,\infty$。假设在最初的时期1,有 N 个经济主体只活一期的时间,这些经济主体为最初的经济主体,而且我们假设这些经济主体除了货币之外什么都没有。如果我们让 M 表示初始货币供应量,那么每个初始经济主体都被赋予一定的货币量 (M/N)。经济主体的初始消费值是 c_0。如果可能的话,他们愿意用自己的货币换取商品和服务。

在第一个时期时,假设也有 N 个经济主体没有货币,但是被赋予了一个单位的时间和一种能力,以技术 $y=z(1-l)$ 进行生产(非存储)。这里,$z>0$,表示外生生产率参数;l 表示休闲,即用于家庭生活的时间。假设这些经济主体只能活两个时期,所以,在第一时期,他们是年轻的,在第二时期,他们是年老的。我们进一步假设这些经济主体在年轻时不重视产出,但是重视休闲。这些经济主体在变老时也重视产出。我们可以用效用函数 $u(l,c)$ 来表示他们的偏好,其中 l 表示年轻时的休闲,c 表示年老时的消费。

现在,让我们总结一下到目前为止的情况。在第 1 期时,我们有 N 个最初的经济主体,他们渴望得到产品,但除了可能拥有的货币之外,没有任何东西可以交换。同样在第 1 期,我们也有 N 名初始的年轻经济主体,他们可能会生产产品,但是必须以放弃休闲为代价。这里出现的问题是,年轻的经济主体是否愿意为获得货币而工作,从而放弃休闲?这一个问题的答案并不那么明显。年轻的经济主体进行工作就需要付出时间和努力,从而放弃休闲。考虑到年轻人如何在未来创造价值以供年老时使用,如果他们希望货币在未来有价值,年轻人可能愿意为获得货币而工作。为了考虑这种可能性,假设在每个时期 $t \geqslant 2$,新一代的 N 个年轻的经济主体进入了市场当中。假设这些新一代的年轻经济主体有着相同的偏好,并且以完全相同的方式被赋予能力。由于每个人的寿命只有两个时期,这个经济体的人口将永远固定在 $2N$ 上,这样每个时期年轻人和老年人的数量相等。

假设在一个竞争激烈的现货市场上,在每个时期货币被用来购买产出。让 p_t 表示在时期 t 以货币单位测量的产出价格,即时期 t 的价格水平。让我们给定一个价格序列(或者价格体系)$p \equiv \{p_1, p_2, \cdots, p_\infty\}$。为了让货币有价值,必须要求 $p_t < \infty$,至少我们假设目前的情况是这样的。

接下来,考虑一个有代表性的年轻经济主体在某个时期 t 面临的选择问题。这个代表性的年轻经济主体可以选择产生产出 $y=z(1-l)$。由于年轻经济主体在年轻时不重视这个产出,他们最好的选择是以 m_t 的价格出售。如果产出的价格是 p_t,那么

$$m_t = p_t z(1-l) \tag{7.37}$$

以这种方式积累的资金可以转入下一个时期,用于购买产品。这意味着

$$p_{t+1}c = m_t \tag{7.38}$$

结合式(7.37)和式(7.38),可以得到

$$c = (p_t/p_{t+1})z(1-l) \tag{7.39}$$

式(7.39)描述了一个年轻经济主体如何在给定价格系统 p 的情况下,以当前休闲来换取未来消费,也就是说,式(7.39)是代表性的年轻经济主体的跨期预算约束。设 $\Pi_{t+1} \equiv p_{t+1}/p_t$,也就是说,$\Pi_{t+1}$ 表示预期总通货膨胀率,反映价格水平的变化率。在接下来的内容中,将把注意力限制在平稳平衡上,这意味着我们假设 $\Pi_{t+1} = \Pi$。在这种情况下,我们可以通过以下陈述来代表年轻经济主体的选择问题。

经济主体选择 (l,c) 使 $u(l,c)$ 最大化并且受制于:$c = \Pi^{-1}z(1-l)$。解决方案 (l^D, c^D) 可以通过使用图表以通常的方式描述,见图 7-1。

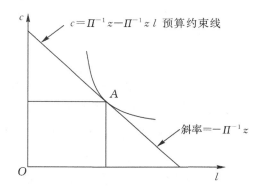

图 7-1 对实际货币余额的需求

图 7-1 表示的是"对实际货币余额的需求",由式(7.37)决定,$m_t = p_t z(1-l)$,也就是说,一个年轻的经济主体工作 $1-l$ 小时产生 $z(1-l)$ 个单位的产品,他可以将其兑换成 m_t 的货币。$m_t^D \equiv p_t z(1-l^D)$ 表示对名义货币余额的需求,m_t 的实际货币购买力由 m_t/p_t 给出。因此,实际货币余额的需求由式(7.40)得出:

$$(m_t^D/p_t) = z(1-l^D) \tag{7.40}$$

为了便于解释,让我们定义 $q_t \equiv m_t/p_t$。在这种情况下,我们可以将实际货币余额的需求写成

$$q^D = z(1-l^D) \tag{7.41}$$

需要注意的是,实际货币余额的需求取决于生产率参数 z 和 Π,通过这些变量对劳动力供应产生影响,它也将取决于

$$n^S = (1-l^D) \tag{7.42}$$

二、货币需求函数的性质

根据上述分析,我们知道对实际货币余额的需求应该取决于 z 和 Π,我们可以通过构建实际货币余额的需求函数 $q^D(z,\Pi)$ 来强调这一事实。请记住,此处应将 Π 解释为预期通货膨胀

率。从图7-1中可以明显看出,增加Π将有助于使预算约束"更平坦",也就是说,与休闲相比,只有在今天积累现金才能获得未来消费,这使得未来消费变得更加昂贵,或者,也可以将$\Pi^{-1}z$看作预期的劳动报酬。

与任何相对价格变化一样,我们需要考虑替代效应和收入效应。由式(7.41)可知,q^D的反应将取决于$l^D(n^S)$的反应。假设当劳动力回报率发生变化时,替代效应将主导劳动力供给的财富效应。在这种情况下,q^D将是Π的递减函数。从图7-1中可以清楚地看出,z的增加将使预算约束"更加陡峭",由于我们假设替代效应主导收入效应,劳动报酬率的增加将增加n^S,从而减少l^D,因此,单凭这一效应就能增加对资金的实际需求。当然,也有一个额外的影响。由于z的增加,收入同时增加了,对未来产出c^D的需求也因积极的收入效应而增加。由于未来的消费只能通过先积累货币余额来获得,因此,即使n^S保持不变,对货币的需求也会因此而增加。

三、货币均衡

到目前为止,我们只是假设了一个给定的价格系统p。由于我们也假设了一个常数Π,可以用一对(p_1,Π)来代表p,也就是说,如果我们知道p_1和Π,那么就知道$p_2=\Pi p_1$,$p_3=\Pi p_2$,等等,依次类推。我们就可以构建整个价格系统p。这样主要的问题就是如何确定均衡(p_1^*,Π^*)?

要回答这个问题,我们需要看看在这个经济体中,每个时期都必须具备的市场清算条件。请记住,每个时期只有一个市场。在这个市场上,年轻人生产和销售他们的产品来得到货币。因此,我们处理的实质上是一系列"货币产出"市场,其中p_t表示在t时期相对于货币的产出价格。

对于给定的Π,每个年轻的经济主体都要求实际货币余额中的$q^D(z,\Pi)$。由于有N个年轻的经济主体,每个时期的实际货币余额总需求由$Nq^D(z,\Pi)$给出。同样,在每个时期,都有N个旧经济主体持有全部货币供应量M。因此,当期实际货币余额的总供应量由M/p_t给出,因此,t时期货币产出市场的均衡需要

$$M/p_t = Nq^D(z,\Pi) \tag{7.43}$$

请注意,此条件必须在每个时期保持$t\geqslant 1$,因此,它也必须在时期$t+1$进行,即

$$M/p_{t+1} = Nq^D(z,\Pi) \tag{7.44}$$

用式(7.43)除以式(7.44)得出

$$p_{t+1}/p_t = q^D(z,\Pi)/q^D(z,\Pi) \tag{7.45}$$

对式(7.45)进行消项,我们看到这个方程意味着$p_{t+1}=p_t$,也就是说,每个时期的市场出清意味着均衡价格水平必须随时间的变动而保持不变。当然,这必然意味着$\Pi^*=1$,即零通货膨胀率。现在我们知道$\Pi^*=1$,可以确定p_1^*。式(7.45)在时期1时也必须保持不变,这很容易做到,即

$$p_1^* = M/[Nq^D(z,1)] \tag{7.46}$$

现在已经确定了均衡价格系统 $p^* = (p_1^*, \Pi^*)$，我们可以确定均衡分配。由于最初的已有货币均以 M/N 开始，根据预算限制确定的消费量由式(7.47)得出：

$$c_0^* = M/(Np_1^*) = q^D(z,1) \tag{7.47}$$

也就是说，他们的消费取决于最初的年轻经济主体愿意交换多少产品以获得货币，也就是 q^D。如果每个年轻人都在平衡地工作 $n^* = 1 - l^D(z,1)$ 小时，每个年轻人就都会生产出 $y^* = zn^*$ 单位产品，他们将其交换为实际货币余额 q^*，也就是说，$c^* = y^* = q^* = q^D(z,1)$。由于在均衡条件下 $c^* = c_0^*$，在这种均衡中，所有年纪大的经济主体（包括最初的经济主体）最终消费的产出量完全相同，因为最初的经济主体除了货币什么都没有。

四、货币的福利促进作用

人们很可能会问，货币在经济中到底发挥着怎样的作用？为了回答这个问题，我们先试着想象一下，如果货币不存在，这种模式的经济可能会如何运行。

需要明确的是，如果货币不存在，那么最初的年龄大的经济主体将无法购买任何产出，也就是说，他们没有任何东西可以换取年轻的经济主体提供的劳动服务。

在货币均衡中，均衡资源分配如图 7-2 中 A 点所示。年轻经济主体在 t 时期为获得货币而工作，并在 $t+1$ 时期用这笔货币购买产出。如果没有货币，他们如何获得未来消费所需的资源？一种可能性是，他们可以用债券作为交换。唯一能够在 $t+1$ 时期交换产出的人是 $t+1$ 时期的新一代年轻的经济主体，但是后者只能在 $t+2$ 时期对产出进行估值，因为他们不重视当前年轻经济主体在时期 t 时产生的产品。这意味着，这种经济活动的特点是完全没有交易双方双重需求的巧合，任何交易双方之间的交易都没有收益。由于经济中没有货币，因此所有的交易都停止了。在自给自足的经济中，具有代表性的年轻的经济主体只能消费他们所拥有的、被赋予的资产，这样他们消费零产出产品和所有休闲。这种自给自足经济的分配显然不如他们在一个有货币的经济体中所能实现的资源分配，因为在自给自足经济中缺乏货

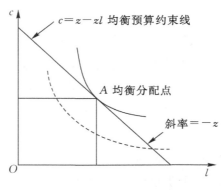

图 7-2 货币市场均衡与自给自足

币的存在使得年纪大的经济主体和年轻的经济主体无法通过货币与产出的交换而提高双方的福利水平,所以有货币的经济的资源分配所达到的福利水平(图7-2中实线表示的曲线)要高于无货币的自给自足经济所达到的福利水平(图7-2中虚线表示的曲线)。因此,我们可以得出这样的结论:一个经济中货币在提高经济福利方面起着至关重要的作用。在一个有货币的经济体中,包括最初的年龄大的经济主体的每个人的福利水平都会变得更好,这是因为当人们在交换过程中即使需求缺乏双重巧合的时候,货币可以帮助人们促进交易,提高社会福利水平。

五、货币中立

货币理论中的一个经典问题是,改变经济中的货币供应量是否对经济产生任何实际影响,而非名义影响。在前面所列出的模型中,我们就可以回答这个问题。在这个模型中,最初的年龄大的经济主体每人有货币 M/N,其他人一开始没有货币余额。现在想象一下,我们将每个人的初始资金持有量增加了 λ 倍($\lambda > 1$)。在这种情况下,最初年龄大的经济主体每人都有货币 $\hat{M}/N$,即

$$\hat{M} = \lambda M \tag{7.48}$$

其他人的货币余额仍然为零。

根据式(7.48),货币供应量的一次性增加预计不会对预期均衡通货膨胀率和实际均衡通货膨胀率产生影响。正因为如此,它对实际货币余额的需求不会产生影响。因此,就业水平或实际的国民生产总值的水平不会受到影响。从式(7.47)可以看出,货币供应量的一次性增加的唯一影响是提高均衡价格水平 p_1^* 至 $\hat{p}_1^*$,则有

$$\hat{p}_1^* = \lambda p_1^* \tag{7.49}$$

这意味着,货币供应量的一次性增加唯一的效果是将价格水平这一名义变量提高了与货币供应量增加程度相同的水平。在价格水平首次跃升之后,预期通货膨胀率和实际通货膨胀率保持不变,则有

$$\Pi^* = \hat{p}_{t+1}/\hat{p}_t = 1 \qquad \text{对于所有 } t \geqslant 1 \tag{7.50}$$

由于一般情况下价格水平普遍较高,所有名义变量的价值在相同比例下也都较高。当货币供应量的一次性增加对任何实际经济变量都没有影响的时候,我们说货币是中性的。在这个分析中,货币之所以是中性的,是因为增加的货币只会导致经济中最初的年龄大的经济主体抬高了产出价格。由于通货膨胀率预计在最初的价格上涨后保持不变,那么年轻的经济主体没有动力提供更多的产出,因为他们对实际货币余额的需求保持不变。由于这时候经济中有更多的资金追逐同样数量的可供出售的产出,那么价格水平必须上升,以使货币产出市场实现出清。当然,这并不是说货币供应量的任何一次性增长都是中性的。理解货币供应量的任何一次性变化可能产生的影响的关键是理解新货币将如何注入经济中。例如,如果我们预期根据每个人的初始货币余额按比例增加货币供应量,则不如想象新货币被不成比例地注入经济

中去。在上述的货币经济模型的背景下,可以考虑一定数量的新货币$(\lambda-1)M$被转移到最初的年轻经济主体而不是最初的年龄大的经济主体,那么以这种方式注入新资金将会产生购买力从最初的年龄大的经济主体转移到最初的年轻经济主体的效果。在这种情况下,虽然新的货币会像以前一样导致价格水平上升,但是由于最初的年龄大的经济主体拥有相同数量的货币,那么他们的购买力会下降,但是在上述的模型中,这种效应只会持续一段时间,因此,货币最终只在短期内是非中性的,而不是长期非中性的。

六、铸币税

我们知道,在货币经济中政府可以通过直接向公民征税来获取资源,同样政府可以通过发行债券获得同样的资源。事实上,政府通过债券融资只是另一种税收形式,因为债券融资虽然在现在没有通过征税来进行,但是债券的偿还是要靠未来的税收支付的,因此,债券融资只是将税收推迟到未来。在货币经济中,当政府能够控制货币供应的时候,政府就有了第三种获取资源的方式,即它可以通过印钞来进行融资,这一种政府融资方式被称为铸币税。正如我们将看到的,铸币税虽然不是正式的征税形式,但是实质上是另一种形式的税。需要注意的是,政府印刷新货币以获取资源的行为将产生通货膨胀。由于通货膨胀降低了持有货币的回报,因此,它对所有选择持有货币的人都是一种税收。在货币经济中,政府创造的新货币与家庭持有的已有货币之间存在着相互竞争关系。随着政府印刷更多的货币,它就可以获得更多的资源,但是家庭所能够获得的资源则减少了,政府通过铸币税获取资源是以广大民众为代价的,因此,铸币税就意味着通货膨胀税。为了更清楚地了解这一过程如何进行,我们以一种简单的方式扩展前面的货币经济模型。先假设政府获取资源的唯一方式是印刷货币,这将使我们能够把重点放在铸币税作为一种收入手段的影响上。如前所述,假设最初的年龄大的经济主体被赋予一定数量的货币M_0。然后,在每个时期$t(t\geqslant 1)$,政府以固定速率$\mu(\mu\geqslant 1)$扩大货币供应量以便于

$$M_t = \mu M_{t-1} \tag{7.51}$$

因此,在t期用于购买产品的新货币即为$M_t - M_{t-1}$。或者,结合式(7.51),则有

$$M_t - M_{t-1} = (1-1/\mu)M_t \tag{7.52}$$

为了计算新货币的购买力,必须将其除以价格水平。因此,政府的实际铸币税收入由式(7.53)得出:

$$S_t \equiv (1-1/\mu)M_t/p_t \tag{7.53}$$

现在我们考虑家庭行为。因为政府(在本例中)不征收直接税,所以式(7.42)中描述的具有代表性的年轻经济主体面临的选择问题保持不变。他们选择问题的解决方案可以用他们对实际货币余额$q^D(z,\Pi)$的需求来概括。回想一下,我们假设该需求函数在预期通货膨胀率Π下会下降。

接下来,考虑市场清算条件:$M_t/p_t = Nq^D(z,\Pi)$。需要注意的是,由于该等式的右侧随时

间保持不变,因此,左侧也必须保持不变。由于 M_t 以 μ 的速率增长,因此 p_t 必须以相同的速率增长,也就是说,$\Pi^* = \mu$。最后一步是得出

$$S(\mu) = (1 - 1/\mu) N q^D(z, \mu) \tag{7.54}$$

式(7.54)告诉我们,当政府以 μ 的速率扩大货币供应量时,在货币均衡状态下,政府可以从经济中提取多少铸币税收入。$S(\mu)$ 可以被认为是通过通货膨胀税提取的收入,即实际税收。$(1 - 1/\mu)$ 可被视为税率,$N q^D(z, \mu)$ 可被视为税基。μ 的增加被认为有两个影响。首先,它提高了税率。其次,它降低了税基,因为家庭将现金以外的商品替换为非现金商品。铸币税收入如何应对通货膨胀税的增加将取决于这两种效应的平衡。对于低税率而言,税率的提高会增加税收收入;对于足够高的税率来说,税率的进一步提高实际上会减少税收收入,因为人们从被征税的对象中进行了替代。从这一分析中我们可以得出结论:政府掌握的印钞权并没有赋予政府从经济中获取资源的无限能力。家庭行为会对政府通过通货膨胀征税的能力施加一定的约束。这意味着,在非常高的通货膨胀税率下,对实际货币余额的需求将会非常低,最终可能在恶性通货膨胀中接近零。为了了解通货膨胀对经济的影响,假设政府以 μ_0 的速率扩大货币供应量,并用收入购买和消费产出。

与扭曲性所得税一样,通货膨胀税的效果是降低了劳动回报。这是因为今天的劳动力被用来积累货币,然而货币必须转移到未来以购买消费,但是由于价格水平因通货膨胀而上升,这样消费成本会更高,其影响是降低就业和 GDP 的均衡水平,由此产生的铸币税收入被用于购买 $g^* = S(\mu_0)/N$ 单位的产品。铸币税收入在现实中有多重要?答案似乎因国家和时间而异。对于大多数发达经济体来说,铸币税收入占政府收入的比例相对较小。然而,对于欠发达经济体来说,铸币税收入似乎是政府收入的重要来源。

七、货币、资本和银行业务

在上面分析的货币经济模型中,经济中唯一的资金来源被假定为政府资金。当今,政府确实对小面额纸币保持着垄断控制,但这种形式的货币并不是用于支付的唯一资产。事实上,一个经济体的绝大多数货币供应都是由私营部门创造的,主要是以银行业创造的债务工具的形式出现的。历史上,这些私人债务工具是以纸质形式发行的,但是在现代经济中,它们主要以银行账户中的电子记账项目的形式存在。每当你用借记卡付款时,你都在使用这种电子货币的一种形式。从今以后,这些货币被称为私人资金。因此,货币供应总量由式(7.55)得出:

$$\text{货币供应总量} = \text{政府货币} + \text{私人货币} \tag{7.55}$$

纸币形式的政府货币被称为基础货币或货币基础。在上述的货币经济模型中,其可用 M_t 表示。如果以 D_t 表示私人资金的供应,也就是私人银行产生的活期存款负债,那么可以定义

$$M_{1t} \equiv M_t + D_t \tag{7.56}$$

式中,M_{1t} 表示货币供应总量;D_t 代表存款。这里的一个重要概念是货币乘数,定义为 M_{1t}/M_t。使用式(7.56),我们可以看到:$M_{1t}/M_t = 1 + D_t/M_t$,也就是说,货币乘数取决于存款与货币比

率 D_t/M_t。从实际经验上看,M_1 表现出顺周期性,即 M_1 与实际 GDP 之间的相关性为正。此外,M_1 似乎在整个周期内领先于实际 GDP。也就是说,M_{1t} 与未来 GDP(y_{t+1})密切相关。M_{1t} 的大部分变化可归因于 D_t,而不是 M_t。换句话说,货币乘数是高度可变的。

为了更好地解释这些模型,我们稍微修改一下模型。首先,假设年轻的经济主体不重视休闲。假设经济主体只在年龄大的时候才重视消费,然而这种未来消费有 A 和 B 两种类型。因此,用 $u(c_A, c_B)$ 和 MRS(c_A, c_B) 来表示经济主体对两种类型消费的偏好。一个年轻的经济主体有一个时间单位。在这段时间,年轻的经济主体可以生产两种商品中的任何一种:q 代表 A 类商品数量,或 x 代表 B 类商品数量。让 n 表示生成 y_A 所花费的时间的比例。如果用 z_1($z_1 > 0$)表示工人的生产率,那么 $q = z_1 n, x = z_1(1-n)$。请注意,$q + x = z_1$。此外,请注意,年轻的经济主体并不重视这两种商品,其效用函数中的 c_A 代表未来消费。

现在,假设 A 商品只能用货币,即政府资金购买。由于年轻的经济主体在未来重视 c_A,这一假设确保了他有动力生产 q 单位的 A 商品以换取货币,这将由当前的年龄大的经济主体购买,因为他们今天重视 A 类商品,而且碰巧持有货币。因此,这种"现金商品"的销售和购买必须遵守以下预算约束:

$$p_{t+1} c_A = p_t q \tag{7.57}$$

式(7.57)表明,这位年轻的经济主体今天以低价出售 q 单位的 A 类商品,然后他将这一货币及时结转,然后以 p_{t+1} 的价格购买 c_A。我们可以将此预算约束重写为

$$c_A = \Pi^{-1} q \tag{7.58}$$

接下来,假设存在一个控制投资技术的商业投资部门。这项技术是这样的,如果今天投资 x 单位的产出,以新资本货物的形式表现,这种投资的回报等于明天 B 类产出的 $y_B = z_2 f(x)$ 个单位,假设资本在用于生产后会完全贬值。我们可以把这个商业部门看作是公司和银行职能的复合体。假设银行为其他经济主体所有,他们只是消耗了银行的所有利润,这家银行没有自己的资源。为了获得新的资本 x,它必须向年轻的经济主体借钱。让 R 表示总的实际利率,然后银行可以用承诺明天交付 B 类产出的 Rx 单位的"钞票"为 x 单位的工人"支付"货币。我们也可以把银行想象成只是为工人开设一个有息银行账户,而不是发行纸币。在未来的某一时期,工人可以通过使用该账户,例如借记卡交易支付 B 类产出。因此,B 类商品称为"信用商品"。

年轻的经济主体还要受到以下预算约束:

$$c_B = Rx \tag{7.59}$$

因为 $q = z_1 - x$,我可以把 $c_A = \Pi^{-1} q$ 改写成 $c_A = \Pi^{-1}(z_1 - x)$,或 $x = z_1 - \Pi c_A$。再将其插入式(7.59),得到:$c_B = Rz_1 - R\Pi c_A$。这个等式描述了年轻经济主体如何在给定的 R 和 Π 下权衡 c_A 和 c_B。请注意,根据 $c_B = Rz_1 - R\Pi c_A$ 得到的预算线的斜率为 $-R\Pi$,它被称为(总)名义利率,我们用 $R_n \equiv R\Pi$ 来表示。对于给定的 (R, Π),年轻的经济主体选择问题的解由一对需求函数 (c_A^D, c_B^D) 给出,满足 MRS$(c_A^D, c_B^D) = R\Pi$;$c_B^D = Rz_1 - R\Pi c_A^D$。该年轻的经济主体选择的最优解决方案如图 7-3 中 A 点所示。

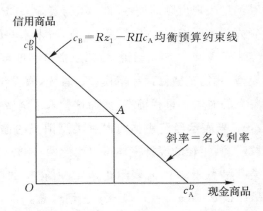

图7-3 对现金和信用产品的需求

在图7-3中,年轻经济主体选择问题的解取决于参数(R,Π,z_1)。一旦知道了这个最优解决方案,就可以很容易地从预算约束中恢复对实际货币余额的需求,同时也能从预算约束中恢复对投资品的需求,即

$$q^D(R,\Pi,z_1) = \Pi c_A^D(R,\Pi,z_1) \tag{7.60}$$

$$x^D(R,\Pi,z_1) = R^{-1} c_B^D(R,\Pi,z_1) \tag{7.61}$$

现在让我们分析商业投资部门。我们可以用名义值或实际值来描述银行的利润函数。以货币单位衡量,银行的名义利润表示为

$$p_{t+1} z_2 f(x) - R_n p_t x \tag{7.62}$$

在式(7.62)中,银行以p_t的价格"购买"(或借款)x单位的产出,并承诺在未来偿还价值$R_n p_t x$的产出。要注意的是,此处R_n代表名义利率。该银行在未来生产$z_2 f(x)$单位的产出,价值$p_{t+1} z_2 f(x)$。我们可以写出银行的实际利润函数。为此,将$p_{t+1} z_2 f(x) - R_n p_t x$除以$p_{t+1}$得出:

$$z_2 f(x) - R_n \Pi^{-1} x \tag{7.63}$$

或者

$$z_2 f(x) - Rx \tag{7.64}$$

当$R = R_n \Pi^{-1}$时,如果函数$f(x)$是递增且严格凹的,则投资需求x^D满足

$$z_2 f'(x^D) = R_n / \Pi \tag{7.65}$$

在式(7.65)中,投资需求与实际利率负相关,与未来资本的预期生产率正相关。让我们做一个简单的假设,即$f(x) = x$,投资技术是线性的。这类似于本章第一节中所做的简化假设。在这种情况下,银行的实际利润由$(z_2 - R)x$给出。如果我们假设在该模型中可以自由进入银行业,那么银行之间的竞争将把银行的实际利润推到利润为零的地步,这样能够确定均衡实际利率为$R = z_2$,这意味着实际利率将等于预期的资本边际产出。在这种情况下,投资需求是不确定的,因此投资的均衡水平将完全由投资的供给决定。现在有必要考虑政府的政策,在这

里，假设政府只是以 μ 的速率扩大货币供应量，并使用由此产生的铸币税收入为政府购买现金商品提供资金，因此有

$$S_t \equiv (1 - 1/\mu) M_t / p_t \tag{7.66}$$

最后，使用货币经济中的市场清算条件 $M_t / p_t = N q^D(R, \Pi, z_1)$。由于这一条件在每个时期都必须成立，因此均衡通货膨胀率由 $\Pi = \mu$ 给出。铸币税收入的均衡水平由式(7.67)得出：

$$S^* = (1 - 1/\mu) N q^D(R, \Pi, z_1) \tag{7.67}$$

式中，$R = z_2$ 和 $\Pi = \mu$。

我们知道均衡实际利率由 $R = z_2$ 给出，同时也知道均衡通货膨胀率由 $\Pi = \mu$ 给出。因此，可以通过设置 $(R, \Pi) = (z_2, \mu)$ 由图 7-3 中的 A 点描述均衡的消费分配；即 $c_A^* = c_A^D(R, \Pi, z_1)$，$c_B^* = c_B^D(R, \Pi, z_1)$。同时，我们可以得出实际货币余额和投资的均衡量：$q^* = q^D(R, \Pi, z_1) = \Pi c_A^*$，$x^* = x^D(R, \Pi, z_1) = R^{-1} c_B^*$。实际 GDP 的均衡水平由式(7.68)得出：

$$Y^* = N z_1 + N z_2 x^* \tag{7.68}$$

根据货币经济模型中的市场清算条件，我们可以通过式(7.69)得出均衡价格水平路径：

$$p_t^* = M_t / (N q^*) \tag{7.69}$$

政府支出的均衡水平由 S^* 给出。现在，回想一下 M_{1t} 的定义：$M_{1t} = M_t + D_t$，其中 D_t 表示私人资金的供应。在该模型中，银行业产生的负债的名义价值由式(7.70)得出：

$$D_t^* = p_t^* N x^* \tag{7.70}$$

从市场清算条件 $p_t^* = M_t / (N q^*)$ 来看，式(7.70)也可以改写为

$$D_t^* = M_t (x^* / q^*) \tag{7.71}$$

将式(7.71)代入 M_{1t} 的定义中，得到

$$M_{1t}^* = (1 + x^* / q^*) M_t \tag{7.72}$$

式中，$1 + x^* / q^*$ 是均衡货币乘数。该货币经济模型有四个外生变量：z_1, z_2, μ, M_t。我们可以使用该货币经济模型来观察经济可能如何应对这些参数中任何一个变化的外生"冲击"。我们还可以考虑两个假设的货币经济模型，除了其中增加了一个外生变量外，它们在各个方面都是相同的。这就为我们分析更为复杂的两个国家的货币经济关系提供了更为坚实的基础。

本章习题

1. 分析投资的基本模型存在的不足。
2. 试讨论投资加速器理论和 Q 投资理论之间的主要区别。
3. 分析产出的变动对于投资的影响。
4. 分析不可逆投资的形成过程。
5. 假设资本在 t 时期的真实市场价格为 $p_{k(t)}$，考虑厂商在卖出资本或继续使用资本之间的选择，分析资本的真实使用者成本。

6. 企业的最优化问题：max $\pi(K)=PY-C-T$，约束条件：$Y=AK^\alpha L^{1-\alpha}$，$C=rK+wL$。L 恒等于 1（劳动正规化为 1）。其中：Y 为总产出，C 为总成本，T 为税收，P 为外生价格，r 为利率，w 为工资率。问：

(1) 最优资本存量 K^* 为多少？利率和价格上升对 K^* 有什么影响？

(2) 如果税收 T 为定值，这时 K^* 为多少？如果 T 为资本存量的比例税，$T=K$，K^* 为多少？如果以同样税率 t 对总收入 PY 征收从量税，K^* 为多少？

(3) 当 $0<r<1, 0<t<1$ 时，比较第(2)小题的三个 K^*，政府税收对企业投资有何影响？哪种征税方式影响最大？

7. 假设企业的投资函数由下列式子给出：$L=\lambda(K_1^*-K_{t-1})+0.1K_{t-1}$。其中，$K_1^*$ 为厂商的意愿资本存量，$K=0.1Y/r$，其中 Y 为产量，r 为利率，并令 $r=0.05$。设 λ 的初始值为 0.25。

(1) 当第一年的产量是 200 时，其意愿的资本存量是多少？如果第一年年初的资本存量为 400，计算第一年的投资水平。

(2) 假设现在的产量水平由 200 上升到第二年的 250，并始终保持在这一水平。计算其投资水平和第二年、第三年、第四年的资本存量。新的长期投资水平和资本水平是多少？为什么？

8. 设企业与个人在第 1 期投资 I，在第 2 期将其卖出，折旧率为 r，求该厂商投资与利率的关系。

9. 试用均衡投资理论推导分析厂商项目实施的条件。

10. 假设某国政府计划投资 500 亿美元用于研发新一代人工智能技术，预计每年该技术的应用将使国内企业的生产率提高 20%。请计算该投资对长期经济增长的贡献率。

11. 假设某公司决定投资 1000 万元于绿色能源项目，预计该投资每年可以减少能源消耗 20%。请计算该投资对经济增长的正的外部性效应。

12. 假设某国政府决定投资 2000 亿美元用于提升教育质量，预计每年平均增加人力资本积累率 0.5%。请计算该投资对长期经济增长的影响。

13. 假设某公司准备投资 800 万元用于引进先进设备，预计该设备每年可以使劳动生产率提高 15%。α 为 0.8。请计算该投资的技术进步弹性。

14. 假设某国政府决定投资 300 亿美元用于数字化产业升级，预计每年该投资使 GDP 总产出提高 10%。请计算该投资对全要素生产率（TFP）的贡献。

第八章 消费与储蓄

到目前为止,我们主要关注的是什么可以称为时间内决策,以及这些决策如何决定任何时间点的国内生产总值和就业水平。时间内决策涉及在一定时期内经济主体在不同的经济活动之间如何分配资源的问题,例如经济主体在不同的经济活动上分配不同的时间,就像第七章里分析的那样,然而在经济活动中,经济主体所做的许多决策都有跨期的一面。在不同的时期内,经济主体在不同的经济活动之间如何分配资源的问题,即跨期决策。跨期决策涉及跨时期分配资源的问题,例如:今天家庭决定的消费量可能会影响到其明天的消费量;企业在今天做出的投资多少的决定必须考虑到当前的牺牲在未来某个日期可能会得到怎样的回报;如果一个政府今天出现赤字,它必须考虑未来如何偿还赤字;等等。这些决策在本质上是动态的,涉及跨时期分配资源的问题。为了理解这些决策是如何做出的,我们需要使用一个引入时期节点的动态模型。

在这一章中,我们主要关注家庭的消费和储蓄选择。由于任何储蓄行为都有助于减少当前的消费,并有可能增加未来的消费,因此这一决策在本质上关键涉及如何在不同时期内最佳地分配消费,因为确定了每一个时期的消费,就可以得到这一个时期的储蓄。为了让分析尽可能简单一些,我们将在两阶段模型的背景下研究这个选择问题。从一个简单的两阶段模型中得到的基本结论,对一个以许多时期为特征的更现实的多阶段模型仍然是适用的。为了能够集中关注决策的跨期方面,从时期内的决策中抽象出来,我们在这里的假设是,经济主体在时期内的决策是独立于跨期决策的。这一假设主要是为了简单起见,一旦充分理解了该模型的基本思想,我们就可以放松这个基本假设了。

第一节 简单的动态模型

一、偏好和禀赋

在这里,我们假设的模型所处的经济环境由一个代表性家庭或个人组成,在整个经济周期内,该家庭或个人的生活横跨两个时期。随时间的变化,以消费品和服务的形式表现的家庭或个人产出的不同反映了家庭或个人的偏好。假设用(c_1,c_2)表示家庭或个人的终生消费情况,

其中 c_1 表示当前消费，c_2 表示未来消费。需要注意的是，当前的消费与未来的消费不一样，因此它们可以被视为两种不同的商品。人们对时间消费有偏好的假设反映了一个似是而非的概念，即人们不仅关心今天的物质消费所带来的效应，而且关心未来物质的效用。为了简单起见，在接下来的内容中，我们假设家庭或个人未来的发展没有不确定性。

一个代表性家庭或个人的消费模式 (c_1,c_2) 可以被视为一个商品组合。商品空间被定义为非负商品束的空间，可以用图 8-1 表示。我们对家庭或个人的消费偏好做出通常的假设，比如更多的商品消费比少的商品消费要好，具有凸性质。我们还将合理假设，消费品是正常商品，偏好可以用效用函数 $u(c_1,c_2)$ 表示。图 8-1 描绘了一个家庭或个人在商品空间中的一组无差异曲线，反映其通过消费所达到的效用水平。

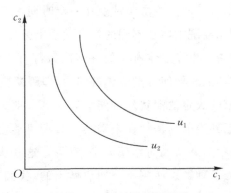

图 8-1 无差异效用曲线

每个家庭或个人都有一个产出剖面 (y_1,y_2)，它构成了商品空间中的某一个点。由于产出是外生的，因此该模型构成了所谓的禀赋经济的一个例子，也就是说，产出（或人均国内生产总值）并不是后天生产的，它是大自然赋予的。同时，我们进一步假设产出是不可储存的，换句话说，一个家庭或个人不能跨时期储存产出，当期的产出只能在当期消费，当期储存的产出到下一期就无法消费了。

二、代表性家庭或个人假设

在经济模型中，作为一种对环境的定义，我们假设一个家庭或个人没有机会与他人进行贸易。这个模型具有以下特点：

(1) 假设一个有代表性的家庭或个人对今天的消费和明天的消费有偏好。

(2) 消费品是不可储存的，这意味着，家庭或个人如果不消费，商品就会因变质而无法消费。

(3) 大自然赋予了一个代表性家庭或个人一定数量的商品，今天可以提供一些消费品，明天则可以提供另外的消费品。

从数学上讲，一个代表性家庭或个人的选择问题可以非常简单地表述为在一定的限制条件下（$c_1 \leqslant y_1$ 以及 $c_2 \leqslant y_2$），家庭或个人根据其收入选择当前和未来的消费（c_1, c_2）来使其从消费中获得效用 $u(c_1, c_2)$ 实现最大化。

以上效用最大化问题的解决方案很简单，即消费者可以选择 $c_1^D = y_1$ 和 $c_2^D = y_2$，也就是说，代表性家庭或个人所能做的最好的事情就是在每个时期消耗掉其全部收入用于购买商品进行消费。该解决方案如图 8-2 所示。

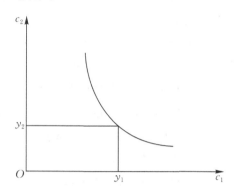

图 8-2　代表性家庭或个人可消费商品的组合

我们假设存在一个代表性家庭或个人，例如一个国家或者地区的居民，没有机会与其他人进行贸易，只能自己消费自己拥有的商品。这意味着该家庭或个人不能与外国人进行金融交易，例如，一个国家或地区不允许与其他国家或地区进行国际货物和资产贸易。这种限制可能是自然造成的，也可能是政府的政策造成的。不管是什么原因，我们的模型清楚地表明，在这个封闭的经济体中一个代表性家庭或个人只能自己消费自己拥有的商品，必须量入为出，其家庭或个人消费在任何时候都不可能超过其所得到的收入。

三、国际贸易与金融市场存在的情况

现在我们来分析国际贸易与金融市场的存在如何改变代表性家庭或个人所处的环境。对于国际金融市场的假设非常简单：国际金融市场中只有一种金融工具，其可以是一种称为债券的无风险的私人债务工具。债券承诺在未来某个日期向债券持有人交付债券持有人应得的本金和利息。我们假设没有债券风险，因为债券发行人总是遵守他们的承诺，并让我们可以忽略违约可能出现的复杂情况。

我们必须弄清楚所考虑的债券的确切性质。在现实世界中，大多数债券构成了兑现承诺。例如，假设你发行了一张 10000 元的债券，你承诺在一年后赎回或偿还给债券持有人，如银行本金和利息，这是名义债券的一个例子。10000 元构成债券的本金。如果你与银行签订的债务合同要求偿还 11000 元，那么额外的 1000 元构成债券本金的名义利息。这种情况下的名义利率为每年 10%。

在现在这个简单模型中，代表性家庭或个人只关心与时间有关的消费，因为金钱没有作用。由于货币没有价值,名义债券显然没有作用。而真正的债券有一个潜在的作用,即真正的债券会以未来消费的形式构成交付产出的承诺。例如,假设你向邻居借一瓶食用油并承诺第二天归还一瓶食用油,那么在此种情况下本金是一瓶食用油而实际利率则是0。此次交易是没有产生金钱的流动的。

在以前的章节中,我们考虑了一个包含两种商品的静态模型:有产出和休闲这两种商品在市场中进行交换。当只能交换两种商品时,就只能有一个价格——实际工资,代表了产出和休闲之间的交换率。在我们现在研究的模型中,假设只有当前消费和未来消费两种商品。我们希望将这两种商品视为可以在一个市场中进行交换的商品。在这种情况下,与交换的商品相联系的相关价格将是实际总利率,代表了当前和未来消费之间的交互率。

想象一下,代表性家庭或个人可以进入国际金融市场。在这种情况下,假设一个国家的国内经济对金融工具的贸易实行开放,即允许资本进行跨境流动。让 R 表示金融市场中普遍存在的总的实际利率,同时假定 R 是一个外生变量,因而我们假设国内代表性家庭或个人的集体交易行为对世界金融市场的现行利率没有影响。在这种情况下,我们所说的就是一个小型开放经济。我们假设存在金融债券的自由贸易,即家庭或个人可以按照现行市场利率自由买卖债券。买卖债券的机会意味着储蓄或借贷的机会。一般来说,我们对储蓄的定义是当前收入减去用于当前需求的支出。请记住这个定义,因为无论何时计算储蓄,它都是有用的。

假设代表性家庭或个人一开始没有未偿还的资产或债务,并且当期收入由国内生产总值给出。此外,由于没有政府部门的存在,当前需求的支出完全由消费者支出来构成。因此,在这种模式经济的背景下,我们可以将国内储蓄净额定义为

$$s_1 = y_1 - c_1 \tag{8.1}$$

在一个封闭的经济体中,由于没有对外投资的机会,没有储蓄($s_1=0$)的情况下,必然是 $y_1=c_1$。然而,在开放经济中,出现 $s_1>0$ 或 $s_1<0$ 的情况是可能的。在前一种情况下,我们说该国是一个净贷款国;在后一种情况下,我们说该国是一个净借款国。在私人债务市场借贷当前消费的行为相当于出售或购买对未来消费的债权,所以债券代表对未来产出的债权。

如果我们从家庭或个人经历中可以知道,借贷行为对家庭或个人未来的机会有影响,那么整个国家也是如此。如果一个国家今天借出产出,它希望将来能收到这笔贷款的本金和利息,这意味着,除了国内生产的产品外,这个国家借出产出得到未来的产量为 Rs,即

$$c_2 = y_2 + Rs \tag{8.2}$$

通常 R 代表总利率,它与净利率 r 之间的关系为

$$R = 1 + r \tag{8.3}$$

式(8.3)适用于储蓄为正以及为负的两种情况。在式(8.2)中,对于净借款人来说,$s<0$,数量 Rs 代表累积债务需偿还的本金和利息。因此,今天的借贷行为具有减少未来消费的效果。如果 $s\neq 0$,那么家庭或个人的未来收入由两个组成部分组成。首先,第一个组成部分是

国内产生的收入,这部分收入来自国内生产总值,即 y_2。其次,第二个组成部分是通过持有金融资产,比如债券赚取的收入,或者背负债务而需要支付的收入。如果家庭或个人持有国际债券,就会获得来自国外的收入,外国净收入由外国利息给出。如果 $s>0$,则家庭或个人从外国人那里获得了净利息收入;如果 $s<0$,则家庭或个人支付给外国人净利息收入。这意味着在开放经济中,一个国家的国内生产总值不必等于国民生产总值。特别要注意的是,该经济体未来的国民生产总值由 y_2+Rs 表示。这里的 s 代表在外国土地上"使用"一个国家的国有资产,如果 s 为负表示在国内土地上使用的外国资产。

在式(8.1)中取储蓄的定义,并将其代入式(8.2)中得出

$$c_2 = y_2 + R(y_1 - c_1) \tag{8.4}$$

式(8.4)构成了一个被称为跨期预算约束(intertemporal budget constraint)的预算线。使用描绘商品空间的图表,该预算线的纵截距等于 Ry_1+y_2,斜率等于 $-R$,如图 8-3 所示。

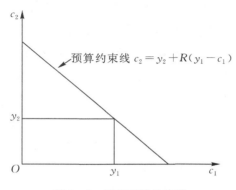

图 8-3 跨期预算约束线

从图 8-3 中可以得出一些重要的结论。首先,国际金融市场的存在极大地扩展了代表性家庭或个人的跨时期消费机会。其次,我们从基本理论中知道,预算线的斜率构成了一个相对价格。显然,总实际利率 R 代表不同时期消费的跨期价格。特别是,R 代表当前消费相对于未来消费的价格。R 的增加使当前消费更加昂贵,当然这也意味着使未来消费更加便宜,或者,我们把 R 看作是储蓄的回报,由于储蓄被看作为未来消费提供资金的,R 的增加使得未来的消费更加容易获得。最后,需要注意的是,跨期预算约束通过了禀赋点 (y_1, y_2),这是因为选择 $s=0$ 始终是一个选项。跨期预算约束也可以重新排列为

$$c_1 + c_2/R = y_1 + y_2/R \tag{8.5}$$

式(8.5)的右边可以看作是一个国家或经济体国内生产总值流量的现值,这只是以当前消费为单位衡量财富的一个指标。我们还可以用未来消费的单位来衡量财富 Ry_1+y_2,这被称为一个国家或经济体国内生产总值流量的未来值。

现在,如果式(8.5)的右边是一个国家或经济体国内生产总值流量的现值,就可以很容易地猜测公式左边是一个国家或经济体消费流量的现值。同理,这里涉及的原则同样适用于个

人,就像它们适用于整个经济一样。跨期预算约束对家庭或个人的行为施加了限制,它告诉我们,消费流(c_1,c_2)必须确保其现值不超过一个国家或经济体的财富总量。假设一个家庭或个人没有机会与他人进行贸易,不存在国际金融市场的情况,在一段时期内家庭或个人只能量入为出,即 $c_1=y_1$ 和 $c_2=y_2$;通过贸易进入国内债券市场,乃至国际金融市场,一个国家或经济体可以将其消费模式与其收入模式分离,从而使得 $c_1<y_1$ 和 $c_2>y_2$ 或 $c_1>y_1$ 和 $c_2<y_2$ 成为可能。换言之,随着国际贸易与金融市场的引入,一个国家或经济体不再被限制在一段时间内进行量入为出,即 $c_1=y_1$ 和 $c_2=y_2$,相反,一个国家或经济体只要能在跨期的意义上实现量入为出就行了,即 $c_1+c_2/R=y_1+y_2/R$。

现在我们来分析 $Y=C+I+G+X-M$。出口额 X 减去进口额 M 称为贸易差额,净出口额可以表示为 $X_n=X-M$。如果 G 的形式是消费,即政府对当前需求的支出,C 代表私人消费,那么国内储蓄被定义为 $S=Y-C-G$。结合这些信息,我们可以看到 $S=I+X_n$。由于我们现在假设的模式中没有投资,因此有 $S=X_n$,也就是说,净储蓄只有通过贸易顺差才能实现;相反,净借款只有在贸易逆差的情况下才有可能实现。与贸易平衡相关的是经常账户头寸的概念。一个国家或经济体的经常账户被定义为 $CA=GNP-C-G-I$。贸易平衡与经常账户这两个概念的唯一区别在于,贸易平衡是用国内生产总值定义的,而经常账户是用国民生产总值定义的。在我们的模型设定的经济中,每个时期经常账户的计算如下:

$$CA_1 = y_1 + 0 - c_1 \tag{8.6}$$

$$CA_2 = y_2 + Rs - c_2 \tag{8.7}$$

因此,至少在原则上,一个国家或经济体有可能同时出现经常账户盈余和贸易平衡赤字(例如,$CA_2>0$ 和 $X_n<0$)。例如,对于一个国家的公民持有大量外国金融资产的净债权国来说,情况就是这样,反之亦然。贸易平衡和经常账户都与一个国家或经济体国内家庭或个人的消费储蓄决策是密不可分的。

四、消费-储蓄行为

既然已经描述了代表性家庭或个人的偏好和约束,我们就可以在一组参数(y_1,y_2,R)的条件下得出该家庭或个人的最优消费-储蓄计划。用数学术语来说,决策问题可以表述为:代表性家庭或个人选择(c_1,c_2)并在 $c_1+c_2/R=y_1+y_2/R$ 预算约束下最大化其 $u(c_1,c_2)$。

代表性家庭或个人的这个选择问题的解决方案是一对需求函数(c_1^D,c_2^D),它们取决于参数(y_1,y_2,R)。一旦 c_1^D 已知,就可以根据储蓄的定义计算家庭所需的储蓄函数 s^D,也就是说 $s^D=y_1-c_1^D$。代表性家庭或个人的这个选择问题的解决方案如图 8-4 中的 A 点所示。

有两个数学条件可以描述图 8-4 中的 A 点。首先,在 A 点无差异曲线的斜率等于预算线的斜率。其次,A 点位于预算线上,换句话说即

$$\text{MRS}(c_1^D,c_2^D) = R \tag{8.8}$$

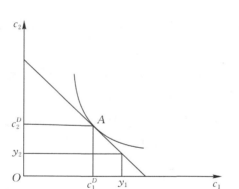

图 8-4 消费-储蓄组合

以及
$$c_1^D + c_2^D/R = y_1 + y_2/R \tag{8.9}$$

因为 $MRS(c_1^D, c_2^D) = R$，我们知道 $c_2^D/(\beta c_1^D) = R$。或 $c_2^D = R\beta c_1^D$。现在将 c_2^D 代入式(8.9)得出

$$c_1^D = [1/(1+\beta)](y_1 + y_2/R) \tag{8.10}$$

图 8-4 也描述了该国家或经济体当期的贸易顺差，也就是未来的贸易逆差的情况。一个国家或经济体是贸易盈余还是贸易赤字取决于参数的配置。在图 8-4 中，我们将一个国家或经济体资源的禀赋点置于一个暗示着当前国内生产总值（以 y_1 表示）显著高于预期未来（以 y_2 表示）的位置。因此，考虑到一个国家或经济体国内生产总值的预期下降，意味着家庭或个人收入也会下降，家庭或个人就希望增加储蓄，以便在一段时间内平稳其消费支出，这并不奇怪。在我们假设存在国际金融市场的模型中，国内家庭储蓄的方式是购买外国债券，以获得对未来消费的债权。家庭购买这些债券的方式是出口当前产出，这是形成当前时期贸易顺差的原因。

五、凯恩斯消费函数与弗里德曼消费函数

在宏观经济学中，基础的消费理论叫作凯恩斯消费理论。凯恩斯消费理论的基本内容之一是消费函数。凯恩斯消费函数通常被指定为以下形式的关系

$$C = a + bY \tag{8.11}$$

式中，$a > 0$，是一个表示外生消费者支出的参数；$0 < b < 1$，是边际消费倾向的参数。这种消费函数嵌入了一个常识概念，即期望的消费者支出是收入的增长函数，但收入增加一个单位通常会导致消费者需求增加不到一个单位。

凯恩斯消费理论是有缺陷的。一方面，凯恩斯消费理论没有区分暂时的收入或永久的收入变化；另一方面，还有其他消费决定理论认为消费者的需求应该取决于财富，而不是收入。根据弗里德曼消费理论的观点，消费函数应指定为

$$C = \alpha W \tag{8.12}$$

式中，$\alpha > 0$，是一个参数；W 表示家庭或个人拥有的财富。因此，根据弗里德曼消费理论的

观点，消费者的消费需求应该与财富成比例，并且只应该在收入影响财富的程度上依赖收入。

我们假设偏好为 MRS$=c_2/(\beta c_1)$，然后就有以下形式的消费函数：

$$c_1^D = [1/(1+\beta)](y_1 + y_2/R) \tag{8.13}$$

如果让 $\alpha=1/(1+\beta)$，那么就可以得到与弗里德曼消费理论的假设一致的消费函数，因为 $c_1^D=\alpha W$，其中 $W=y_1+y_2/R$。另外，我们可以通过以下方式重新安排我们的消费方程：

$$c_1^D = [1/(1+\beta)](y_2/R) + [1/(1+\beta)]y_1 \tag{8.14}$$

如果定义 $a=[1/(1+\beta)](y_2/R)$，$b=[1/(1+\beta)]$，那么我们会发现我们的消费函数也与凯恩斯的消费函数一致，例如，$c_1^D=a+by_1$。

虽然凯恩斯的消费理论和弗里德曼消费理论这两种理论看起来很相似，但实际上它们对消费者行为的影响却截然不同。例如，我们考虑两个家庭或个人拥有相同的财富水平，但有不同的终生收入模式。弗里德曼消费函数意味着这两个家庭或个人应该有相同的消费水平，然而凯恩斯消费函数意味着当前收入较高的人应该有更高的当前消费需求。当家庭没有债务约束的时候，我们分析的消费理论与弗里德曼消费理论的假设是一致的，但是如果家庭债务受限的话，那么我们分析的理论就支持凯恩斯消费理论的假设。

第二节 小型开放经济体对外部冲击的反应

我们前面假设的模型构成了基本的家庭消费需求和储蓄的理论。这一理论是以封闭经济为前提的，但是在当今全球化发展的情况下，现实经济更多地表现为开放经济形态。现在我们来考虑开放经济下的情况。为了便于分析，我们在这里主要分析小型开放经济的情形。在小型开放经济体的背景下，我们可以对各个家庭或个人进行汇总，解释消费者总支出和贸易平衡的决定过程。该理论采用以下形式：

$$(c_1^D, c_2^D, s^D) = f(y_1, y_2, R, u) \tag{8.15}$$

式中，R 代表总的实际利率；u 代表消费所获得的效用。

在式(8.15)中，我们明确决策跨期进行的好处之一是可以精确区分国民生产总值的暂时性、预期性和永久性变化的影响。特别需要注意的是，我们的理论说明当前的消费者需求不仅取决于当前的收入，还取决于未来预期的收入水平。因此，在外部观察者看来，一个国家或经济体的贸易平衡可能会在没有明显原因的情况下发生变化。

一、当前国民生产总值的短暂增长

我们已经了解了生产率冲击如何导致国民生产总值增长。想象一下，这种生产率冲击是暂时的冲击，即 $\Delta y_1>0$ 和 $\Delta y_2=0$。由于这是一个小型经济体，这种生产率冲击对 R 没有影响，那么在我们的模型中一个国家或经济体的人们对这种冲击的反应是什么？

我们可以借助图 8-5 来回答这个问题。我们先来描述冲击发生前预期消费和储蓄的模式，这种情况如图 8-5 中的 A 点所示。该国家或经济体最初的贸易是平衡的。现在，从这个位置开始，有一个生产率冲击，假设 $\Delta y_1 > 0$。因为 $\Delta y_2 = 0$，我们可以将这种变化描述为资源禀赋从图 8-5 中的 A 点向 B 点的变化。由于利率不受影响，这意味着跨期预算约束线右移，这个生产率冲击让一个国家或经济体的国内居民变得更加富裕。新的无差异曲线应该在哪里？如果我们做出合理的假设，即时间消费是正常商品，那么财富的增加会导致这两个时期的消费需求都增加，即 $\Delta c_1^D > 0$ 和 $\Delta c_2^D > 0$。我们可以通过将新的无差异曲线移动到原始位置东北方向的更高的无差异曲线来反映对这一生产率冲击的响应，即图 8-5 中的 C 点。

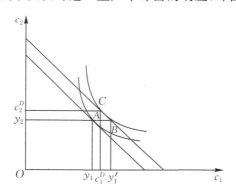

图 8-5 国民生产总值的短暂增长冲击

我们看到，短暂的生产率冲击会导致相对温和但长期的"消费繁荣"。需要注意的是，这一冲击使得当前消费需求的增长小于当前国民生产总值的增长，即 $\Delta c_1^D < \Delta y_1$。回想一下之前在消费函数中的分析，比率 $\Delta c_1^D / \Delta y_1$ 被称为当前收入中消费的边际倾向，并且 $\Delta c_1^D / \Delta y_1 < 1$。我们看到，当前收入冲击是暂时的时候，收入增加一个单位会导致当前消费者需求增加不到一个单位，这样未被消费的额外收入被节省下来。在这个模型中，额外的储蓄以购买外国债券的形式出现。购买外国债券是为了满足未来更高的消费水平。假设每个时期家庭或个人的消费都是消费正常商品的话，那么家庭或个人偏好消费平滑，也就是说，财富的任何增长都将以每个时期更高消费的形式在各个时期传递。金融市场的存在可以使家庭或个人随着时间的推移平滑地消费，从而以应对收入的短暂变化。因此，人们可以将金融市场视为一种针对暂时性收入冲击的减震器，也就是说，通过在国际上进行储蓄，一个国家或经济体中的家庭或个人可以利用国际金融市场来吸收暂时性收入冲击的影响，从而保持其终生消费模式的相对稳定。

二、信息冲击的影响

现在我们来讨论信息的外部冲击导致家庭改变对未来的预期。在这里我们考虑新的信息的到来这种特别的新闻冲击。这些新闻信息引导家庭向上修正他们对未来收入的预测。我们可以认为这是"正面消息"。这些新闻的冲击不会影响当前生产率。由于这些新闻信息使家庭或个人预期其未来收入会增加,我们假设 $\Delta y_1=0,\Delta y_2>0$。新闻冲击作为"正面消息"的一个例子是经济刚刚走出衰退之前通常发生的情况,家庭对即将到来的复苏持乐观态度,或者,你可以想象一种有望在不久的将来提高国民生产总值的新技术的到来,家庭或个人对这些信息有何反应。

我们可以借助图 8-6 来回答这个问题。我们先来描述冲击发生前预期消费和储蓄的模式,这种情况如图 8-6 中的 A 点所示。我们假设该国家或经济体最初的贸易是平衡的,当然我们也可以从正的贸易平衡(存在贸易顺差)或者负的贸易平衡(存在贸易逆差)开始。现在,假设 $\Delta y_2>0$。因为 $\Delta y_1=0$,我们可以将这种变化描述为一个国家或经济体的资源禀赋从图 8-6 的 A 点移动到 B 点。由于利率不受影响,这意味着跨期预算约束线右移。这个新闻冲击使当前国民生产总值保持不变,但它却使一个国家或经济体的国内居民更加富裕。

新的无差异曲线应该在哪里?假设每一天的消费都是正常商品,那么财富的增加会导致这两个时期的消费需求增加,即 $\Delta c_1^D>0$ 和 $\Delta c_2^D>0$,这又使家庭或个人消费平滑的动机在起作用。我们可以通过将新的无差异曲线移动到原始位置东北方向的更高的无差异曲线来反映对这一新闻冲击的反应,即图 8-6 中的 C 点。在这里,我们看到未来国民生产总值的预期增长也会导致从当前时期开始的"消费繁荣"。信息的冲击会导致更高水平的家庭或个人财富,因此,消费平滑动机意味着所有时期家庭或个人的预期消费支出都会上升。需要注意的是,虽然消费的反应方式与经济受到短暂收入冲击时类似,但储蓄的行为却截然不同。这一新闻冲击将导致国内储蓄下降,从而使贸易从平衡状态转向贸易赤字状态。由于预期未来的收入会更高,国内人员通过出售债券向外国人借款来增加当前的消费。因此,我们可以看到国际金融市场可以成为消费的缓冲机制。

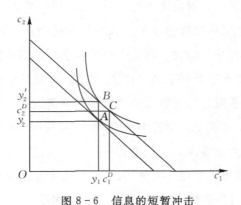

图 8-6 信息的短暂冲击

图 8-6 也揭示了另一个重要结论,即尽管这个国家或经济体的贸易平衡已经恶化,出现贸易赤字,但是这个国家或经济体的国内居民的福利却比以前更高。一个国家或经济体的贸易逆差可能是经济严重衰退所带来的冲击的结果,也可能是对未来前景保有乐观情绪影响的良好冲击的产物,因此,必须谨慎地在一个国家的经常账户状况与其居民福利之间保持平衡。

在对现实经济的观察中我们发现一个有趣的特征是消费者支出往往比国民生产总值复苏得更早,在一定程度上表明实体经济开始从经济衰退中摆脱出来。这种经验性观察通常被解释为消费者支出增加才导致经济增长这一因果关系的现实证据。根据我们的理论,这二者之间因果关系的方向实际上却是相反的,也就是说,今天消费者支出的增加是由于家庭或个人获得新的信息,从而导致家庭或个人上调对未来收入的预测而产生的。例如,下岗工人可能会收到前雇主计划在不久的将来重新招聘的信息,从而预期其有可能获得新的雇佣机会,进而预期其收入增加,这样,其家庭会增加消费支出。只要个人的预测平均正确,消费者支出的增长将先于总收入或国民生产总值的实际增长。这一事例说明我们在试图通过分析数据中的相关性来推断因果关系时要非常小心。相关性本身不过是对数据的描述,它们并不构成理论。任何特定的跨期相关性实际上都可能是由计量经济学家所说的反向因果关系产生的。为了更好地理解反向因果关系这一概念,请思考消费者在春节期间的行为。春节前购物是早于春节的,这是一个经验主义的事实,然而根据这种相关性得出由于春节前购物行为导致春节出现的结论是显然错误的,这一因果关系的方向明显是相反的。

三、国民生产总值的永久性增长

想象一下,假设一个国家或经济体正在经历一场预期将是永久性的生产率冲击。这里可以将永久性的生产率冲击定义为 $\Delta y_1 = \Delta y_2 = \Delta y > 0$。需要注意是,对国民生产总值的永久冲击是上述两种冲击的组合。同样,我们可以借助图8-7回答这个问题。我们先来描述冲击发生前预期消费和储蓄的模式,这种情况如图8-7中的A点所示。我们假设该国家或经济体最初的贸易是平衡的,当然,我们也可以从正的贸易平衡(存在贸易顺差)或负的贸易平衡(存在贸易逆差)开始。现在,由于 $\Delta y_1 = \Delta y_2 = \Delta y > 0$,我们可以将这种变化描述为一个国家或经济体的资源禀赋从图8-7的A点移动到B点。由于利率不受影响,这意味着跨期预算约束线右移,这一冲击再次让个人变得更富有。需要注意的是,在这种情况下财富的增长比国民生产总值受到的冲击是短暂的情况更大。

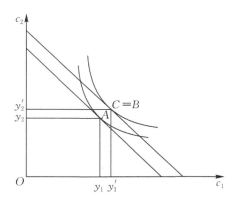

图8-7 国民生产总值的永久性增长冲击

现在的问题是,新的无差异曲线应该在哪个位置,同时,新的无差异曲线该如何移动?假设家庭或个人每一个时期的消费都是正常商品,那么财富的增加会导致这两个时期的消费需求增加,即 $\Delta c_1^D > 0$ 和 $\Delta c_2^D > 0$。需要注意的是,虽然消费模式的转变与禀赋模式的转变不一定完全相同,但是消费模式的转变与禀赋模式的转变是非常类似的。为了简单起见,我们假设它们的转变是相同的。在这种情况下,$\Delta c_1^D = \Delta y$ 和 $\Delta c_2^D = \Delta y$,我们可以通过将新的无差异曲线移动到原始位置东北方向的更高的无差异曲线来反映对这一冲击的反应,图 8-7 中的 C 点。与收入冲击是暂时的相比,收入永久性增长下消费支出的增长规模在这里要大得多,特别是,当收入冲击被认为是永久性的时候,从当前收入中消费的边际倾向大约等于 $\Delta c_1^D / \Delta y_1 = 1$,换句话说,当前收入中消费的边际倾向的大小在很大程度上取决于对收入的冲击是暂时的还是永久的。

四、实际利率冲击

实际利率的外生变化如何影响家庭或个人的行为?如前所述,实际利率是一个跨期价格,它衡量的是不同时期产出的相对价格,因此,市场上实际利率的任何变化都将影响到家庭跨期替代消费的能力。随着跨期替代激励机制的变化,预期的消费和储蓄模式也可能发生变化,并对贸易平衡和经济福利产生相应的影响。我们从基本理论的分析中知道,价格变化通常会产生替代效应和收入效应。就储蓄行为而言,这两种效应对借款人的作用方向相同,但对贷款人的作用方向却是相反的。

在我们假设的模型中,贷款人的特征可能是当前收入高、未来收入低,即 $y_1 > y_2$ 的家庭或个人。这里一个典型事例是那些收入较高的人,他们希望在不久的将来退休;另一个典型事例是,我们可以考虑一个小型开放经济体,它目前正在经历国民生产总值的短暂繁荣式增长。图 8-8 中的 A 点描述了贷款人的情况。如果市场上的实际利率上升,那么当前消费将比未来消费更加昂贵。替代效应意味着人们希望用 c_2 替换 c_1。这两种情况的不同之处在于收入效应。观察市场上实际利率上升对财富的影响取决于财富的衡量方式,也就是说,以现值衡量的财富

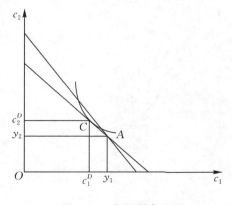

图 8-8 实际利率冲击

下降,还是以未来价值衡量的财富上升。对于贷款人来说,将财富视为随着市场上实际利率的增加而增加是恰当的。对此的直觉判断是,当 R 上升时,当前产出的价值上升,贷款人是那些在当前产出方面相对富有的人。因此,贷款人的收入效应意味着 c_1 和 c_2 都会增加。需要注意的是,虽然替代效应和收入效应对 c_2 的作用方向相同,但是我们可以得出结论,c_2^D 明显上升。c_1 的替代效应和收入效应的作用方向相反,因此,c_1^D 可能上升,也可能下降,这取决于这两种效应的相对强度。总之,我们可以得出结论,市场上实际利率的提高会导致贷款人的福利明显增加。

在我们假设的模型中,借款人的特征可能是当前收入较低、未来收入较高,即 $y_1 < y_2$ 的家庭或个人。这种情况的一个典型事例是年轻人,他们的高收入时期将在不远的将来到来;另一个典型事例是,我们考虑一个小型开放经济体,它目前正在经历国民生产总值短暂的衰退。图 8-9 中的 A 点描述了借款人的情况。与利率上升相关的替代效应的作用方式与之前相同:家庭希望将更昂贵的商品替换为更便宜的商品。与前面贷款人的情况相比,这里的区别在于收入效应。对于借款人来说,利率的提高会降低借款人拥有的商品,也就是其未来收入的相对价值,因此,借款人会变得不那么富有。借款人财富的减少导致 c_1 和 c_2 的下降。

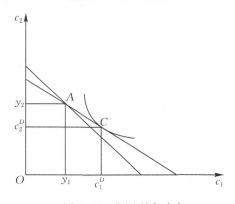

图 8-9　实际利率冲击

对于借款人来说,替代效应和收入效应现在对第 1 期的消费 c_1 的作用方向是相同的。因此,我们可以得出结论,市场上实际利率的提高会导致计划借款的人减少借款,增加储蓄,从而使 c_1^D 明显下降。替代效应和收入效应对 c_2 的作用方向是相反的。因此,c_2^D 可能会上升,也可能会下降,这取决于这两种效应的相对强度。无论如何,很明显,如果市场上实际利率上升,借款人的境况会变得更糟,因为他们处于较低的无差别曲线上。需要注意的是许多家庭或个人的决策都涉及跨期维度的问题。家庭或个人今天的行动可能会对未来产生影响,因此,任何储蓄行为在本质上都必然是动态的。通过今天多储蓄,一个家庭或个人明天就能消费更多,对一个国家或经济体来说也是如此。对于给定的收入流而言,由于今天储蓄更多意味着今天消费更少,因此,储蓄决策与如何随时间变化来分配消费的选择有关,换句话说,消费者需求的决定应该被视为家庭或个人动态选择问题的解决方案。在经济开放的时期内,家庭或个人不再受当前财富水平的限制,相反,他们能够以终生财富来量入为出。因此,从这个意义上来讲,金融市场为家庭或个人提供了一种缓冲机制,允许他们在收入受到冲击时能够进行平稳消费。由此我们推论,任何时候家庭或个人的消费者支出应该被认为取决于家庭或个人的财富总量,而不是某一个时期的收入。暂时的收入冲击可能会影响消费者支出,但是仅限于此类冲击影响家庭或个人总的财富的程度。从这个角度来看,收入冲击对消费者需求的影响也取决于这种冲击是短暂的还是持久的。从开放经济的角度来看,一个国家或经济体的贸易平衡水平与其国内的家庭或个人的储蓄决策有关。一个国家或经济体的贸易顺差相当于将其产出借给外国人,一个国家或经济体的贸易逆差则正好相反。一个国家或经济体是处于贸易顺差还是贸易逆差状态,与该国家或经济体的国内居民的福利无关。例如,一个国家或经济体的贸易赤字的大幅增加可能是国内经济衰退,进而其福利水平降低的结果,也可能是国内经济未来增长前景看好,从而其福利水平提高的结果。

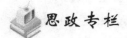

"双循环"战略为中国经济高质量发展增添强劲动力

改革开放以来,中国经济发展主要依赖于投资、消费和出口"三驾马车"的拉动。长期以来,通过外部需求拉动,出口在推动经济增长中一直发挥着举足轻重的作用。在中国特色社会主义新时代,党明确新时代中国社会主要矛盾是人民日益增长的美好生活需要和不平衡不充分的发展之间的矛盾,必须坚持以人民为中心的发展思想,发展全过程人民民主,推动人的全面发展、全体人民共同富裕取得更为明显的实质性进展。随着中国经济的巨大发展,人民对美好生活的需要日益增长,通过满足人民不断增加的消费需求这一内部需求的增长,将在推动中国经济高质量增长方面发挥愈来愈关键的作用。习近平总书记在党的二十大报告中指出:"必须完整、准确、全面贯彻新发展理念,坚持社会主义市场经济改革方向,坚持高水平对外开放,加快构建以国内大循环为主体、国内国际双循环相互促进的新发展格局。"

随着中国经济的快速发展,中国对世界的贡献度日趋提升,成为世界经济增长的主要稳定器和动力源。加入世贸组织后,中国作为"世界工厂",向世界各国输出丰富的产品,用出口外需弥补国内需求,推动经济发展,然而在过去很长一段时间里,中国始终位于出口贸易环节下游,工业化进程主要由人口红利推动,无法参与产业链上游高技术含量、高利润率产品的生产。2008年国际金融危机爆发后,中国内需外需不平衡的问题进一步凸显出来。与此同时,全球新冠肺炎疫情的影响与贸易保护主义的抬头使贸易全球化遇到瓶颈,增强了外需的不确定性,中国经济发展的外部环境面临新挑战。在这种情况下,继续依赖外需只会增加战略风险。"双循环"战略的提出,是以更深层次改革、更高水平开放加快形成内外良性循环的战略抉择,是中国在迈向经济高质量发展关键阶段的强国方略。未来,通过建设高效规范、公平竞争、充分开放的全国统一大市场,将推动形成供需互促、产销并进、畅通高效的国内大循环,为经济高质量发展注入新动力。

**本章习题**

1. 实际利率提高对每一时期的消费和储蓄有什么影响?这种影响如何取决于收入效应与替代效应以及消费者是借方还是贷方?

2. 宏观经济学模型:储蓄、消费、税收和转移支付。一个代表性家庭或个人主要生活在两个时期:年轻和年老时期。当处于年轻期,这个家庭的总收入为20个单位的商品;当处于年老期,其收入为0。假定实际利率为2%,这个代表性家庭或个人总是选择年轻和年老时消费同样多的商品,请回答以下问题:

(1)写出代表性家庭或个人的跨期预算约束。使用 c_y 和 c_o 分别代表年轻和年老时消费,结合给定的利率和总收入,补充其他需要的条件写出此代表性家庭或个人完整的跨期预算约束。

(2)这个家庭或个人应该储蓄多少?

(3)假定这个家庭或个人在年轻的时候需要缴纳4个单位的商品作为税收,而在年老时可以获得6个单位商品的转移支付(福利)。写出在这种情况下新的跨期预算约束。此时这个代表性家庭或个人应该从可支配收入中储蓄多少?

3. 假定一个人只存活两期,并拥有效用函数 $\ln c_1 + \ln c_2$。假定这个人的劳动收入在其生命的第1期为 y_1,在第2期为 y_2 ($y_2=0$),因此,其第2期消费为 $(1+r)(y_1-c_1)$,收益率 r 是随机的,$r=E(r)+\xi$,这里 ξ 是均值为0的随机误差。

(1)求这个人在选择 c 时的一阶最优条件。

(2)假定 r 从随机变为确定,且 $E(r)$ 没有任何变化,c 将如何对这一调整做出反应?

4. 一个消费者活两期,没有初期财产,在第2期末不留任何财产。第1期工作,收入为 WL,W 为工资,L 为劳动时间。假设总时间为1,第2期不工作,消费和储蓄分别记为 C 和 S,$T=1,2$,他能从金融市场按照利率 r 借贷,效用函数为 $U=C+I(1-L)+C/(1+p)$,p 为常数,$0<p<1$,求出每期的消费和工作时间。

5. 考虑费雪的两期消费模型,如果消费者可以以 $r_b>0$ 的利率储蓄,以 $r_s>0$ 的利率借贷,并且 $r_s>r_b$,请问:

(1)在消费者第1期收入大于第1期消费的情况下,其预算约束是什么?

(2)在消费者第1期收入小于第1期消费的情况下,其预算约束是什么?

6. 假设家庭或个人的两时期收入分别为 y_1 和 y_2,家庭按照持久收入 y_P 均等化两期消费 $c=c_1=c_2$,计算消费者的预算约束。

7. 农民的平均收入低于非农民的平均收入,农民的平均收入的年度波动更大。根据上述设定,在估计农民和非农民的消费函数时恒久性收入假说有何不同?

8. 假设瞬时效用函数具有相对风险规避程度不变的形式 $u(c)=c^{\frac{\gamma}{1-\gamma}}$,其中 $0<\gamma<1$。假设实际利率 r 不一定等于贴现率 δ,且为常数。

(1)求解联系 c_t 和 c_{t+1} 的期望值的欧拉方程。

(2) 假设对数收入 $\ln c$ 服从正态分布，证明对数消费 c_{t+1} 的对数也服从正态分布。

(3) 证明：如果 γ 不随时间变化，则 (2) 部分的结论意味着 $\ln c_{t+1}$ 遵循带漂移的随机游走，即 $\ln c_{t+1} = a + \ln c + u_t + 1$，其中 $u_t + 1$ 表示白噪声。

9. 随机游走假说的两个检验是什么？

10. 简述生命周期假说和持久收入假说对消费之谜的解释。

11. 设想未来收入的不确定性对消费没有影响。该假设是否意味着不确定性并不影响预期的终生效用？

12. 根据生命周期假说，社会保障制度对你的可支配收入的平均消费倾向有什么影响？社会保障制度的可信性在这里是否有影响？

第九章 总需求理论

根据在20世纪30年代大萧条之前占主导地位的古典宏观经济理论,产出和就业的总水平取决于经济的供给方。在古典的经济世界中,工资和价格进行调整以确保现有劳动和资本按照劳动和产品市场所决定的自然率水平得到利用。这一假设在以经济增长为对象的长期经济分析中是有用的。在短期和中期,经济活动却经常偏离其长期趋势。要理解短期宏观经济波动,就必须解释产品和服务的总需求为什么不一定与总供给一致,以使所有资源按其自然率水平得到利用。所以,本章以前面章节分析的投资、消费理论为基础,来建立总需求理论。

第一节 凯恩斯、古典学派与大萧条

一、20世纪30年代的经济大萧条

1929年世界股票市场欣欣向荣,繁荣无限。一些股评人预测市场已经高估,崩盘不可避免,但多数投资者对未来充满信心。此时失业率很低,价格总水平稳定。时隔仅仅一年局势却就大为不同。1929年10月,股票市场的崩盘卷走了纽约股票市场近1/4的市值,类似的情形也发生在其他国家。道琼斯工业平均指数[①]在1929年9月曾飙高至381点,1932年7月却跌落到41点。失业率攀升到世界经济范围内前所未见的水平,到1933年,美国每四个工人中就有一人失业。美国和其他工业化国家大量的建筑、工厂与设备都被闲置弃用,大量希望正常工作的劳动力被迫失业。20世纪30年代这一时期就与艰难困苦和经济状况的不景气联系在一起,被称为大萧条。

大萧条是一场经济上的地震。由于负面冲击与失败的宏观政策灾难性地碰到了一起,许多国家的产出在1929—1933年中下降了25%~30%,并给就业造成了极为严重的后果。美国等国家花了近十年时间才使产出恢复到1929年之前的水平;整个十年间的经济增长都丧失殆尽!

---

① 道琼斯工业平均指数是由华尔街日报和道琼斯公司创建者查尔斯·道编制的几种股票市场指数之一。这个指数用来测量美国股票市场上工业构成的发展,是最悠久的美国市场指数之一。

二、接近大萧条的其他危机

1929 年 10 月 29 日,星期二,美国纽约股票市场崩溃,道琼斯工业平均指数平均下跌了 12%。"大崩盘"牢牢占据着人们的思想。

1987 年 10 月 19 日,星期一,美国纽约股票市场崩盘。按照股票市场的标准来看要更为严重。当日道琼斯工业平均指数下跌了 22.61%,次日全球股票市场也急剧下跌。不过那些对大萧条有所了解的人们幸运地没有重蹈覆辙:1987 年,美国联邦储备委员会和其他国家的中央银行立即行动,承诺如果有必要将以无限制的流动性向市场输血。美国联邦储备委员会允许联邦基金利率,即一天贷款的利率,大幅度下调,从 19 日的 7.56% 下调到 20 日的 6.87%,随后又下调到 21 日的 6.50%。在美国联邦储备委员会采取紧急干预措施的几天之后,投资者和普通群众重获信心,股票市场和经济也继续繁荣。

三、凯恩斯总需求理论的基本观点

古典经济学家实际上并没有宣称资本主义市场经济永远不会偏离就业和产出的自然率水平,但是他们的确相信,只要市场力量能起作用,这种偏离就只是临时性且相当短暂的,所以,古典经济学家认为政府没有必要实行宏观稳定政策。在他们看来,货币政策的唯一作用是稳定市场价格,财政政策的任务则是避免财政赤字,防止其挤出私人资本而阻碍经济增长。在 20 世纪 20 年代担任英国财政大臣一职的温斯顿·丘吉尔十分赞成古典经济学派的观点,他把实施财政政策的意义解释如下:正统财政观点坚定不移地认为,无论国家借债和国家支出有什么样的政治和社会意义,其一般来说都很难使就业增长。

当 20 世纪 30 年代的大萧条席卷西方世界时,古典的自由放任立场遭受了沉重打击。在这一背景下,英国经济学家凯恩斯和其他几个人对资源在其自然率水平上得到利用是经济的常态的古典经济学观点发起了攻击。其实,凯恩斯挑战了经济学长久以来流行的定义,即经济学是关于分配稀缺性资源以满足竞争性目的的研究。凯恩斯认为,资源常常不是稀缺的,反而会由于缺乏需求而得不到充分利用。因此,凯恩斯对大萧条解释的本质,包含在其简单的总需求模型中。从这种观点看,20 世纪 20 年代的增长以汽车和收音机的大量生产为基础,受到住房热的推动。20 世纪 30 年代经济增长的崩溃是投资机会的枯竭和投资需求下降所导致的结果。

凯恩斯总需求理论不仅对已经发生的大萧条情况给出了解释,而且提供了本来能够用以阻止大萧条发生以及用来阻止未来萧条发生的政策措施:积极运用反经济周期的财政政策是减少周期性波动最好的方法,如果衰退显示出要恶化成萧条的迹象,对策便是减少税收和增加政府支出,即政府通过刺激总需求的财政或货币政策来提高就业总量和产出水平。这是凯恩斯 1936 年在《就业、利息和货币通论》一书中对商业周期与大萧条极具创造性的解释。这本书通常被认为标志着现代宏观经济学的诞生，因为它使经济学家思考经济周期问题的方式发生了革命性的变化。

四、长期理论与短期理论

在分析总需求的时候，我们常常使用"凯恩斯的总供给曲线"和"古典的总供给曲线"说法来描述关于水平的或垂直的总供给曲线的假定。经济学家通常认为，凯恩斯的总供给理论在短期中有效，而古典总供给理论则在长期中有效，因此，经济学家对模型适用的时间范围一直在争论不休。几乎所有经济学家都认为凯恩斯总供给理论在几个月或更短的时间内有效，而古典总供给理论则在十年或更长的时间架构中才能有效。但对于政策有效性而言，有意义的只是几个季度到几年的时间。另外，价格调整的速度，也就是总供给曲线要经过多长时间才能从水平旋转至垂直，同样也是一个经济学家正在积极探索的研究领域。

今天，多数宏观经济学家认为，在短期和中期之中，经济活动是由总供给和总需求的相互作用所决定的。在长期中，古典经济学家所强调的总供给的作用仍然占得优势，但在短期中总需求在产出和就业的决定上就会起到关键作用。所以，为了建立短期宏观经济波动模型，我们必须首先建立总需求理论。

第二节 产品市场

一、产品市场的均衡

为了产品市场的出清，产品总需求必须等于总产出 Y。本章中我们研究一个封闭经济，这样产品总需求就包括实际私人消费 C、实际私人投资 I、政府对产品和服务的实际需求 G。因此，产品市场均衡要求

$$Y = C + I + G \tag{9.1}$$

我们将私人投资行为总结为具有以下形式的投资函数

$$I = I(Y, r, K, \varepsilon) \tag{9.2}$$

式中，r 是实际利率；K 是当期期初时事先决定的资本存量；ε 是体现"信心状态"的参数，反映收入与需求的预期增长情况。出于短期分析的目的，我们把事先决定的资本存量作为常数而不在行为方程中进行分析。这样我们就可以把私人投资需求写作

$$I = I(Y, r, \varepsilon) \qquad I_Y \equiv \frac{\partial I}{\partial Y} > 0, I_r \equiv \frac{\partial I}{\partial r} < 0, I_\varepsilon \equiv \frac{\partial I}{\partial \varepsilon} > 0 \tag{9.3}$$

在式(9.3)中，投资函数偏导数的符号根据前面的投资理论而得来，因此，我们可以看到投资随着当前产出和增长预期 ε 的增长而增长，随着实际利率的增长而下降。

私人消费理论意味着如下形式的消费函数：

$$C = C(Y-T, r, V, \varepsilon) \tag{9.4}$$

式中，T 表示纳税总量，所以，$Y-T$ 就是当前可支配收入；V 是非人力财富。我们假设消费者预期的未来收入增长等于企业的增长预期，因为企业是由消费者所有的。私人消费理论的分析表明非人力财富的市场价值是 r 的减函数，因为在其他条件不变的情况下，利率上升会压低股价和房价，也就是说，$V=V(r)$ 且 $dV/dr<0$。为了简化，我们利用这一关系从消费函数中去掉 V，则

$$C = C(Y-T, r, \varepsilon) \qquad 0 < C_{Y-T} \equiv \frac{\partial C}{\partial (Y-T)} < 1, C_\varepsilon \equiv \frac{\partial C}{\partial \varepsilon} > 0 \tag{9.5}$$

在私人消费理论中，由于收入效应和替代效应的抵消作用，尽管较高的利率对私人财富的负面影响意味着其对消费的净影响可能为负，但是实际利率对消费的影响并不确定。私人消费理论的分析还说明当前收入的消费倾向一般小于1，正如以上所假设的那样。

变量 T 测量的是净税收，被定义为总税负减去政府向家庭转移支付的部分。实际上，净税收受经济活动的积极影响，所以，我们就会有

$$T = \tau Y, 0 < \tau < 1 \tag{9.6}$$

式中，τ 指的是净税率。需要注意的是，该参数既表明了失业者获得的失业救济金、社会救助与产出、就业呈反方向变化，同时也表明了收入所得税、消费与GDP呈同方向变化，因此，现代福利国家的 τ 值是相当大的，例如估计丹麦的 τ 值大约是0.85。我们假设 τ 和 G 的数值是固定的，以满足在经济周期内平均而论的政府预算是均衡的，那么政府就不需要随着时间的推移而系统性地积攒或者减少债务。这就允许我们忽略政府债务积累的动态变化而引致复杂问题。同时式(9.6)考虑到了下列事实，即当GDP偏离趋势值的时候，公共收入可能偏离公共支出。

我们用 $D \equiv C + I$ 表示私人需求。由式(9.1)至式(9.6)可得，产品市场均衡条件式(9.1)可以表示为以下形式：

$$Y = D(Y, \tau, r, \varepsilon) + G \tag{9.7}$$

二、私人需求函数的特性

现在我们开始来考察私人需求函数 $Y = D(Y, \tau, r, \varepsilon)$ 偏导数的符号和大小。由于 $Y-T = Y(1-\tau)$ 以及 $D \equiv C + I = C(Y(1-\tau), r, \varepsilon) + I(Y, r, \varepsilon)$，所以，我们得到

$$D_Y \equiv \partial D / \partial Y \equiv (1-\tau) C_Y + I_Y > 0 \tag{9.8}$$

式中，偏导数 D_Y 是边际私人支出倾向，其定义是一单位税前收入的增加所导致的私人总需求的增加。我们假设边际支出倾向小于1，则

$$0 < D_Y \equiv \frac{\partial D}{\partial Y} \equiv (1-\tau) C_Y + I_Y < 1 \tag{9.9}$$

在式(9.9)中，$D_Y < 1$ 这一假设保证了凯恩斯乘数 $m \equiv 1/(1-D_Y)$ 为正。在宏观经济学基础课程中，我们所学的凯恩斯乘数是指假定利率和价格保持不变，一单位某种外生需求的增加所导致的总需求的全部增加。凯恩斯乘数体现了这一现象，即一旦经济活动增加，其所导致的

产出和收入的增加就会进一步导致私人消费和投资的增加,从而使产出和收入进一步增加,进而又引起私人支出新一轮的增加,等等。

实际利率的上升对私人需求的影响由 $D_r \equiv \partial D/\partial r \equiv C_r + I_r$ 给出。D_r 衡量了实际利率上升对私人部门储蓄盈余的影响。私人部门储蓄盈余定义为 $S_s \equiv S - I$,私人储蓄由 $S \equiv Y - T - C$ 给出,因此,我们有 $\partial S_s/\partial r = -C_r - I_r = -(C_r + I_r) \equiv -D_r$。许多证据表明,较高的实际利率会增加私人部门的储蓄盈余,例如丹麦的 S_s 和实际利率有明显的正相关性。即使经济理论并未明确决定导数 C_r 的符号,我们也可以放心假设

$$D_r \equiv \frac{\partial D}{\partial r} \equiv C_r + I_r < 0 \qquad C_r \equiv \frac{\partial C}{\partial r} \tag{9.10}$$

根据式(9.3)至式(9.5)可知,基于更为乐观的增长预期而得的私人需求的影响是

$$D_\varepsilon \equiv \frac{\partial D}{\partial \varepsilon} \equiv C_\varepsilon + I_\varepsilon > 0 \tag{9.11}$$

三、引入自然率的产品市场均衡

为了方便,我们把产品市场均衡条件的式(9.7)写为以下形式,即使产出、政府支出和信心变量 ε 以与各自趋势值偏离的百分比的形式出现。

首先,我们从初始情况开始,这时经济处在其长期增长趋势上,所以,初始产出等于 $\overline{Y} = D(\overline{Y}, \tau, \overline{r}, \overline{\varepsilon}) + \overline{G}$,其中 $\overline{r}$、$\overline{\varepsilon}$ 和 $\overline{G}$ 是 r、ε 和 G 在长期均衡中的趋势值。其次,我们考虑对这一趋势的一个小的偏离。采用式(9.7)中产品市场均衡条件的一阶线性近似形式,保持 τ 固定不变,得到

$$Y - \overline{Y} = D_Y(Y - \overline{Y}) + D_r(r - \overline{r}) + D_\varepsilon(\varepsilon - \overline{\varepsilon}) + G - \overline{G} \Leftrightarrow$$
$$Y - \overline{Y} = m[D_r(r - \overline{r}) + D_\varepsilon(\varepsilon - \overline{\varepsilon}) + G - \overline{G}] \tag{9.12}$$
$$m \equiv \frac{1}{1 - D_Y} \equiv \frac{1}{1 - (1 - \tau)C_Y - I_Y}$$

再次,把式(9.12)写为 Y、G 和 ε 的相对变化形式

$$\frac{Y - \overline{Y}}{\overline{Y}} = m\left[\frac{D_r}{\overline{Y}}(r - \overline{r}) + \frac{\overline{\varepsilon} D_\varepsilon}{\overline{Y}} \frac{(\varepsilon - \overline{\varepsilon})}{\overline{\varepsilon}} + \frac{\overline{G}}{\overline{Y}} \frac{G - \overline{G}}{\overline{G}}\right] \tag{9.13}$$

最后,我们利用以下这一性质,即某一变量对数值的变化约等于该变量的相对变化,定义

$$y \equiv \ln Y, \overline{y} \equiv \ln \overline{Y}, g \equiv \ln G, \overline{g} \equiv \ln \overline{G} \tag{9.14}$$

这样,我们可以把式(9.13)写作以下形式:

$$y - \overline{y} = \alpha_1(g - \overline{g}) - \alpha_2(r - \overline{r}) + \nu \tag{9.15}$$

式中

$$\alpha_1 \equiv m\left[\frac{\overline{G}}{\overline{Y}}\right], \alpha_2 \equiv -m\left[\frac{D_r}{\overline{Y}}\right], \nu \equiv m\left[\frac{\overline{\varepsilon} D_\varepsilon}{\overline{Y}}\right](\ln \varepsilon - \ln \overline{\varepsilon}) \tag{9.16}$$

式(9.15)说明,产出对其趋势值偏离的百分比,即产出缺口约等于 G 和 ε 对其趋势值偏离的百分比与 r 对其趋势水平偏离的绝对水平的线性函数。当前,式(9.12)只是说明产品的总需求随实际利率负向变化、随政府支出和预期收入增长正向变化的一种特殊方式。

需要注意的是,长期均衡实际利率 $\bar{r}$ 是维克塞尔的自然利率。还要注意在式(9.16)的系数 α_1 和 α_2 的定义中凯恩斯乘数 $m \equiv 1/(1-D_Y)$ 所起的作用。例如,如果政府消费增加一单位,那么政府消费增加直接的影响是总需求净增加一单位,但是如果考虑凯恩斯乘数效应,那么需求的全部增长就会是 $m > 1$。因此,给定公共消费与总产出的初始比例 $\bar{G}/\bar{Y}$,如果公共消费增加 1%,那么其所导致的总需求增加的百分比将是 $m(\bar{G}/\bar{Y})$。这解释了在式(9.15)中政府消费的百分比变化 $g-\bar{g}$ 的系数 α_1 的含义。同样,如果实际利率上升 1%,那么其所导致的总需求下降的百分比是 $D_r/\bar{Y}$。如果需求的初始下降被凯恩斯乘数所扩大,那么需求下降百分比的总计会达到 $-m(D_r/\bar{Y})$,如式(9.16)中 α_2 的表达式所示的那样,所以,凯恩斯乘数理论被结合进了总需求理论之中。注意式(9.12)中 m 的定义,净税率 τ 的存在降低了乘数效应的规模,从而降低了对总需求的反冲效应,比如 G 或 ε 的变化。这样,净税率就是一个所谓的自动稳定器,有助于降低总需求的波动,甚至在政府没有采取积极的财政政策的时候也是如此。在一个有着高边际税率和慷慨的失业救济金的现代福利体系中,高边际税率和慷慨的失业救济金会导致一个较高的 τ 值,对经济活动的变化做出自动反应的税收和转移支付可能因此在降低经济周期扩大效应方面有很重要的作用。

我们对总需求和产品市场均衡进行小结:对产品和服务的总需求受当前收入、公共消费和投资以及预期的收入增长率的正向影响,但是随着实际利率发生负向变动。在产品市场均衡下,任何对总需求的冲击都会被凯恩斯乘数效应过程扩大化,但是自动稳定器的存在,比如收入税和失业保险,则降低了乘数的大小。

第三节 货币市场与货币政策

一、货币市场

我们可以从宏观经济学的基础内容中回想起货币市场在以下条件满足时达到均衡:

$$\frac{M}{P} = L(Y, i) \qquad L_Y \equiv \frac{\partial L}{\partial Y} > 0, L_i \equiv \frac{\partial L}{\partial i} < 0 \qquad (9.17)$$

式中,$L(Y,i)$ 是对货币的实际需求;i 是名义利率;M 是名义货币供给;P 是价格水平。式(9.17)左边为实际货币供给余额,其在货币市场均衡中必须等于实际货币需求。实际货币需求随收入正向变化,因为收入的上升导致更多交易,反过来要求更多的流动性。同时,货币需求随名义利率负向变化,因为较高的利率提高了持有货币而不持有生息资产的机会成本,导致人们节约其货币余额以把财富中的更大部分投向生息的融资工具。具体地,我们假设对实际货币余额的需求可近似表达为以下函数形式:

$$L(Y,i) = kY^\eta e^{-\beta i} \qquad k>0, \eta>0, \beta>0 \tag{9.18}$$

式中,e 是指数函数;η 是货币需求的收入弹性;β 是货币需求对利率的半弹性。需要注意的是,在货币需求函数中出现的利率 i 应该解释为短期利率,因为与货币最为接近的替代品是在短期内即将到期的最具流动性的生息资产。

二、固定货币增长规则

要得到产出与通货膨胀在经济的需求方面的联系,我们需要知道式(9.15)中的实际利率是怎样与这两个变量相联系的。这取决于货币政策实行的方式。一个国家或经济体的货币政策体制随着时间和地点的变化而变化。在这里我们集中分析两种在文献中广受关注的货币政策规则。货币政策规则是这样一种规则或原理,它用以限定中央银行怎样选择货币政策工具。在实际中,一个国家的中央银行主要的货币政策工具是向商业银行部门提供流动性时索要或提供的短期利率。通过对个国家的中央银行的短期利率的控制,货币政策制定者基本上就能控制银行间市场上通行的短期利率水平。银行间市场是短期信贷市场,在这里具有暂时流动性盈余的商业银行与其他具有暂时流动性短缺的银行进行交易。银行间利率进而会对各种短期信贷的市场利率产生很大影响。

在实施货币政策的固定货币规则下,一个国家的中央银行调整其短期利率以保证当前的货币需求所导致的名义货币基数的增长率不变。假设货币乘数不变,即广义货币供给与货币基数的比率不变,这一规则也保证了包括银行存款和基础货币在内的广义货币供给量的增长率不变。美国经济学家米尔顿·弗里德曼认为,固定货币供给增长率会在实际中保证宏观经济达到其所能达到的最高程度的稳定性,因为这意味着名义总收入将是稳定增长的。这一观点以弗里德曼的以下信念为基础,即货币需求函数是稳定的,且货币需求的利率弹性很低。要清楚地看到这一点,我们暂且假设式(9.18)中的参数 β 接近于 0,货币需求的收入弹性 η 为 1,从而货币市场均衡基本上要求 $M=kPY$,这里 k 是常数。因此,名义总收入 PY 必须与名义货币供给量 M 基本上成比例,这样的话,就确保了 M 稳定的增长率,也就确保了名义收入稳定的增长率。

弗里德曼指出,我们对经济是怎样运行的只有有限的知识。他对于美国货币史的研究同样表明,货币政策对实体经济的影响有一个较长且可变的滞后期。因此,弗里德曼认为,如果中央银行为了应对变动的经济条件而总是变动其货币供给的增长率,试图通过积极的货币政策管理总需求,那么其结果常常是使经济陷入不稳定之中。按照弗里德曼的观点,经济干扰出现之后,自我调节的市场力量足以保证实际产出和就业在很短的时间内受到拉动而走向自然率水平。考虑到积极的货币政策可能无法稳定经济,甚至稳定经济的需要都是有限的,弗里德曼总结说,他的固定货币供给增长规则是实施货币政策的最佳方式。

弗里德曼的观点并非无人挑战,但是这个观点对许多国家的中央银行都产生了重要影响,具体来说,德意志联邦银行从20世纪70年代开始设定了稳定的货币供给增长率目标,而在欧洲货币联盟形成之后,欧洲中央银行为了支持其低通货膨胀目标也为货币供给的变动设定了目标。

固定货币增长规则对利率的形成意味着什么呢?要回答这一问题,我们假设一个国家的中央银行充分理解货币市场的结构,能够使名义货币供给量以其所想要的固定增长率 μ 增长。利用式(9.17)和式(9.18),并用 π 表示通货膨胀率,则有 $P \equiv (1+\pi)P_{-1}$,这样我们可以把货币市场均衡条件写作

$$\frac{(1+\mu)M_{-1}}{(1+\pi)P_{-1}} = kY^{\eta}e^{-\beta i} \tag{9.19}$$

式中,M_{-1} 和 P_{-1} 分别为前一时期的名义货币供给量和前一时期的价格水平。我们想要研究当偏离其长期趋势太远时,经济是怎样运作的,因此,假设经济在前一时期处于长期均衡水平。为了分析的简便,我们忽略增长,长期均衡要求实际货币供给保持不变,因为货币需求函数中的变量 Y 和 i 必须在没有增长的长期均衡中保持不变。实际货币供给量不变意味着通货膨胀率 π 必须等于货币增长率 μ。我们将在下一节详细说明,名义利率和实际利率的关系近似表达为 $i=r+\pi$,所以,在 $\pi=\mu$ 和 $r=\bar{r}$ 的长期均衡中,有 $i=\bar{r}+\mu$。如果我们用 L^* 表示实际货币存量在长期中的值,那么关于货币市场在前一时期处于长期均衡中的假设就要求

$$\frac{M_{-1}}{P_{-1}} = L^* = k\bar{Y}^{\eta}e^{-\beta(\bar{r}+\mu)} \tag{9.20}$$

对式(9.19)取自然对数,利用近似关系 $\ln(1+\mu)\approx\mu$ 和 $\ln(1+\pi)\approx\pi$ 得到

$$\mu - \pi + \ln L^* = \ln k + \eta y - \beta i \tag{9.21}$$

式(9.20)要求

$$\ln L^* = \ln k + \eta\bar{y} - \beta(\bar{r}+\mu) \tag{9.22}$$

把式(9.22)代入式(9.21)并变化形式,可以证明

$$i = \bar{r} + \pi + \left(\frac{1-\beta}{\beta}\right)(\pi-\mu) + \left(\frac{\eta}{\beta}\right)(y-\bar{y}) \tag{9.23}$$

式(9.23)表明,如果货币政策的目的在于保证名义货币供给量的固定增长率,短期名义利率 i 会如何对利率和产出的变化做出反应。因为 η 和 β 都为正,所以我们看到利率随产出缺口 $y-\bar{y}$ 正向变化。如果货币需求对利率的半弹性值 β 如弗里德曼所假设的那样,不是很高($\beta<1$),那么我们还会看到名义利率会比通货膨胀率增长得还要快。需要注意的是,由于长期均衡通货膨胀率等于货币增长率,因此参数可解释为中央银行的目标通货膨胀率。

现在我们对固定货币增长规则进行总结:固定货币增长规则是基于这样一种理念,即中央银行为保证名义总需求的稳定增长所能做的最好的一件事就是确定它的利率从而保障名义货币供给的稳定增长。由于存在一个标准的货币需求函数,函数中货币需求对利率的敏感程度不是很高,这时固定货币供给规则隐含着名义利率应该随着产出缺口正向变化,而且这种变化还不只是一比一对地应着通货膨胀率与目标货币增长率之间的偏差。

三、泰勒规则

如上面分析所提到的,一些国家的中央银行会如弗里德曼所建议的那样,根据情况设定名义货币供给量的增长率,但是这种政策实践面临的一个问题是,如果货币需求函数中的参数随着时间的推移以不可预知的模式变化,那么恒定的货币增长率可能就不会成功地维护名义总需求的平稳演进。当由于金融创新而产生新型金融工具和支付方式时,或者当金融市场的风险偏好改变时,货币需求函数的不可预知变动就可能发生。一个关于货币需求不稳定的极端例证是在 2007—2008 年金融危机期间,人们对包括银行准备金在内的流动性资产的需求高涨,并且全世界各个国家的中央银行都允许银行准备金剧烈增长以保证利率维持在低水平。

美国经济学家约翰·泰勒(John Taylor)认为,中央银行不用过度担心货币供给的变化,而是可以只根据观察到的通货膨胀和产出对其目标的偏离来调整短期利率水平,从而保障名义货币供给的稳定增长。假设政策制定者想要把产出稳定在其趋势水平左右,其通货膨胀目标表示为 π^*,我们可以把泰勒提出的政策规则表示为

$$i = \bar{r} + \pi + h(\pi - \pi^*) + b(y - \bar{y}) \qquad h > 0, b > 0 \qquad (9.24)$$

式(9.24)即是著名的泰勒规则。回想货币增长率 μ 可以当作通货膨胀目标,从式(9.23)和式(9.24)看出,名义利率方程在固定货币增长规则下与在泰勒规则下具有相同的形式,然而也有一个重要不同,即在固定货币增长规则下,利率方程的系数取决于货币需求方程中的参数 η 和 β,相比之下在泰勒规则下,式(9.24)中的参数 h 和 b 直接由政策制定者进行选择,这取决于其对通货膨胀和产出不稳定性的厌恶程度。按照泰勒的观点,h 值为正很重要,这样才能确保通货膨胀率上升时实际利率也随之上升。如果 $1+h$ 小于 1,通货膨胀率上升就会使实际利率 $i-\pi$ 下降,这反过来会进一步刺激总需求增加而使通货膨胀上升,导致经济不稳定。

现在我们对泰勒规则进行总结:泰勒规则表明,中央银行确定的利率应该随着产出缺口和通货膨胀与目标的偏离的变化而正向变化。特别是,名义利率应该不只是一比一地随着通货膨胀率变动而发生变动,从而才能保证实际利率能够在通货膨胀上升时提高。当产出在趋势水平上而通货膨胀在它的目标水平上时,中央银行应该确定它的名义利率从而保证实际利率与经济估计的自然利率相等。

四、货币政策与长期利率

中央银行可以通过选择自己的借贷利率来控制当前的短期利率,然而对实际资产投资的激励取决于在资产的整个使用周期中资本的预期成本。如果资产是房屋、卡车或者机器,那么这个周期可能就要许多年。这里有个关键问题是:长期资产投资占总投资的一大部分,中央银行的货币政策能在何种程度上影响对这种投资的激励?

考虑一个企业想在预期使用周期为 n 的实际资产上进行投资。我们首先假设企业计划以短期借债方式进行融资,债务在每一时期"累计",所以利率随短期利率而变动。为了简化,我们进一步假设企业在 $t+n$ 时偿付所有本息,而在此之前不支付任何利息。如果在时期 t 借入 1 元,则在 $t+n$ 时预期所要偿还的量 A^s 为

$$A^s = (1+i_t) \times (1+i_{t+1}^e) \times (1+i_{t+2}^e) \times \cdots \times (1+i_{t+n-1}^e) \tag{9.25}$$

式中,i_t 为借债时已知的当前短期(一期到期)利率;i_{t+j}^e 是预期 $t+j$ 时期的短期利率。

企业的另一种选择是,借入经过 n 个时期到期的长期贷款来为投资进行融资,每期的利率为 i_t^l,在借款发生的 t 时期就确定下来。同时,我们还要假设在贷款于 $t+n$ 时到期之前不支付任何利息,因而到期时所偿还的量 A^l 为

$$A^l = (1+i_t^l)^n \tag{9.26}$$

若企业是风险中性的,则其不会担心关于未来短期利率的不确定性,而只会选择预期成本最低的融资方式。因此,若 $A^l > A^s$,则企业会选择可变利率贷款进行融资;若 $A^l < A^s$,则企业会选择具有固定利率的长期贷款。在后一种情况中,货币政策看来根本不会影响融资成本,因为中央银行所控制的短期利率并不进入 A^l 的表达式,然而这一种情况忽略了金融投资者的套利行为所创造出的短期和长期利率之间的联系。

现在我们来考察这一联系。假设金融投资者认为短期债务工具(一期到期)和长期债务工具(n 期到期)相互之间可完全替代。因为短期债务工具和长期债务工具具有不同的风险特征,所以完全替代要求投资者是风险中性的。在这种情况下,长期债务工具的有效利率必须调整至保证短期债务工具和长期债务工具的预期收益相等的水平。在金融市场实现均衡的条件下,投资者必然会预期在 $t+n$ 时具有等量财富,无论其是投资长期工具并一直持有至到期,还是进行 n 次短期投资,并在前一期的投资到期时将其再投资到短期工具中,所以,在时期 t 开始时有以下金融套利条件:

$$(1+i_t^l)^n = (1+i_t) \times (1+i_{t+1}^e) \times (1+i_{t+2}^e) \times \cdots \times (1+i_{t+n-1}^e) \tag{9.27}$$

式(9.27)左边是投资者在 t 时投资于长期债务工具并一直持有从而能在 $t+n$ 时拥有的财富,右边衡量了投资者进行一系列短期投资并把每期的本利进行再投资,直到 $t+n$ 时所预期的财富积累。在金融市场实现均衡的条件下,如果短期融资工具和长期融资工具具有完全可替代性,那么两种投资策略必然具有相等的吸引力。

式(9.25)至式(9.27)显然要求 $A^l > A^s$,所以,在风险中性条件下,预期的长期融资成本与短期融资成本相等,这意味着长期利率受到中央银行控制下的短期利率的影响。更确切地说,根据式(9.27),当前的长期利率取决于当前和预期未来的短期利率,这称为预期假说。如果时期的长度为一年、一个季度或一个月,式(9.27)中的利率就不会比 0 大太多,近似表达式 $\ln(1+i) \approx i$ 就会相当准确。对式(9.27)两边取对数并除以 n 得到

$$i_t^l \approx \frac{1}{n}(i_t + i_{t+1}^e + i_{t+2}^e + \cdots + i_{t+n-1}^e) \tag{9.28}$$

式(9.28)说明当前长期利率是当前短期利率和预期未来短期利率的简单平均数。这一关系假设投资者是风险中性的。如果投资者厌恶风险,就必须在式(9.28)左边加上风险溢价以补偿长期债券所承担的较高的风险,因为其价格对市场利率的变化更为敏感从而更容易波动。

迄今为止我们只考虑了两种债务工具。实际上金融市场中有大量具有不同期限的证券,但是式(9.28)的推理对任何 $n \geqslant 2$ 的情况都是有效的,所以,式(9.28)决定了所有利率的期限结构,即具有不同到期期限的 n 种证券的利率之间的关系。

从式(9.28)的期限结构中可以得到收益曲线,它表示在给定的时点上具有不同期限的投资工具的有效利率水平。由式(9.28)可得

$$i_t^1 = i_t \quad \text{当且仅当 } i_{t+j}^e = i_t \text{ 时,对于所有 } j = 1, 2, \cdots, n-1 \tag{9.29}$$

式(9.29)表明,如果金融投资者碰巧预期未来短期利率不变——这种情况有时被称为"静态预期"——长期和短期投资工具的利率将相等,收益曲线就会很平缓。

短期和长期利率之间的关系对货币政策的有效性有非常重要的作用。我们再次强调这个原理:根据预期假说,当前长期利率是当前短期利率和预期未来短期利率的平均值,在套利条件存在的情况下会保证投资者在长期和短期证券中获得相等的预期收益。这个预期假说表明表示不同期限证券利率的收益曲线在投资者预期短期利率会一直保持不变的时候是平坦的。当未来短期利率预期要上升(或下降)的时候,收益曲线会向上倾斜(或向下倾斜)。在实际中,风险规避的投资者会要求在更长期资产中有一个风险溢价,所以,一般情况下即使短期利率预期保持不变,收益曲线也会向上倾斜。

第四节 总需求曲线

一、事前与事后实际利率

我们接下来将推导通货膨胀率与产品和服务的总需求之间的数理关系,这一关系称作总需求曲线(AD 曲线),它是宏观经济模型的两个核心部分之一。

推导总需求曲线的第一步是明确名义利率、实际利率与通货膨胀率之间的关系。之前我们使用过实际利率 $r = i - \pi$,但是现在我们需要更确切一些。对储蓄者或借款者来说,现有的实际利率 r^a,即在当期和下一期之间能获得或要支付的利率由式(9.30)给出:

$$1 + r^a \equiv \frac{1+i}{1+\pi_{+1}} \tag{9.30}$$

式(9.30)背后的逻辑是:如果当前价格水平是 P,那么家庭或个人放弃一单位今天的消费就会使其能够在资本市场投资 P。一年以后,家庭或个人的名义财富将是 $P(1+i)$。给定当期和下一期之间的通货膨胀率 π_{+1},明天一单位的消费将使家庭或个人花费 $P(1+\pi_{+1})$,所以,一年以后家庭或个人的实际购买力将会是 $P(1+i)/[P(1+\pi_{+1})] = (1+i)/(1+\pi_{+1})$。因此,家庭或个人的实际回报率为 $r^a = (1+i)/(1+\pi_{+1}) - 1$,即式(9.30)的另一种形式。

我们将变量 r^a 称作事后实际利率,因为它衡量了通过对现实中的通货膨胀率调整后所得出的实际利率,这一通货膨胀率是在相关时期过去之后,也即"事后"衡量出来的。由于储蓄和投资决策必须在"事前"决定,即在将来明确知道未来价格水平之前决定,因此,影响总需求的实际利率称为事前利率(r),它基于预期的下一期通货膨胀率 π^e_{+1} 而决定:

$$1 + r \equiv \frac{1+i}{1+\pi^e_{+1}} \tag{9.31}$$

容易验证

$$r = \frac{i - \pi^e_{+1}}{1 + \pi^e_{+1}} \approx i - \pi^e_{+1} \tag{9.32}$$

只要 π^e_{+1} 不偏离 0 值太远,后面的近似值就能成立。在静态通货膨胀预期的特殊情况中,人们假设下一时期价格的上涨与从前一时期到现在所经历的通货膨胀率一致,即 $\pi^e_{+1} = \pi$。由式(9.32)可得事前实际利率可表示为 $r = i - \pi$,与之前我们使用的实际利率一致,但是影响储蓄和投资决策的实际利率的准确形式由式(9.32)给出。

二、总需求曲线的推导

在许多国家,消费者调查或商业调查提供了私人部门预期通货膨胀率的估计值。一些国家还有指数债券市场,其本金根据总价格水平的某些指标而自动进行调整。对这样的债券来说,利率并不需要包含一个通货膨胀溢价以补偿贷款者因为通货膨胀所损失的实际财富。通过比较具有相同期限的指数债券与传统的非指数债券的利率,我们就可以得到预期通货膨胀率的估计值。

运用上述任意一种方法,一个国家或经济体的中央银行往往能够衡量私人部门预期的通货膨胀率。因此,我们假设一个国家或经济体的中央银行可以观察到预期通货膨胀率 π^e_{+1},或者我们可以假设一个国家或经济体的中央银行能够形成自己对未来通货膨胀率的估计,以此作为私人部门预期通货膨胀率的代理变量。如果一个国家或经济体的中央银行和私人部门使用同样的信息,那么它们将得到基本相同的 π^e_{+1} 值。

现在我们假设一个国家或经济体的中央银行根据以下稍做调整的泰勒规则设定名义政策利率 i^p:

$$i^p = \bar{r}^* + \pi^e_{+1} + h(\pi - \pi^*) + b(y - \bar{y}) \qquad h > 0, b > 0 \tag{9.33}$$

式(9.33)中的 $\bar{r}^*$ 可以被表述为无风险均衡利率,因为它是在长期均衡中从各国或经济体的中央银行中借的无风险贷款的实际利率,而在这一长期均衡中产出是在趋势水平上的,即 $y = \bar{y}$,通货膨胀率是在其目标水平上的,即 $\pi = \pi^*$。正如我们已经说明的,名义市场利率可以被具体化为 $i = i^p + \rho$,其中 ρ 是会随时间变化的风险溢价。实际市场利率对私人需求的影响是 $r = i - \pi^e_{+1} = i^p - \pi^e_{+1} + \rho$,所以在 $y = \bar{y}$ 和 $\pi = \pi^*$ 的长期均衡中,实际利率可以被写为

$$\bar{r} = \bar{r}^* + \bar{\rho} \qquad (9.34)$$

式中，$\bar{\rho}$ 是长期风险溢价的平均值。用式(9.33)和式(9.34)以及 r 与 i 的具体形式，我们有

$$r = \bar{r} + h(\pi - \pi^*) + b(y - \bar{y}) + \hat{\rho} \qquad \hat{\rho} \equiv \rho - \bar{\rho} \qquad (9.35)$$

式(9.35)中的 $\hat{\rho}$ 表明短期冲击会给市场带来风险，即偏离长期趋势价值。通过定义趋势组成 $\bar{\rho}$，价值 $\hat{\rho}$ 会在 0 左右波动。一个国家或经济体的中央银行通过控制名义政策利率 i^p 就能够控制事前的短期市场实际利率，而变量 $\hat{\rho}$ 的大小决定了这种控制的精确性。需要注意的是在现实的例子中，中央银行没有完全机械地遵从泰勒规则，我们应该在式(9.33)的右边加上一个补充的"误差项"，这一项会在式(9.35)中被变量 $\hat{\rho}$ 吸收。在对模型更广泛的解释中，变量 $\hat{\rho}$ 因此不仅反映了市场风险的变化，也反映了货币政策与泰勒规则之间的偏差。

把式(9.35)中的货币政策规则代入前面对数线性形式的产品市场均衡条件式(9.15)中得到

$$y - \bar{y} = \alpha_1(g - \bar{g}) - \alpha_2[h(\pi - \pi^*) + b(y - \bar{y}) + \hat{\rho}] + \nu \qquad (9.36)$$

式(9.36)等价于总需求曲线：

$$y - \bar{y} = \alpha(\pi^* - \pi) + z \qquad (9.37)$$

$$\alpha \equiv \frac{\alpha_2 h}{1 + \alpha_2 b} > 0, z \equiv \frac{\nu - \alpha_1(g - \bar{g})}{1 + \alpha_2 b} \qquad (9.38)$$

从式(9.37)和式(9.38)中可以看到，在 (y, π) 直角坐标系中总需求曲线向右下方倾斜，即通货膨胀率越高，对产出的总需求就越低。总需求曲线斜率为负的原因是：给定一个国家或经济体的中央银行的反映函数即式(9.33)中参数 h 的值为正，其表示较高的通货膨胀率导致货币政策制定者提高实际利率，较高的实际利率进而压低了产品和服务的私人总需求。

需要注意的是当 $z=0$，比如说 $g=\bar{g}$ 且 $\nu=\hat{\rho}=0$ 时，AD 曲线经过 $(\bar{y}, \pi^*)$。要确定 AD 曲线在 (y, π) 坐标系中的位置和斜率的决定因素，变换式(9.37)的形式会更方便：

$$\pi = \pi^* + (1/\alpha)z - (1/\alpha)(y - \bar{y}) \qquad (9.39)$$

式(9.39)右边的变量 z 体现了总需求冲击。由式(9.38)中给出 z 的定义，可以发现总需求冲击可能来自财政政策的变动，反应在 g 上，或者可能来自私人部门信心的变动，从而影响了变量 ν，或者可能来自风险溢价的变动，或者可能来自货币政策的变动，即货币政策与泰勒规则相背离，从而影响了变量 $\hat{\rho}$。一个更具扩张性的财政政策，例如 g 的上升，或者私人部门中更为乐观的增长预期，即 ε 的上升，或者市场风险溢价的下降，即 $\hat{\rho}$ 的下降，都会使总需求曲线在 (y, π) 坐标系中向上移动。给定式(9.15)和式(9.38)中 ν 和 z 的定义，在正常的条件下，即公共支出和私人部门增长预期处于其趋势水平时，z 的值为 0。

根据式(9.39)，总需求曲线的位置还会受到一个国家或经济体的中央银行的通货膨胀率目标 π^* 的影响。如果在应对通货膨胀上一个国家或经济体的中央银行是"鹰派"，即固执于一味追求预期通货膨胀率的下降，那么总需求曲线就会向下移动。

货币政策会影响总需求曲线的斜率($1/\alpha$)及其位置。如果一个国家或经济体的中央银行十分强调抗击通货膨胀而不强调稳定产出,那么泰勒规则中的参数 h 的值就会很高,参数 b 的值就会很低,由于 $\alpha \equiv \alpha_2 h/(1+\alpha_2 b)$,这意味着总需求曲线将会很平缓,即 α 将会很高;相反,如果一个国家或经济体的中央银行的货币政策对产出缺口反应强烈,而对通货膨胀反应很弱,那么,h 的值就会很低,而 b 的值就会很高,从而产生一条更陡的总需求曲线。

上述这些分析结果如图 9-1 所示。

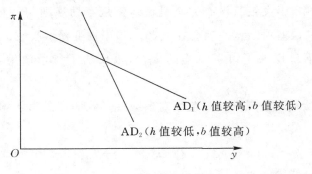

图 9-1 总需求曲线

现在我们对总需求曲线进行总结:AD 曲线表示通货膨胀率和对产品与服务的总需求之间的关系。AD 曲线来自产品市场的均衡条件和货币市场的泰勒规则。通货膨胀率的上升会降低总需求,因为它导致一个国家或经济体的中央银行提高实际利率,并由此导致私人投资需求以及可能的私人消费的下降。在公共支出上升或者私人部门预期未来收入上升或者市场风险溢价下降时,AD 曲线向上移动。

总需求曲线是宏观经济学短期模型中两个关键的关系之一。要确定经济处于 AD 曲线上哪一点,还需要引入总供给一方,这将是下一章讨论的主题。

 本章习题

1. A 国经济在 20 世纪 90 年代遇到了严重的经济问题。目前尽管其名义利率几乎为 0,但是 A 国经济仍处于严重衰退之中。A 国政府被批评为没有处理好本国经济问题。现在,新当选的首相承诺将宣布一揽子新政策以刺激经济走出衰退。假设你是 A 国首相的经济顾问,受命为他给出下列问题的明确答案:

(1) 由于利率政策已被证明是无效的,一项旨在降低所得税的税制改革被作为替代方案加以考虑,相应地减少政府支出以便不会出现财政赤字。减税对刺激消费需求的有效性是否取决于减税是一时性的还是永久性的?如果是,请解释原因。

(2) 与减税方案相对,一些经济学家提出应增加政府支出以刺激总需求,假设 A 国劳动力市场不存在任何摩擦和扭曲,政府支出增加会增加 A 国的总产出吗?解释你的回答。

(3) 继续假设劳动力市场不存在摩擦,解释永久性减税将如何影响劳动力市场和总供给。

(4)考虑到你对上述三个问题的回答,你倾向于采用减税政策还是增加政府支出政策?解释你的回答。

2. 在凯恩斯模型、IS-LM模型、总需求和总供给模型中:

(1)根据凯恩斯模型,名义货币供给增加会怎样影响短期和长期的名义利率?

(2)假定在调整过程中预期通货膨胀率不变,请画出IS-LM、AS-AD曲线的相应变化,并解释你的答案。

3. 简述西方国家的经济学家对经济政策是应该按规则进行还是按相机抉择所进行的有关讨论,并谈谈他们的理论主张与中国的宏观货币经济政策有何区别。

4. 某经济的货币需求函数为 $(M/P)^D = 0.2Y/i^{1/2}$。

(1)推导货币流通速度的表达式。货币流通速度取决于什么?解释为什么会有这种依赖关系?

(2)如果名义利率为4%,计算货币流通速度。

(3)如果产出Y为1000单位,货币供给M为1200美元,那么,价格水平P为多少?

(4)假定新任中央银行行长有着对通货膨胀态度温和的声誉,一个关于新任中央银行行长的公告使预期通货膨胀率提高了5个百分点。根据费雪效应,新名义利率为多少?

(5)计算新的货币流通速度。

(6)如果在这个公告后该经济的产出和现期货币供给都没有变化,那么价格水平会怎么变化?解释为什么会这样。

5. 考虑一个有制造部门和服务部门两个部门的经济。两个部门的劳动需求由如下方程描述: $L_m = 200 - 6W, L_s = 100 - 4W$,式中:L为劳动,用工人人数表示;W为每小时的工资,用人民币元表示;下标m和s分别代表制造部门和服务部门。该经济有100个愿意和能够在任意一个部门工作的工人。

(1)如果工人在部门间自由流动,W_m 和 W_s 之间会有什么关系?

(2)假定(1)部分中的条件成立且工资调整以使劳动供给和劳动需求达到均衡,计算每个部门的工资和就业。

(3)假定制造部门成立了工会,它将该部门的工资,即每小时工资提高到20元,计算该部门的就业量。

6. 政府和居民的行动时间顺序如下:政府首先宣布一个通货膨胀率作为规则,记为π;其次,居民形成预期;最后,政府看到居民所形成的预期之后再决定实际通货膨胀率。请回答以下问题,并写出求解过程。

(1)政府决定按规则行事,居民也相信政府的承诺,那么请问政府会选怎样的实际通货膨胀率,居民会选怎样的实际失业率?

(2)现在居民仍然相信政府的承诺,但是政府决定悄悄改变货币政策,实行相机抉择,也就是说,政府可以选择一个和承诺不相一致的实际通货膨胀率,那么政府会选怎样的实际通货膨胀率？比较(1)和(2)，说明政府为什么要相机抉择。

(3)居民在实践中慢慢学会准确预期政府的实际通货膨胀率水平。如果政府仍然贯彻上述相机抉择的货币政策，那么实际通货膨胀又会是多少？实际失业率又是多少？比较(3)和(1)，请问你会建议政府采用何种政策？

7. 假设菲利普斯曲线由下式给出：$\pi - \pi^e = 0.1 - 2u$，其中 $\pi^e = \pi_{-1}$。假设第 t_{-1} 年的通货膨胀率为 0。在第 t 年，当局决定把失业率永远保持在 4%。

(1) 计算第 t 年、t_{+1} 年、t_{+2} 年、t_{+3} 年的通货膨胀率。现在假设一半的劳动合同是指数化的。

(2) 新的菲利普斯曲线方程是什么？

(3) 重新计算(1)中的通货膨胀率。

(4) 指数化对通货膨胀率 π 和失业率 u 的关系有何影响？

8. 考虑如下收入决定模型：消费依赖于前期的收入：$C = a + bY_{-1}$。合意资本存量与前期的产出成比例：$K' = cY_{-1}$，投资等于合意的资本存量与由前期继承的存量之间的差额，即 $I = K' - K_{-1} = K - cY_{-2}$，政府购买不变，即 $G_{-1} = G, Y = C + I + G$。假设 $b = 0.9, c = 0$，同时，存在政府购买的一次性扰动，即在 t 时期时 G 变为 G_{+1}。假设扰动是一次性的，问随着时间的波动，这种扰动怎么影响产出？

9. 美国税法影响自有住房的资本使用成本，其主要特征是允许名义利息支付的纳税抵扣。与住房所有权关联的税后实际利率为 $r - n, r$ 表示税前实际利率。此时，对于既定的 r，通货膨胀的增加如何影响住房的资本使用成本和合意资本存量？

第十章 总供给理论

通货膨胀（简称通胀）和失业是两个最重要的宏观经济问题，宏观经济稳定政策的主要目标就是应对周期性失业和避免高通货膨胀的出现。本章将探索通货膨胀与失业之间的关系，并通过理解这两个变量之间的联系来理解经济的供给一方是怎样运作的，以及经济是怎样应对冲击的。简而言之，研究通货膨胀和失业之间的关系是理解经济周期性波动的根本。

第一节 菲利普斯曲线

在第二次世界大战以后的许多年里，大多数经济学家和政府政策制定者都认为通货膨胀和失业之间存在着不可避免的替代关系，即减少通货膨胀意味着一个国家或经济体必然永久性地处于高失业之中，反之亦然。菲利普斯曲线就是用来表示失业与通货膨胀之间交替关系的曲线，由新西兰经济学家 A. W. 菲利普斯（A. W. Phillips）于 1958 年在《1861—1957 年英国失业和货币工资变动率之间的关系》一文中最先提出。

一、英国的菲利普斯曲线

图 10-1(a)和图 10-1(b)取自菲利普斯发表于 1958 年的文章中，说明了在失业和通货膨胀之间永久性的替代关系。图 10-1(a)是菲利普斯用来描述英国 1861—1913 年失业率和货币工资率年变动率之间关系的曲线，其中，两个变量之间存在明显的非线性负相关性。菲利普斯进而说明，由 1861—1913 年数据所得到的曲线，能够解释许多年后 1948—1957 年英国的失业率和货币工资率年变动率之间的关系，如图 10-1(b)所示。显然，菲利普斯发现了一个非常稳定和重要的替代关系，并以菲利普斯曲线为名吸收进宏观经济模型之中。

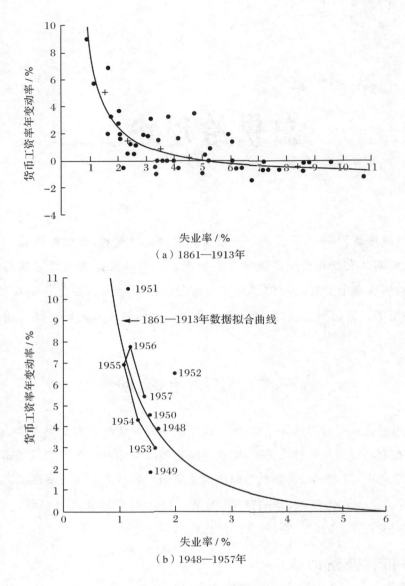

图 10-1 英国的菲利普斯曲线

二、美国的菲利普斯曲线

如图 10-2 所示,该图是基于美国的失业和消费者价格通货膨胀水平的数据。在 20 世纪 60 年代的大多数时间,菲利普斯曲线表示的替代关系同样存在,然而在 20 世纪 70 年代这种关系却完全瓦解了(见图 10-3)。20 世纪 70 年代的许多时候,美国同时经历了通货膨胀和失业的上涨,同样的事其实也发生在 20 世纪 70 年代的所有经济合作与发展组织(Organization of Economic Cooperation and Development, OECD)国家,到底发生了什么?

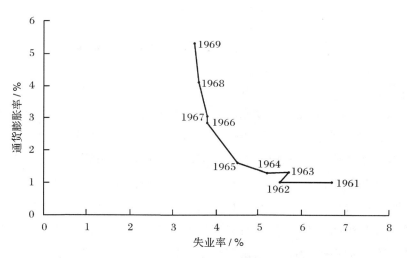

图 10-2　20 世纪 60 年代美国的菲利普斯曲线

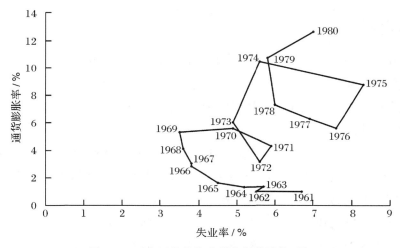

图 10-3　美国简单的菲利普斯曲线的瓦解

三、现代的菲利普斯曲线

在本章中,我们将建立一个通货膨胀与失业的理论,从而为 20 世纪 70 年代之前明显稳定的菲利普斯曲线以及近几十年来通货膨胀与失业之间的关系新变化提供一个相应的解释。我们将依据工资和价格形成理论来解释通货膨胀与失业之间的短期联系,以及失业率长期均衡水平,即自然失业率的决定因素,并将得到的关系叫作附加预期的菲利普斯曲线。

$$\pi = \pi^e + \alpha(\bar{u} - u) \qquad \alpha > 0 \qquad (10.1)$$

式中,π 是实际的通货膨胀率;π^e 是预期通货膨胀率;u 是现实中的失业率;$\bar{u}$ 是自然失业率。本章的第二、三、四节将进一步介绍三种不同的模型下得到的附加预期的菲利普斯曲线。

第二节 名义工资刚性模型

通货膨胀是价格总水平的持续性上涨,因此,通货膨胀理论需要一个价格形成理论。由于价格取决于投入的成本,并且由于劳动是最重要的投入,因此,价格形成理论将建立在工资形成理论的基础上。这一理论允许产品市场以及劳动力市场中存在不完全竞争,尽管在产出市场中引入不完全竞争会使分析复杂化,但是这可以解释产品市场的结构性变化是如何影响通货膨胀和自然失业率的。在长期均衡中,我们假设人们对工资和价格的总水平具有准确的预期,这意味着就业和产出可能处在其长期均衡水平;但是在短期情况下,我们假设人们并不具有关于当前价格总水平的完全信息,这意味着就业和产出可能会偏离其长期均衡水平。这一节我们假设工资在短期中是"黏性的",由工会设定,因此,我们将首先描述工会的行为和工资的形成过程。

一、工会的目标

我们假设存在某一个国家或经济体,其中包括若干生产差异化产品的部门,每个部门拥有一个垄断该部门中企业劳动供给的工会,并规定该部门中雇主需要支付的名义工资率,但是雇主可以自由选择就业水平,并且我们假设单个工人的工作小时数固定不变,所以劳动总投入量与就业工人的数量成比例。

我们假设部门 i 中的工人由于其专业性不能在部门之间流动,如果其无法在本部门找到工作,那么他将失业,在这种情况下,他的实际收入等于失业救济金的实际水平 b。部门 i 中有工作的工人的实际收入为 $w_i = W_i/P$,其中 W_i 是部门 i 的货币工资水平,P 是价格总水平,以指数化形式表示,所以,已就业工人的净收入为 $w_i - b$,其中失业救济金 b 是工人获得 w_i 的机会成本。除了已就业工人的实际收入 w_i 之外,工会还关心其成员获得的工作总数 L_i,即就业规模,将这一过程形式化后可以得到工会的效用函数 Ω,工会便是基于此来设定名义工资率的,Ω 的形式为

$$\Omega(w_i) = (w_i - b)[L_i(w_i)]^\eta \tag{10.2}$$

式中,$\eta > 0$,η 反映工会对于已就业工人的关心程度,即为工人谋求实际工资水平而对就业水平所赋予的权重。工会越是关心就业,参数值就越高。当 $\eta = 0$ 时,说明工会只关心已就业工人的工资水平,而不关心整体工人的就业规模;当 $\eta = 1$ 时,说明工会只关心所有工人的净收入总量,而不区分对是否就业的工人的权重分配。

工会将依据式(10.2)来设定工资率,但是较高的工资率会减少雇主企业对劳动力的需求,导致就业规模缩小,从而对工会效用的最大化产生约束,因此,工会设定工资率需要考虑企业利润最大化。

二、企业均衡下的劳动力需求

我们假设部门 i 的生产函数为

$$Y_i = BL_i^{1-\alpha} \qquad 0 < \alpha < 1 \qquad (10.3)$$

式中，Y_i 是部门 i 的实际产出；B 是生产率系数；α 是资本存量的弹性系数，但是这里重点关注的是短期行为，即资本存量不变的情况，因此，假设 α 固定为 1。根据式(10.3)，劳动的边际产出为

$$\text{MPL}_i = dY_i/dL_i = (1-\alpha)BL_i^{-\alpha} \qquad (10.4)$$

由此，可以得到企业的边际成本

$$\text{MC}_i = \frac{W_i}{\text{MPL}_i} = \frac{W_i}{(1-\alpha)BL_i^{-\alpha}} \qquad (10.5)$$

根据初级宏观经济学的知识可知，企业实现利润最大化的条件是边际成本等于边际收益，因此，接下来我们将推导企业的边际收益。本节前文我们假设部门间生产差异化，因此，形成的是垄断竞争市场，在这个市场中，企业面临的是向下倾斜的需求函数：

$$Y_i = \left(\frac{P_i}{P}\right)^{-\sigma} \frac{Y}{n} \qquad \sigma > 1 \qquad (10.6)$$

式中，σ 是需求价格弹性，$\sigma = -(dY_i/dP_i)(P_i/Y_i)$；$n$ 是市场上的厂商数目。当处于完全竞争市场，即 $P_i = P$ 时，$Y_i = Y/n$，它衡量了完全竞争市场中的单个企业在整个市场上的产出份额。企业总收入为 $\text{TR}_i \equiv P_i Y_i$，根据式(10.6)，可计算企业边际收益为

$$\text{MR}_i \equiv \frac{d\text{TR}_i}{dY_i} = P_i + Y_i\left(\frac{dP_i}{dY_i}\right) = P_i\left(1 + \frac{dP_i}{dY_i}\frac{Y_i}{P_i}\right) \Rightarrow \text{MR}_i = P_i\left(1 - \frac{1}{\sigma}\right) \qquad (10.7)$$

根据企业实现利润最大化时其边际成本等于边际收益，令 $\text{MC}_i = \text{MR}_i$，可得

$$P_i = m_p \overbrace{\left[\frac{W_i}{(1-\alpha)BL_i^{-\alpha}}\right]}^{\text{MC}_i} \qquad m_p \equiv \frac{\sigma}{\sigma-1} > 1 \qquad (10.8)$$

式中，m_p 即产品加成率，表示每增加一单位产量的收益时，超出每增加一单位产量的成本的部分的比率，即价格在成本上的加成。企业会在边际成本上提高价格而使价格高于边际成本。价格弹性 σ 衡量了产品市场的竞争强度。价格弹性越高，价格增长导致需求下降得就越多，即需求曲线也就越平缓。若 σ 趋向于无穷大，价格就会回到边际成本的水平，即 m_p 趋向于 1，这时，该市场就会处于完全竞争市场。

将式(10.8)两边同除以 P，得到产品相对价格 P_i/P，代入式(10.6)得到 Y_i 的新表达式，再代入式(10.3)即生产函数，得到 L_i 与 P 的关系，即劳动需求函数：

$$L_i = \left(\frac{Y}{nB}\right)^{\varepsilon/\sigma}\left[\frac{B(1-\alpha)}{m_p}\right]^{\varepsilon} w_i^{-\varepsilon} \qquad w_i \equiv \frac{W_i}{P}, \varepsilon \equiv \frac{\sigma}{1+\alpha(\sigma-1)} \qquad (10.9)$$

ε 可定义为劳动需求的实际工资弹性，它与产品需求价格弹性 σ 成正比。当 σ 越高，即竞争越激烈时，ε 就越高，这意味着工资率的上升会通过提高企业的边际成本而提高产出价格，

σ 越高,销量和产量的下降就越大,其导致的劳动需求的下降就越大。

三、名义工资的决定

我们将工会效用函数中的 L_i 改写为 $w_i \equiv W_i/P$ 的减函数,根据式(10.2),工会实现效用最大化的条件是 $\mathrm{d}\Omega(w_i)/\mathrm{d}w_i = 0$,结合 $(\mathrm{d}L_i/\mathrm{d}w_i)(w_i/L_i) = -\varepsilon$ 可得

$$\frac{\mathrm{d}\Omega(w_i)}{\mathrm{d}w_i} = L_i^{\eta} + (w_i - b)\eta L_i^{\eta-1}\left(\frac{\mathrm{d}L_i}{\mathrm{d}w_i}\right) = 0 \Leftrightarrow 1 + \frac{\eta(w_i - b)}{w_i}\overbrace{\left(\frac{\mathrm{d}L_i}{\mathrm{d}w_i}\frac{w_i}{L_i}\right)}^{=-\varepsilon} = 0 \Leftrightarrow$$

$$w_i = m_w b, \quad m_w \equiv \frac{\eta\varepsilon}{\eta\varepsilon - 1} \tag{10.10}$$

式中,m_w 即工资加成率,工会的目标实际工资是对就业机会成本即失业救济金 b 的一个加成。

以上推导建立在工会对当前价格水平拥有完全信息的基础上,因此,能够通过控制名义工资率 W_i 来控制实际工资率 w_i,但是在实际中,短期内的名义工资率是刚性的,并且是提前设定好的,而且工会无法完全预测价格水平的变化。因此,工会在当期开始时设定名义工资率时需要建立在对这一时期价格水平的预期 P^e 的基础上,并争取式(10.10)中的货币工资,那么名义工资率将是

$$W_i = P^e \cdot m_w b \tag{10.11}$$

四、附加预期的菲利普斯曲线的推导

我们将式(10.11)代入式(10.9)中可以得到部门 i 的就业水平:

$$L_i = \left(\frac{Y}{nB}\right)^{\varepsilon/\sigma}\left[\frac{B(1-\alpha)}{m_p m_w b}\frac{P}{P^e}\right]^{\varepsilon} \tag{10.12}$$

式中,影响劳动需求的是工资加成率 m_w、预期价格水平 P^e 和失业救济金 b,也就是工会双重目标的分配权重和工会预期,这代表工会效用最大化已实现,厂商与工会双重均衡下的均衡劳动投入被决定了。

我们接下来将单个部门的劳动需求扩展到整个宏观层面。首先,假定企业间同质,经济中的所有部门都是对称的,那么

$$Y = nY_i = nBL_i^{1-\alpha}$$

$$L = nL_i = n \cdot \left[\frac{B(1-\alpha)}{m_p m_w b}\frac{P}{P^e}\right]^{1/\alpha} \tag{10.13}$$

根据式(10.11),可以把式(10.13)写作

$$L = nL_i = n \cdot \left[\frac{B(1-\alpha)}{m_p}\right]^{1/\alpha}\left(\frac{W}{P}\right)^{-1/\alpha} \tag{10.14}$$

式(10.14)表明,在宏观总量水平上,劳动需求的实际工资弹性的数值大小为 $1/\alpha$,但是在单个部门的水平上是 ε。由于在长期均衡中必然实现 $P = P^e$,代入式(10.14)可得总就业的长期均衡水平 $\overline{L}$,即自然就业水平:

$$\overline{L} = n\left[\frac{B(1-\alpha)}{m_p m_w b}\right]^{1/\alpha} \tag{10.15}$$

再用式(10.13)除以式(10.15),可得现实就业水平与自然就业水平之间的关系:

$$\frac{L}{\overline{L}} = \frac{(1-u)N}{(1-\overline{u})N} = \left(\frac{P}{P^e}\right)^{1/\alpha} \tag{10.16}$$

根据定义,$L \equiv (1-u)N$,N 为劳动力存量,u 为失业率。同样,自然就业水平为 $\overline{L} \equiv (1-\overline{u})N$,将两个恒等式代入式(10.16)得到 $(1-u)/(1-\overline{u}) = (P/P^e)^{1/\alpha}$,两边取自然对数,并利用近似关系 $\ln(1-u) \approx -u$ 和 $\ln(1-\overline{u}) \approx -\overline{u}$,可得

$$p = p^e + \alpha(\overline{u} - u) \qquad p \equiv \ln P, p^e \equiv \ln P^e$$

两边减去 $p_{-1} \equiv \ln P_{-1}$,最终得到

$$\pi = \pi^e + \alpha(\overline{u} - u) \qquad \pi \equiv p - p_{-1}, \pi^e \equiv p^e - p_{-1} \tag{10.17}$$

下标"-1"表示该变量的前一时期,π 为现实中的通货膨胀率,π^e 为预期通货膨胀率,式(10.17)为附加预期的菲利普斯曲线。该曲线方程回答了本章开始时对于通货膨胀和失业之间关系的疑问,表明对于任何给定的预期通货膨胀率,较低的失业率总是伴随着现实中较高的通货膨胀率,反之亦然。当 $\pi > \pi^e$ 即出现预料之外的通货膨胀时,失业率会降至自然水平以下($u < \overline{u}$),这是因为预料之外的通货膨胀率的上升导致已经设定的货币工资率的实际价值降到工会的目标实际工资之下,因而导致企业将就业扩大到自然水平以上。

第三节 名义价格刚性模型

一、名义价格刚性产生的原因

在第二节中,我们假定名义工资在短期中是刚性的,产出价格根据需求和边际成本的变化立即进行调整,即名义工资与多数产品价格相比会在更长时期趋于不变。在实际中,许多产品的价格在相当长的时期中是保持不变的。此外,价格调整所产生的微小菜单成本,可能使得经常调整价格对于企业来说并不是最优行为。

在工资刚性模型中,我们假定了工人的刚性,即只能根据 P^e 要求名义货币工资 W_i,但是企业仍是完全理性的,对式(10.11)加入价格预期后可以发现,工会的目标实际工资 w_i 本就受 m_w 的影响,而且这个工资加成率 m_w 内生于厂商的生产函数中的劳动需求的实际工资弹性和劳动产出弹性。企业的劳动需求所依据的都是企业自身的生产函数决定的劳动需求的实际工资弹性与产品需求价格弹性,以及工资加成率,并不受工会影响,自然地在劳动力要素市场上,主要由买方市场决定。由此来看,工资刚性(或黏性)模型只符合劳动力蓄水池"水满为患"时的情形,对厂商理性的过度识别也是不符合现实的。为弥补上述缺陷,有两条路可以选:一是识别厂商的非理性,即本节的价格刚性(黏性)模型;二是识别单个工人的非理性,即第四节的工人错觉模型。

二、从名义价格刚性推导附加预期的菲利普斯曲线

名义价格刚性模型主要包括四个假设:①菜单成本;②交易环境,例如长期协调价格交易方式;③不完全竞争市场,如垄断竞争;④企业需要依据总产出 Y 和市场价格水平 P 来制定自己的价格 P_i 和产出 Y_i。基于假设,我们就有

$$P_i = P + \beta(Y - \bar{Y}) \qquad \beta > 0 \qquad (10.18)$$

式(10.18)表示,企业定价与市场均衡价格成正比,与市场容量(或景气指数)成正比。企业由于菜单成本或调价限制,需要提前预判市场平均价格和市场容量,依据预期市场平均价格和预期市场容量来进行定价。对于理性企业来说,虽不能准确预测市场平均价格,但是可以清楚预测市场容量,其定价仍然遵循式(10.18)。对于既不能准确预测市场均价,又不清楚市场容量或错误认为市场容量等于潜在或平均市场容量的这类有限理性企业,其定价将等于其对市场均衡价格的预期 P^e。

以上两类企业在市场中存在比例关系,我们假设非理性企业占比为 $\bar{\omega}$,理性企业占比则为 $1-\bar{\omega}$,那么总价格水平就等于两类企业定价的加权和:

$$P = \bar{\omega}P^s + (1-\bar{\omega})P^f \qquad 0 \leqslant \bar{\omega} < 1 \qquad (10.19)$$

式中,P^s 是刚性价格的企业组的产品价格;P^f 是弹性价格的企业组的产品价格,式(10.3)和式(10.11)仍适用于这两类企业。弹性价格企业将根据式(10.8)持续调整价格,但刚性企业必须在开始时便确定价格。我们假定刚性企业把价格设定在就业 L 和产出 Y 在自然率水平即 $\bar{L}$ 和 $\bar{Y}$ 时的利润最大化的水平,根据式(10.8)和式(10.11),那么这类刚性企业的价格将被设定为

$$P^s = \frac{m_p m_w c \bar{L}^\alpha P^e}{1-\alpha} \qquad (10.20)$$

同样,我们可以得到弹性企业的定价水平

$$P^f = \frac{m_p m_w c L^\alpha P^e}{1-\alpha} \qquad (10.21)$$

将式(10.20)和式(10.21)代入式(10.19)得到

$$\frac{P}{P^e} = \left(\frac{m_p m_w c \bar{L}^\alpha}{1-\alpha}\right)\left[\bar{\omega} + (1-\bar{\omega})\left[\frac{L}{\bar{L}}\right]^\alpha\right] \qquad (10.22)$$

再令式(10.22)中的 $P = P^e$, $L = \bar{L}$,可以得到自然就业水平 $\bar{L}$:

$$\bar{L} = \left(\frac{1-\alpha}{m_p m_w c}\right)^{1/\alpha} \qquad (10.23)$$

再将式(10.23)代入式(10.22)可得

$$\frac{P}{P^e} = \bar{\omega} + (1-\bar{\omega})\left[\frac{L}{\bar{L}}\right]^\alpha \qquad (10.24)$$

两边同时取自然对数可得

$$p - p^e = x \qquad x \equiv \ln[\bar{\omega} + (1-\bar{\omega})z^a], z \equiv L/\bar{L} \tag{10.25}$$

对附属变量 x 在点 $z=1$ 处取一阶泰勒近似，并利用近似关系 $\ln L \equiv \ln(1-u) \approx -u$ 和 $\ln \bar{L} \equiv \ln(1-\bar{u}) \approx -\bar{u}$，最终得到：

$$\pi = \pi^e + \alpha(1-\bar{\omega})(\bar{u}-u) \tag{10.26}$$

这就是名义价格刚性模型下附加预期的菲利普斯曲线，与式(10.17)有相似的形式，只是失业缺口的系数由 α 变为 $\alpha(1-\bar{\omega})$。因此，通过区别弹性价格企业和刚性价格企业的名义价格刚性的真实水平，并不会改变菲利普斯曲线的性质，但是可以显著降低短期曲线的斜率。

第四节 工人错觉模型

一、竞争性劳动力市场设定

一般情况下，工会与具体工人之间的利益目标是一致的，但是有时候不一致性也会出现。如果工会更关心就业率，较少关心已就业者的实际工资即 η 较大，那么工会对预期价格做的错误预判就不会产生很大影响。然而，对于工人来说，在现实中只要能拿到门槛工资，他们就愿意去工作，工作中依据实际工资 w_j 的大小来提供工作量，因此，最终的总有效劳动量不仅取决于工会眼中的就业人数，还取决于工人眼中的实际工作量。单位劳动报酬越高，对工人越有利，劳动供给曲线单调递增。单个工人因为抱有免于被裁员的侥幸而不会去考虑失业率大小，这就是不同于工会错觉的工人的错觉。

考虑到工人存在上述错觉，我们将劳动力市场设为竞争性的，那么在这个市场中将不存在工会，式(10.11)中的工资设定方程将由劳动供给曲线来代替，说明工人将根据预期实际工资的变化调整劳动供给。

二、工人错觉模型的推导

在接下来的分析中，我们继续假设每个已就业工人的工作时间固定为 H，劳动总供给将据此改变。假设工人 j 要求获得最低工资 w_j 才愿意牺牲 H 小时的闲暇时间用于工作，这时，只有当其预期实际工资 W/P^e 大于或等于 w_j 时，该工人才会进入劳动力市场。我们进一步假设不同工人对于闲暇时间有不同的评价，即工人所要求的实际工资存在高低差异。

如果工人要求的实际工资是连续的，则进入劳动力市场的工人数量 L^s 会随预期实际工资的上升而上升，即 $L^s = f(W/P^e)$，$f' > 0$。我们进一步假设工人对闲暇时间的评价的分布，即所要求的实际工资的分布满足某种形式从而使得函数 $f(W/P^e)$ 关于预期实际工资具有不变弹性 ϕ，由此可得劳动总供给函数：

$$L^s = Z(W/P^e)^\phi = Z[w(P/P^e)]^\phi \tag{10.27}$$

式中，$Z>0$ 时反映人口规模的常数。这时，工人接受工作时知道名义工资率 W，但在做出劳动决策时缺少关于当前价格水平的信息,因此,工人的决策必然建立在对当前价格水平的预期的基础上。

劳动总需求函数仍由式(10.14)给定,即企业边际成本等于边际收益,可以写作

$$L^D = n[B(1-\alpha)/m_p]^{1/\alpha} \cdot w^{-1/\alpha} \tag{10.28}$$

我们设 $X \equiv n[B(1-\alpha)/m_p]^{1/\alpha}$,此时已实现了工会与厂商的双重均衡。在竞争性劳动力市场中,实际工资 w 会调整以平衡需求,使 $L^S = L^D$,这意味着工人—工会—厂商三者均直接实现了均衡:

$$w = (X/Z)^{1/(\phi+1/\alpha)} (P/P^e)^{-\phi/(\phi+1/\alpha)} \tag{10.29}$$

将式(10.29)代入式(10.27)可得竞争性劳动力市场的就业水平:

$$L = X^{\phi/(\phi+1/\alpha)} Z^{(1/\alpha)/(\phi+1/\alpha)} (P/P^e)^{(\phi/\alpha)/(\phi+1/\alpha)} \tag{10.30}$$

式(10.30)是工人预测当期价格与实际有出入时的情形,如果工人预测价格等于当期价格,即 $P = P^e$,那么潜在的均衡劳动提供量就写为

$$\overline{L} = X^{\phi/(\phi+1/\alpha)} Z^{(1/\alpha)/(\phi+1/\alpha)} \tag{10.31}$$

用式(10.30)除以式(10.31)得到

$$L/\overline{L} = (P/P^e)^{(\phi/\alpha)/(\phi+1/\alpha)} \tag{10.32}$$

式(10.32)与式(10.16)有一样的形式,唯一不同的是系数,然而两个弹性系数方向一致,都为正,因此,都能够保证实际劳动量与潜在劳动量的偏差与价格偏差成正比,这时对价格的预期不是企业,也不是工会,而是工人依据生活常识对当期的判断。对式(10.32)两侧取对数,并利用近似关系可得具有 $\pi = \pi^e + \hat{\alpha}(\overline{u} - u)$ 形式的附加预期的菲利普斯曲线,这里 $\hat{\alpha}$ 为常数。这表明附加预期的菲利普斯曲线是一个一般关系,并没有假设某种特定的市场结构。

三、与名义刚性模型的比较

我们重新改写式(10.32)和式(10.26),利用常规的定义和近似得到工人错觉模型,即名义工资和价格弹性以及工人误判实际价格 P:

$$\ln L - \ln \overline{L} = \frac{1/\alpha}{1 + 1/(\alpha\phi)}(\pi - \pi^e) \tag{10.33}$$

名义价格刚性模型,即名义工资和价格刚性以及企业误判劳动边际产量(MPL):

$$\ln L - \ln \overline{L} = \frac{1}{\alpha(1-\overline{\omega})}(\pi - \pi^e) \tag{10.34}$$

$(1/\alpha)/[1+1/(\alpha\phi)] < 1/[\alpha(1-\overline{\omega})]$,说明对于任何给定的预料之外的通货膨胀,失业偏离自然水平的百分比 $\ln L - \ln \overline{L}$ 在弹性价格经济中比在刚性价格经济中要小。在完全竞争和不完全竞争市场中,预期误差,即 $\pi \neq \pi^e$ 都是导致实际失业水平和自然失业水平相偏离的充分和必要条件,这样,假定名义刚性来解释失业有时偏离其趋势水平就是不必要的,但是一旦预期误差出现,名义刚性就会剧烈地扩大,进而带来劳动力市场上的就业波动。

第五节 总供给曲线

在第二节中,我们得到了附加预期的菲利普斯曲线方程,即式(10.17),该公式假定了在失业率与通货膨胀率的变化之间严格的决定关系,但是劳动力市场会频繁受到冲击,对失业和通货膨胀之间的关系产生"噪声",因此,在现实中,失业率并不能精准地决定通货膨胀率的变动。对于这种外生的供给冲击,我们可以通过失业救济金 b 和生产率系数 B 将其内生化,从而发现"噪声"的规律。

一、考虑总供给冲击的附加预期的菲利普斯曲线

第二节中我们假设失业救济金 b 与 B 的大小相联系,也就是说,生产率决定长期人均收入,这时,因为 B 围绕其长期增长趋势摆动,所以失业救济金 b 会在短期内产生大量波动。在现实中,因为失业救济金是政府公信力的一种表现,b 不能频繁调整,所以,失业救济金应根据生产率的长期潜在水平来确定,即 $b = c\bar{B}$,将此代入式(10.13)可以得到现实就业水平:

$$L = n \cdot \left(\frac{B(1-\alpha)}{m_p m_w c \bar{B}} \cdot \frac{P}{P^e} \right)^{1/\alpha} \tag{10.35}$$

同样,在达到自然就业水平时,生产率、工资和价格的加成因子也都处于自然水平的长期趋势上,即 $m_p = \bar{m}_p$,$m_w = \bar{m}_w$,那么,式(10.15)将修正为

$$\bar{L} = n \cdot \left(\frac{1-\alpha}{\bar{m}_p \bar{m}_w c} \right)^{1/\alpha} \tag{10.36}$$

令式(10.35)除以式(10.36),并利用 $L \equiv (1-u)N$,$\bar{L} \equiv (1-\bar{u})N$,可得

$$\frac{1-u}{1-\bar{u}} = \left(\frac{B \bar{m}_p \bar{m}_w}{\bar{B} m_p m_w} \cdot \frac{P}{P^e} \right)^{1/\alpha} \tag{10.37}$$

对式(10.37)两边取对数,并利用近似关系及定义 $\pi \equiv \ln P - \ln P_{-1}$,$\pi^e \equiv \ln P^e - \ln P_{-1}$,可得到存在供给冲击的附加预期的菲利普斯曲线:

$$\pi = \pi^e + \alpha(\bar{u} - u) + s \tag{10.38}$$

$$s \equiv \ln\left(\frac{m_p}{\bar{m}_p}\right) + \ln\left(\frac{m_w}{\bar{m}_w}\right) - \ln\left[\frac{B}{\bar{B}}\right]$$

供给冲击变量 s 的具体形式表明,如果工资或价格的加成因子超过了其正常水平,那么就会产生对通货膨胀的正面冲击;如果生产率超过了其趋势水平,那么就会产生对通货膨胀的负面冲击。s 会以 0 为均值波动,因为,$\bar{m}_p$ 和 $\bar{m}_w$ 分别是 m_p 和 m_w 的平均值,且 B 平均来说处于其趋势增长路径 $\bar{B}$ 上。

二、总供给曲线的推导

已知在一个对称的一般均衡中,$Y = nY_i$,$L = nL_i$,根据式(10.3)可得:

$$Y = nB \left(\frac{L}{n} \right)^{1-\alpha} \tag{10.39}$$

对式(10.39)两边取对数,利用 $L \equiv (1-u)N$, $\ln(1-u) \approx -u$,可得:
$$y \equiv \ln Y = \ln n^a + \ln B + (1-\alpha)\ln[(1-u)N]$$
$$\approx \ln n^a + \ln B + (1-\alpha)\ln N - (1-\alpha)u \Leftrightarrow$$
$$u = \ln N + \frac{\ln n^a + \ln B - y}{1-\alpha} \tag{10.40}$$

现在我们定义自然产出 $\overline{Y}$ 为就业在其自然率水平,并且生产率在其趋势水平时的产出量:
$$\overline{Y} = n^a \overline{B} \overline{L}^{1-\alpha} \tag{10.41}$$

定义 $\bar{y} \equiv \ln \overline{Y}$,并利用 $\overline{L} \equiv (1-\bar{u})N$, $\ln(1-\bar{u}) \approx -\bar{u}$,对式(10.41)取对数,得到
$$\bar{u} = \ln N + \frac{\ln n^a + \ln \overline{B} - \bar{y}}{1-\alpha} \tag{10.42}$$

将式(10.40)和式(10.42)代入式(10.38),合并同类项后可以得到短期总供给(short-run aggregate supply,SRAS)曲线:
$$\pi = \pi^e + \gamma(y - \bar{y}) + s$$
$$\gamma \equiv \frac{\alpha}{1-\alpha}, \quad s \equiv \ln\left(\frac{m_p}{\overline{m}_p}\right) + \ln\left(\frac{m_w}{\overline{m}_w}\right) - \frac{\ln(B/\overline{B})}{1-\alpha} \tag{10.43}$$

式中,$y-\bar{y}$ 的大小是产出偏离其趋势的百分比,称为产出缺口。在其他条件不变的情况下,通货膨胀率随产出缺口正向变化,这是因为产出的增长带来了就业的增加,由于边际劳动生产率下降,更高的就业使边际成本上升,但是这个成本通过企业的加成定价行为转化成了价格的上升。

在式(10.43)中,预期通货膨胀率是给定的,这一曲线是一种短期关系,随着时间的演进,预期通货膨胀率会逐步进行调整。如果预期通货膨胀率发生变化,短期总供给曲线将上下移动,如图10-4所示。

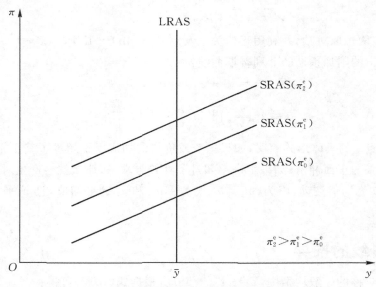

图10-4 短期总供给(SRAS)和长期总供给(LRAS)

在长期均衡中,预期通货膨胀率等于现实通货膨胀率,并且不存在供给冲击即 $s=0$,因此,产出必然等于自然水平,即 $y=\bar{y}$。产出的自然水平独立于通货膨胀率,由于自然失业率独立于通货膨胀率,因此,长期总供给(long-run aggregate supply,LRAS)曲线是垂直的。除了取决于预期通货膨胀率外,短期总供给曲线的位置还取决于供给冲击变量 s。当 $s=0$ 时,短期总供给曲线经过 $(\bar{y}, \pi^e)$。根据式(10.38)可知,对加成因子的正面冲击或对生产率的负面冲击都会使短期总供给曲线上移。

总供给曲线描述了总产出和通货膨胀率之间的关系。在短期中,预期通货膨胀率是事先已经确定的,实际通货膨胀率会随着产出缺口正向变化,因为更高的产出和就业会产生更高的边际生产成本,这个成本会转嫁到价格上。产出和通货膨胀的正相关定义了短期总供给曲线。短期总供给曲线随着预期通货膨胀率的增加(或下降)而一比一地向上(或向下)移动。短期总供给曲线也在有负面供给冲击的情况下向上移动。一个负面的供给冲击的表现形式可能是价格或工资的上涨、生产率的暂时下降或者一个国家国际贸易的减少等。在长期均衡中,对通货膨胀预期必定实现,供给冲击的影响必定为零,从而,产出将在自然(或趋势)水平,所以,长期总供给曲线是竖直的。

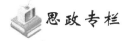
思政专栏

中国的供给侧结构性改革

中国经济发展进入新常态,面临"三期叠加"的复杂局面,传统行业产能过剩、高质量产品供给不足等供给侧的问题较为突出,供给结构对需求结构的适应性减弱。为提高供给结构对需求结构的适应性,习近平总书记在党的二十大报告中指出:"我们提出并贯彻新发展理念,着力推进高质量发展,推动构建新发展格局,实施供给侧结构性改革,制定一系列具有全局性意义的区域重大战略,我国经济实力实现历史性跃升。"

中国经济已由高速增长阶段转向高质量发展阶段,在高质量发展阶段全面推进供给侧结构性改革具有重要意义,表现如下。

(1)供给侧结构性改革有助于淘汰落后产能,提升资源配置效率,提高投资有效性。地方政府之间的不当竞争容易导致重复建设,引发产能过剩。当出现产能过剩时,有些地方政府又可能会通过补贴等方式给本应被市场淘汰的企业"输血",使产能过剩问题持续存在。供给侧结构性改革有助于理顺政府与市场的关系,使市场在资源配置中起决定性作用,进而从体制机制层面治理产能过剩。通过深化财税体制改革以及完善干部考核评价机制,减少政府对企业投资活动的干预,避免地方政府间的过度竞争和重复建设。通过取消不必要的财政补贴,以市场优胜劣汰机制决定企业的去留。

(2)供给侧结构性改革有助于增加有效技术供给,提高全要素生产率。党的十九大报告明确要求,"以供给侧结构性改革为主线,推动经济发展质量变革、效率变革、动力变革,提高全要素生产率"。党的二十大报告强调,"加快建设现代化经济体系,着力提高全要素生产率"。供给侧结构性改革能够从多方面增加有效技术供给,包括加大基础研究投入力度、加强知识产权保护力度、构建更加完善的科技成果转化体系等。供给侧结构性改革有助于健全以企业为主体的产学研一体化创新机制,使创新成果尽快投入生产,更加迅速地转化为有效技术供给。

(3)供给侧结构性改革有助于增加有效制度供给,消除投资与消费面临的障碍。通过完善融资体系和税收制度体系降低企业融资成本和税费负担,并通过深化"放管服"改革进一步降低市场准入门槛,激发中小企业和民营企业投资活力。同时,通过优化收入分配结构提高中低收入群体的收入水平,并通过健全教育、医疗、养老等公共服务体系及社会保障体系消除中低收入群体的后顾之忧,增强其消费动力。

(4)供给侧结构性改革有助于增加高质量产品和服务供给,顺应居民高品质消费需求,有效扩大内需。当前,中国高质量产品和服务供给相对不足。实施供给侧结构性改革,有助于减少医疗、教育等领域的市场准入限制,激发民间资本投资活力,促进公平竞争,增加高质量产品和服务供给。供给侧结构性改革还有助于提高产品质量标准,强化产品质量安全监管,让高质量产品能够顺利走向市场、走向消费者。

供给侧结构性改革的主要任务是持续深化的。国内外环境不断发生变化,中国经济和社会发展目标也在不断优化调整。这决定了供给侧结构性改革的主要任务并非一成不变。

在实施供给侧结构性改革前,我国面临部分行业产能过剩、成本上升等问题。高质量产品和服务供给、社会保障等还存在一些短板需要弥补。为有针对性地解决这些问题,2015年底召开的中央经济工作会议明确了供给侧结构性改革"三去一降一补"五大任务,即"去产能、去库存、去杠杆、降成本、补短板"。其中,"去产能"主要是化解传统产业的产能过剩问题,"去库存"主要是化解房地产库存问题,"去杠杆"主要是降低企业和地方政府等部门的债务负担,"降成本"主要是降低企业融资成本和税费负担,"补短板"主要是弥补高技术产业、公共服务等领域的供给短板。

2018年底召开的中央经济工作会议明确指出,"必须坚持以供给侧结构性改革为主线不动摇""在'巩固、增强、提升、畅通'八个字上下功夫"。"巩固"是指要巩固"三去一降一补"成果,加大破、立、降力度;"增强"是指要增强微观主体活力,发挥企业和企业家主观能动性,破除各类要素流动壁垒,促进正向激励和优胜劣汰;"提升"是指要提升产业链水平,注重利用技术创新和规模效应形成新的竞争优势,培育和发展新的产业集群;"畅通"是指要畅通国民经济循环,形成国内市场和生产主体、经济增长和就业扩大、金融和实体经济良性循环。

近年来,伴随世界百年未有之大变局加速演进,外部环境复杂严峻,凸显扩大内需的重要性。党的二十大报告强调,"把实施扩大内需战略同深化供给侧结构性改革有机结合起来"。2022年底召开的中央经济工作会议在部署2023年经济工作时也强调了这一点。2023年7月24日召开的中共中央政治局会议进一步明确要求,"要积极扩大国内需求,发挥消费拉动经济增长的基础性作用,通过增加居民收入扩大消费,通过终端需求带动有效供给,把实施扩大内需战略同深化供给侧结构性改革有机结合起来"。

供给侧结构性改革在实践层面和理论层面都取得了较为显著的成效,表现如下。

(1)较好地完成了"三去一降一补"五大任务。去产能进展顺利,重点行业的大量过剩产能得到化解,产能利用率提高。数据显示,截至2022年底,全国共淘汰落后产能和化解过剩产能钢铁约3亿吨、水泥约4亿吨。去库存成效明显,房地产市场发展更趋平稳。去杠杆步履稳健,工业企业资产负债率连续下降,宏观杠杆率上升势头得到遏制。降成本立竿见影,2022年全年新增减税降费及退税缓税缓费超4.2万亿元,企业减负明显。补短板持续发力,推进脱贫攻坚,实施乡村振兴战略,一批重大民生工程落地见效,医疗、生态环境保护等多个领域财政投入力度持续加大。

(2)高质量供给不断增加、新产业不断涌现,为经济发展注入新动能。在供给侧结构性改革的助推下,中国不断加强技术创新,高新技术产品越来越受青睐,2022年高新技术产品出口总额上升至近1万亿美元。一大批以物联网、大数据、人工智能为代表的新产业新业态不断涌现,2022年中国新产业、新业态、新商业模式经济增加值占GDP的比重达到17.36%。此外,中国经济发展新动能指数也大幅提升,反映出新产业的良好发展态势。

(3)把实施扩大内需战略同深化供给侧结构性改革有机结合起来,供给结构加快升级,需求结构不断优化。在供给侧结构性改革推动下,产业结构不断转型升级,国家统计局数据显示,2022年中国转型升级指数达到162.8,比2015年提高了53.1。供给结构升级进一步带动需求结构不断优化,2023年上半年全国居民人均教育文化娱乐消费、医疗保健消费支出和交通通信支出占居民人均消费支出的比重约32%,供给结构与需求结构之间形成良性循环。

(4)助推中国宏观经济治理体系不断健全,体现了对西方宏观经济理论的超越。其一,西方宏观经济政策主要应对的是总需求冲击所引发的经济波动,调控范围聚焦需求侧。供给侧结构性改革则聚焦供给侧,并与需求侧管理相互配合。由此,我国宏观经济治理较好实现了对需求侧和供给侧的全面调控。其二,西方宏观调控工具主要是货币政策和财政政策等。供给侧结构性改革的主要目标之一是对供给侧结构性失衡问题进行优化调整,货币政策和财政政策主要涉及总量层面,而结构层面的问题则需要结构政策加以应对。由此,供给侧结构性改革丰富了中国政策工具箱。其三,西方宏观经济政策的目标主要是短期稳定,供给侧结构性改革使中国宏观经济治理的目标体系涵盖了供给结构优化等其他重要目标。

本章习题

1. 供给学派的主要观点是什么?
2. 供给学派(或实际经济周期理论)和凯恩斯学派关于减税能提高产出的分歧在哪里?
3. 长期存在菲利普斯曲线吗?为什么?
4. 结合菲利普斯曲线,解释一下理性预期理论。
5. 利用动态AD-AS模型将通货膨胀表示成只包含滞后通货膨胀和供给与需求冲击的函数。假设目标通货膨胀为常数。假定中央银行不对通货膨胀的变化做出反应而只对产出的变化做出反应,从而 $\theta_\pi = 0$。假定中央银行不遵从泰勒原理,而是对于通货膨胀每增加 1 个百分点只将名义利率提高 0.8 个百分点。在这种情况下, θ_π 的值是多少?需求冲击会如何影响通货膨胀路径?

6.假设企业的成本利润率是 2‰,而工资决定方程是 $W=P(1-u+z)$。这里 u 是自然失业率, $z=0.04$。

(1)工资决定方程确定的真实工资是多少?这里的自然失业率是多少?

(2)假设高于成本价格的成本利润率增至 5‰,并有一个失业补助金的减少使 z 从 0.04 降至 0.01,请问此时实际工资和自然失业率是多少?

7.假设政府的目标函数是 $W(u,\pi) = -L(u,x) = -(u+y)$,同时面对的菲利普斯曲线为 $x = t - B(u - u'')$,其中 u 是居民的通货膨胀预期, u'' 是自然失业率。首先,由政府宣布自己的政策目标,然后居民在看到政府宣布的政策目标后形成自己的预期,政府观察到居民的预期后决定实际的货币政策 π。

(1)请计算并比较在固定规则与相机决策规则下社会福利的大小,并给出相应的解释。

(2)关于通货膨胀率,在相机决策规则下,政府能否做出零通货膨胀的承诺?为什么?如果不能,那么在相机决策规则下政府能够做出的可信承诺是什么?

8.假定一个经济的特征如下:价格制定 $P=(1+u)WA$,工资制定 $W=AP(1-u)$。

(1)如果 $P=P_t$,但是不一定等于 A,求失业率,假定对价格和生产率的预期都是正确的;

(2)如果加成 u 等于 5‰,求自然失业率;

(3)自然失业率依赖于生产率吗?

第十一章 总供给-总需求模型

经济活动始终围绕其长期增长趋势不规律地进行周期性波动,自20世纪30年代经济陷入大萧条,经历了最低迷时期之后,西方主要的发达经济体的人均国民生产总值在2008年和2009年发生了急剧的下降。宏观经济理论面临的一个基本挑战是要去解释为什么经济要不断地去经历这些周期性的运动而不是逐步地走向平稳。本章将在一个完整的宏观经济模型中引入总供给曲线和总需求曲线,以确定短期的总产出水平和通货膨胀,找到现实中经济发生波动的原因;通过对各种导致总供给和总需求曲线移动的经济冲击的反应来解释经济波动是如何产生的;同时,明确这一宏观经济模型能够在多大程度上呈现经济周期中最重要的典型特征。

第一节 总供给-总需求模型概述

一、总供给-总需求模型求解

引入总供给和总需求曲线,即总供给-总需求模型(简称AS-AD模型)来确定短期的总需求和通货膨胀。AS-AD模型可以被表示如下:

$$y_t - \bar{y} = \alpha_1(g_t - \bar{g}) - \alpha_2(r_t - \bar{r}) + v_t \qquad \bar{r} = \bar{r}^* - \bar{\rho} \tag{11.1}$$

$$r_t \equiv i_t^p + \rho_t - \pi_{t+1}^e \tag{11.2}$$

$$i_t^p = \bar{r}^* + \pi_{t+1}^e + h(\pi_t - \pi^*) + b(y_t - \bar{y}) \tag{11.3}$$

$$\pi_t = \pi_t^e + \gamma(y_t - \bar{y}) + s_t \tag{11.4}$$

$$\pi_t^e = \pi_{t-1} \tag{11.5}$$

式(11.1)是商品市场均衡的条件,v_t表示私人部门信心的变化,$g_t - \bar{g}$表示公共支出受到的冲击,长期的市场均衡实际利率$\bar{r}$是无风险的市场均衡实际利率$\bar{r}^*$与长期平均风险溢价$\bar{\rho}$的差;式(11.2)是对事前决定的实际利率的定义,ρ_t是对市场风险利差的冲击;式(11.3)表示在泰勒规则的货币政策目标下的名义利率设定;式(11.4)是第十章已推得的短期总供给曲线,s_t表示诸如工资和价格加成的波动、劳动生产率的改变这类供给冲击;式(11.5)表示静态预期的假设,即本期的预期通货膨胀率等于上期观察到的通货膨胀率。

式(11.1)、式(11.2)和式(11.3)三者联立,代表着商品市场与货币市场同时达到均衡,这样就可以刻画出总需求曲线,即

$$y_t - \bar{y} = \alpha(\pi^* - \pi_t) + z_t \qquad \alpha \equiv \frac{\alpha_2 h}{1 + \alpha_2 b}, z_t \equiv \frac{\nu_t + \alpha_1(g_t - \bar{g}) - \alpha_2(\rho_t + \bar{\rho})}{1 + \alpha_2 b} \quad (11.6)$$

再左右变换,得到总需求

$$\pi_t = \pi^* - \left(\frac{1}{\alpha}\right)(y_t - \bar{y} - z_t) \tag{11.7}$$

式(11.4)和式(11.5)合并,将短期总供给曲线写成如下形式:

$$\pi_t = \pi_{t-1} + \gamma(y_t - \bar{y}) + s_t \tag{11.8}$$

式(11.7)和式(11.8)概括了 AS-AD 模型,总需求曲线在(y_t, π_t)坐标内向下倾斜,因为通货膨胀率的下降促使一个国家或经济体的中央银行降低实际利率以刺激总需求。短期总供给曲线在(y_t, π_t)坐标内向上倾斜,因为产出的增长需要就业增长,以此令边际劳动生产率下降,边际成本上升,促使企业加速提升商品和服务的价格。图 11-1 中短期总供给曲线与总需求曲线的交点 E_0 点为 AS-AD 模型的解,即企业意愿的商品和服务的总供给等于总需求。

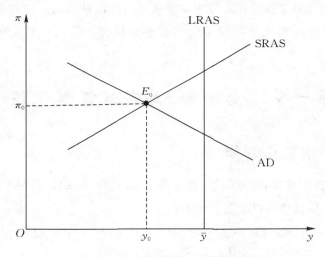

图 11-1 周期性失业下的短期宏观经济均衡

二、短期宏观均衡向长期均衡的调整

图 11-1 中的长期总供给曲线表示在没有冲击($z_t = s_t = 0$)且通货膨胀率固定($\pi_t = \pi_{t-1}$)时长期均衡下的产出量。根据式(11.8),在长期均衡时,长期总供给曲线的位置由经济的自然产出水平 $\bar{y}$ 决定。由于实际产出低于自然产出,图 11-1 短期均衡 E_0 点正处于周期性失业状态。短期总供给曲线的位置取决于预期通货膨胀 π_t^e,恰等于上期的实际通货膨胀率 π_{t-1}。给定 $s_t = 0$,当 $y_t = \bar{y}$ 时,经济处于长期总供给曲线上时,根据式(11.8)第 t 期短期总供给曲线在与上期相等的通货膨胀水平 π_{t-1} 上与长期总供给曲线相交。在 $t = 0$ 的初期,经济处于衰退期

在 E_0 点，通货膨胀率为 π_0。

在 $t=1$ 期人们预期将维持上期的通货膨胀率水平，因而，第 1 期的短期总供给曲线在 π_0 的通货膨胀率水平上与长期总供给曲线相交，从第 0 期到第 1 期，短期总供给曲线从 $SRAS_0$ 下降到 $SRAS_1$，在较低的通货膨胀和较高的产出水平上形成新的短期均衡 E_1 点。进入第 2 期，人们预期通货膨胀率 $\pi_1<\pi_0$，因而，短期总供给曲线继续下降，与长期总供给曲线在 π_1 的通货膨胀率水平上相交，在通货膨胀更低、产出更高水平上形成新的均衡 E_2 点。短期总供给曲线在 $y_t<\bar{y}$ 时持续向下移动，经济也将沿总需求曲线不断下移直至达到产出处于自然水平 $\bar{y}$ 的长期均衡 $\bar{E}$ 点（见图 11-2）。

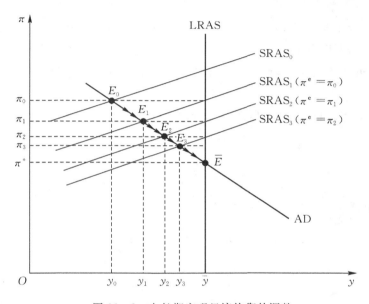

图 11-2 向长期宏观经济均衡的调整

根据式（11.7）当 $y_t=\bar{y}$ 并且 $z_t=0$ 时，$\pi_t=\pi^*$，也就是说，长期均衡时的通货膨胀率处于其目标值。

对这一变动的经济学原理解释是：①当经济处于衰退期时，工资制定者可能高估通货膨胀率，这促使他们逐渐降低通货膨胀预期，以降低他们所需负担的货币工资增长率，企业将享受较低的边际成本增长率，以及通过较低的价格加成转化而成的较低通货膨胀率。②随着通货膨胀率的下降，一个国家或经济体的中央银行会降低实际利率，从而确保较低的通货膨胀压力以增加总需求和产出。③只要产出和就业保持在自然率之下，工资制定者就将持续高估通货膨胀率并因而不断向下调整通货膨胀预期，导致更低的工资和价格，进一步促使利率下降和预期通货膨胀下降，实际和预期通货膨胀的不断下降为持续的利率下降铺平了道路，从而刺激总需求，将经济从衰退中拖出来。

一个国家或经济体的中央银行的行为在这一过程中的重要作用表现在：为确保通货膨胀率下降确实会增加总需求，通货膨胀率每下降一个百分点，一个国家或经济体的中央银行必须使名义利率下降多于一个百分点，即泰勒规则中的参数 h 必须为正数，否则，通货膨胀率的下降将导致实际利率上升，加剧最初的经济衰退。一个国家或经济体的中央银行的货币政策对通货膨胀率下降的反应越大即 h 值越大，总需求曲线就越平坦，产出向自然水平的收敛就越快。

三、调整时间测算

通过对 AS-AD 模型中参数的合理赋值，我们就可以观察在经历一次冲击之后经济从短期均衡走向长期均衡的速度有多快。假设在经历引起经济衰退的最初冲击后，不再有其他的供给和需求冲击，对于 $t \geqslant 0$ 有 $z_t = s_t = 0$，将 $\hat{y}_t \equiv y_t - \bar{y}$ 定义为产出偏离自然水平的程度，也就是产出缺口，并将 $\hat{\pi}_t \equiv \pi_t - \pi^*$ 定义为通货膨胀偏离目标通货膨胀率的程度即通货膨胀缺口。

令 $z_t = s_t = 0$，将式(11.7)和式(11.8)重新写为

$$\hat{\pi}_{t+1} = -\left(\frac{1}{\alpha}\right)\hat{y}_{t+1} \qquad \alpha \equiv \frac{\alpha_2 h}{1 + \alpha_2 b} \tag{11.9}$$

$$\hat{\pi}_{t+1} = \hat{\pi}_t + \gamma \hat{y}_{t+1} \tag{11.10}$$

从式(11.9)中得 $\hat{\pi}_t = -\left(\frac{1}{\alpha}\right)\hat{y}_t$，代入式(11.10)得

$$\hat{y}_{t+1} = \beta \hat{y}_t \qquad \beta \equiv \frac{1}{1 + \alpha \gamma} \tag{11.11}$$

从式(11.9)得 $\hat{y}_{t+1} = -\alpha \hat{\pi}_{t+1}$，代入式(11.10)得

$$\hat{\pi}_{t+1} = \beta \hat{\pi}_t \tag{11.12}$$

式(11.11)和式(11.12)的一阶线性差分方程有如下解：

$$\hat{y}_t = \hat{y}_0 \beta^t \qquad t = 0, 1, 2, \cdots \tag{11.13}$$

$$\hat{\pi}_t = \hat{\pi}_0 \beta^t \qquad t = 0, 1, 2, \cdots \tag{11.14}$$

$\hat{y}_0$ 和 $\hat{\pi}_0$ 表示 $\hat{y}_t$ 和 $\hat{\pi}_t$ 的初始值，$\beta \equiv \frac{1}{1+\alpha\gamma}$ 小于 1，随着时间 t 趋于无穷，β^t 将趋于 0，y_t 将收敛于 $\bar{y}$，π_t 将收敛于 π^*，因此，就证明了从经济趋于长期均衡的意义上来说经济是稳定的。经济需花费无限长的时间达到长期均衡，我们可以观察收敛已经完成一半后，后一半所花费的时间，令 t_h 表示实际产出和长期均衡产出间最初的缺口 $\hat{y}_0$ 缩小一半后所花费的时期数，此时的 $\beta^{t_h} = 0.5$，根据式(11.13)得：

$$\hat{y}_t = \hat{y}_0 \beta^{t_h} \equiv \frac{1}{2}\hat{y}_0 \tag{11.15}$$

$$t_h \ln \beta = \ln\left(\frac{1}{2}\right) \tag{11.16}$$

$$t_h = -\frac{\ln 2}{\ln \beta} = -\frac{0.693}{\ln \beta} \qquad \beta \equiv \frac{1}{1+\alpha\gamma} \tag{11.17}$$

$$\alpha \equiv \frac{\alpha_2 h}{1+\alpha_2 b}, \alpha_2 \equiv \frac{-D_r}{\overline{Y}_0(1-D_y)} = \left(\frac{1-\tau}{1-D_y}\right)\eta, \eta \equiv \frac{-D_r}{\overline{Y}_0(1-\tau)} \quad (11.18)$$

式中,D_r 是实际利率上升对私人商品需求的边际作用;D_y 是私人将收入用于消费品和投资品的边际倾向;τ 是私人部门面临的净税率,即扣除了转移支付;参数 η 表示相对于私人的可支配收入,实际利率上升一个百分点对私人部门储蓄剩余的影响,即储蓄减去投资。

经济的调整速度由参数 β 的值决定,然而 β 的值又取决于 γ 和 α,参数 γ 衡量的是通货膨胀根据产出缺口的调整速度。根据 β 和 α 的定义,较高的货币政策参数 h 将使得 β 趋近于 0,加速经济向长期均衡的收敛,利率对通货膨胀率变动的反应越大,产出向自然水平调整的速度就越快;较小的政策参数 b 也将加快收敛速度。一个国家或经济体的中央银行将选择可能的最高值 h 和最低值 b 来最小化对长期均衡的偏离程度,当经济遭遇需求和供给冲击时,h 和 b 的大小通过其对总需求曲线斜率的影响,决定了产出和通货膨胀背离长期均衡水平的速度的快慢。

第二节 确定性下的经济波动

本节通过追踪单个冲击的影响以了解经济的运行,解释长期均衡如何受到总供给和总需求冲击的影响,以及一个国家或经济体如何逐渐地对冲击做出反应。我们可以将冲击视作在某一时期内对经济的一次性干扰,这样就能够说明经济对冲击的反应如何形成持续的产出和通货膨胀偏离。假设在最初的冲击之后,没有其他后来的冲击,一个国家或经济体将按照某种确定性的方式运行,这样就可以使用 AS-AD 模型来计算冲击后各时期内产出缺口和通货膨胀缺口的具体值。

一、暂时性的负面总供给冲击

假设在第 0 期,在冲击发生之前,经济处于图 11-3 的长期均衡中,即 $\overline{E}$ 点。假设在第 1 期一个国家或经济体受到短暂的负面供给冲击,导致冲击变量 s 的值从 0 变为一个正值 s_1。这一冲击的暂时性,不会影响到长期的总供给曲线,但是根据式(11.8)的短期总供给曲线将向上垂直移动一段距离 s_1,从 $SRAS_0$ 上移到 $SRAS_1$,因此,第 1 期新的短期均衡表示为 E_1 点。从 $\overline{E}$ 点到 E_1 点这个国家或经济体经历了一段滞胀期,即通货膨胀率提高和产出下降,负面的供给冲击导致生产成本的外生增长,自然引发通货膨胀率上升,产出下降则是因为政府为了对抗通货膨胀率的上升,从而提升利率,而利率的提升抑制了总需求水平。

假设从第 2 期开始,供给冲击因素消失,s 退回到初始值 0,可能会认为短期总供给曲线将退回到初始位置 $SRAS_0$,在第 2 期恢复到长期均衡,但是因为在第 1 期通货膨胀率已上升至 π_1,静态预期的假设意味着第 2 期的预期通货膨胀率将保持在 π_1,高于初始短期总供给曲线下的预期通货膨胀率 π^*。由于预期通货膨胀率的上升,尽管 s 降至 0,但是在第 2 期中短期总供给曲线仅下降至 $SRAS_2$。新的短期均衡表示为图 11-3 中的 E_2 点,通货膨胀率依然高于目标通货膨胀率值,然而产出却低于自然产出水平。此后,因为实际通货膨胀率在第 1 期到第 2 期下降,第 3 期的预期通货膨胀率将下降,导致短期总供给曲线在第 3 期进一步下移,形成更低的通货膨胀水平下新的短期均衡,这样又促使短期总供给曲线继续下移,等等。因此,预期通货膨胀率的不断下降,保证了国家或经济体沿着总需求曲线逐渐回归到最初的长期均衡 $\bar{E}$ 点。

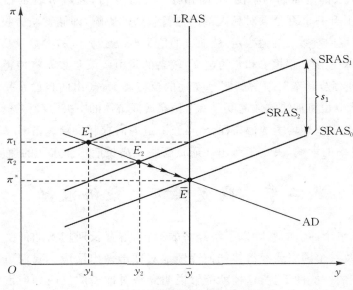

图 11-3 暂时性负面供给冲击的效应

暂时性的负面供给冲击会在短期引起滞胀,即使冲击是暂时的,经济活动也会在自然水平之下维持一段时间,因为一个国家或经济体的中央银行会将真实实际利率水平保持在自然实际利率水平之上,直至通货膨胀达到目标通货膨胀率水平。

二、暂时性的负面总需求冲击

假设在第 0 期经济处于长期均衡的水平,第 1 期中经济受到短暂的负面需求冲击的影响,例如经济中的个体对经济增长的潜能感到悲观,在第 0 期和第 1 期之间需求冲击因素 z 从 0 变为某一负值 z_1。根据式(11.7),总需求曲线将下移 $|z_1/\alpha|$ 的距离,在图 11-4 中从 AD_0 下移到 AD_1,该国家或经济体从最初的长期均衡 $\bar{E}$ 点移动到新的短期均衡 E_1 点,产出和通货膨胀都变得更低。

在第 2 期私人部门的信心恢复,推动总需求曲线回到初始位置 AD_0,式(11.7)中的变量 z_t 回到初始值 0。在第 1 期可观察到的通货膨胀下降导致从第 1 期到第 2 期预期通货膨胀从 π^* 下降到较低的水平 π_1,因此,在第 2 期短期的总供给曲线下降至 $SRAS_2$,在 E_2 点形成新的短期均衡,第 2 期的产出超出了长期均衡值 $\bar{y}$。只有随着超出正常水平的经济活动进一步推高了实际和预期通货膨胀率,这样实际国内生产总值才能逐渐下降,回归到正常水平。随着预期通货膨胀的提升,短期总供给曲线将逐渐回到初始位置 $SRAS_0$,该国家或经济体将沿着总需求曲线回到最初的长期均衡 $\bar{E}$ 点。

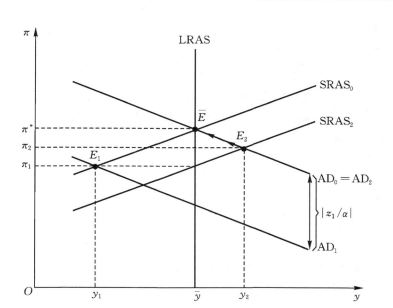

图 11-4 暂时性负面需求冲击的效应

当产出和通货膨胀水平低于其长期均衡水平的时候，暂时性的负面需求冲击一开始会引起衰退，然而当总需求曲线回归到其原来的位置时，该国家或经济体就进入了可以持续几个时期的繁荣时期。这是因为初始衰退致使实际与预期通货膨胀降低，这会使一个国家或经济体的中央银行将实际利率水平保持在自然水平之下，直至实际与预期的通货膨胀水平赶上目标通货膨胀水平。

三、刺激—反应过程的数学表达

我们用定量的 AS-AD 模型，通过对关键参数赋予合理值，来研究一个国家或经济体对供给和需求冲击的反应强度。为此，冲击变量 z_t 和 s_t 都将不再是 0，将 $\hat{y}_t \equiv y_t - \bar{y}$ 定义为产出缺口，$\hat{\pi}_t \equiv \pi_t - \pi^*$ 定义为通货膨胀缺口，总需求曲线和短期总供给曲线可以被分别写成

$$\hat{\pi}_t = -\frac{1}{\alpha}(\hat{y}_t - z_t) \tag{11.19}$$

$$\hat{\pi}_t = \hat{\pi}_{t-1} + \gamma \hat{y}_t + s_t \tag{11.20}$$

从式(11.19)中得 $\hat{\pi}_{t-1} = (1/\alpha)(z_{t-1} - \hat{y}_{t-1})$，将其代入式(11.20)得

$$\hat{y}_t = \beta \hat{y}_{t-1} + \beta(z_t - z_{t-1}) - \alpha\beta s_t \tag{11.21}$$

利用式(11.19)代换入式(11.20)中得

$$\hat{\pi}_t = \beta \hat{\pi}_{t-1} + \gamma \beta z_t + \beta s_t \tag{11.22}$$

利用合理的参数值，可以模拟式(11.21)和式(11.22)从第 0 期开始的变化，得到刺激—反应方程，它表示产出和通货膨胀面对各种冲击而进行的逐渐调整的过程。图 11-5 显示了第 1 期内当供给冲击变量 s_t 从 0 变为 1 的时候，暂时性短期供给冲击增加所形成的产出缺口和通货膨胀缺口的刺激—反应方程。在短期和中期中，暂时性的负面供给冲击导致正的通货膨

胀缺口和负的产出缺口。在第 1 期,通货膨胀率并未增长 1 个百分点,因为产出和就业的下降通过降低产出的边际成本而减少了通货膨胀压力,短期的产出下降十分显著,合计超过了 0.6%。图 11-6 显示了第 1 期需求冲击变量 z_t 暂时从 0 变为 -1 时的刺激—反应方程,短期的产出下降小于 1%,因为,通货膨胀和经济活动的下降促使一个国家或经济体的中央银行降低实际利率以抑制需求的下降,第 2 期起 z_t 恢复到正常水平 0 时,看到产出缺口从负到正的过程,之后又逐步回落到 0。

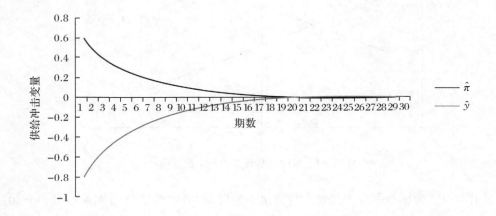

图 11-5 暂时性负面供给冲击的调整

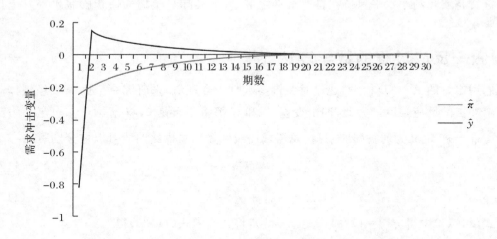

图 11-6 暂时性负面需求冲击的调整

四、持久性的冲击

在上述的分析中我们仅考虑了暂时冲击,但是有时冲击却是持久的。例如,一项税收改革可能会持久地改变消费和投资倾向,国际贸易的自由化通过改变产品市场竞争程度将持久地影响价格相对于边际成本的加价。

分析持久冲击的影响将更为复杂,因为这类冲击将改变均衡的实际利率水平,从而影响一个国家或经济体的中央银行的货币政策规则,进一步地,持久的供给冲击将改变整个经济的自然产出率。令 $\bar{r}_0$ 和 $\bar{y}_0$ 分别表示实际利率和经济体在遭遇冲击前初始的长期均衡产出水平。

一个国家或经济体的商品市场均衡可以写作

$$y_t - \bar{y}_0 = \tilde{\nu}_t - \alpha_2(r_t - \bar{r}_0) \qquad \tilde{\nu}_t \equiv \nu_t + \alpha_1(g_t - \bar{g}) \tag{11.23}$$

正常的短期总供给曲线为

$$\pi_t = \pi_{t-1} + \gamma(y_t - \bar{y}_0) + s_t \tag{11.24}$$

在初始均衡中有 $\tilde{\nu}_t = s_t = 0$,我们假设一个国家或经济体经历了持久的供给冲击将 s_t 从 0 变为 $s_t \neq 0$,假设在长期中,$\pi_t = \pi_{t-1}$,$y_t = \bar{y}$,$s_t = s$,代入短期总供给曲线,得出长期总供给曲线

$$\bar{y} = \bar{y}_0 - \frac{s}{\gamma} \tag{11.25}$$

令实际产出 y_t 等于新的自然产出率 $\bar{y}$,将 $r_t = \bar{r}$ 代入一个国家或经济体的商品市场均衡公式,同时假定信心 $\tilde{\nu}_t$ 继续为 0,那么可得观察期内的均衡实际利率

$$\bar{r} = \bar{r}_0 + \frac{s}{\gamma \alpha_2} \tag{11.26}$$

负面的供给冲击将减少自然的产出率,这需要总需求曲线下降以维持一个国家或经济体的商品市场的长期均衡,然而为了抑制总需求,实际利率则需要上升。为了将经济引导至以式(11.25)和式(11.26)为特征的长期均衡,一个国家或经济体的中央银行要运用货币政策修改无风险均衡实际利率,该国家或经济体的中央银行根据 $\bar{r}^* = \bar{r} - \bar{\rho}$ 来设定名义利率。如果该国家或经济体受到持久的需求冲击,$\tilde{\nu}_t$ 从 0 变为不是 0 的常数,对自然产出水平没有任何影响,令 $\bar{y} = \bar{y}_0$,$\tilde{\nu}_t = \tilde{\nu}$,则得到新的均衡实际利率

$$\bar{r} = \bar{r}_0 + \frac{\tilde{\nu}}{\alpha_2} \tag{11.27}$$

由于自然产出不变,总需求自发的上升($\tilde{\nu}_t > 0$)将会被实际利率的上升所抵消,后者通过降低利率敏感者的需求使得总需求不超过长期均衡产出下的水平。

为了将通货膨胀率保持在目标水平且避免大的产出缺口,该国家或经济体的中央银行的货币政策对变量 $\bar{r}^* = \bar{r} - \bar{\rho}$ 和 $\bar{y}$ 的估计必须要考虑持久的需求和供给冲击的影响,否则中央银行无法实现其目标。在图 11-7 中,如果负面的供给冲击将长期总供给曲线从 $LRAS_0$ 永远移至 $LRAS_1$,但是该国家或经济体的中央银行没有能够意识到均衡实际利率上升的事实,那么该国家或经济体就将处于 $\overline{E_1}$ 点的长期均衡上,此时,通货膨胀率将持续高于目标通货膨胀率 π^*。为避免这一持续的通货膨胀偏离,该国家或经济体的中央银行必须根据式(11.26)修改其对于 $\bar{r}$ 的估计。此时,在图 11-7 中总需求曲线由 AD 下降至 AD′,这样,长期均衡 $\overline{E}'$ 点的通货膨胀率就与目标通货膨胀率一致了。

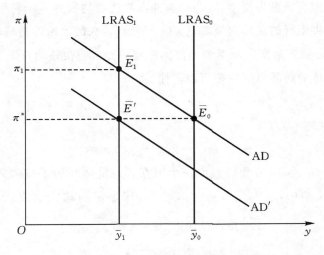

图 11-7 持久的负面供给冲击的长期效应

第三节 真实经济周期理论

真实经济周期理论,也称为 RBC 理论。这一理论的思想似乎是要通过技术进步率的波动来解释经济周期波动。在 RBC 理论的最为基础的版本中,经济周期最初的刺激因素是生产率的变动,通过影响资本积累,进一步影响生产潜能,并将影响传递到整个经济。根据这一观点,在一个国家或经济体的经济周期中观察到的就业波动反映了个体劳动供给曲线的自愿变动,当劳动生产率变高,实际工资反常提升时,工人选择进入劳动力市场或工作更多时间,而当劳动生产率和实际工资相对其潜在的增长趋势变得反常低时,工人会减少劳动供给。因此,一个国家或经济体的市场似乎能不断出清,并且经济周期似乎是一个国家或经济体对变动的技术机会的最优反应。

一、技术变化

我们假设总产出是柯布-道格拉斯型生产函数:

$$Y_t = K_t^\alpha (A_t L_t)^{1-\alpha} \qquad 0 < \alpha < 1 \tag{11.28}$$

式中,K_t 是初始期 t 的资本存量;L_t 是这一时期内的总劳动投入;参数 A_t 表示劳动增强型的技术进步,将不断提高劳动增长率,A_t 的潜在增长率包含了常数趋势部分 g,但是劳动增长率同样受随机因素的作用。随机变量 s_t 度量了生产率偏离趋势的相对程度,对模型进行模拟时,假设 s_t 遵循随机过程:

$$s_{t+1} = \omega s_t + c_{t+1} \qquad 0 \leqslant \omega < 1, c_t \sim N(0, \sigma_c^2) \tag{11.29}$$

定义生产率趋势水平概念 $\overline{A}_t$：

$$\ln \overline{A}_t = gt \tag{11.30}$$

根据定义，当期资本存量等于当期新增投资加上上期存量折旧后的余量，并假定上期新增储蓄全部转化为当期新增投资，则有

$$K_t = (1-\delta)K_{t-1} + S_{t-1} \tag{11.31}$$

假定折旧率等于 1，即全部上一期的资本存量全部被折旧殆尽，则有

$$K_t = S_{t-1} \tag{11.32}$$

二、经济行为

我们的第一个假设是标准的索洛假设，总储蓄是总收入的一个常数比率：

$$S_t = \bar{s} \cdot Y_t \qquad 0 < \bar{s} < 1 \tag{11.33}$$

式(11.28)和式(11.33)是基础 RBC 模型中的推动机制。当正面的生产率冲击致使产出和实际收入上升时，总储蓄增长将增加下一期的资本存量，导致即使正面的技术冲击已经消失，下期的产出依然在趋势之上。产出的高水平使储蓄和资本积累保持在正常水平以上，为产出的不断上升铺平了道路。这样一来，最初的冲击通过储蓄和资本积累的过程不断传播，形成了总产出和其他宏观经济变量的持久性。这不同于 AS-AD 模型中持久性由实际通货膨胀和预期通货膨胀调整的迟缓所造成的情形。

RBC 模型中的另一个行为假设是总劳动供给的设定，假定工人理性且弹性：

$$L_t^s = \left(\frac{w_t}{\overline{w}_t}\right)^\varepsilon \qquad \varepsilon > 0 \tag{11.34}$$

式中，w_t 是当前真实的实际工资；$\overline{w}_t$ 是自然的趋势实际工资。为简便起见，选择的度量单位使得当实际工资处于自然趋势水平，即等于 1 时，能够得到正常水平的劳动供给。模型中所有的变量都可按照人均值来衡量。式(11.34)抓住了 RBC 理论中的关键思想，即劳动供给存在跨期替代，当实际工资反常低（$w_t < \overline{w}_t$）时，工人们更少地工作，更多地休闲；当实际工资反常高（$w_t > \overline{w}_t$）时，工人们利用有利的劳动力市场机遇，选择更多地工作。弹性指数 ε 反映了这些跨期替代效应，同时式(11.34)意味着在长期里 w_t 和 $\overline{w}_t$ 以同样的速率增长，劳动供给不存在时间趋势。

我们假定在长期中市场接近完全竞争状态，完全竞争下的利润最大化意味着实际工资等于劳动的边际生产率，则有

$$w_t = \frac{\partial Y_t}{\partial A_t L_t} = (1-\alpha)\left(\frac{K_t}{A_t L_t}\right)^\alpha \tag{11.35}$$

当经济处于稳定增长途径时，变量 $K_t/(A_t L_t)$ 的值等于常数 $\tilde{k}^*$：

$$\overline{w}_t = (1-\alpha)\bar{c}\overline{A}_t \qquad \bar{c} \equiv (\tilde{k}^*)^\alpha \tag{11.36}$$

我们假设劳动市场是竞争性的,实际工资可充分变动以确保总劳动供给量等于总劳动需求量,从而得到劳动市场的出清条件:

$$L_t = L_t^s \tag{11.37}$$

三、产出与就业的动态关系

根据式(11.34)和式(11.36)联立式(11.37),可以得到

$$L_t = L_t^s = \left(\frac{w_t}{\overline{w}_t}\right)^\varepsilon = \left[\frac{Y_t}{\overline{c}\,\overline{A}_t}\right]^\varphi \qquad \varphi \equiv \frac{\varepsilon}{1+\varepsilon} < 1 \tag{11.38}$$

将式(11.32)、式(11.33)和式(11.38)代入式(11.28)得

$$Y_t = (\overline{s}Y_{t-1})^\alpha A_t^{1-\alpha}\left[\frac{Y_t}{\overline{c}\,\overline{A}_t}\right]^{\varphi(1-\alpha)} \tag{11.39}$$

对式(11.39)两边取对数,可以得到

$$y_t = \frac{\alpha\ln\overline{s} - \varphi(1-\alpha)\ln\overline{c}}{1-\varphi(1-\alpha)} + \frac{\alpha}{1-\varphi(1-\alpha)}y_{t-1} + \frac{(1-\alpha)[(1-\varphi)gt+s_t]}{1-\varphi(1-\alpha)} \tag{11.40}$$

为集中研究产出的周期分量$\hat{y}_t$,我们定义

$$\hat{y}_t \equiv y_t - \overline{y} \equiv y_t - (\overline{y}_0 + gt) \tag{11.41}$$

$\overline{y}$代表稳态增长趋势,即没有生产率冲击且经济达到稳态时的产出水平。变量$\overline{y}_0$是第0期一个国家或经济体的经济处于稳态时产出水平的对数值,稳态时$w_t = \overline{w}_t$且$L_t = 1$,根据式(11.28)和对$\overline{c}$的定义,则有

$$\overline{y}_0 = \ln\overline{c} \tag{11.42}$$

根据式(11.30)有$\ln\overline{A}_0 = 0$,稳态下没有生产率冲击和人口增长,产出的增加率为g,因此,有$Y_{-1} = \overline{Y}_0/(1+g)$。令式(11.39)中$t=0$且$A_0 = \overline{A}_0$,代入$Y_{-1} = \overline{Y}_0/(1+g)$并取对数,并利用式(11.42)及$\ln\overline{A}_0 = 0$和$\ln(1+g) \approx g$,可以得到

$$\overline{y}_0 = \frac{\alpha}{1-\alpha}(\ln\overline{s} - g) \tag{11.43}$$

利用式(11.41)、式(11.42)和式(11.43),将式(11.40)化简为

$$\hat{y}_t = \left[\frac{\alpha}{1-\varphi(1-\alpha)}\right]\hat{y}_{t-1} + \left[\frac{1-\alpha}{1-\varphi(1-\alpha)}\right]s_t \qquad \varphi \equiv \frac{\varepsilon}{1+\varepsilon} < 1 \tag{11.44}$$

可以看出$\hat{y}_{t-1}$的系数为正且小于1,在没有产出冲击的时候,该国家或经济体的经济会向稳态均衡$\hat{y}_t = \hat{y}_{t-1} = 0$单调收敛,且产出以常数比率$g$增长。

我们考虑劳动投入的周期分量,定义$\hat{L}_t \equiv \ln(L_t/\overline{L})$,$\overline{L}$是劳动供给的趋势水平,因为$\overline{L} = 1$,根据式(11.38)有$\hat{L}_t = \ln L_t = \varphi[y_t - (\ln\overline{c} + \ln\overline{A}_t)]$。因为式(11.30)、式(11.41)和式(11.42)意味着$\ln\overline{c} + \ln\overline{A}_t = \overline{y}_0 + gt = \overline{y}_t$,其可简写为

$$\hat{L}_t = \varphi \hat{y}_t \tag{11.45}$$

式(11.44)和式(11.45)总结了实际经济周期的随机索洛模型。从数学形式上看,式(11.44)与 AS-AD 模型中产出缺口的一阶线性差分方程非常近似,但是这两个模型的内在经济机制却完全不同。在 AS-AD 模型中,产出和就业的持久性是由实际通货膨胀和预期通货膨胀的缓慢调节造成的,产出缺口的波动与非自愿失业的波动相关联。在实际经济周期模型中,持久性源于资本积累的动态,就业波动反映了工人面对生产机会的改变而自愿调整劳动供给。

四、真实经济周期理论的贡献与不足

在当今,大多数经济学研究者认可了真实经济周期理论学家对经济周期研究方法所做的贡献。首先,真实经济周期理论学家引入了创建和模拟随机动态一般均衡模型的做法,其预测可与经济周期的典型特征相比较,并且,他们还引入了更为严格的理论和实证标准以检验一种特定经济周期理论的"好"或"坏"。其次,真实经济周期理论学家关注了经济体供给面的各种机制。例如,资本积累动态可用于解释在宏观经济时间序列中观察到的持久性。

从理论视角出发,真实经济周期理论最大的吸引力在于对增长和经济周期提供了统一和简约的解释。根据上面的真实经济周期模型,经济的短期波动和长期增长是由技术演化和相应的资本积累所驱动的,因此,无须为短期和长期分别设置理论。进一步地,基本的实际经济周期的含义是很简单的,只依赖于技术冲击,在真实经济周期模型中无须假设预期误差或名义刚性去生成经济波动。尽管基本真实经济周期模型能很好地反映产出和劳动投入的数字特征,然而它仍然存在一系列严重的问题。

基本真实经济周期模型存在的一个问题是外生的技术冲击是否是经济周期的主要驱动力?全要素生产率的周期分量解释了处于波峰和波谷时的产出缺口的很大一部分,但是衰退难道真是由总体性的技术退化所造成的?为何企业和工人会突然丧失有效使用既存的技术与机器的能力?产生这个问题的一个可能原因是非技术性的负面生产率冲击,例如影响农业产出的恶劣天气或进口原材料、石油实际价格的上升等。农业只占据发达国家国内生产总值一个很小的份额,并且尽管石油价格飞涨事实上带来了一些全球性的衰退,但是更多的衰退似乎是由其他因素导致的。如果观察到的全要素生产率波动不反映技术进步的高度不平稳节奏,并且它们只偶然地反映商品价格冲击,那么我们又该如何解释全要素生产率的波动?对此一个可能合理的解释是,要素生产率的周期波动大多源于由总需求波动导致的资本和劳动利用程度的改变,处于衰退期时的企业会保留一些不必需的和低利用度的劳动以备需求恢复时迅速地扩张产出,当需求上涨时,低利用度的劳动被更多地投入使用,在短期内实现高要素生产率和产出增长而不需要增加劳动雇佣。

基本真实经济周期模型存在的第二个问题是对观察到的就业波动的解释。实际经济周期模型中记录的失业率的变化反映了当实际工资相对较低时,工人自愿地选择失业,当工作的回报不如意时,工人倾向于不工作,消费更多的闲暇。因此,尽管当劳动市场上工资下降时,相对于预期的增长趋势所带来的更高的劳动生产率和实际工资,工人感到受挫,但他们不是非自愿失业。真实经济周期模型对非自愿失业现象的否认,很难与随意观察到的严重的经济衰退相符合,特别是像20世纪30年代大衰退时的失业期间所表现出的情形。正如一些真实经济周期理论的批评家所指出的:如果真实经济周期模型对失业的标准解释是正确的,那么经济大衰退可被更名为"大度假"。更一般地说,所有就业波动反映的都是劳动供给的跨期替代这一想法与劳动力市场的经验研究的符合程度很低。AS-AD模型在处理劳动力市场时则不存在真实经济周期模型所产生的这一问题,因为AS-AD模型的微观基础意味着在自然就业率水平上,同样存在着非自愿失业,这意味着一些工人被迫脱离了其自愿的劳动供给曲线,并且总的劳动供给曲线具有完全弹性,直到非自愿失业的工人数量为零。

 本章习题

1. 简述实际经济周期理论和新凯恩斯主义经济学对经济波动的解释。

2. 假设价格有完全的伸缩性,并且一个国家或经济体的经济中产出的波动正如真实经济周期理论所说的是由于技术冲击所造成的。

(1)如果一个国家或经济体的中央银行保持货币供给不变,随着产出的波动,物价水平会发生什么变动?

(2)如果一个国家或经济体的中央银行调整货币供给以稳定物价水平,随着产出的波动,货币供给会发生什么变动?

(3)经济学家观察到,货币供给的波动与产出的波动正相关,我们可以将此作为反对实际经济周期模型的证据,认为产出的波动源自货币供给的波动吗?

3. 简述实际经济周期理论。

4. 请论述实际经济周期理论与新凯恩斯理论在劳动力市场、技术冲击、货币中性以及工资弹性方面的主要分歧。

5. 假定总量生产函数为 $Y=2K^{1/2}L^{1/2}$,Y 代表实际国内生产总值,K 代表总的资本存量,L 代表雇佣的所有劳动力,再假定 $K=100$。

(1)试通过总量生产函数对劳动力求导得到劳动边际产品,推导出劳动需求函数,使劳动边际产品等于实际工资率 W/P,并求解 L。

(2)将劳动力需求函数代入总量生产函数中,并写出作为实际工资函数的产出表达式。

6. 假设企业的投资函数由下列式子给出:$I=\lambda(K_t^* - K_{t-1}) + 0.1 K_{t-1}$。$K_t^*$ 为厂商的意愿资本存量。$K=0.1Y/r$,其中 Y 为产量,r 为利率,并令 $r=0.05$。设 λ 的初始值为 0.25。假设现在的产量水平由 200 上升到第二年的 250,并始终保持在这一水平。计算其投资水平和第二年、第三年、第四年的资本存量。新的长期投资水平和资本水平是多少?为什么?

7. 若货币交易需求为 $L_1=0.2y$，货币投机需求为 $L_2=2000-500r$。

(1) 写出货币需求函数；

(2) 当收入为 10000，货币供给为 2500 时，均衡利率为多少？

8. 假定一个国家或经济体的经济存在以下关系，消费 $C=800+0.8Y_d$，Y_d 为可支配收入，边际税率 $t=0.25$，投资 $I=200-50r$，政府购买 $G=200$，货币需求 $M_D/P=0.4Y-100r$，货币供给 $M_S=900$，总供给函数 $Y=2350+400P$。

(1) 求总需求函数。

(2) 求总供给和总需求均衡时的收入和价格水平。

(3) 假定一个国家或经济体的经济充分就业的收入为 2850，试问：该经济是否实现了充分就业？此时当局应该采取什么政策以便实现宏观经济目标？

9. 假定一个国家或经济体有下列国民收入统计资料：国民生产总值为 4800 万美元，总投资为 800 万美元，净投资为 300 万美元，消费为 3000 万美元，政府购买为 960 万美元，政府预算盈余为 30 万美元，计算以下指标：

(1) 国内生产净值；

(2) 净出口；

(3) 政府税收减去转移支付后的收入；

(4) 个人可支配收入；

(5) 个人储蓄。

10. 假定一个国家或经济体的经济在某时期发生了两方面的活动：一是一个银矿公司支付 7.5 万美元工资给矿工开采了 50 万千克银卖给一银器制造商，售价 10 万美元；二是银器制造商支付 5 万美元工资给工人造一批项链卖给消费者，售价 40 万美元。

(1) 用最终产品生产法计算国内生产总值。

(2) 每个生产阶段生产了多少价值？用增值法计算国内生产总值。

(3) 在生产活动中赚得的工资、利润分别为多少？用收入法计算国内生产总值。

11. 根据宏观经济学理论，经济周期是由总需求和总供给的波动引起的。假设一个国家或经济体的总需求函数为：$Y=8000+0.8C+0.2I+0.1G-0.1T$，其中 C 为个人消费支出，I 为投资支出，G 为政府支出，T 为税收。现有数据如下：$C=6000, I=2000, G=3000, T=1500$。请计算以下指标：

(1) 国内生产总值的数值；

(2) 净出口 $(X-M)$ 的数值，其中 X 为出口，M 为进口；

(3) 投资 (I) 对国内生产总值的贡献度；

(4) 净出口对国内生产总值的贡献度；

(5) 总需求 (Y) 的数值。

12. 根据宏观经济学理论，经济周期是由总需求和总供给的波动引起的。假设一个国家或经济体的总供给函数为：$Y=5000+0.5Y-1000W$，其中 Y 为国内生产总值，W 为工资水平，

$W=2000$，计算以下指标：

(1) 国内生产总值的数值；

(2) 工资水平上升10%后，国内生产总值的数值；

(3) 工资水平对国内生产总值的贡献度；

(4) 增加的工资水平对国内生产总值的贡献度；

(5) 总供给(Y)的数值。

13. 根据宏观经济学理论，经济周期是由总需求和总供给的波动引起的。假设一个国家或经济体的总需求函数为：$Y=C+I+G+(X-M)$，其中C为个人消费支出，I为投资支出，G为政府支出，X为出口，M为进口。现有数据如下：$C=5000$，$I=3000$，$G=2000$，$X=1000$，$M=500$，计算以下指标：

(1) 净出口($X-M$)的数值；

(2) 个人消费支出(C)对国内生产总值的贡献度；

(3) 投资支出(I)对国内生产总值的贡献度；

(4) 政府支出(G)对国内生产总值的贡献度；

(5) 总需求(Y)的数值。

14. 简述宏观经济学理论中短期经济波动的原因。

第十二章 稳定政策

一个国家或经济体的经济由于受到多种意外冲击的影响始终处在周期性波动当中,因此,保持该国家或经济体宏观经济稳定就成为政府政策的重要目标。一个国家或经济体的稳定政策建立在这样一种假设的基础上——政策制定者及其全体大众厌恶产出、就业和通货膨胀的波动。因为就业和产出一起变动,所以对波动厌恶的这一假设有时被形式化为社会损失函数:

$$\text{SL} = \frac{a_y}{2}(y-\bar{y})^2 + \frac{a_\pi}{2}(\pi-\pi^*)^2 \tag{12.1}$$

式中,SL 代表社会损失;$y-\bar{y}$ 以对数形式衡量了真实产出与自然产出水平的差距;$\pi-\pi^*$ 是真实通货膨胀水平 π 与目标通货膨胀水平 π^* 的差距;参数 a_y 和 a_π 分别决定了产出与通货膨胀缺口变化的边际社会损失量,因为,$\partial \text{SL}/\partial(y-\bar{y}) = a_y(y-\bar{y})$ 和 $\partial \text{SL}/\partial(\pi-\pi^*) = a_y(\pi-\pi^*)$。式(12.1)可以用来计算产出与通货膨胀带来的平均社会损失,即

$$E[\text{SL}] = \frac{a_y}{2}\sigma_y^2 + \frac{a_\pi}{2}\sigma_\pi^2 \qquad \sigma_y^2 \equiv E[(y_t-\bar{y})^2], \sigma_\pi^2 \equiv E[(\pi_t-\pi^*)^2] \tag{12.2}$$

式(12.2)表示了由于一个国家或经济体的宏观经济不稳定性所造成的社会福利损失,其随着产出偏离其自然水平的方差 σ_y^2 以及通货膨胀率偏离其目标水平的方差 σ_π^2 的增大而增大。

第一节 消费波动和通货膨胀的福利成本

一、消费波动的福利成本

我们先来考虑为什么产出围绕其长期增长趋势波动是一个社会问题,为了解决这个问题,建立一个突出消费与就业的波动对消费者社会福利影响的简单模型。该模型描述了经济繁荣与经济衰退对一个国家或经济体的社会福利影响的市场缺陷的重要性,同时也说明了工资与价格加成的冲击是如何成为经济周期波动的驱动力的。首先,集中讨论供给冲击,因为其代表了稳定政策在稳定产出与稳定通货膨胀之间抉择的最严峻的挑战。

(一)消费与就业的波动对消费者福利影响的简单模型

考虑一个国家或经济体的典型消费者都参与到现实消费 C 与劳动 L 中。举个具体的例子,假定消费者的效用函数 $U(C,L)$ 形式如下:

$$U(C,L) = \frac{C^{1-\theta}}{1-\theta} - \frac{L^{1+\mu}}{1+\mu} \qquad \theta > 0, \mu > 0 \tag{12.3}$$

式中,第一项衡量了消费的效用,第二项衡量了劳动的负效用。因为 $\partial U/\partial C \equiv U_C = C^{-\theta}$,我们可以明白 θ 是消费效用关于消费的弹性。θ 值越大,效用函数的曲率就越大,同时,如果消费者经历了意料之外的消费量降低,那么消费边际效用就提升得越快。通常情况下,θ 指的是相对风险厌恶系数,消费者为了规避消费风险而放弃的消费量是与 θ 值成比例的。

因为 $\partial U/\partial L \equiv U_L = -L^{-\mu}$,所以 μ 理解为工作的边际负效用弹性。μ 的倒数有时指的是弗里希劳动供给弹性,该弹性衡量的是当工人的收入为适应恒定的消费边际效用而改变时,劳动供给是如何对税后真实工资的提升做出反应的。换句话说,因为抵消了收入效应,弗里希劳动供给弹性捕捉到了纯粹的真实净工资变动对劳动供给的替代影响。为了说明这一点,假设一位消费者收到了真实非劳动收入 I(包括盈利和政府转移支付)与真实税后劳动收入 $(W/P)(1-\tau)L$,其中 W 是名义工资水平,P 是价格水平,τ 是劳动收入的比例税率,所以,消费者的预算约束是 $C=(W/P)(1-\tau)L+I$,用它替代效用函数式(12.3)中的 C。为了计算出表达式中关于 L 的最大值,我们得到了如下的消费者最优劳动供给的一阶条件:

$$(W/P)(1-\tau)C^{-\theta} - L^{\mu} = 0 \tag{12.4}$$

假定将真实税后收入 $(W/P)(1-\tau)L$ 提高一些,为了保持税后总收入,继而消费和消费的边际效用 $C^{-\theta}$ 恒定,需要对消费者的外生变量收入 I 做相应的调整。式(12.4)的隐函数微分为 $\omega = W/P$,并且 $C^{-\theta}$ 恒定:

$$\frac{dL}{d[\omega(1-\tau)]} = \frac{C^{-\theta}}{\mu L^{\mu-1}} = \frac{\overbrace{L^{\mu}/[\omega(1-\tau)]}^{=C^{-\theta}}}{\mu L^{\mu-1}} = \frac{L}{\omega(1-\tau)\mu} \Rightarrow \frac{dL/L}{d[\omega(1-\tau)]/[\omega(1-\tau)]} = \frac{1}{\mu} \tag{12.5}$$

$1/\mu$ 衡量的是经过收入效应调整的劳动供给的工资弹性,它会帮助我们量化经济周期的福利成本。

消费者理想的劳动供给条件式(12.4)可以写作 $MRS(C:L) = (W/P)(1-\tau)$,$MRS(C:L) \equiv -U_L/U_C = C^{\theta}L^{\mu}$ 是消费和工作间的边际替代率,衡量了工人愿意额外工作一小时所要求的额外消费。如果劳动力市场是完全竞争的,在不考虑非自愿失业的情况下,工人因此会一直工作到 MRS 恰好等于税后工资率的水平,然而我们这样假定是因为当联合垄断势力和效率工资既定时,支付的税后真实工资水平是 MRS 的加成,即工人愿意从事额外工作量的加成。我们引入工资加成因子 m_w:

$$m_w \equiv \frac{(W/P)(1-\tau)}{MRS(C:L)} = \frac{(W/P)(1-\tau)}{C^{\theta}L^{\mu}} > 1 \tag{12.6}$$

需要注意的是,如果个体工作时间是由法律规定的或者集体谈判协定的,那么可以将效用函数式(12.3)理解为一种集体家庭偏好,该偏好代表了他们进入劳动力市场有不同的心理成本,所以有些家庭成员不愿意进入劳动力市场。按照这样理解,式(12.3)中的 $L^{1+\mu}/(1+\mu)$ 衡量的就是家庭所有成员的工作负效用量,边际负效用 $-L^{\mu}$ 衡量具有最高的工作负效用的"边际"工人参加劳动的成本,所以,效用函数式(12.3)可以反映社会福利效应的变动对个体工作时间和雇佣劳动人数波动的影响。

我们现在关注企业部门,假设典型企业的产出 Y 用生产函数来表达:

$$Y = BL^{1-\alpha} \qquad 0 < \alpha < 1 \tag{12.7}$$

B 是外生生产率水平参数,式(12.7)表明劳动的边际生产率是 $\partial Y/\partial L \equiv \mathrm{MPL} = (1-\alpha)BL^{-\alpha} = (1-\alpha)(Y/L)$。在完全竞争经济中,追求利润最大化的企业将雇用劳动力直至 $\mathrm{MPL}=W/P$ 的状态,但是当产品市场不是完全竞争时,企业索要的价格是在边际成本上的价格加成 m_p,即 $P = m_p \cdot \mathrm{MC}$,边际成本 $\mathrm{MC}=W/\mathrm{MPL}$。所以有

$$m_p \equiv \frac{\mathrm{MPL}}{W/P} = \frac{(1-\alpha)BL^{-\alpha}}{W/P} = \frac{(1-\alpha)(Y/L)}{W/P} > 1 \tag{12.8}$$

根据微观经济理论,在没有税收扭曲的完全竞争的经济体中,资源配置是帕累托最优的,这意味着在不使任何消费者境况变坏的情况下,不可能再使某些消费者的处境变好。加成在这种经济体的工资和价格形成中就不存在($m_w = m_p = 1$),并且边际税率为零($\tau = 0$),这意味着 $\mathrm{MPL} = \mathrm{MRS}$。因此,一个额外单位劳动所生产的产量就恰好等于消费者愿意付出一单位劳动所要求的额外单位的消费量。与之相比,在我们的模型中,市场的非竞争性与税收使劳动的边际产出高于消费与劳动间的边际替代率,所以根据式(12.6)和式(12.8)得

$$\delta \equiv \frac{\mathrm{MPL}}{\mathrm{MRS}} = \frac{m_p m_w}{1-\tau} > 1 \tag{12.9}$$

参数 δ 衡量了由劳动力市场和产品市场中的税收与不完全竞争引起的市场总体扭曲水平,其对经济繁荣与衰退的福利效应有着重要的意义。

为了完成我们的模型,简单起见,假设所有的税收收入都以一次性政府转移支付的形式返还。就政府切实地花费其收入来购买商品和服务而言,这等价于假设政府消费是私人消费的完全替代,表现为政府没有提供但是消费者为了自己的利益购买的商品或者服务,例如教育与卫生保健等。因为消费者还收取了公司赚得的利润,现在不考虑储蓄和投资的话,总消费就等于总产出,即 $C=Y$。我们此时也假定只有加成因子是变动的,然而模型中的其他参数一直是恒量。

当加成因子在"正常"趋势水平 $\overline{m}_p$ 和 $\overline{m}_w$ 时,我们就可能求出模型中自然就业水平 $\overline{L}$ 的解。根据 $C = Y = BL^{1-\alpha}$,我们可以得到 $\mathrm{MRS} = C^{\theta} L^{\mu} = Y^{\theta} L^{\mu} = B^{\theta} L^{\theta(1-\alpha)+\mu}$。重新整理式(12.6)得

$$\frac{W}{P} = \frac{\overline{m}_w B^{\theta} \overline{L}^{\theta(1-\alpha)+\mu}}{1-\tau} \tag{12.10}$$

式(12.10)描述了劳动力市场的供给层面,说明具有市场力量的工人(或者工人的工会代

表)所要求的真实工资是基于自然就业水平 $\overline{L}$ 的。为获得企业愿意在上述就业水平上提供的真实工资水平,我们重新整理式(12.8)就得到了劳动需求曲线:

$$\frac{W}{P} = \frac{(1-\alpha)B\overline{L}^{-\alpha}}{\overline{m}_p} \tag{12.11}$$

使式(12.10)与式(12.11)的右端相等,即解得 $\overline{L}$:

$$\overline{L} = \left[\frac{(1-\alpha)B^{1-\theta}}{\overline{\delta}}\right]^{\frac{1}{\theta(1-\alpha)+\alpha+\mu}} \qquad \overline{\delta} \equiv \frac{\overline{m}_p \overline{m}_w}{1-\tau} \tag{12.12}$$

在式(12.12)中总结出来的长期劳动市场的均衡在图12-1中被描绘出来,显然是被扭曲的,该图也体现了在没有任何扭曲性课税的完全竞争市场中的较高的就业水平 L^e。将式(12.12)代入产出函数式(12.7),就得到了与自然就业水平相对应的自然产出水平 $\overline{Y}$:

$$\overline{Y} = B^{\frac{1+\mu}{\theta(1-\alpha)+\alpha+\mu}} \left[\frac{(1-\alpha)}{\overline{\delta}}\right]^{\frac{1-\alpha}{\theta(1-\alpha)+\alpha+\mu}} \tag{12.13}$$

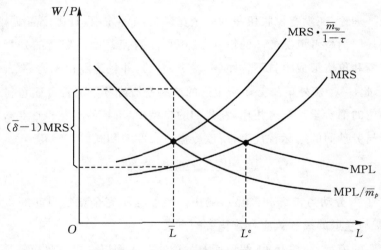

图12-1 自然与有效就业水平

假定加成因子在其趋势水平 $\overline{m}_p$ 和 $\overline{m}_w$ 周围波动,那么就导致了就业继而是产出与消费在式(12.12)与式(12.13)描绘的长期均衡水平周围波动。从式(12.3)中,可以计算出这种经济波动对典型消费者效用的影响,这样做就会方便二阶多项式估计式(12.3),即利用函数 $f(\nu,z)$ 在点 $(\overline{\nu},\overline{z})$ 的二阶泰勒级数:

$$f(\nu,z) = f(\overline{\nu},\overline{z}) + f_\nu(\overline{\nu},\overline{z})(\nu-\overline{\nu}) + f_z(\overline{\nu},\overline{z})(z-\overline{z}) + \frac{1}{2}f_{\nu\nu}(\overline{\nu},\overline{z})(\nu-\overline{\nu})^2 +$$

$$\frac{1}{2}f_{zz}(\overline{\nu},\overline{z})(z-\overline{z})^2 + f_{\nu z}(\overline{\nu},\overline{z})(\nu-\overline{\nu})(z-\overline{z}) \tag{12.14}$$

运用式(12.14)估计在长期均衡点 $(\overline{C},\overline{L})$ 的函数式(12.3),意味着 $U_{C,L}=0$,那么就会得到

$$\Delta \equiv U(C,L) - U(\bar{C},\bar{L}) \cong \bar{C}^{1-\theta}\left[\frac{C-\bar{C}}{\bar{C}}\right] - \bar{L}^{1+\mu}\left[\frac{L-\bar{L}}{\bar{L}}\right] - \frac{\theta \bar{C}^{1-\theta}}{2}\left[\frac{C-\bar{C}}{\bar{C}}\right]^2 - \frac{\mu \bar{L}^{1+\mu}}{2}\left[\frac{L-\bar{L}}{\bar{L}}\right]^2$$
(12.15)

式中，Δ 是效用对其稳态的偏离。只要经济没有远偏离于其长期均衡状态，式(12.15)就会良好地估计 Δ。如果 $c \equiv \ln C, l \equiv \ln L, \hat{c} \equiv c - \bar{c}, \hat{l} \equiv l - \bar{l}$ 成立，因为 $(C-\bar{C})/\bar{C} \cong \hat{c}$ 和 $(L-\bar{L})/\bar{L} \cong \hat{l}$ 成立，那么变量 $\hat{c}$ 和 $\hat{l}$ 衡量的是消费和就业相对于各自稳态水平的偏离程度，进一步由式(12.3)得知 $\bar{U}_C = \bar{C}^{-\theta}$，所以，除以 $\bar{C}^{1-\theta}$ 后，式(12.15)可以写作

$$\frac{\Delta/\bar{U}_C}{\bar{C}} \cong \hat{c} - \frac{\theta \hat{c}^2}{2} - \left[\frac{\bar{C}^\theta \bar{L}^{1+\mu}}{\bar{C}}\right]\left(\hat{l} + \frac{\mu \hat{l}^2}{2}\right)$$
(12.16)

因为 $\bar{U}_C$ 衡量的是消费的边际效用，所以式(12.16)中的 $\Delta/\bar{U}_C$ 表示的是以消费单位衡量的消费效用偏离其稳态的程度大小。通过式(12.6)、式(12.8)和式(12.9)，可以证明 $\bar{C}^\theta \bar{L}^{1+\mu}/\bar{C} = (1-\alpha)/\bar{\delta}$ 成立，将这个公式代入式(12.16)得到

$$\frac{\Delta/\bar{U}_C}{\bar{C}} \cong \overbrace{\hat{c} - \frac{\theta \hat{c}^2}{2}}^{\text{消费波动的福利效应}} - \overbrace{\left(\frac{1-\alpha}{\bar{\delta}}\right)\left(\hat{l} + \frac{\mu \hat{l}^2}{2}\right)}^{\text{就业波动的福利效应}}$$
(12.17)

在最后一步中，我们需要注意，因为 $C = Y = BL^{1-\alpha}$，并且目前假定 B 是恒量的，所以有 $\hat{c} = \hat{y} = (1-\alpha)\hat{l}$，其中 $\hat{y} \equiv y - \bar{y}$。将其代入式(12.17)得

$$\frac{\Delta/\bar{U}_C}{\bar{C}} \cong \overbrace{\left(\frac{\bar{\delta}-1}{\bar{\delta}}\right)\hat{y}}^{\text{一阶福利效应}} - \overbrace{\left[\theta + \frac{\mu}{\bar{\delta}(1-\alpha)}\right]\frac{\hat{y}^2}{2}}^{\text{二阶福利效应}}$$
(12.18)

式(12.18)将以百分比表示的产出偏离其自然水平的福利效应划分为一阶和二阶效应。一阶效应是指消费的边际效用和工作的边际负效用均为常数，即在 $\theta = \mu = 0$ 的理想情况下产出缺口对社会福利的影响。当市场被不完全竞争或者课税而扭曲，即 $\bar{\delta} > 1, \delta$ 的定义如式(12.9)时，从式(12.18)中可知 $\hat{y} > 0$，即经济处在繁荣时社会福利是增进的，然而 $\hat{y} < 0$，即经济处于衰退时消费者社会福利是减少的。其原因是市场扭曲和税收将劳动的边际产出保持在消费和工作的边际替代率之上，因此，产出和就业的提高会导致消费量的增加大于为补偿工人额外的工作努力所需的消费量，所以，经济繁荣是"好时代"，而经济衰退是"坏时代"。需要注意的是，如果市场是完全竞争的，并且扭曲性税收是不存在的，即 $\bar{\delta} = 1$，则一阶效应就会消失。这就反映了在无扭曲均衡中 $MPL = MRS$，所以，对于一阶近似而言，消费者是不在乎工作多少和消费多少，并且如果产出在其自然水平附近对称地波动，即 $E[\hat{y}] = 0$，那么一阶效应平均而言就是 0，也就是说，经济繁荣和经济衰退的一阶社会福利效应会随着经济周期波动而抹除。

相比之下，式(12.18)中的二阶效应明确地降低了消费者福利。因为消费边际效用的降低

($\theta>0$)和工作边际负效用的上升($\mu>0$)使二阶效应提升了,所以,正产出缺口导致的社会福利增长小于等量的负产出缺口所致的社会福利减少。

图 12-2 描绘了由加成波动驱动的经济波动的一阶效应和二阶效应。加成冲击并没有影响 MPL 和 MRS,但是,对价格加成的冲击移动了劳动需求曲线 MPL/m_p,并且对工资加成的冲击移动了工资曲线 $m_w\mathrm{MRS}/(1-\tau)$。假设这种冲击引起就业在 $L_1 \sim L_2$ 区间内围绕其自然水平对称地波动,如图 12-2 所示,如果就业水平从 L_1 上升到 L_2,而且劳动的边际生产率保持在其稳态点 x_1 不变,那么总产出和消费的增长量就如长方形 $x_1 x_2 L_2 \overline{L}$ 所示。同时,如果 MRS 保持在其稳态点 x_5 不变,那么以消费量来衡量的总的工作负效用的增长量就如长方形 $x_5 x_9 L_2 \overline{L}$ 所示,所以,由就业的增长导致的净福利的增长就等于 $x_1 x_2 L_2 \overline{L}$ 与 $x_5 x_9 L_2 \overline{L}$ 的差额,很明显其是正差额。这是从高就业的繁荣经济中取得的一阶福利增长。由市场扭曲导致的 MPL 初始在 MRS 上方的事实引起了社会福利的增加。同样的推理,如果 MPL 和 MRS 是恒定的,那么由就业的下降(从 $\overline{L}$ 到 L_1)所导致的净社会福利的损失就等于 $x_1 x_4 L_1 \overline{L}$ 与 $x_5 x_7 L_1 \overline{L}$ 的差额。该差额衡量的是从低就业的低迷经济中遭受的一阶社会福利损失。因为假设 $L_1 - \overline{L} = \overline{L} - L_2$,所以正如当 $E[\hat{y}]=0$ 时式(12.18)所示的,从繁荣经济中获得的一阶社会福利增长恰好抵消了从低迷经济中获得的一阶社会福利损失。

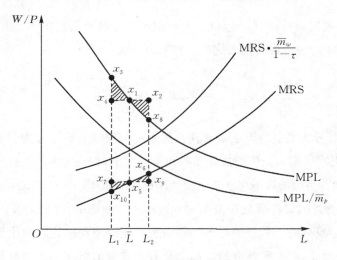

图 12-2 就业波动的福利成本

正如图 12-2 表明的,因为 MPL 和 MRS 其实并不是恒定的,所以一阶效应给出的是就业波动对福利影响的不准确估计。例如当就业从 $\overline{L}$ 增加到 L_2 时,总产出仅仅增加了区间 $\overline{L} \sim L_2$ 内 MPL 下方的区域,该区域等于长方形 $x_1 x_2 L_2 \overline{L}$ 减去阴影三角形 $x_1 x_2 x_8$。相似地,因为工作的总负效用是区间 $\overline{L} \sim L_2$ 内 MRS 下方的区域,所以,总计的负效用的净增加就等于长方形

$x_5x_9L_2\overline{L}$ 加上阴影三角形 $x_5x_6x_9$。这样,从繁荣的经济中得到的社会福利净增加就等于一阶效应减去三角形 $x_1x_2x_8$ 与 $x_5x_6x_9$ 之和。第一个三角形体现了劳动的边际生产率在减少的事实,第二个三角形表明了劳动的边际负效用在增加的事实。运用相同的逻辑,就可以明白衰退经济所导致社会福利的净损失等于长方形 $x_1x_4x_7x_5$ 加上两个阴影三角形 $x_1x_3x_4$ 与 $x_5x_7x_{10}$ 之和,它们体现了就业的降低导致劳动边际产出的提升和工作边际负效用的降低。

当涉及就业的变动量相同时,经济繁荣时期的社会福利增加就小于经济低迷时期的社会福利损失。更精确地,就业在 L_2 与 L_1 之间波动时,经济周期的福利净损失就是如图 12-2 所示的阴影三角形之和。该社会福利损失反映在式(12.18)中的二阶项上,我们可以看到 α 值越大,二阶效应就越大,这是因为 α 意味着当就业上升时,边际生产率就会更快地下降;二阶效应也随着 θ 和 μ 增大,这两个系数的增大意味着 MRS 比就业增长得更快,因为 MRS $= C^\theta L^\mu = Y^\theta L^\mu = B^\theta L^{\theta(1-\alpha)+\mu}$。从式(12.18)可以得出,市场扭曲程度 $\bar{\delta}$ 越高[在式(12.12)中定义过],经济波动中的二阶福利损失就越小。其原因是高水平的 $\bar{\delta}$ 降低了就业的自然水平[见式(12.12)],即在图 12-2 中 $\overline{L}$ 向左移动到 MRS 曲线比较扁平的地方。正如从图 12-2 中所看到的,MRS 曲线在自然就业水平附近扁平的区域会降低就业波动对劳动总体负效用的二阶效应的大小。

根据式(12.18),假定产出围绕其自然水平对称地波动,继而 $E[\hat{y}]=0$,我们可以计算出经济周期中的平均社会福利损失。取式(12.18)的数学期望得

$$E\left[\frac{\Delta/\overline{U}_C}{\overline{C}}\right] \cong \left[\theta + \frac{\mu}{\bar{\delta}(1-\alpha)}\right]\frac{\sigma_y^2}{2} \qquad \sigma_y^2 \equiv E[(y-\bar{y})^2] \qquad (12.19)$$

式(12.19)回答了这样一个问题:为什么社会关注变动性而非仅仅是产出和通货膨胀的均值?其答案是因为经济周期引起的消费与就业波动的二阶效应降低了一般消费者——工人的社会福利。如果产出和就业稳定在其自然水平,那么他们的状况会更好。式(12.19)表明如果政策制定者关心一般公民的社会福利,在社会损失函数式(12.2)中赋予稳定产出的权重 α_y 就有赖于通过上述途径影响经济周期中社会福利损失的参数 θ、α、μ 和 $\bar{\delta}$ 的最佳估计值。

(二)模型的经验分析

上述分析假定加成冲击是经济周期的重要驱动力。如果事实如此,我们在式(12.9)中衡量的扭曲性 δ 在衰退中就会相对高,在繁荣期中就会相对低。这符合实际观察吗?为了回答这个问题,经济学家霍尔迪·加利(Jordi Gali)、马克·格特勒(Mark Gertler)和戴维·略佩斯-萨利多(David Lopez-Salido)基于似乎合理的参数 θ、α、μ 和 τ 的估计值,运用了与式(12.6)、式(12.8)和式(12.9)非常相似的方程式以及产出、消费、就业和真实工资的数据,建立了美国"扭曲性"变量 δ 演变的时间序列。他们的研究结果在图 12-3 中阐明。该图描绘了 $1/\delta$ 的估计值在经济好转时期应该增加,在经济衰退时期应该降低。根据美国国家经济研究局的研究结果,阴影部分表示的是经济周期中的衰退时期,那么其他部分表示的是经济回升阶段。正如

我们的简单模型所预示的,"扭曲程度变量的倒数"$1/\delta$实际上在经济繁荣时期显著地升高,在经济衰退时期大幅降低。根据图12-3来估计,我们会发现δ的波动主要是由式(12.6)中工资加成的变动造成的。

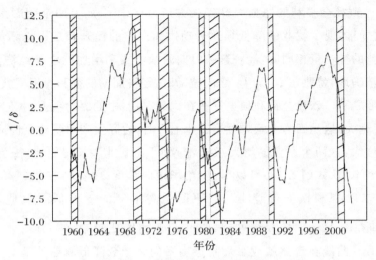

图12-3　美国$1/\delta$估计值的演变

虽然图12-3中的现实证据与我们的简单经济周期模型的预测结果是一致的,但是并不能证明经济周期是由加成冲击驱动的,确实有多种证据显示对总需求造成的冲击在引发经济周期时起到了重要的往往是决定性的作用。我们现在说明怎样使需求冲击体现在我们的模型中。这样可以为图12-3提供一个补充性的理解,同时可以解释通货膨胀和通货膨胀的不稳定性是怎样在我们的模型中出现的,从而为随后关于通货膨胀的社会福利损失的分析奠定基础。

M表示名义货币供给,假设名义货币需求与名义交易总额成比例,进而与名义总收入PY成比例。由货币市场均衡得知

$$M = k \cdot PY \qquad k > 0 \tag{12.20}$$

参数k可能随着时间的推移而波动,例如由于金融创新或影响流动性偏好的"信心状态"发生变化。如果我们坚持运用之前的模型,那么就会呈现出名义变量和实际变量之间的经典二分法:一旦真实工资Y由经济体的供给方面决定,式(12.20)就是决定价格水平的模型的补充,然而该二分法有赖于在式(12.6)中做出的假设,即工资制定者在设定名义工资水平时了解即时价格水平。式(12.6)中的目标工资加成可以重新写作

$$m_w \equiv \frac{(W/P^e)(1-\tau)}{\text{MRS}} \tag{12.21}$$

在长期均衡中,预期一定会实现,即$P^e = P$,所以长期中所有的真实变量仍然是由之前建立的真实经济周期模型决定的,并且经典二分法还是适用的,但是在短期中其遵循式(12.20)与式(12.21),即对名义货币供给的正面冲击或者对流动性偏好参数k的负面冲击可能通过其对名义总需求的正面影响,将真实价格推升至高于预期价格的水平上。这样真实工资水平

W/P 就会被逼迫到低于式(12.21)给出的目标水平,并且观测到的真实工资加成也会低于目标水平。通过降低真实工资水平,对名义需求的正面冲击因而会使就业与产出高于自然水平,然而负面的名义需求冲击会将经济拉入低于自然水平的境地中,其机理是引起价格出乎意料的下降,将真实工资升至高于目标值的水平。在这种由需求冲击引发的经济周期中,可能会观察到即使目标工资加成水平保持恒定,实现的工资加成也会反周期运动。所以,图12-3中的现实数据不足以说明经济周期是由加成冲击驱动的,因为如果周期是由需求冲击引致的话,类似于工资加成的模式也会出现。这就是一个试图通过让数据为自己说话来区分竞争经济理论时遇到困难的一个事例。因此,我们仅仅能观察到一个给定的理论是否与数据一致,但是排除不了另一个理论可以解释得同样合理或者更好的可能性,然而幸运的是,不论产出的波动是由加成冲击还是由需求冲击造成的,式(12.18)与式(12.19)都可以有效地衡量经济周期的福利成本。

在经济周期中,社会福利成本的来源之一是实际产值所导致的真实收入与消费的波动。因为消费的边际效用随着消费的增加而下降,所以在避免低消费水平与获得高消费水平之间,消费者更倾向于前者,他们更倾向于平稳的支出模式而不倾向于非稳定的模式。如果通过产出平稳波动使消费拥有平稳的时间路径,那么消费者的社会福利就会因此增进。

对上述结论的争议之一就是我们的模型可能遗漏了资本市场,忽略了个人消费者可以随着时间的推移通过私人资本市场将消费平稳化,然而资本市场几乎是不完美的,因此,很多消费者都要受到信用的约束,尤其是在经济严重衰退时期,很多资产的市值都大幅度缩水,并且威胁到了消费者通常用于获取信用额度的担保品的价值。

除了从资本市场上借款,人们为了避免暂时的收入损失,会在私人市场上购买保险,比如失业保险,但是在这里我们再一次遇到了资本市场运行的问题,一个参加全保的不会承受任何失业带来的损失的人几乎没有什么激励去避免失业。如果他把闲暇看得比就业中获得的社会阅历重要,那么他将长时间地不去就业。正是因为存在所谓的道德风险问题,私人保险公司以及政府对就业者提供完全可以抵消失业风险损失的全保是次优的。

此外,高失业风险人群对失业保险的需求很大。如果失业保险费覆盖了大部分参保工人失业的平均收入损失,那么失业风险高的从业者肯定会有强烈的购买保险的意图,因为预期的失业救济金现值超过了保险费的现值;相反,低失业风险的从业者可能会发现相对于预期失业救济金,保险费额度太大了,因此,他们放弃了购买保险的计划。正是因为这种保险市场中所谓的逆向选择问题,私人保险公司可能担忧那些投保的人仅仅是高风险的人群,这些公司可能因此认为提供保险是不合算的,所以,逆向选择问题可能引起市场提供很少的失业保险。

道德风险和逆向选择限制了消费者的消费通过个人信用以及保险市场以取得平稳化的途径。道德风险问题同时会使政府通过公共转移支付系统来为个人收入损失提供全保的方式变得次优。一个有成效的稳定政策可能会因此通过稳定实际产量的时间路径来提升消费者福利。因此,我们可以认为有效的稳定政策提供了一种不用交付私人市场或公共转移支付系统的收入保险。

这些观点涉及一旦发生衰退所引起的暂时的个人财产损失,个体消费实现平稳化的机会获取问题。在宏观层面上,在每个阶段的产出都被消耗的封闭经济体简单规范模型中,总消费随着总产出的波动而波动,但是在包括投资的更现实的模型中,如果良好运行的资本与保险市场允许消费者作为整体随着时间的推移来平稳消费,那么产出的波动就会被总投资的波动所吸收。这些市场的非完全性也因此在宏观层面上对消费的波动起到至关重要的作用。

尽管我们运用的是简化模型,但是为了从有成效的稳定政策中获取社会福利的增进,我们应用式(12.19)去估计经济周期中的平均社会福利损失是很适宜的。将式(12.19)分解为以下两个部分将具有指导意义:

$$E\left[\frac{\Delta/\overline{U}_C}{\overline{C}}\right] \cong \underbrace{\frac{\theta \sigma_y^2}{2}}_{\text{消费波动的福利损失}} + \underbrace{\frac{\mu \sigma_y^2}{2\bar{\delta}(1-\alpha)}}_{\text{就业波动的福利损失}} \qquad \bar{\delta} \equiv \frac{\overline{m_p}\,\overline{m_w}}{1-\tau} \qquad (12.22)$$

式(12.22)右侧的第一项表示的是消费波动的平均社会福利损失,因为给定每期的产出均被消费,所以消费的变化等于产出的变化;然而,第二项反映了与产出波动相关联的就业波动的福利成本。

为了应用式(12.22),需要加入各种参数的合理估计值。需要注意的是右边第一项给出了消费者为了换取抵御消费波动的最合适保险而愿意支付的相对于消费的趋势值而测定最大值,换句话说,这是消费者为了获得平稳的消费流从而避免实际波动的消费流所能支付的最大值。我们发现该数量与相对风险的系数 θ 是成比例的。这个参数的大小可以通过消费者在有风险的环境下的行为来进行估计。θ 的实证估计因为数据和估计方法的不同而有很大的不同。经济学家理查德·莱亚德(Richard Layard)、盖伊·梅拉兹(Guy Mayraz)和斯蒂芬·尼克尔(Stephen Nickell)的研究应用了 1972—2005 年间 50 多个国家的数据来对 θ 进行估算,得出 θ 值在 1.19 至 1.34 的区间内,中心估算值为 1.26。在这个背景下,他们把 θ 值设为 1.25。就像前面叙述的那样,$1/\mu$ 代表的是劳动供给的补偿收入净工资弹性,这一参数的估算值的变化也很大,但是 0.2 邻域内的 $1/\mu$ 估算值常常被认为是很贴近现实的,因此,我们将 μ 设定为 5。至于价格加成 m_p 在美国被估算为 1.15~1.2,所以,他们将其设定为 1.2。因为对工资加成的数值知之甚少,所以,可以简单地认为工资加成等于价格加成,即 $\overline{m_p} = \overline{m_w} = 1.2$,因此,假设劳动力市场的非完全性与商品市场的非完全性程度一样。此外,税率 τ 等于税收收入与国内生产总值的平均比值,2006 年在经济合作与发展组织国家 τ 约为 0.36。生产函数式(12.7)中的参数 α 通常大约为 1/3。最后,还需要对产量围绕其自然水平的方差 σ_y^2 进行粗略的估计。在成熟的经济合作与发展组织国家中,国内生产总值围绕其趋势水平的标准差显著地接近 2%,所以,设定 $\sigma_y^2 = 0.02^2 = 0.0004$。

给定假定的 θ 和 σ_y^2 的值,估算的消费波动引起的社会福利损失为 $\theta \sigma_y^2/2 = 0.00025$,这比稳态消费的 0.03% 低一些。这个小数值说明典型的经济合作与发展组织国家的产值在很长的一段时间内变化不大。他们对就业波动所致的福利损失的估算值相对大一些,这是因为在式(12.22)中假定第二项参数值为0.00133,也就是说,其比稳态消费的0.13%大一点,然而总体估算的社会福利损失占消费的比例为0.16%,可以说是很小的。

对消费波动引起的社会福利损失的数值估计测量了经济繁荣和衰退时期相抵消的福利净效应,这一估计表明经济繁荣和衰退的福利效应是非常巨大的。例如在2008—2009年的金融危机中,许多经济合作与发展组织国家的产出缺口据估计在-5%的邻域内或者甚至更大。根据式(12.18),当选取$\hat{y}=-0.05$时,参数值揭示了严重经济衰退时期一阶和二阶的总效应使消费者福利的降低达到了稳态消费的3.4%,其中的2.8%归因于一阶效应。这明显是相当大的影响。在前文提到的加成冲击研究中,加利、格特勒和略佩斯-萨利多利用了一个类似的方法来估算美国20世纪最后30年的经济衰退所致的累计福利损失,为了覆盖这些参数的不确定性,他们采用了θ和μ的不同参数值组合,如表12-1所示,它们表明美国20世纪80年代(早期)的经济衰退造成了约占全年消费8%的福利损失。

表12-1 美国衰退时期的福利损失的估计值

值		福利损失占一年消费的百分比/%		
θ	μ	20世纪70年代	20世纪80年代	20世纪90年代
1	1	4.6	4.7	2.3
1	5	6.2	6.4	3.2
5	1	2.9	7.2	0.4
5	5	4.9	8.0	1.7

同样需要重点强调的是,对去经济周期化而获得的潜在社会福利的估计相对较低,这反映了稳定政策已经在减少波动方面颇有成效,以至于从进一步的稳定政策中获得的福利增进是很有限的。例如,在为国家主动实施稳定政策提供了理论依据的凯恩斯宏观经济思想革命的影响下,同时在至今依然是人类梦魇的经济大萧条的影响下,1946年《美国就业法案》规定了政府宣告并确立了一个全国性的目标,即每一位提供有用劳动的有偿就业者会充分享有完全平等的机会去按照自己的能力与意愿来得到报酬与寻找工作。在稳定政策的影响下,美国的宏观经济波动实际上的确在第二次世界大战之后大幅度下降了,1920—1940年,实际国民生产总值年增长率的标准差高达7.1%,但是1948—1997年,这个数值降为2.5%。

经济周期仅仅影响产出围绕其趋势水平的变动,而不是趋势值本身,但是利用低水平的产出和就业的波动来提高真实工资的平均水平也是可能的。下面具体说明愈加稳定意味着更高水平的永久工资水平。当失业率下降时,即使预期通货膨胀保持恒定,由失业进一步下降一个百分点所引致的通货膨胀的增长也是加速的。当劳动力市场收紧的时候,当地劳动的短缺现象变得更加广泛,并且在经济逐渐接近充分就业水平时,如果没有来自当地劳动力市场的瓶颈所导致的强烈的工资上涨压力,失业率的进一步下降将变得很困难。另外,如果工资在下降的方向有刚性,例如因为公平规范趋向于阻止名义工资的降低,那么在失业率已经很高、工资的通货膨胀已经接近零的情况下,失业的增加可能仅仅对工资有很小的影响。为了抓住这些非线性特征,经济学家有时假设附加预期的菲利普斯曲线表示为

$$\pi = \pi^e + a_0 + a_1(1/u) \qquad a_0 < 0, a_1 > 0 \qquad (12.23)$$

对于一个给定的预期通货膨胀率 π^e,该菲利普斯曲线意味着失业和通货膨胀之间存在着凸性关系。根据式(12.23),确保通货膨胀预期被实现的自然失业率 $\bar{u} = -a_1/a_0$。需要注意的是,从式(12.23)可知 a_0 假定是负值,以保证 $\bar{u} > 0$。现在定义 $f(u) = 1/u, f'(u) = 1/u^2$,$f''(u) = 2u/u^4 = 2/u^3$,将这些结果代入式(12.23)中,$u = \bar{u}$ 点的二阶泰勒近似估计,我们得到

$$\pi - \pi^e \approx \overbrace{a_0 + \frac{a_1}{\bar{u}}}^{=0} - \frac{a_1}{\bar{u}^2}(u-\bar{u}) + \frac{a_1}{\bar{u}^3}(u-\bar{u})^2 = \frac{a_1}{\bar{u}^2}\left[\frac{(u-\bar{u})^2}{\bar{u}} - (u-\bar{u})\right] \quad (12.24)$$

现在假设预期通货膨胀率等于上期的实际通货膨胀率 $\pi^e = \pi_{-1}$,并且假设通货膨胀围绕一个稳定的水平波动,这样在长期 $E[\pi - \pi_{-1}] = [\pi - \pi^e] = 0$,那么,它就遵循式(12.24),即在方括号中的数学期望值一定等于零,则有如下

$$E\left[\frac{(u-\bar{u})^2}{\bar{u}} - (u-\bar{u})\right] = 0 \Rightarrow E[u-\bar{u}] = \frac{E[(u-\bar{u})^2]}{\bar{u}} = \frac{\sigma_u^2}{\bar{u}} > 0 \quad (12.25)$$

式(12.25)表明就平均而言,为了保证长期通货膨胀水平的稳定,失业不得不处于高于自然水平的某点。这是因为由在自然水平之下的失业水平的下降所引致的通货膨胀水平的上升,比由在自然水平之上的失业水平的上升所导致的通货膨胀水平的下降更大。如果失业水平在自然水平上下等量变动时波动,那么通货膨胀的平均水平就会倾向于长期系统地增加。根据式(12.25)我们可以看到真实失业水平偏离其自然水平的平均(正)离差是与失业的方差 σ_u^2 成正比,与自然失业水平本身成反比的。

式(12.25)提供的重要信息表明,如果政策制定者可以减少失业的波动,那么他们同时也可以减少失业的平均水平进而增加产出的趋势值。在经济合作与发展组织国家中,失业的标准差在1%左右,这意味着 $\sigma_u^2 = 0.01^2 = 0.0001$。假设自然的失业率是5%,式(12.25)还揭示了当所有失业的波动都被剔除时,失业的平均水平将减少0.002(=0.0001/0.05)或者0.2%。在显著减少失业波动方面颇有成效的稳定政策所带来的福利增进比我们之前研究的结果要高得多。总结如下:研究表明短期的菲利普斯曲线是凸向原点的,所以当失业率下降时,通货膨胀对其变化做出的反应是巨大的。失业变化程度的下降会降低失业率水平,因而增加产出的趋势水平。稳定失业所获得的福利增进比模型中的稳定政策所获得的福利增进大得多,其中该模型没有考虑就业波动对平均工资的影响。

(三)模型的分配效应

到目前为止,我们一直忽略了经济周期的分配方面。在经济周期中总消费并不是在整个周期内都波动,所以在个体消费反映了总消费的家庭中,如果将这些波动平滑化,该家庭将不会因而变得更富裕,但是在不完全的信用市场中,个体家庭的支出比总支出要波动得更剧烈,因此,它们将从宏观经济波动的消除中获益更多。经济学家谢蒂尔·斯托雷莱特恩(Kjetil

Storeletten)、克里斯·克里梅尔(Chris Telmer)和阿米尔·亚龙(Amir Yaron)研究发现美国家庭收入的标准差在经济萧条期变化了两倍以上,而这种对个体家庭收入的冲击是相当持久的。当一个家庭的收入在当年下降时,它的收入也因此将在很长的一段时间里处于低水平。在经济萧条时期,预期个体收入的差距急剧上升意味着总消费的适度波动不会完全捕捉到个体消费者在经济周期中察觉到的风险。当斯托雷莱特恩、克里梅尔和亚龙考虑到总的经济周期风险和个人盈利机会的偏差之间的关联时,假设风险厌恶的相对系数 θ 等于 4,他们发现经济周期中的福利损失占总消费的比例为 2.5%。

此外,经济研究表明由经济萧条引起的收入缩水集中在社会的贫困人口中。手工业者——尤其那些收入极低的非熟练工人和年轻工人——在经济萧条时期比其他人更倾向于遭受支出下降。对于那些收入极低的就业人群而言,重复的经济衰退和相关的失业期意味着严重的社会福利损失。因此,如果一个社会要关注不平等,还应该关注产出和就业的不稳定。概括如下:经济衰退时,个人收入水平差距增大,并且经济衰退(或者其他冲击)引起的个体收入损失在相当长的时间内都存在着,由此导致的个人收入机会的不确定性在很大程度上提升了经济周期的福利成本。另外,经济衰退引起的收入缩水更集中于贫困的工人,因此,其导致的社会福利损失也是社会关注的不平等之一。

我们已经从生产函数式(12.7)中将对生产率的冲击变量 B 抽离出来。当经济周期被加成冲击和名义需求冲击所驱动时,我们从以上的内容可以看出产出稳定在它的自然水平附近将会促进社会福利的增长。

正如之前所提到的,一个最近的实证研究表明 CRRA 参数(θ)似乎并不比 1 大。因此,从现在开始简化一下,令 $\theta=1$。这样的话,式(12.11)和式(12.12)也应稍做修改。在式(12.12)中,当 $\theta=1$ 时,就业的趋势水平独立于生产率水平 B。从式(12.11)中可以看出真实工资会与生产率在长时间内一同增长。

进一步,当研究生产率冲击下偏离稳态的社会福利成本时,用如式(12.26)所示的二阶泰勒估计是很方便的。对任意变量 X 有:

$$\ln X \cong \ln \bar{X} + \frac{1}{\bar{X}}(X-\bar{X}) + \frac{1}{2}\left[\frac{-1}{\bar{X}^2}\right](X-\bar{X})^2$$

$$\Leftrightarrow \ln X - \ln \bar{X} \cong \frac{X-\bar{X}}{\bar{X}} - \frac{1}{2}\left[\frac{X-\bar{X}}{\bar{X}}\right]^2 \qquad (12.26)$$

$$\Leftrightarrow \frac{X-\bar{X}}{\bar{X}} \cong \hat{x} + \frac{1}{2}\hat{x}^2 \qquad x \equiv \ln X, \hat{x} \equiv x-\bar{x}$$

其中利用一阶近似 $(X-\bar{X})/\bar{X} \cong \hat{x}$ 得到了式(12.26)最后一行的二次项。之所以引入近似估计式(12.26),是因为其帮助我们以更加简单和规范的方式突出了生产率冲击的作用,但是现有的定性和定量结果都明显地没有借助该近似估计。

我们现在将 $\theta=1$ 代入式(12.15)，并且从式(12.26)中得到 $(C-\overline{C})/\overline{C} \cong \hat{c}+(1/2)\hat{c}^2$ 和 $(L-\overline{L})/\overline{L} \cong \hat{l}+(1/2)\hat{l}^2$。回想之前的结果 $\overline{C}^\theta \overline{L}^{1+\mu}/\overline{C} = (1-\alpha)/\overline{\delta}$，以及当 $\theta=1$ 时从式(12.3)中得到的 $\overline{U}_C=1/\overline{C}$，$(\Delta/\overline{U}_C)/\overline{C}$ 与式(12.15)中的 Δ 是相等的，所以可以变换为

$$\Delta \cong \hat{c} - \left(\frac{1-\alpha}{\overline{\delta}}\right)\left[\hat{l}+\left(\frac{1+\mu}{2}\right)\hat{l}^2\right] \tag{12.27}$$

当即期生产率水平 $b \equiv \ln B$ 偏离其趋势水平 $\overline{b} \equiv \ln \overline{B}$ 时，生产函数式(12.7)可以写作 $l-\overline{l}=[y-\overline{y}-(b-\overline{b})]/(1-\alpha) \equiv (\hat{y}-\hat{b})/(1-\alpha)$，并且因为所有产出均被消耗，所以 $\hat{c}=\hat{y}$ 仍然成立。将这些关系代入式(12.27)，有

$$\Delta \cong \hat{b} + \left(\frac{\overline{\delta}-1}{\overline{\delta}}\right)(\hat{y}-\hat{b}) - \left[\frac{1+\mu}{2\overline{\delta}(1-\alpha)}\right](\hat{y}-\hat{b})^2 \tag{12.28}$$

式(12.28)提供的重要的新观点是由生产率冲击引起的产出缺口，即在 $\hat{y}=\hat{b}\neq 0$ 的情况下，并不能产生任何社会福利损失。为了理解这个结果，回想一下我们的产出缺口变量 $\hat{y}$ 度量的是当就业和生产率都处于正常水平时，真实产出偏离自然产出的程度。由于一些原因，当生产率暂时高于正常水平，不需要额外的工作努力却可生产更多产品时，如果政策制定者允许产出和消费的增长与生产率的增长相一致，那么消费者的状况明显地会变得更好。如果生产率暂时低于正常水平，那么力图保持产出不变是没有意义的，这是因为在努力没有报酬的时期想要维持产出不变需要投入额外的工作努力。只有不是由生产率冲击引致的产出缺口才能产生社会福利损失是式(12.28)最直观的结果。

另一个理解它的角度是真实产出在理想情况下应该被允许与产出的效率水平一致波动。产出的效率水平是指可以在没有任何扭曲的完全竞争市场中生产出的水平。该产出效率水平 Y^e 是与效率就业水平 L^e 相一致的，见 MRS=MPL 条件下的图 12-1。$\theta=1$ 的条件意味着 $CL^\mu=(1-\alpha)(Y/L)$。记住 $C=Y$ 来解 L 的等式，有

$$L^e = (1-\alpha)^{1/(1+\mu)} \Rightarrow Y^e = B(L^e)^{1-\alpha} = B(1-\alpha)^{(1-\alpha)/(1+\mu)} \tag{12.29}$$

式(12.29)表明了即期生产率水平 B 的变动引起了产出效率水平等比例变动。根据式(12.29)可以定义产出的效率稳态水平是指当没有任何扭曲并且生产率处于其趋势水平时可以生产的产量：$\overline{Y}^e = \overline{B}(1-\alpha)^{(1-\alpha)/(1+\mu)}$。定义 $y^e \equiv \ln Y^e$，$\overline{y}^e \equiv \ln \overline{Y}^e$，其服从 $y^e-\overline{y}^e \equiv \hat{y}^e=\hat{b}$，所以，式(12.28)可以写作

$$\Delta \cong \hat{y}^e + \left(\frac{\overline{\delta}-1}{\overline{\delta}}\right)(\hat{y}-\hat{y}^e) - \left[\frac{1+\mu}{2\overline{\delta}(1-\alpha)}\right](\hat{y}-\hat{y}^e)^2 \tag{12.30}$$

缺口变量 $\hat{y}^e=\hat{b}$ 可以被称作效率产出缺口，所以，根据式(12.30)，产出缺口 $\hat{y}$——而非真实产出偏离效率产出的缺口——产生了社会福利损失。为了计算经济周期中的平均福利损失，我们可以取式(12.30)的数学期望

$$E[\Delta] = -\left[\frac{1+\mu}{2\bar{\delta}(1-\alpha)}\right][\sigma_y^2 + \sigma_{y^e}^2 - 2\text{cov}(y, y^e)] \tag{12.31}$$

$$\sigma_y^2 \equiv E[\hat{y}^2], \sigma_{y^e}^2 \equiv E[(\hat{y}^e)^2], \text{cov}(y, y^e) \equiv E[(y-\bar{y})(y^e-\bar{y}^e)]$$

如果经济实际上是完全竞争的,并且没有任何税收扭曲,那么就有 $y = y^e$ 和 $\sigma_y^2 = \sigma_{y^e}^2$,$y$ 和 y^e 的相关系数应该就等于1,所以,式(12.31)方括号中的项应该等于0,即产出波动导致的福利损失是0。该结果说明了在之前章节讨论过的早期真实经济周期理论,即在由生产率冲击驱动的竞争经济中,没有必要实施宏观经济稳定政策,因为经济波动代表了一个国家或经济体对于变动的技术性机会的最优应对。

在实践中,一个国家或经济体并不是完全竞争的,其有可能被加成冲击、名义需求冲击和技术冲击所打击。在这种情况下,式(12.28)及与之等价的式(12.30)表明政策制定者应该尽力将由加成冲击、名义需求冲击引起的产出波动最小化,然而产出应该被允许与生产率一致波动。

总之,这些成本是由真实产出缺口偏离产出效率缺口而引起的,产出效率水平是在没有税收扭曲的完全竞争经济中的产量,并且产出效率缺口是由生产率偏其趋势水平而给出的,所以,消费者社会福利仅仅在真实产出偏离自然产出的程度超过生产率偏离其趋势值的程度时减少,因为当生产率相当高(或低)时,生产更多(或更少)的产品是增进社会福利的。

二、通货膨胀的福利成本

(一)通货膨胀扭曲相对价格结构,减少消费者社会福利

要想弄明白为什么通货膨胀缺口的平方 $(\pi - \pi^*)^2$ 出现在社会损失函数式(12.1)中,我们需要解释为什么消费者社会福利应该在数量上下降。在本部分内容中,我们证明当某些名义价格是刚性的时候,通货膨胀将会扭曲相对价格结构,进而减少消费者社会福利。

为了理解通货膨胀的福利效应,需要分解总消费。假设总共有 n 种不同的消费品,并且令 C_i 代表对商品 i 的消费。此外,假设效用函数式(12.3)中的总消费 C 有赖于以下形式的个别商品的消费:

$$C = n\left(\frac{1}{n}\sum_{i=1}^{n} C_i^{(\sigma-1)/\sigma}\right)^{\sigma/(\sigma-1)} \qquad \sigma > 1 \tag{12.32}$$

式(12.32)就是所谓的固定替代弹性(CES)效用函数,其中任意两个不同商品的替代弹性等于参数 σ。拥有像式(12.32)一样的CES效用函数的消费者根据需求函数在不同商品之间分配消费的方法:

$$C_i = \left(\frac{P_i}{P}\right)^{-\sigma} \frac{C}{n} \tag{12.33}$$

式中,P_i 是商品 i 的名义价格;P 是一般消费者价格指数,其满足

$$P = \left(\frac{1}{n}\sum_{i=1}^{n} P_i^{1-\sigma}\right)^{1/(1-\sigma)} \qquad PC = \sum_{i=1}^{n} P_i C_i \tag{12.34}$$

为了用最简单的可能的方式突出相对价格扭曲的问题,我们有意将每个个人消费商品 C_i,用同样的方式代入效用方程式(12.32),也假定不同的商品是用同种技术制作而成的。有人可能就会认为在市场均衡中,所有的商品都应该在相同的名义价格上出售,但是个体企业面临的即使是改变其价格的低水平的菜单成本,它们也可能选择将其价格在一定期限内保持不变,尽管价格和成本的平均水平会随着时间变动而变动。此外,不同的公司一般会在不同的时间点上变动价格,所以在既定的时间点上,就会存在最近调整过价格的公司和一段时间内没有变动价格的公司。当消费者去购物的时候,因为通货膨胀与名义价格刚性的相互作用,他们面临的是有差异的价格。下面说明这种价格差异是怎样减少典型消费者的社会福利的。

将生产和营销过程看作两个阶段。在第一阶段中,假设典型的竞争企业生产大量的相同产品以卖给很多不同的贸易公司,然后每个贸易公司赋予其购买的产品一个特殊的"包装",这样不同贸易公司营销的最终商品就成了消费者眼中的非完全性替代品。贸易公司 i 因此在市场中面临向下倾斜的供应曲线而出售异质性产品 C_i,然而所有的贸易公司运用完全一样的科技和一样的劳动来"包装"它们的个别产品。从一个工程师的角度来看,所有的不同商品因此是完全一样的,所以从生产方面衡量的时候,总产出(Y)可能被看作是个别商品生产的简单加总 $\sum C_i$。在商品市场均衡中,该总产出一定等于对产品的需求总和。所以,从式(12.33)中得到了商品市场的均衡条件:

$$Y = \sum_{i=1}^{n} C_i = \frac{C}{n} \sum_{i=1}^{n} \left(\frac{P_i}{P}\right)^{-\sigma} = C \cdot D \qquad D \equiv \frac{1}{n} \sum_{i=1}^{n} \left(\frac{P_i}{P}\right)^{-\sigma} \qquad (12.35)$$

在所有价格均进行了充分调整的长期均衡中,一定有 $P_1 = \cdots = P_n = P$,同样,$D = \bar{D} = 1$,$\bar{d} \equiv \ln \bar{D} = 0$。在通常的记法中 $d \equiv \ln D$,其遵循这样一个关系,即对式(12.35)两边取对数后可得 $c - \bar{c} = y - \bar{y} - d$,或简单的 $\hat{c} = \hat{y} - d$。另外,我们仍然假设总产出如产出函数式(12.7)所示,即 $l - \bar{l} = [y - \bar{y} - (b - \bar{b})]/(1-\alpha) \equiv (\hat{y} - \hat{b})/(1-\alpha)$。将这些关系代入式(12.27),回想 $\hat{y}^e = \hat{b}$,我们就会得到对式(12.30)稍做修改的形式:

$$\Delta \cong \hat{y}^e + \left(\frac{\bar{\delta}-1}{\bar{\delta}}\right)(\hat{y} - \hat{y}^e) - \left[\frac{1+\mu}{2\bar{\delta}(1-\alpha)}\right](\hat{y} - \hat{y}^e)^2 - d \qquad (12.36)$$

我们现在通过式(12.37)来提供一种对式(12.36)中新的代数项 d 的经济学解释:

$$d \cong \frac{\sigma}{2} \cdot \sigma_p^2 \qquad \sigma_p^2 \equiv E[(p_i - p)^2] = \frac{1}{n} \sum_{i=1}^{n} (p_i - p)^2, p_i \equiv \ln P_i, p \equiv \ln P$$
$$(12.37)$$

式中,σ 仍然是式(12.32)中消费指数的替代弹性;σ_p^2 是价格对其均值偏离的百分比,即一种对价格离散程度的度量。在解释式(12.37)背后的直观含义之前,先来明确该估计事实上是站得住脚的。首先,我们注意到式(12.34)给出的 P 的表达式说明

$$Z \equiv \frac{1}{n}\sum_{i=1}^{n}\left(\frac{P_i}{P}\right)^{1-\sigma} = \frac{P^{-(1-\sigma)}}{n}\sum_{i=1}^{n}P_i^{1-\sigma} = 1 \tag{12.38}$$

现在定义 $X_i \equiv (P_i/P)^{1-\sigma}$，并且运用事实 $X_i = \exp\{\ln X_i\} = \exp\{(1-\sigma)(p_i-p)\}$ 来重新将式(12.38)中 Z 的表达式写作

$$Z = \frac{1}{n}\exp\{(1-\sigma)(p_i-p)\} \tag{12.39}$$

在点 $p_i = p$ 上，对该表达式中的 $X_i = \exp\{(1-\sigma)(p_i-p)\}$ 进一步运用二阶泰勒估计，其利用了对于点 $p_i = p$ 的以下事实，即 $\exp\{0\} = 1$，并且

$$\mathrm{d}X_i/\mathrm{d}p_i = (1-\sigma)\exp\{(1-\sigma)(p_i-p)\} = (1-\sigma)$$

重新写作：

$$Z \cong 1 + \frac{1-\sigma}{n}\sum_{i=1}^{n}(p_i-p) + \frac{(1-\sigma)^2}{2n}\sum_{i=1}^{n}(p_i-p)^2 \tag{12.40}$$

因为我们从式(12.38)中得知 $Z = 1$，所以，根据式(12.40)得到

$$\frac{1-\sigma}{n}\sum_{i=1}^{n}(p_i-p) + \frac{(1-\sigma)^2}{2n}\sum_{i=1}^{n}(p_i-p)^2 \cong 0 \Rightarrow$$
$$\frac{1}{n}\sum_{i=1}^{n}(p_i-p) \cong -\frac{1-\sigma}{2n}\sum_{i=1}^{n}(p_i-p)^2 \tag{12.41}$$

最后一步我们将对式(12.35)中给出的 D 做二阶泰勒估计：

$$D \equiv \frac{1}{n}\sum_{i=1}^{n}\left(\frac{P_i}{P}\right)^{-\sigma} = \frac{1}{n}\sum_{i=1}^{n}\exp\{-\sigma(p_i-p)\} \cong 1 - \frac{\sigma}{n}\sum_{i=1}^{n}(p_i-p) + \frac{\sigma^2}{2n}\sum_{i=1}^{n}(p_i-p)^2 \tag{12.42}$$

将式(12.41)代入式(12.42)，有

$$D \cong 1 + \frac{\sigma}{2n}\sum_{i=1}^{n}(p_i-p)^2 \tag{12.43}$$

根据式(12.43)和一般估计 $\ln(1+x) \cong x$，最终得到了在式(12.37)中叙述的结果 $d \cong (\sigma/2) \cdot \sigma_p^2$。

式(12.36)和式(12.37)因此说明了价格水平的更大波动减少了消费者社会福利。为了理解其中的原因，回想一下因为消费商品以同样的方式进入了 CES 效用函数式(12.32)，所以，它们在产生效用方面是一样好的，而且通过假设所有商品消耗同等成本来生产，就没有合适的理由来说明它们不应该以相同的价格出售。如果名义刚性引起价格差异的出现，那么追求成本最小化的消费者就会用低价位的商品来替换。对便宜商品消费的增加和昂贵商品消费的减少将会降低边际效用，该边际效用的降低是从便宜商品相对于昂贵商品而言的边际效用中推导出来的，因为所有边际商品的生产是等成本的，所以如果更加昂贵商品的生产和消费在某种程度上是以减少便宜商品的生产和消费为代价的，那么总体消费者效用就会在不增加总生产成本的条件下增加，然而在消费者有定价权的经济体中，因为消费者有激励去消费大量相对便宜的产品，所以这种情况是不会发生的，又因为按照定义经济（帕累托）无效率是指没有任何人

境况变坏的条件下,某些消费者的境况会变好,所以上述结果存在转化为消费者社会福利损失的经济效率损失。

需要注意的是,相对价格扭曲带来的社会福利损失表达式 $d \cong (\sigma/2) \cdot \sigma_p^2$ 支持了刚才给出的直观解释,即替代弹性 σ 的值越大,由消费价格的差额导致的替代效应就越强烈,并且由任意给定的价格变动引起的消费模式扭曲程度就越大。

同时,请注意价格黏性的社会福利减少效应不仅仅是我们对消费者偏好和生产技术做特别的简化假设的产物。每当名义价格刚性带来相对消费者价格与相对边际生产成本之间的偏离时,社会福利减少的经济(帕累托)无效率效应就出现了。当这种不一致存在的时候,就会有很多商品的边际替代率(由价格比给定)与边际转换率(由边际成本比给定)不同,并且从微观经济理论中知道资源可以在不伤害任何其他人社会福利的情况下重新分配以提高某些消费者的社会福利。在我们的简单模型中,我们"控制"了诸如所有的价格变量反映的是社会福利减少扭曲的假设条件,但是由价格黏性导致的相对价格扭曲的负社会福利效应仍然会在更加一般的模型中出现,其中只有一些价格变量被认为是名义刚性的。

在上述论证中,我们认为减少社会福利的消费者价格偏离源自名义价格黏性与通货膨胀的相互作用,在下文中将说明确实存在这样的联系。

(二)"黏性价格"公司模型和"弹性价格"公司模型

为了说明该联系,假设经济中存在两类公司模型:"黏性价格"公司模型和"弹性价格"公司模型。对于弹性价格的公司,其价格调整的菜单成本太小了,以至于一旦成本条件改变,它们就会发觉调整每期的价格是有利可图的;比较而言,对于黏性价格的公司,其菜单成本太高昂了,以至于它们在每期期初预先设定一个价位并将该价位保持到下一期。除了这些在菜单成本和在每期期初价格设定的有关行为上的不同,两类公司在其他方面是一样的,它们面临相似的成本和市场条件。令 $\bar{\omega}$ 表示隶属黏性价格的公司的比例,假设上述公司即期设定价格 P_s,然而隶属弹性价格的公司即期设定平均价格 P_f。依照式(12.34)即期一般平均价格水平将会是

$$P = [\bar{\omega}P_s^{1-\sigma} + (1-\bar{\omega})P_f^{1-\sigma}]^{1/(1-\sigma)} \Rightarrow$$
$$p = \left(\frac{1}{1-\sigma}\right)\ln[\bar{\omega}P_s^{1-\sigma} + (1-\bar{\omega})P_f^{1-\sigma}] \tag{12.44}$$

现在取式(12.44)在点 $\bar{P}_s = \bar{P}_f = \bar{P}$ 附近的一阶泰勒估计,利用 $\frac{X-\bar{X}}{\bar{X}} \cong x - \bar{x}$ 得到

$$p \cong \bar{\omega}p_s + (1-\bar{\omega})p_f \tag{12.45}$$

因为黏性价格公司面临的是与弹性价格公司一样的成本与市场条件,所以前者就希望将价格保持在与后者同样的水平上,因此,我们假设在期初由黏性价格公司设立的价格是与当期它们期望弹性价格公司收取的平均价格 p_f^e 一致的:

$$p_s = p_f^e \tag{12.46}$$

需要注意的是,在长期均衡期望中,$p_f = p_f^e$ 是一定会实现的,其意味着从式(12.45)和式(12.46)得到 $p_f = p_s = p$。正如我们在式(12.36)中推导偏离稳态的福利成本时所假设的一样,在长期均衡中,所有的公司会因此索要相同的价格,所以,我们在式(12.35)中定义的相对价格扭曲指数 D 处于稳态的时候就会等于1,即 $\bar{d} \equiv \ln \bar{D} = 0$。

因为黏性价格 p_s 是预先设定的,所以在即期期初是已知的,即 $p_s^e = p_s$。利用它和式(12.45)、式(12.46),我们就会得到意料之外的通货膨胀额的下述表达式,其中我们运用的是我们惯用的表达方式,即没有下标的变量表示即期,有下标"-1"的变量表示前期,并且上标"e"表示期望值:

$$\pi - \pi^e \equiv p - p_{-1} - (p^e - p_{-1}) = \overbrace{\bar{\omega} p_s + (1-\bar{\omega}) p_f}^{=p} - \overbrace{[\bar{\omega} p_s^e + (1-\bar{\omega}) p_f^e]}^{=p^e} \quad (12.47)$$
$$= \bar{\omega} p_s + (1-\bar{\omega}) p_f - [\bar{\omega} p_s + (1-\bar{\omega}) p_s] = (1-\bar{\omega})(p_f - p_s)$$

根据式(12.47),意料之外的通货膨胀额有赖于弹性价格公司在多大程度上领先于黏性价格公司设定的价格,即黏性价格公司在多大程度上低估了由弹性价格公司设定的价格,因为 $p_f - p_s = p_f - p_f^e$,见式(12.46)。

我们现在可以推导价格的方差 σ_p^2 的表达式来建立通货膨胀与相对价格扭曲的联系。根据式(12.45),有

$$\sigma_p^2 \equiv \frac{1}{n} \sum_{i=1}^{n} (p_i - p)^2 = \bar{\omega}\{p_s - [\bar{\omega} p_s + (1-\bar{\omega}) p_f]\}^2 + (1-\bar{\omega})\{p_f - [\bar{\omega} p_s + (1-\bar{\omega}) p_f]\}^2$$
$$= \bar{\omega}(1-\bar{\omega})^2 (p_s - p_f)^2 + \bar{\omega}^2 (1-\bar{\omega})(p_f - p_s)^2 = \bar{\omega}(1-\bar{\omega})(p_f - p_s)^2$$
$$(12.48)$$

结合式(12.47)和式(12.48),有

$$\sigma_p^2 = \left(\frac{\bar{\omega}}{1-\bar{\omega}}\right)(\pi - \pi^e)^2 \quad (12.49)$$

所以,价格方差直接与意料之外的通货膨胀额的平方成比例,其反映了黏性价格公司和弹性价格公司索要的价格只能是在前者低估后者提价节奏的程度上而不同。将式(12.37)与式(12.49)代入式(12.36),最后得出通货膨胀与消费者社会福利的联系:

$$\Delta \cong \hat{y}^e + \left(\frac{\bar{\delta}-1}{\bar{\delta}}\right)(\hat{y} - \hat{y}^e) - \left[\frac{1+\mu}{2\bar{\delta}(1-\alpha)}\right](\hat{y} - \hat{y}^e)^2 - \frac{\sigma}{2}\left(\frac{\bar{\omega}}{1-\bar{\omega}}\right)(\pi - \pi^e)^2 \quad (12.50)$$

式(12.50)表明因为与名义刚性相联系的意料之外的通货膨胀额通过增加价格方差产生了更严重的相对价格扭曲,所以,消费者社会福利伴随着意料之外的通货膨胀额的平方而增加。需要注意的是,如果预期通货膨胀率与政策制定者的目标通货膨胀率是一致的,那么式(12.50)中的通货膨胀一项就会采用一般的形式 $(a_\pi/2)(\pi - \pi^*)^2$,即与社会损失函数式(12.1)的通货膨胀项的形式完全一样。式(12.50)表明政策制定者应该将决定权重 a_π 的因素考虑到稳定通货膨胀的目标中:第一,a_π 应该随着替代弹性 σ 而增加,因为更高的替代弹性意味着由通货膨胀引起的相对价格扭曲造成了消费模式更大程度上的扭曲。第二,我们从

式(12.50)可以明白 a_π 应该随着名义价格刚性的程度而增加,其用参数 $\bar{\omega}$ 来权衡。在不存在名义价格刚性($\bar{\omega}=0$)的情况下,因为所有的公司都是弹性价格公司,它们为了避免由通货膨胀所引起的相对价格扭曲而迅速地调整价格[注意当 $\bar{\omega}=0$ 时,式(12.49)中的价格方差就会等于 0],就不会有通货膨胀的社会福利损失,然而,名义价格刚性的重要性比式(12.50)所示的更加微妙,因为根据式(12.46)和式(12.48),价格方差为

$$\sigma_p^2 = \bar{\omega}(1-\bar{\omega})(p_f - p_f^e)^2 \tag{12.51}$$

式(12.51)表明如果不存在名义刚性,或者所有的公司都预先设定价格即 $\bar{\omega}=1$,那么价格的方差将会等于零,因此,不是名义刚性本身的存在,而是具有不同程度价格弹性的公司的混合(即 $0<\bar{\omega}<1$)导致了降低社会福利的相对价格扭曲。事实上,对于任何给定的预期误差 $p_f - p_f^e$,式(12.51)表明价格方差将会在黏性价格公司的数量与弹性价格公司的数量相等的时候($\bar{\omega}=0.5$)达到最大值。这是很直观的,因为如果公司趋向集中于具有相同价格制定行为的组织,那么相对价格被通货膨胀所扭曲是没有余地的。

黏性价格公司模型和弹性价格公司模型的一个重要启示是只有意料之外的通货膨胀才对消费者的社会福利起作用,然而其他形式的价格刚性可能意味着无论是预料到的通货膨胀还是未预料到的通货膨胀,都引起了减少社会福利的相对价格扭曲。我们可以使用在宏观经济研究中广泛使用的所谓的"交错"价格设定的卡尔沃模型。在该模型中,由所有公司的 $1-\bar{\omega}$ 比例构成的随机样本即期调整价格,而剩余部分的公司将其价格保持不变。它意味着平均而言,公司在 $1/(1-\bar{\omega})$ 的时间长度内保持其价格恒定,所以参数 $\bar{\omega}$ 还是价格刚性程度的指标。因为没有调整价格的公司代表的是普遍的公司,我们给定价格调整公司是随机选择的,所以它们即期索要的平均价格 p_s 就会等于上期的平均价格水平:

$$p_s = p_{-1} \tag{12.52}$$

假定有机会在即期调整价格的公司直到经历了 $1/(1-\bar{\omega})$ 这么长时间才期望重新设定价格,那么它们会将其设定为使预期利润现值最大化的价格,为了达到现在的目的,不需要担心 p^* 的决定因素:

$$p_f = p^* \tag{12.53}$$

根据式(12.45)、式(12.52)和式(12.53),即期平均价格水平为

$$p \cong \bar{\omega}p_s + (1-\bar{\omega})p_f = \bar{\omega}p_{-1} + (1-\bar{\omega})p^* \tag{12.54}$$

即期通货膨胀是

$$\pi \equiv p - p_{-1} = (1-\bar{\omega})(p^* - p_{-1}) \tag{12.55}$$

利用式(12.52)至式(12.55),得知价格水平的方差是

$$\sigma_p^2 \equiv \frac{1}{n}\sum_{i=1}^{n}(p_i - p)^2 = \bar{\omega}\{p_s - [\bar{\omega}p_s + (1-\bar{\omega})p_f]\}^2 + (1-\bar{\omega})\{p_f - [\bar{\omega}p_s + (1-\bar{\omega})p_f]\}^2$$

$$= \bar{\omega}(1-\bar{\omega})^2(p^* - p_{-1})^2 + \bar{\omega}^2(1-\bar{\omega})(p^* - p_{-1})^2 = \bar{\omega}(1-\bar{\omega})(p^* - p_{-1})^2 = \left(\frac{\bar{\omega}}{1-\bar{\omega}}\right)\pi^2 \tag{12.56}$$

式(12.56)中的最后一个等式表明价格方差有赖于通货膨胀总额的平方,而并不仅仅依赖于意料之外的通货膨胀的平方。将该结果代入式(12.37),得到

$$\frac{\text{通胀的福利损失}}{\text{稳态消费}} \equiv d \cong \frac{\sigma}{2} \cdot \sigma_p^2 = \frac{\sigma}{2}\left(\frac{\bar{\omega}}{1-\bar{\omega}}\right)\pi^2 \qquad (12.57)$$

为什么式(12.57)揭示了即使是充分预期到的通货膨胀也会引起社会福利损失呢?其原因是即期调整价格的公司知晓它们直到渡过另一段时间 $1/(1-\bar{\omega})$ 才能重新设定价格,因此,为了使它们在接下来的恒定价格时期不被通货膨胀"赶上",预期通货膨胀水平越高,价格调整公司就会越愿意将价格设定在比即期平均价格更高的水平上。在任何给定的时期,无论预期是否实现,价格调整公司设定的价格与不变价格公司设定的价格的差额都会因此变大,结果是价格的方差会变大,通货膨胀预期水平就会更高。

为了说明这两种通货膨胀社会福利损失模型的联系,假定通货膨胀水平与目标通货膨胀水平 π^* 一致围绕其均值波动,取式(12.57)右侧围绕其通货膨胀目标的二阶泰勒展开式,有

$$d \cong \sigma\left(\frac{\bar{\omega}}{1-\bar{\omega}}\right)\left[\frac{(\pi^*)^2}{2} + \pi^* \cdot (\pi - \pi^*) + \frac{(\pi - \pi^*)^2}{2}\right] \qquad (12.58)$$

因此,通货膨胀引致的平均社会福利损失是

$$E[d] \cong \frac{\sigma}{2}\left(\frac{\bar{\omega}}{1-\bar{\omega}}\right)(\pi^*)^2 + \frac{\sigma}{2}\left(\frac{\bar{\omega}}{1-\bar{\omega}}\right)\sigma_\pi^2 \qquad \sigma_\pi^2 \equiv E[(\pi - \pi^*)^2] \qquad (12.59)$$

式中,σ_π^2 是通货膨胀的方差。我们进一步假定一个国家或经济体的中央银行是具有可信性的,那么预期通货膨胀水平就等于该中央银行宣布的通货膨胀目标 $\pi^e = \pi^*$。式(12.59)右边的第二项可以解释为意料之外的通货膨胀引起的平均社会福利成本,然而第一项说明了预期到的通货膨胀导致的平均社会福利损失。此外,根据式(12.50)右边的最后一项和 $\pi^e = \pi^* = E[\pi]$ 的假设,意料之外的通货膨胀引起的平均社会福利损失也是由黏性价格公司模型和弹性价格公司模型中的通货膨胀波动(Δ_π)引起的:

$$\Delta_\pi \equiv E\left[\frac{\sigma}{2}\left(\frac{\bar{\omega}}{1-\bar{\omega}}\right)(\pi - \pi^e)^2\right] = \frac{\sigma}{2}\left(\frac{\bar{\omega}}{1-\bar{\omega}}\right)E[(\pi - \pi^*)^2] = \frac{\sigma}{2}\left(\frac{\bar{\omega}}{1-\bar{\omega}}\right)\sigma_\pi^2 \quad (12.60)$$

在具有名义价格刚性的经济体中,有些公司在某段时间内将保持其价格不变,在不同的时间点上再重新设定价格。通货膨胀通过引起相对价格偏离相对边际生产成本来扭曲相对价格,由此导致的经济无效率引起了消费者社会福利的损失。在弹性价格部门,如果某些公司立即调整价格,而其他公司根据预期通货膨胀而预先设定价格,那么只有意料之外的通货膨胀才能产生社会福利损失。如果所有的公司在不同步的时间间隔期内保持价格恒定,那么即使是预料到的通货膨胀,也会产生社会福利损失。该福利损失随着通货膨胀水平的平方增加而上涨,并且不同消费者商品的替代弹性越大,社会福利损失就越大。

(三)通货膨胀的社会成本

从社会福利角度看,在卡尔沃模型中,预料到的和未预料到的通货膨胀是不相关的。该模型清晰地说明在社会损失函数式(12.1)中通货膨胀目标水平应该等于0,因为式(12.56)和

式(12.57)指出相对价格的扭曲和与此相关的福利成本应该也等于0,然而在下面的内容中,我们将会发现最终选择正通货膨胀目标的合理理由,也会看到通货膨胀可能导致了不仅仅包括上述成本的社会成本。

通货膨胀与名义刚性的相互作用倾向于扭曲每个时期不同消费品的相对价格,但是通货膨胀也可能通过扭曲名义资产的真实回报率来扭曲现期和未来消费的相对价格。正通货膨胀率造成了储蓄和投资的名义回报率与实际回报率的差异。所得税是典型的基于纯粹的名义利率而征收的,其包括投资者为了保证其名义资产的真实价值而留存的储蓄。所以,通货膨胀可能导致对名义资产的回报的过度征税,该名义资产的回报是相对于真实资产如土地、建筑的回报而言的,从而引致了对后者的过多投资。进一步来讲,税法通常仅仅允许营业资产依据资产的历史购买价格来记录账面价值,所以,通货膨胀倾向于侵蚀折旧提存的真实价值,同样也存在过度征税的风险。总的来说,所得税系统并没有根据通货膨胀进行指数化的事实意味着通货膨胀倾向于扭曲储蓄和投资的决定。

此外,与通货膨胀相互作用的名义刚性可能因为菜单成本而扭曲不同消费品的相对价格,该成本包括了所有价格变动的资源消耗,包含打印新的价目表和目录的成本加上向市场传送新价格的其他成本。如果通货膨胀率上升,企业必须时常改变其名义价格以避免其实际价格和利润的萎缩。通过增加价格调整的频率,高通货膨胀率因此增加了相关的菜单成本。

另外,高通货膨胀率意味着高名义利率,这将促使家庭和企业紧缩它们持有的货币。当人们持有较低的实际货币存量时,为满足交易所需就得经常前往银行取出货币,导致作为通货膨胀社会成本之一的"皮鞋成本",即包括用于前往银行的路上的时间、企业现金管理所耗费的资源,以及将非流动性资本变现花费的成本。

除此之外,历史经验表明更高的平均通货膨胀水平倾向于与更加不稳定的通货膨胀率紧密相连。如果通货膨胀变得更加反复无常,进而平均通货膨胀水平的上升变得更加不可预知,那么人们此时就会在通货膨胀预期方面犯更大的错误。当家庭和公司低估或者高估通货膨胀时,它们最终会获得与预期不同的劳动和资产的真实回报率。因为这些错误的估计,它们将会为自己做出的经济决策而后悔,进而遭受社会福利损失。此外,未预期到的通货膨胀会产生出乎意料的低水平的真实利率,意味着财富从债权人向债务人转移的任意再分配,然而未预期到的低水平的通货膨胀产生的是向相反方向流动的类似的任意再分配。如此未预料到的再分配如果大规模地发生,可能会威胁到社会的稳定。

(四)中央银行的通货膨胀目标设定

将这些内容加入之前根据卡尔沃模型讨论的观点中,就会发现令人惊叹的情况,即选择在社会损失函数式(12.1)中的零通货膨胀目标水平 π^*。弗里德曼指出通货膨胀目标水平应该是负值,并且数值上应该等于长期均衡真实利率 $\bar{r}$,只有这样才能使名义利率 $i=\bar{r}+\pi^*$ 下降到零。他的观点是,因为印刷货币实际上是无成本的,所以向社会发行货币的边际社会成本大概是零。为了引导人们持有社会最优货币额,货币持有的个人边际机会成本——由名义利率给定——因而也应该等于零。如果名义利率是正值,那么人们就会紧缩手中的货币额以更多地持有有息资产形式的财富,所以,他们会带来社会上浪费性的"皮鞋成本",而该成本也是可以通过将名义利率降至零而消除的,其反过来要求通货紧缩的平稳水平以保证真实利率水平等于经济体的自然利率水平。

如果名义价格刚性存在,那么根据卡尔沃模型相对价格就会被负通货膨胀以及正通货膨胀扭曲。大多数经济学家也认为在实践中通货紧缩的政策是很危险的,因为如果债务人没有充分预期到未来价格的下降及其导致的真实债务负担的增加,那么通货紧缩就会触发破坏性的破产风波。

实际上,现代中央银行不是盯住由弗里德曼提出的负通货膨胀目标,也不是盯住卡尔沃模型提出的零通货膨胀目标,而是通常寻求将通货膨胀水平保持在适度的正数水平。因为零通货膨胀可能会损害中央银行稳定经济的能力。在零通货膨胀下,短期的名义利率会很低,因而中央银行不能通过大规模降低利率来抑制严重的衰退,因为名义利率绝不能降至零以下。如果中央银行想让利率政策成为稳定政策的有力工具,那么它们就需要接受一个正的平均通货膨胀率,为衰退期的利率削减保留空间。

在很低的通货膨胀率下无法降低名义利率并非一种理论上的情况。如图 12-4 所示,在 1990—2008 年的许多年份中,日本遭遇了经济停滞和真实的紧缩,短期名义利率被拉至接近于零的水平,却未能止住经济萧条。在急需需求刺激的时刻,日本中央银行却没有能力通过利率政策刺激需求。

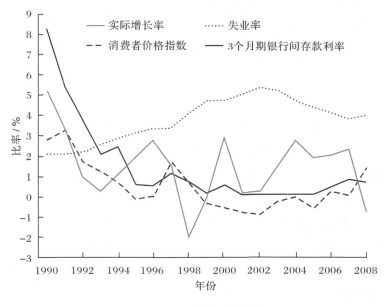

图 12-4 日本的经济滞胀

对零通货膨胀目标的另一个反驳是名义工资在面临下降时表现得极为有黏性,即使经济遭遇负面冲击要求实际工资下降,这一调节也更易于通过价格下降而非名义工资的下降获得。这是存在适当的正的通货膨胀率时经济更容易被稳定的另一个原因。

官方的价格指数倾向于高估真实通货膨胀率,因为它们不能充分地说明这一事实:价格上升反映了产品质量提升而非真实的通货膨胀。

根据上述原因,有直接的官方通货膨胀目标的国家,例如,澳大利亚、加拿大、新西兰、挪威、瑞典、瑞士和英国都接受了每年 2%~2.5% 的正的目标通货膨胀率。欧洲中央银行接受的通货膨胀率达到 2%,与其价格稳定目标保持一致。

第二节 货币政策和财政政策

一、货币稳定政策

(一) 经济波动带来的社会福利损失

基于 AS-AD 模型,产出由生产函数给出

$$Y = BL^{1-\alpha} \qquad 0 < \alpha < 1 \tag{12.61}$$

式中,Y 反映了劳动产出水平。根据式(12.61),自然产出水平是 $\overline{Y} = \overline{B}\,\overline{L}^{1-\alpha}$,其中 $\overline{L}$ 是自然就业,$\overline{Y}$ 是产出的趋势水平。和其他一样,我们把相对的产出缺口定义为 $\hat{y} \equiv \ln Y - \ln \overline{Y} \equiv y - \overline{y}$,更进一步地,如果目标通货膨胀率是"通货膨胀缺口",那么就是 $\hat{\pi} \equiv \pi - \pi^*$。

与产出和通货膨胀缺口相关的社会福利的损失可以近似表示为下列形式的社会损失函数,这里财富效应 SL 用国内生产总值的一部分来测量:

$$\text{SL} = -a_d(\hat{y} - \hat{b}) + \frac{a_l}{2(1-\alpha)}(\hat{y} - \hat{b})^2 + \frac{a_\pi}{2}\hat{\pi}^2 \tag{12.62}$$

$$a_l > 0, a_\pi > 0, a_d \equiv 1 - \frac{1-\tau}{\overline{m}_p\,\overline{m}_w}, \hat{b} \equiv \ln B - \ln \overline{B}$$

为了了解为什么由经济周期带来的社会损失采取式(12.62)的形式,需要注意的是,产出函数式(12.61)隐含了 $\ln L - \ln \overline{L} = (\hat{y} - \hat{b})/(1-\alpha)$,所以,当 $\hat{y} \neq \hat{b}$ 时,就业就会偏离它的自然率水平。参数 $\overline{m}_p$ 和 $\overline{m}_w$ 是稳态价格和工资的组合,τ 是收入税率。这样相关系数 a_d 就反映了市场扭曲的程度,它测量了劳动的边际产品(MPL)和消费与工作的边际替代率(MRS)之间的楔子。当这个楔子是正的时,就业的提高会提高社会福利,反之亦然。这样,式(12.62)右边的第一项就表示经济的繁荣即 $L > \overline{L}(\hat{y} > \hat{b})$ 带来了财富收益,即减少了社会损失,这是因为经济繁荣创造的收入比补偿工人额外工作所需要的工资要多;然而,经济衰退即 $L < \overline{L}(\hat{y} < \hat{b})$ 增加了社会损失,这是因为收入损失超出了失业工人获得的额外闲暇的价值。

如果 MPL 和 MRS 是一致的,那么系统化的围绕自然水平的就业波动就不会带来一个社

会净损失,因为繁荣时期的财富收益会完全补偿衰退时的财富损失,但是实际上随着就业水平的波动,MPL 在降低而 MRS 在上升,所以,围绕自然就业的就业波动创造了一个社会福利净损失,这可以由式(12.62)右边的第二项来表示,这一项是在 $L\neq\overline{L}(\hat{y}\neq\hat{b})$ 时加到社会损失中去的。通货膨胀率的波动也产生了社会福利损失,部分是由相关价格扭曲造成的,这可以解释式(12.62)中第三项的存在。参数 a_l 和 a_π 的大小是由结构参数决定的。

(二)社会损失最小的最优货币政策

现在,我们来定义最优货币政策是使式(12.62)中社会损失最小的政策。流程是根据在不同经济结构和中央银行可获信息的情况下所做出的不同假设来制定最优货币政策。我们从考虑一个不仅能够完美地观察到经济的所有冲击,而且能及时根据这些冲击来调整政策利率的中央银行开始。根据 AS-AD 模型,可以假定经济随时根据政策利率的变化而变化。假定中央银行有着完全的信用力以至于私人部门的通货膨胀预期完全由官方的通货膨胀目标决定,所以,在每一个时期内都有 $\pi^e=\pi^*$。这些假定都不是很现实,随后我们会不断放松这些假设,但是作为一个基准,研究它们的隐含意义来理解稳定政策最多能够达到怎样的效果是非常有用的。

因为有 $\pi^e=\pi^*$,AS 曲线就变为

$$\hat{\pi} = \frac{\alpha}{1-\alpha}\hat{y} + \hat{m} - \frac{\hat{b}}{1-\alpha} \qquad \hat{m} \equiv \ln(\frac{m_p}{m_p}) + \ln(\frac{m_w}{m_w}) \qquad (12.63)$$

根据式(12.62),产出缺口变动的边际社会损失是

$$\text{MSL}_y \equiv \frac{\partial \text{SL}}{\partial \hat{y}} = \frac{a_l}{1-\alpha}(\hat{y}-\hat{b}) - a_d \qquad (12.64)$$

需要注意的是,因为 $\ln L - \ln \overline{L} = (\hat{y}-\hat{b})/(1-\alpha)$,式(12.62)和式(12.64)中的参数 a_l 测量的是失业偏离自然水平的边际社会损失。从式(12.62)中可以得出通货膨胀缺口变化的边际社会损失

$$\text{MSL}_\pi \equiv \frac{\partial \text{SL}}{\partial \hat{\pi}} = a_\pi \hat{\pi} \qquad (12.65)$$

现在假定社会处在一个有负的产出缺口的衰退中,而中央银行降低 1 个百分点的利率来促进消费和产出,更高产出的单独的财富效应是一个与 MSL_y 相等的社会福利收益,但是根据 AS 曲线式(12.63),产出的增加带来了通货膨胀缺口的增加,幅度为 $\partial\hat{\pi}/\partial\hat{y}=\alpha/(1-\alpha)$ 个百分点,这产生了一个与 $\text{MSL}_\pi \cdot \partial\hat{\pi}/\partial\hat{y}$ 相等的社会福利损失。在最优稳定政策下,更高产出的边际福利收益刚好抵消更高通货膨胀带来的边际福利损失,这样,最优产出缺口可以从一阶条件中找出:

$$\frac{dSL}{d\hat{y}}=0 \Rightarrow MSL_y + MSL_\pi \cdot \frac{\partial \hat{\pi}}{\partial \hat{y}} = 0 \Rightarrow \overbrace{\frac{a_l}{1-\alpha}(\hat{y}-\hat{b})-a_d}^{MSL_y} + \overbrace{a_\pi \hat{\pi}}^{MSL_\pi} \cdot \overbrace{\left(\frac{\alpha}{1-\alpha}\right)}^{\partial \hat{\pi}/\partial \hat{y}} = 0$$

$$\Leftrightarrow \hat{y} = \hat{b} + (1-\alpha)\frac{a_d}{a_l} - \frac{\alpha a_\pi}{a_l}\hat{\pi}$$

(12.66)

用 AS 曲线式(12.63)来替换式(12.66)中的 $\hat{\pi}$,并重新组合,得到以经济受到冲击的函数形式表达的最优产出缺口:

$$\hat{y} = \left(\frac{1-\alpha}{a_l+\alpha\gamma a_\pi}\right)a_d - \left(\frac{\gamma a_\pi}{a_l+\alpha\gamma a_\pi}\right)(1-\alpha)\hat{m} + \left(\frac{a_l+\gamma a_\pi}{a_l+\alpha\gamma a_\pi}\right)\hat{b} \qquad \gamma \equiv \frac{\alpha}{1-\alpha} > 0$$

(12.67)

中央银行怎样得到一个与式(12.67)相等的产出缺口呢? 根据式(12.68)

$$\hat{y} = \alpha_1 \hat{g} - \alpha_2(r-\bar{r}) + \nu$$

(12.68)

$\pi^e = \pi^e_{+1} = \pi^*$,实际市场利率是 $r = i^p - \pi^* + \rho$,其中 i^p 是中央银行的政策利率,ρ 是市场风险溢价,把这代入式(12.68)中,$\bar{r}^* \equiv \bar{r} - \bar{\rho}$ 是无风险稳态实际利率,可以得到从经济需求方决定的产出缺口:

$$\hat{y} = \alpha_1 \hat{g} + \nu - \alpha_2(i^p - \pi^* + \hat{\rho} - \bar{r}^*) \qquad \bar{r}^* \equiv \bar{r} - \bar{\rho}, \quad \hat{\rho} \equiv \rho - \bar{\rho}$$

(12.69)

让式(12.67)和式(12.69)中的两个产出相等,得到中央银行的最优利率规则,这将产生一个代表稳定失业和稳定通货膨胀目标之间最优权衡的产出缺口:

$$i^p = \bar{r}^* + \pi^* - \hat{\rho} + \frac{\nu + \alpha_1 \hat{g}}{\alpha_2} - \left(\frac{1-\alpha}{\alpha_2(a_l+\alpha\gamma a_\pi)}\right)a_d +$$

$$\left[\frac{\gamma a_\pi}{\alpha_2(a_l+\alpha\gamma a_\pi)}\right](1-\alpha)\hat{m} - \left[\frac{a_l+\gamma a_\pi}{\alpha_2(a_l+\alpha\gamma a_\pi)}\right]\hat{b}$$

(12.70)

这个货币规则有很多重要的含义。

(1) 与泰勒规则相对,式(12.70)中没有描述政策利率应该对产出缺口的变化和通货膨胀缺口的变化直接做出反应,而是中央银行应该开发它的关于不同冲击的完全信息,从而以一种依赖于特定类型经济冲击的方式来调整政策利率。

(2) 需求冲击应该被完全稳定。需求冲击可能表现为市场风险溢价($\hat{\rho}$)、对私人需求"信心"的冲击(ν)或者财政冲击($\hat{g}$)的形式。这样的冲击不能代表稳定性政策的两难局面,因为它们都是从同一个方向影响产出缺口和通货膨胀缺口的。实际上,因为式(12.63)中的 AS 曲线是直线型的,所以由 AD 曲线变动带来的产出缺口和通货膨胀缺口的变化是完全相关的。一个完全使对产出缺口的影响变为中性的稳定政策因此也可以完全使对通货膨胀缺口的影响变为中性,这样就可以阻止需求方带来的任何福利损失了,例如,由于对风险溢价的正向冲击,式(12.70)描述了政策利率应该相应地降低,假定这能够在利率不触"0"底的时候完成。以这样的一种方式,市场利率和总需求都保持不变,并且产出缺口和通货膨胀缺口也都不会发生改变。相似地,根据式(12.68),利率上涨 1 个百分点可以使总需求减少 α_2 个百分点,并且如果政策利率可以像从式(12.70)中推出的那样提高 ν/α_2,一个由正的信心冲击带来的幅度为 ν 的需求冲击就可以被完全抵消。需要注意的是,因为在需求冲击的情况下,稳定的产出和稳定的通货膨胀之间没有冲突,所以,对这些冲击做出最适宜的利率反应不依赖于与稳定产出缺口和通货膨胀缺口目标相对应的各自的社会权重 a_l 和 a_π。

(3)成本加成冲击 $\hat{m}$、生产率冲击 $\hat{b}$ 尽管都是供给冲击,但是需要不同的货币政策反应,并且这些反应应该依赖于与稳定的就业和通货膨胀目标相对应的各自的权重。供给冲击带来了一个两难困境,比如,如果面对产量的临时下降,就业保持不变,那么通货膨胀将会上升。为了避免更高的通货膨胀,就业率就会下降,这样就提高了劳动的边际生产率和降低了产量的边际成本,因此,同时稳定通货膨胀和就业是不可能的。为了理解对一个暂时性的成本加成冲击做出的由货币政策规则提供的政策反应,图 12-5 是非常有用的。图中较低的 AS 曲线表明产出缺口和通货膨胀缺口之间的关系,这个关系是当没有供给冲击时由式(12.63)中的 AS 曲线推导出的;而较高的 AS 曲线表示的是在仍然假定没有生产率冲击的条件下,当存在正的工资或价格加成冲击时,产出缺口和通货膨胀缺口之间的关系。当中央银行调节利率来保证更高产出的边际社会收益(MSL_y)总是和通货膨胀率上升带来的边际社会损失[$MSL_\pi \cdot (\partial \hat{\pi}/\partial \hat{y})$]相等时,代表货币政策规则的 MPR 曲线表示产出缺口和通货膨胀缺口的最优结合,MPR 曲线的一般形成可以由式(12.66)的简单重组得到:

$$\hat{\pi} = \left(\frac{1-\alpha}{\alpha}\right)\frac{a_d}{a_\pi} + \frac{a_l}{\alpha a_\pi}(\hat{b}-\hat{y}) \tag{12.71}$$

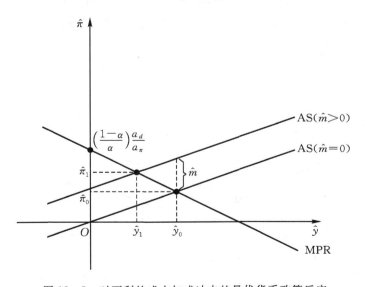

图 12-5 对不利的成本加成冲击的最优货币政策反应

在成本加成冲击袭击经济前,中央银行设定了一个保证最优产出缺口和通货膨胀缺口的组合($\hat{y}_0, \hat{\pi}_0$)。当一个消极的成本加成冲击($\hat{m}>0$)出现时,AS 曲线向上移动,中央银行因此选择使 MPR 曲线与新的 AS 曲线相适应的新组合 $(\hat{y}_1,\hat{\pi}_1)$。我们看到对于成本加成冲击的最优社会反应是接受产出方面的下降,这是直观的,因为社会损失的幅度比相应的通货膨胀缺口增加的幅度要大,实际上,上升的幅度是通货膨胀缺口的平方,通过允许产出下降而不是允许成本推动型冲击完全转嫁到通货膨胀率上来吸收部分冲击是最优的决策。为了降低产出,中央银行必须提高政策利率来降低总需求。

图 12-6 表明的是一个更复杂的不利的生产率冲击的情况。我们现在设定 $\hat{m}=0$,在这里 $\hat{b}<0$。根据式(12.63),负面生产率冲击的成本推动影响使 AS 曲线向上移动竖直距离 $|\hat{b}|/(1-\alpha)$。与此同时,式(12.71)表示 MPR 曲线可以向下移动竖直距离 $\dfrac{a_l|\hat{b}|}{\alpha a_\pi}$。这样,我们就看出中央银行会选择一个更低的产出缺口来应对一个负面的生产率冲击。这就有一些直观的感觉,因为在面对负面的生产率冲击时,要维持产出不变,需要工人工作更长时间,而且,当他们努力工作的产出很低时,让他们辛苦工作也不是一个最优的选择。在图 12-6 中,为了使经济活动由 $\hat{y}_0$ 降到 $\hat{y}_1$,中央银行必须通过提高它的政策利率来降低总需求,然而这又是当 $\hat{b}<0$ 时所要求的。

需要注意的是,AS 曲线式(12.63)中一个大小为 $\hat{m}(\hat{m}<0)$ 的不利的成本加成冲击和一个大小为 $|\hat{b}|=(1-\alpha)\hat{m}$ 的负面生产率冲击,对通货膨胀率有同一方向的成本推动影响。我们可以看出,当经济受到生产率冲击时应该比当其受到同一方向的成本推动影响的成本加成冲击时反应更强烈,这样就带来一个产出上的更大变化,其结果是生产率冲击意味着社会可用的技术机会的变化,然而,成本加成冲击不带来这种影响,比如,一个负面的生产率冲击意味着劳动的边际生产率降低,但是价格上涨并不减少由额外一小时工作引起的产出量下降。这样,在前一种情况下允许一个比后一种情况下更大的产出下降是有道理的。

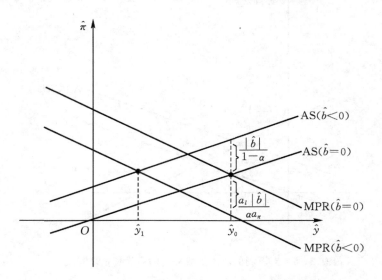

图 12-6 对不利的生产率冲击的最优货币政策反应

上述的分析描述了在理想的情况下货币政策能够达到怎样的效果,而这是基于以下几个强假设的:①中央银行对经济冲击有完全的信息;②中央银行能够基于这些信息做出及时的反应;③经济体对政策利率变化有及时的反应;④中央银行对通货膨胀预期完全由通货膨胀目标所固定,并且有完全的信用。

不幸的是,上述这些假定在实际中都不是很现实,主要有以下几点原因:

(1)不完全的信息。在实际中,许多冲击在它们袭击经济时不能立刻被直接观察到。尽管所谓的引导性的经济统计指标有时可能给出关于将要发生的经济冲击的一点暗示,但是这些指标的信号是典型的"具有噪声的",而且绝对不是未来经济发展的精确预测者。更进一步地,在所有给定的时期内,经济可能持续性地面对各种不同种类的需求冲击和供给冲击,所以,把这些冲击区分开并且通过观测当前产出水平、就业或通货膨胀或者其他可观测的宏观经济变量来评估它们的相关性基本上是不可能的,比如,如果当前的通货膨胀率比根据当前失业水平推测出的通货膨胀率要高,那么这可能表示一个不利的供给冲击会出现,但是通货膨胀和失业的数据不能揭示通货膨胀压力是来自成本加成冲击还是生产率冲击。正如我们已经看到的,对供给冲击的最优政策反应精确地依赖于冲击的类型。

(2)时间滞后。随着时间的推移,在任何给定的时间内,关于经济状态的更多信息变为可获得的,这使估计已经出现的不同冲击以及评估它们的相对大小和持续程度成为可能。上面描述的关于不完全信息的问题也因此有时被认为是认知的滞后。这就是困难的部分,因为充分的信息只有在经过一定的时间之后才是可获得的。政策制定者要想完全地了解经济的变化需要时间,而且除了认知滞后,还有决策滞后,因为经济状态改变后要决定政策需要做出怎样的调整也是需要时间的。最重要的是,还存在一个实行滞后,因为政策的改变并不是立刻产生影响的。这三个方面的滞后的加总有时候也被称作内生滞后,这一过程包含从一个经济干扰出现直到经济政策工具被实行的全过程。在货币政策的情况下,内生滞后通常被认为主要是由认知滞后构成的,因为只要认识到需要改变,一个独立的中央银行就能够很快地做出决定并且实行政策利率的改变,但是在所谓外生滞后的形式下,稳定政策面临一个额外的复杂性。时间滞后的这个时期是指政策工具开始变化到这个变化对经济产生最大效果的时间。上述的分析含蓄地假定外生滞后比考虑的期限要短一些,这样利率的变化就能够在这一期限内完成它对总需求的全部影响,但是货币政策的外生滞后可能会持续很长一段时间。

(3)信誉。对完全信誉的假定,即 $\pi^e = \pi^*$,是很有问题的,其原因是,市场扭曲会使自然产出水平低于在没有税收扭曲的完全竞争经济中可以形成的有效水平,所以一个寻求最小化如式(12.62)的社会损失函数的中央银行就会希望保持产出高于其自然率水平,这样,实际通货膨胀率就会比目标通货膨胀率要高。为了分析这个问题,需要注意式(12.67)给出了中央银行想要获得的最优的产出缺口,设定式中 $\hat{m} = \hat{b} = 0$,并且对 a_d 使用式(12.62)中的定义,得到

$$\hat{y} = \left(\frac{1-\alpha}{a_l + \alpha \gamma a_\pi}\right) a_d = \left(\frac{1-\alpha}{a_l + \alpha \gamma a_\pi}\right)\left(1 - \frac{1-\tau}{m_p m_w}\right) \tag{12.72}$$

在税收扭曲（$\tau>0$）和市场不完全（$\overline{m}_p,\overline{m}_w>1$）存在的条件下，这个表达是正确的。通过设定 $\hat{m}$ 和 $\hat{b}$ 以 0 为平均值上下波动，得到的平均水平上的产出缺口和通货膨胀缺口是图 12-5 中描述的（$\hat{y}_0,\hat{\pi}_0$）的状态，这样通货膨胀平均上就会比目标值要高，因为公众已经了解到中央银行试图系统性地打破它所宣称的通货膨胀目标，所以通货膨胀预期不可能保持在原来的水平上。假设不是那样，而是公众已经知道实际的通货膨胀缺口围绕着如图 12-5 所示的正通货膨胀率 $\hat{\pi}_0$ 的水平波动，那么他们就适应了一种与这种缺口相对应的预期通货膨胀率。这样 AS 曲线就会向上移动，与图 12-5 中的纵轴相交于点 $\hat{\pi}_0$ 处，但是，在中央银行设定更高的通货膨胀率后，新的 AS 曲线与 MPR 曲线出现新交点，这样实际通货膨胀率将会超出预期值，这就带来预期通货膨胀率的提高，然而更高的预期通货膨胀率会带来实际平均通货膨胀率的提高。如此循环往复，直到 AS 曲线与纵轴交于图 12-5 中的点 $\left(\dfrac{1-\alpha}{\alpha}\right)\dfrac{a_d}{a_\pi}$。简而言之，如果中央银行想达到的产出目标超过自然率，那么它就不能一直保持通货膨胀目标的信誉。因此，主张货币和财政稳定政策应以将产出稳定在其自然率趋势水平周围为目标是很正常的，因为这与保持一个低而稳定的长期通货膨胀水平的目标相一致。同时，政府应该运用结构性政策，如劳动市场政策、税收政策和竞争政策，来缓解劳动市场和产品市场的不完全，这能促使自然产出接近最有效的产出水平。

在有这么多争议的情况下，这一部分的分析可能看上去非常不相干，但是这一结论可能太草率了。首先，上述分析表明了货币当局制定政策需要什么样的信息，因此，上述这种类型的分析可能有助于指导收集和处理信息，而这些信息可以作为改进政策制定的基础。其次，这些分析表明，在政策制定者确实按照不同类型的冲击来更新了信息后，在制定政策时他们应该充分运用这些信息。在不同的情况下有效信息量变化很大，这一观点有助于解释为什么实际货币政策经常与用简单机械的规则如泰勒规则制定的政策相偏离。还有人认为以上的分析对中央银行货币政策反应函数中统计上的"误差项"产生的原因进行了解释。

（三）货币政策效应分析

我们现在进行一个更实际的货币政策分析。假定在对当期设定了政策利率后，尽管中央银行能够看到当前的产出和通货膨胀缺口，但是它不能直接观察到对当前经济的不同冲击。当然，如果中央银行知道 AS 曲线的斜率，并且能够观察到产出缺口和通货膨胀缺口，那么它将能够推断出总供给冲击的大小，然而银行不能推断出这是一个成本加成冲击还是一个生产率冲击。更进一步，中央银行必须在它能够看到当期需求冲击之前设定它的政策利率。由于当前的冲击不是立刻就能被观察到的，这一假定似乎在大多数情况下也都是合理的，我们将假定中央银行不是以高于自然率水平的产出为目标的，这相当于给出了这样一个假定，即中央银行采取行动是以假设自然产出与有效产出相等为前提的，因而社会损失函数式（12.62）右边的第一项就被去掉了。再进一步，当中央银行不能观察到当前的生产率冲击时，在设定政策利率时它的最佳决策就是假定这个冲击是零影响的,这样中央银行就在当期假设 $\hat{y}-\hat{b}=\hat{y}$ 的基础上行动。这时,中央银行的行动就不再是最小化式(12.62),而是最小化一个修正过的社会损失函数,形式如下:

$$\text{SL} = \frac{a_l}{2(1-\alpha)}\hat{y}^2 + \frac{a_\pi}{2}\hat{\pi}^2 \tag{12.73}$$

比较式(12.73)与式(12.62),就可以看到中央银行的目标函数不再包含$-a_d(\hat{y}-\hat{b})$项,这一项在我们前述的模型中代表通货膨胀偏差。中央银行并非努力保持产出系统性地高于自然率水平,这一假定与现实世界中的中央银行公布的货币政策是一致的。需要注意的是,即使货币政策制定者采取式(12.73)的目标函数,他们也仍知道社会希望产出水平高于自然率水平,但是由于中央银行不运用促进自然产出所需要的政策工具,如果中央银行因为关注最小化产出缺口和通货膨胀缺口的波动,而使政府来实施可能使自然产出接近有效产出水平的结构政策改革,那么这可能是政策制定者最合理的安排。

尽管我们的模型不再包含导致通货膨胀偏差的源头,但是仍将回归静态通货膨胀预期假定($\pi^e=\pi_{-1}$),而非假定预期通货膨胀率与每一期的目标通货膨胀率相等。我们不再假定中央银行具有前面已定义过的完全信用,这样就能保证结论不是建立在对中央银行完全乐观这一假定的基础上的。

当通货膨胀预期是静态的时候,政策制定者必须考虑到当前产出缺口和通货膨胀缺口的变化会影响到所有未来的通货膨胀缺口和产出缺口这样一个事实。当未来的需求和供给冲击确实如预期那样是零时,在静态预期下,表示产出缺口和通货膨胀缺口的 AS-AD 模型将会根据下述的一阶线性差分等式来变化:

$$\hat{y}_t = \beta^t \hat{y}_0 \qquad \hat{\pi}_t = \beta^t \hat{\pi}_0, 0 < \beta < 1 \tag{12.74}$$

根据式(12.74),当前产出缺口 $\hat{y}_0$ 上升一个百分点,将使从现在算起的 t 时期后产出缺口比原来升高 β^t 个百分点,在其他条件保持不变的情况下,即使未来还有对经济的冲击,这个命题也是成立的。现在让式(12.73)表示每一个阶段的社会损失。当前产出缺口的一单位上升就会导致一个大小为 $a_l\hat{y}/(1-\alpha)$ 的当前的边际社会损失,这样就会带来一个 t 时期后大小为 $\beta^t a_l\hat{y}/(1-\alpha)$ 的边际社会损失。假定一个正的社会贴现率为 ϕ,未来福利损失的净现值为 $[\beta/(1+\phi)]^t a_l\hat{y}/(1-\alpha)$。这样由一单位当前产出缺口上升带来的当前的边际社会损失与所有未来边际社会损失的折现值之和(MSL_y^d)为

$$\text{MSL}_y^d = \frac{a_l\hat{y}}{1-\alpha}\left[1 + \frac{\beta}{1+\phi} + \left(\frac{\beta}{1+\phi}\right)^2 + \cdots\right] = \left(\frac{a_l\hat{y}}{1-\alpha}\right)\left(\frac{1+\phi}{1-\beta+\phi}\right) \tag{12.75}$$

以一种相似的方式,我们用式(12.73)和式(12.74)来推出一单位当前通货膨胀缺口上升带来的边际社会损失的现值的表达式

$$\text{MSL}_\pi^d = a_\pi\hat{\pi}\left[1 + \frac{\beta}{1+\phi} + \left(\frac{\beta}{1+\phi}\right)^2 + \cdots\right] = a_\pi\hat{\pi}\left(\frac{1+\phi}{1-\beta+\phi}\right) \tag{12.76}$$

我们现在可以推出最优货币政策规则。在静态通货膨胀预期的假定下,我们能够在式(12.74)的模型中推出 AS 曲线:

$$\pi = \pi_{-1} + \left(\frac{\alpha}{1-\alpha}\right)\hat{y} + s \qquad s \equiv \hat{m} - \frac{\hat{b}}{1-\alpha} \tag{12.77}$$

式中,s 表示的是成本加成冲击或者生产率冲击。这个 AS 曲线表示,当前产出缺口上升一个百分点可以使当前通货膨胀率提高 $\partial\pi/\partial\hat{y} = \alpha/(1-\alpha)$ 个百分点。最优货币政策是这样一种政策,即能使当前产出缺口上升一个百分点带来的边际社会收益的净现值与通货膨胀缺口上升带来的边际社会损失的净现值相等。利用式(12.75)和式(12.76),这种最优条件可以被写为

$$MSL_y^d + MSL_\pi^d \cdot \frac{\partial \hat{\pi}}{\partial \hat{y}} = 0 \Rightarrow \left(\frac{1+\phi}{1-\beta+\phi}\right)\left(\frac{a_l \hat{y}}{1-\alpha} + a_\pi \hat{\pi}\frac{\alpha}{1-\alpha}\right) = 0 \Leftrightarrow$$

$$\text{MPR 曲线}: \hat{\pi} = -\left(\frac{a_l}{\alpha a_\pi}\right)\hat{y} \tag{12.78}$$

式(12.78)给出的 MPR 曲线与修正过的社会损失函数式(12.73)相一致,这就是产出缺口和通货膨胀缺口的最优结合,此时假定中央银行不以高出自然率水平的产出为目标,并且假定它不能直接观察到供给冲击袭击经济。中央银行知道 AD 曲线是由像式(12.69)一样的式给定的,但是中央银行必须在能够观察到式(12.69)中所包含的各种需求冲击之前设定它的政策利率。因此,中央银行假定冲击的预期值为零,这样在它的利率决策下得到的产出缺口将会是

$$\hat{y} = -\alpha_2(i^p - \pi - \bar{r}^*) \tag{12.79}$$

用式(12.78)来替换式(12.79)中的 $\hat{y}$,并且解出 i^p,假定其有效信息是有限的,得到中央银行的最优利率规则

$$i^p = \bar{r}^* + \pi + h \cdot (\pi - \pi^*) \qquad h \equiv \frac{\alpha a_\pi}{\alpha_2 a_l} \tag{12.80}$$

式(12.80)的政策规则是泰勒规则的特例,其中产出缺口的系数被设定为零。这个政策规则是从社会损失函数式(12.73)中推出的,其中包含了反映产出稳定的系数,但是最优政策利率不是直接随产出缺口变化的,这看上去是一个悖论,但是反映产出和就业稳定的系数的确在通货膨胀缺口系数的分母上以系数 a_l 的形式进入政策规则。例如,如果通货膨胀缺口被一个不利的供给冲击($s>0$)推高,那么中央银行利率的提高幅度在更高的就业稳定系数(a_l)下将更小,因为一个利率攀升会降低产出和就业。式(12.80)中通货膨胀缺口的系数随着通货膨胀带来的福利损失(a_π)正向变化也是直观可见的。

上述分析为实践中广泛使用的通货膨胀目标提供了一个理论上的合理解释,在这种实践下当通货膨胀超过目标时,中央银行为了保持通货膨胀率稳定地围绕宣布的通货膨胀目标,会提高名义利率,反之亦然。分清式(12.78)中 MPR 曲线、式(12.80)中通货膨胀目标规则和 AS-AD 模型中的 AD 曲线之间的关系是很有用的。商品市场均衡条件的一般表达可以由包含了总需求冲击的式(12.69)给出,如果把货币政策规则式(12.80)插入式(12.69)并且重组,

那么就会得到

$$\text{AD 曲线}: \hat{\pi} = \left(\frac{a_l}{\alpha a_\pi + \alpha_2 a_l}\right)(z - \hat{y}) \qquad z \equiv \nu + \alpha_1 \hat{g} - \alpha_2 \hat{\rho} \qquad (12.81)$$

式中，z 是总需求冲击。比较式(12.78)和式(12.81)，可以看出当总需求冲击的预期值为零时，AD 曲线与 MPR 曲线是一致的，因为式(12.80)中的通货膨胀目标规则是这样的，即假定当期不存在没有预期到的总需求冲击的袭击，保证总需求水平能够带来产出稳定和通货膨胀稳定之间的最优平衡。当这样的冲击的确出现时，我们从式(12.78)和式(12.81)中可以看出经济将偏离 MPR 曲线，正如 AD 曲线会经历一个相应的上升或者下降而 MPR 曲线会保持不变一样。AD 曲线的这个变动是因为中央银行不能立刻观察到并对新的需求冲击做出反应，但是因为总供给冲击 s 在式(12.78)中没有出现，所以当一个新的总供给冲击出现时，经济就不会偏离 MPR 曲线。其原因是中央银行能够从式(12.77)中通过充分开发信息来观察当前的产出缺口和通货膨胀缺口，从而推测当前供给冲击的大小。只要能够完全地控制总需求，即不存在没有预期到的需求冲击，那么即使出现一个供给冲击，中央银行也能够确保经济保持在 MPR 曲线上。

(四) 最优货币政策反应

我们假定私人部门的通货膨胀预期是静态的，现在来分析在通货膨胀目标机制下一个暂时的不利的供给冲击的影响。图 12-7 中，在第 0 期，经济在长期均衡点 E_0 处，因为不考察需求冲击，故此时产出缺口和通货膨胀缺口都是 0。在第 1 期，经济受到一个不利的供给冲击，这个冲击可能是一个成本加成冲击或者负面的生产率冲击，中央银行没有区分这些冲击的方法，因此，也不能根据冲击的性质调整政策反应。AS_0 曲线因此向上移动垂直距离 $s(s>0)$ 至 AS_1，而 AD 曲线保持在 MPR 曲线的位置。其结果是新的短期均衡点为 E_1，这时通货膨胀率

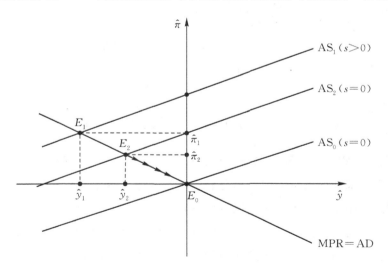

图 12-7 对暂时的不利的货币冲击的最优货币政策反应

上升,而产出下降。社会公众在第 1 期中观察到更高的通货膨胀缺口 $\hat{\pi}_1$,他们将第 2 期中的预期通货膨胀率调整到这个水平,所以,即使假定第 2 期中没有供给冲击,这一时期的 AS 曲线也不会下降到原来的位置,而是移动到图 12-7 中 AS_2 的水平。这样就得到新的短期均衡点 E_2,这意味着一个与第 1 期相比更低的通货膨胀和一个更高的产出。在接下来的时期中,随着社会公众因为观察到的实际通货膨胀率的下降而逐渐下调他们的通货膨胀预期,经济会沿着 MPR(AD) 曲线进一步下降而回到最初的长期均衡点 E_0。

图 12-8 表示在有静态预期的通货膨胀目标机制下,一个暂时的负面的需求冲击造成的影响。最初经济是在长期均衡点 E_0 处,但是在第 1 期一个暂时的负面的需求冲击袭击了经济,使得 AD 曲线偏离 MPR 曲线而下移至 AD_1,并且在 E_1 点建立了一个新的短期均衡,这时产出和通货膨胀都下降了。在第 2 期,需求冲击消失,所以,AD 曲线回到原来的 MPR 曲线的位置,但是与此同时,随着预期的通货膨胀率下降到在第 1 期中观察到的较低的通货膨胀缺口 $\hat{\pi}_1$ 处,AS 曲线下降到 AS_2 的位置。这样,一个新的短期均衡就在 E_2 点建立了,因为 AS 曲线向下移动的膨胀效应,此时产出缺口从负的变为正的。随着通货膨胀率从第 1 期到第 2 期的不断上涨,预期的通货膨胀率在接下来的时期内逐渐地不断向上调整,所以,在第 2 期后,经济沿着 MPR(AD) 曲线向上移动到最初的长期均衡。

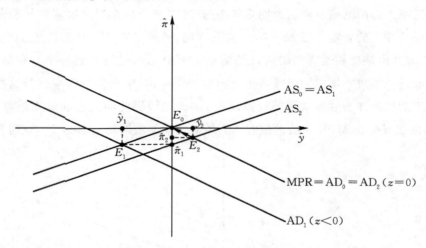

图 12-8 对暂时的负面需求冲击的最优货币政策反应

中央银行只能观察到产出缺口和通货膨胀缺口,但是不能直接观察到当前袭击经济的冲击的来源,并且私人部门的通货膨胀预期是静态的而不是严格受官方通货膨胀目标限制的,此时,最优货币政策规则是以一种通货膨胀目标机制的形成存在的,当通货膨胀率超出目标通货膨胀率时,政策利率就会提高,反之亦然。对应不同通货膨胀缺口的最优利率的大小,随着通货膨胀正向变化,但是随着由于就业波动而带来的社会福利损失负向变化。因为需求冲击不能立刻被观察到,所以,它们不能完全被稳定,但是它们对产出和通货膨胀的影响被通货膨胀目标规则减弱了。成本加成冲击和生产率冲击也以同样的方式影响产出和通货膨胀,因为中央银行不能区分这两种类型的冲击。

前面的分析解释了稳定政策中所谓的内生滞后,以此认识到中央银行不能立刻观察到和对所有经济冲击做出反应,但是通过假定经济随着利率变动而立刻变化,我们可以得到之前提到过的外生滞后。很多西方国家的经验表明,由于私人部门的滞后行为反应,利率的变化对通货膨胀率造成的影响要达到最大需要两年的时间。通过在收集和改进经济数据方面投入更多资源以及改革政策决策程序来降低内生滞后是不可能的,而要政策制定者做一些事情来降低外生滞后就更难了,因为这种滞后是根植于私人部门应对经济环境变化的摩擦和滞后的,然而如果政策制定者知道外生滞后时间的近似长度,他们就可以在设计稳定性政策规则时考虑到这个因素。我们将以一个对应货币政策的具体泰勒规则为例,来展示其对待外生滞后的最优方式。

考虑静态预期下的 AS-AD 模型,这里我们用标准形式,时期用下标表示:

$$\text{商品市场均衡}: y_{t+1} - \bar{y} = z_{t+1} - \alpha_2(i_t^p - \pi_t - \bar{r}^*) \tag{12.82}$$

$$\text{AS 曲线}: \pi_{t+2} = \pi_{t+1} + \gamma(y_{t+1} - \bar{y}) + s_{t+2} \tag{12.83}$$

这个模型的时间期限可以被认为是一年。式(12.82)假定实际利率改变对总需求的影响达到最大值需要一年的时间。这不是完全不实际的,因为公司为应对资本成本变化而进行新的投资计划需要时间,而且商品投资产业中的公司要生产新的设备,尤其是形成新的产业结构也是需要时间的。

式(12.83)进一步假定经济活动的变化需要一年的时间来影响通货膨胀率,而且经济变化对通货膨胀的影响有一定的滞后是现实存在的,这是因为工资和价格变化的菜单成本,或者工人和公司都暂时固定于名义合同中使名义工资和名义价格在短期内是固定的。

式(12.82)和式(12.83)描述了程式化的经验事实,即货币政策完全达到对通货膨胀的影响需要两年的时间。根据前述的两个公式,利率变化影响总需求需要一年的时间,然后在产出和就业的变化带来通货膨胀速度的调整之前又有一年的时间。

现在假定政府将货币政策授权给一个独立的中央银行,这个中央银行被指令要保证一个低而稳定的通货膨胀,其目标水平是 π^*,即使政府关心就业稳定,政府给中央银行这样一个指令也是合理的。实际上,许多中央银行事实上被指令要保持"价格稳定",这被定义为低而稳定的通货膨胀率,以此作为它的主要货币政策目标。给定这样一个一元政策目标,我们可以将中央银行在第 j 期的损失函数具体写为

$$SL_j = \frac{1}{2}(\pi_j - \pi^*)^2 \tag{12.84}$$

中央银行必须考虑到这样一个事实,第 t 年中利率的变化直到第 $t+2$ 年才会影响到通货膨胀率。在第 t 年,银行因此必须选择名义利率,以便能够在未来两年中最小化 SL 的预期值。当然,银行也关心 $t+2$ 年之后由于出现通货膨胀缺口而带来的损失,但是因为在前一期里任何冲击出现时,中央银行都能在下一个时期初重新设定利率,因此,中央银行只需要担心 i_t 对

π_{t+2}的效应,从第$t+3$年起,货币政策对通货膨胀的影响可以通过对未来利率的选择来实现最优化。

为了理解当前名义利率怎样影响两年后的通货膨胀率,我们从式(12.83)中得出$\pi_{t+1}=\pi_t+\gamma(y_t-\bar{y})+s_{t+1}$,将其和式(12.82)代入式(12.83)中得到

$$\pi_{t+2}=\overbrace{\pi_t+\gamma(y_t-\bar{y})+s_{t+1}}^{\pi_{t+1}}+\gamma\overbrace{\left[z_{t+1}-\alpha_2(i_t^p-\pi_t-\bar{r}^*)\right]}^{y_{t+1}-\bar{y}}+s_{t+2} \qquad (12.85)$$

当中央银行对当期设定利率时,它能够观察到当前的通货膨胀缺口和当前的产出缺口。银行也被假定知道经济的结构,正如式(12.82)和式(12.83)所总结的那样,但是显然它不知道未来的供给和需求冲击s_{t+1}、s_{t+2}和z_{t+1}。假定随机冲击s和z的平均值和协方差都为零,并且在时间上都是独立分布的,那么中央银行在第t年信息的基础上预测第$t+2$年的通货膨胀率所能做的最好的事就是假定未来的冲击变量,即式(12.85)中的s_{t+1}、s_{t+2}和z_{t+1}的期望值为零。这样,在式(12.85)的基础上最好的通货膨胀预测为

$$\pi_{t+2,t}^e=\pi_t+\gamma(y_t-\bar{y})-\gamma\alpha_2(i_t^p-\pi_t-\bar{r}^*) \qquad (12.86)$$

式中,$\pi_{t+2,t}^e$是中央银行以第t年能得到的信息为基础对第$t+2$年的通货膨胀预测。对通货膨胀的预测依赖于对当前政策利率的选择。为了最小化第$t+2$年的预期社会损失,从式(12.84)中得到中央银行应该选择i_t^p从而保证

$$\pi_{t+2,t}^e=\pi^* \qquad (12.87)$$

这样,中央银行就应该遵从一个通货膨胀预测目标的政策,即如果对两年后的通货膨胀的预测比通货膨胀目标要高,名义利率就应该提高直到$\pi_{t+2,t}^e=\pi^*$。如果情况是相反的,利率就应该下调直到通货膨胀预测和通货膨胀目标是一样的。为了找到能够保证通货膨胀预测与目标通货膨胀率一致的利率,我们将式(12.87)代入式(12.86)并解出名义利率,得到

$$i_t^p=\bar{r}^*+\pi_t+h(\pi_t-\pi^*)+b(y_t-\bar{y}) \qquad h\equiv\frac{1}{\gamma\alpha_2},\quad b\equiv\frac{1}{\alpha_2} \qquad (12.88)$$

我们看到利率政策是服从泰勒规则的,有外生滞后的 AS-AD 模型隐含着泰勒规则是最优的货币政策,通货膨胀缺口和产出缺口的系数反映了这些变量影响未来通货膨胀率的方式(γ、α_2)。需要注意的是,即使产出缺口变量没有进入式(12.84)中的社会损失函数,货币政策也应该随产出缺口变化而做出反应,因为当前产出缺口是未来通货膨胀的指南,比如说,如果$(y_t-\bar{y})$提高一单位,在其他条件不变的情况下,将会使π_{t+1}和π_{t+2}提高γ个单位。这样,如果提前两年的通货膨胀预测被设定为目标,那么在当前产出缺口增加时,中央银行就能够通过适当地提高利率来保持通货膨胀不变。

类似地,如果当前通货膨胀率提高一个百分点,那么在其他条件不变的情况下,两年后的通货膨胀率会上升$1+\gamma\alpha_2$个百分点,一部分是由于π_t的上升对第$t+1$年和第$t+2$年的通货膨胀预期的直接影响,另一部分是由于第$t+1$年实际利率的下降和产出的上升所带来的间接影响。如果π_t上升一单位,当前利率上升$1+h=(1+\gamma\alpha_2)/\gamma\alpha_2$个单位,那么从式(12.85)中可

以看出,中央银行能够使它不发生变化。

我们可以从以上的分析中得出一些结论:货币政策中的外生滞后是指从中央银行改变政策利率到政策利率对经济造成最大影响之间的时间间隔。一个承担维持低而稳定的通货膨胀率任务的中央银行应该以预测的未来通货膨胀率为目标,在一个与外生滞后横向一致的时间内,调节政策利率直到通货膨胀预测与目标通货膨胀率相一致。这个结论反映在了很多中央银行的当前现实操作中,即这些银行通过参考接下来两年的通货膨胀预测来调整它们的利率决策。以通货膨胀预测为目标的货币政策是泰勒规则在货币政策中的一种形式,其中当前产出缺口和通货膨胀缺口的系数依赖于这些缺口对未来通货膨胀率的影响。这有助于解释大量中央银行都依据泰勒规则的各种派生形式这一现象。

二、财政稳定政策

(一)基本模型

我们已经具体研究了货币稳定政策,现在来讨论财政政策怎样有助于稳定经济。AS-AD模型包括了财政政策工具,即政府在商品和服务上的花费(g)和收入税率(τ)。当我们推出 AD 曲线时,为了简化,假设收入税率保持不变,但是现在我们认为税率可能会暂时偏离保证长期政府预算平衡的趋势水平 $\bar{\tau}$。从一个长期均衡开始,收入税率上升一单位,可支配收入就减少。在影响上,私人消费因此就下降 $C_Y \bar{Y}$,其中 C_Y 是边际消费倾向,但是在考虑需求最初下降的乘数效应后,由税收增加引致的总需求的减少量就为 $\tilde{m} C_Y \bar{Y}$,其中,$\tilde{m}$ 为凯恩斯乘数。相对于国内生产总值初始水平来衡量,则税收量增加($\tau - \bar{\tau}$)就会使总需求减少 $\tilde{m} C_Y (\tau - \bar{\tau})$。把这个"税收冲击"加入总需求,线性对数商品市场均衡条件可修正为

$$y - \bar{y} = \alpha_1 (g - \bar{g}) - \tilde{m} C_Y (\tau - \bar{\tau}) - \alpha_2 (i^p - \pi - \bar{r}^*) + v - \alpha_2 (\rho - \bar{\rho})$$

$$\alpha_1 \equiv \tilde{m} \left[\frac{\bar{G}}{\bar{Y}} \right], \alpha_2 \equiv -\tilde{m} \left[\frac{D_r}{\bar{Y}} \right], v \equiv \tilde{m} \left[\frac{\bar{\varepsilon} D_\varepsilon}{\bar{Y}} \right] (\ln \varepsilon - \ln \bar{\varepsilon}), \tilde{m} \equiv \frac{1}{1 - (1 - \tau) C_Y - I_Y}$$

(12.89)

式中,信心变量 ε 反映未来收入的预期增长率;$\rho - \bar{\rho}$ 是风险溢价冲击。从式(12.89)中我们看到,政府在商品和服务上的花费增长一个百分点与利率下降 α_1/α_2 个百分点对总需求的影响是一样的。如果财政政策制定者和中央银行对经济能获得一样的信息,并且对这些信息的反应有相同的滞后时间,那么一个运用政策工具 g 的财政政策就不能达到任何稳定作用,而且这些稳定作用也不能通过货币政策达到(假定货币政策不受零利率界限约束),反之亦然。

如果财政和货币当局对宏观经济有一样的信息是合理的假设的话,财政政策和货币政策都面临同样的认知滞后,但是货币政策的执行滞后比财政政策的要短。其原因是税率和公共支出额的水平及结构对资源分配和收入分配有很重要的影响,即使这些政策有利于稳定宏观经济,这些变量较大的或突然的变化可能对一些公民的福利有相对更为消极的作用,财政政策

可能需要耗费时间来调整,但是原则上中央银行能够在意识到货币政策需要变化时很快地调整其政策利率。相比较而言,一旦政府已改变消费或投资政策,总需求就会立刻受到直接的影响,然而中央银行利率的改变只能在滞后一定的时间达到它的最大影响,对货币政策而言,其外生滞后要比财政政策长。

要改变公众在商品和服务上的花费,财政政策通常通过税率 τ 来操作。即使财政政策是消极的,税率也起到了很重要的自动稳定器的作用,这可以通过降低凯恩斯乘数来减弱冲击对总需求的影响,但是有些时候作为一种积极的财政政策手段,政府也对税率进行暂时的改变。从式(12.89)中我们看到 τ 通过对私人消费的影响来影响总需求,这种影响依赖于边际消费倾向 C_Y。

只要零利率约束不存在,通过合理地改变政策利率来获得财政政策对总需求的同等影响是可能的,但是税率的变化也可能影响经济的供给方。特别是,有很多证据表明一个使劳动收入更高的平均利率可能推高税前工资率。如果我们考虑到这样一个事实,即工会组织很可能关注它们的会员的税后而非税前工资,那么这些证据就很容易与工资形成理论相一致。为了简化起见,假定税率 τ 只以要素收入(工资和利润)而不以转让收入来征收(这与转让收入为税后净收入的假定是等同的),这样,如果 b^u 是实际的失业救济金率,并且工会关心税后而非税前收入,那么我们就可以重新说明工资设定等式:

$$W(1-\tau)=P^e \cdot m_w b^u \Leftrightarrow W=P^e \cdot m_w^n b^u > 0 \qquad m_w^n \equiv \frac{m_w}{1-\tau} \qquad (12.90)$$

该公式说明工会是这样来设定名义工资率的,即保证税后实际工资率能够覆盖实际失业救济金率。我们假设实际的失业救济金率占生产率的趋势水平 $\overline{B}$ 的份额为 c,即 $b^u = c\overline{B}$。在这里我们假定 $w = P^e \cdot m_w^n c \overline{B}$,其中 m_w^n 由式(12.90)给定。根据 m_w^n 的定义,假定预期是静态的,即 $\pi^e = \pi_{-1}$,得到下面的短期总供给曲线:

$$\text{AS 曲线}: \pi = \pi_{-1} + \left(\frac{\alpha}{1-\alpha}\right)(y-\bar{y}) + s$$

$$s \equiv \ln\left(\frac{m_p}{\overline{m_p}}\right) + \ln\left(\frac{m_w}{\overline{m_w}}\right) - \frac{\ln(B/\overline{B})}{1-\alpha} - \ln\left(\frac{1-\tau}{1-\bar{\tau}}\right) \qquad (12.91)$$

从式(12.91)中看到,暂时的税率削减使 τ 降到其趋势值之下,这和受到一个通过调整税前工资声明而降低通货膨胀压力的正面的供给冲击是一样的。

(二)暂时性税收削减的短期影响

图 12-9 说明了经济的初始状态在衰退点 E_0 时的一个暂时的税收削减的短期影响。根据式(12.89),税收削减会使 AD 曲线上升,而式(12.91)表示 SRAS 曲线将会向下移动。这样一个新的短期均衡在 E_1 点建立,这里产出明显较高,但是通货膨胀率可能高也可能低,取决于 AD 曲线和 SRAS 曲线的变动量。

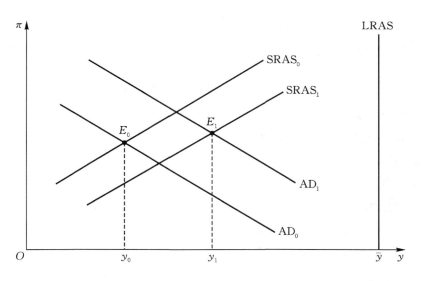

图 12-9 暂时性税收削减的影响

一个暂时的税收削减将会产生一个暂时的政府预算赤字,从而提高政府负债的存量。只要消费者能够预期到政府为了应付高负债会在未来多征税,那么私人消费的暂时性税收削减的影响就会被减弱。更进一步,税收削减预期持续时间越短,对人们福利和永久收入的影响就越小,对总需求的影响也就越小,但是在任意给定的时期内,一些消费者很可能是有信用约束的,因此,这些人就想要在当下立刻花掉所有税收削减而增加的收入。

图 12-9 表明了这样一个事实,税收政策会影响经济的供给方和需求方。政府支出的很多形式都有供给效应,例如,政府对健康和教育的支出可能影响劳动力的规模和生产率,日常保障补贴可以鼓励劳动力参与率,而公共建造投资可以提高资本和劳动的生产率,但是这些类型的供给效应也被认为有一个相对的时间滞后。

通过影响利率水平,货币政策也可以影响劳动供给,特别是如果利率异常高,一些工人可以提高他们的劳动供给来赚取和储蓄更多财富从而利用储蓄获得高收益,反之亦然。这种对劳动供给的利率效应不是很容易被记录到的,而且通常被认为是很小的。当然,因为利率的改变也影响投资水平,它们也可能影响经济的生产资本,但是随着时间的推移,这样的短期利率波动对供给方的影响也会消失。

在任何情况下,货币政策和财政政策对经济供给方的影响都是不同的。因为这两种形式的政策不是等同的,所以,货币政策和财政政策在稳定经济中起到同样的作用是不可能的。给定 AD 和 AS 曲线的财政政策影响,我们可以与推出最优货币政策一样推出最优财政政策,但是政府的税收和支出政策除了稳定宏观经济之外还有很多其他职能。财政政策要随私人经济活动的变化而突然改变是有很大的社会成本。财政政策可能有一个很长的执行滞后期,财政政策的干预可能要过很长一段时间才能起作用,这时经济周期的状态可能与我们做出决定时的状态大不相同。历史记录表明,积极财政政策变化的时间效应使财政政策偏离了稳定的预期。很多经济学家因此相信,除了允许财政政策起自动稳定器的作用外,财政政策更应该关注政府的长期目标,这些目标是关于资源配置和收入分配的,这样就将积极稳定短期宏观经济的任务留给了货币政策。

总之,政府对商品和服务的支出在长期中可能对总供给有很重要的作用,但是在短期中它主要是通过影响总需求来起作用的。考虑到政策利率不受限制,公共支出政策因此不能达到任何短期稳定效应,这些效应也不能通过货币政策取得,然而一个包含了净税率的税收削减(或增加)对总供给和总需求有积极(或消极)的作用,这样就与货币政策的作用不相等。因为财政政策的执行滞后可能会很长,很多经济学家认为短期稳定政策的任务最好由货币政策制定者来完成,财政政策更应该关注与资源配置和收入分配相关的长期目标。虽然货币政策制定者和财政政策制定者之间的工作分配可能在常规时期内作用得很好,但是有些时候货币政策也不能独立来达到稳定宏观经济的目的。

(三) 经济衰退中的财政政策

我们已经说明了货币稳定政策可能变得无效。如果经济受到一个很大的负面需求冲击,导致产出的巨大下滑,使通货膨胀率降为零,那么按式(12.80)和式(12.88)的货币政策规则执行的名义利率可能是负的,但是因为名义利率不能降到 0 以下,所以货币政策不能促进总需求达到需要的程度。在凯恩斯的时代,这样的情况被称为"流动性陷阱"。对货币和其他流动性资产的公共需求与公众对实际资产的需求之间的相关性是如此之大,以至于实际投资的水平不足以拉动经济走出衰退。需要注意的是,即使中央银行不能通过利率政策来促进需求,也不意味着货币政策在一个流动性陷阱中不重要。与之相反,这样的大衰退经常与金融危机相伴,这时中央银行扮演着最后资源借贷者的至关重要的角色,给金融机构和公众提供私人市场无法提供的信用和流动性。尽管中央银行的这项政策有助于阻止经济的完全崩溃,但是它不能独立地将总需求提高到 MPR 曲线的这个水平,该水平代表着产出缺口和通货膨胀缺口的平衡。这时财政政策必须参与进来。

在 20 世纪 30 年代大萧条时期,很多国家掉入了流动性陷阱,几乎所有的这些国家都没有采取适宜的反周期财政政策,因为这一时期正统的财政政策认为政府预算平衡是财政政策唯一的任务。在 1936 年凯恩斯的《就业、利息和货币通论》出版之后,宏观经济学方面的凯恩斯革命制定了在实践中至关重要的反周期货币政策,但是 20 世纪第二次世界大战之后,经济周期波动性的降低使得人们产生了一种广泛的观点,即流动性陷阱已经是过去的事了。这样,衰退期间的赤字花费成为可接受的规则,与此同时,大多数经济学家逐渐将货币政策作为稳定政策的主要工具,但是在近些年流动性陷阱"复仇式"地又回来了。在 2007—2009 年的金融危机中,很多国家的中央银行将它们的政策利率降低到接近零的水平,见图 12-10。

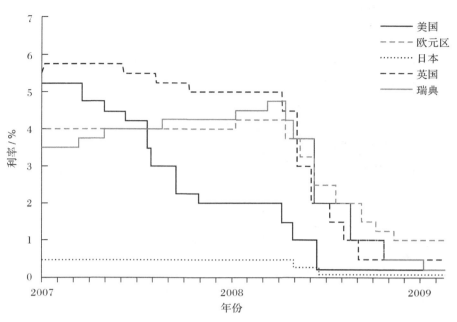

图 12-10 2007—2009 年金融危机期间的政策性利率

我们现在分析经济衰退下财政政策的影响,这时货币政策制定者已经将利率降到 0 这一底线。回到式(12.89),将 i^p 设为 0,我们看到在这样一个流动性陷阱中,AD 曲线降到

$$y - \bar{y} = v + \alpha_1(g - \bar{g}) - \bar{m}C_Y(\tau - \bar{\tau}) + \alpha_2(\pi + \bar{r}^*) - \alpha_2(\rho - \bar{\rho}) \Leftrightarrow$$
$$\pi = \rho - \bar{\rho} - \bar{r}^* + \frac{1}{\alpha_2}[y - \bar{y} - v - \alpha_1(g - \bar{g}) + \bar{m}C_Y(\tau - \bar{\tau})]$$
(12.92)

式(12.92)的特点是 AD 曲线现在向上倾斜的原因是,在流动性陷阱中,名义利率固定为零,一个更高的通货膨胀率必然带来实际利率的降低,这样就促进了总需求。

SRAS 曲线仍然由式(12.91)给定。图 12-11 把 SRAS 曲线和由式(12.92)给出的 AD 曲线结合起来。根据式(12.91),SRAS 曲线的斜率是 $\gamma \equiv \alpha/(1-\alpha)$,而式(12.92)表明 AD 曲线的斜率是 $1/\alpha_2$。在图 12-10 中,我们假定 AD 曲线比 SRAS 曲线要陡。在初始均衡点 E_0 处,公共支出被假定为在其趋势水平。正如式(12.92)的第一个等式表示的,对于任意给定的通货膨胀率,在商品和服务上的公共支出的上升将会促进总需求,这样就会使 AD 曲线向右移动。图 12-11 假定在公共支出上升的时候,通货膨胀和通货膨胀预期在一段时间内保持不变,因而 SRAS 曲线在第 0 期和第 1 期内不发生改变。在第 1 期,一个短期均衡在 E_1 点建立,这时产出和通货膨胀都上升了。通货膨胀的上升实际上有助于提高产出,这一结果不同寻常。如果企业希望在价格不上升的情况下满足需求的增长,那么产出只能增长到图 12-11 中的 E_1' 点,但是因为产出的上升导致边际生产成本上升,通货膨胀率事实上也是上涨的。因为名义利率被其零约束束缚住,事实上是通过降低实际利率而促进了总需求。为了满足需求的额外增长,产出必须从 E_1' 点上升到 E_1 点。

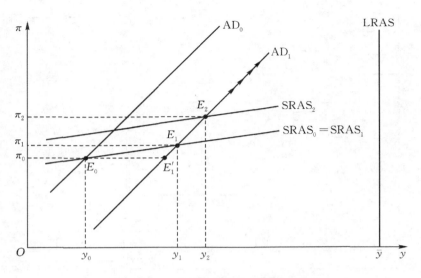

图 12-11　流动性陷阱中的财政政策

需要注意的是，在图 12-11 中，财政扩张带来了温和的波动。随着通货膨胀率从 π_0 上升到 π_1，静态预期的假定意味着在第 1 期和第 2 期之间，SRAS 曲线从 $SRAS_1$ 向上移动到 $SRAS_2$ 的位置，所以，在第 2 期中，通货膨胀上升带来的实际利率的下降使产出进一步上升。正如图 12-11 中的箭头所示，这些实际通货膨胀增长和预期通货膨胀增长带来的动态膨胀效应，将会一直持续到经济离开流动性陷阱，也就是直到产出和通货膨胀上升到这样一个水平，即货币政策规则对应一个正的名义利率时为止。这时泰勒规则会被重新使用，中央银行将会以高于一比一的比例来随着通货膨胀的上升而提高名义利率，进而由式(12.92)定义的非标准的 AD 曲线将被向下倾斜的常规 AD 曲线(图 12-11 中没有画出)替代。

上述分析表明，如果货币政策困于流动性陷阱中，积极的财政政策在将经济拉出衰退状态的过程中起到很重要的作用，但是一些经济合作与发展组织国家的财政历史也说明，有时候财政扩张型政策在推动经济活动中并不是很有效。特别是如果公共预算赤字或者公共负债的水平已经非常高了，并且还在快速增长，那么包含预算赤字提高的财政扩张可能使公众对未来财政政策产生更大的不确定性，而且会质疑政府控制赤字的能力。作为这种增长的不确定性的结果，私人部门的消费和投资倾向可能会降低，这样就抵消了财政扩张对总需求的作用。这种情况下一个财政紧缩政策可能会提高私人部门的信心，并且可能推动总需求，正如丹麦和爱尔兰这些国家在 20 世纪 80 年代所经历的。当公共财政一开始就是合理的保守型时，一个扩张型的财政政策在将经济拉出衰退的过程中将更有效率。

当经济遭受一个大的负面需求冲击时，它可能会陷入流动性陷阱，这时名义政策利率下降到零界限，因此，货币政策不能再进一步推动总需求。在此情况下，财政扩张有助于将经济拉出衰退，一部分原因是通过它对总需求产生直接的积极影响，另一部分原因是通过提高通货膨胀率并因此降低实际利率。在初始预算赤字和公共负债不是很高时，这种对总需求的积极影响会更大。

第三节 理性预期下的稳定政策

一、理性预期的定义

今天的经济活动取决于人们对明天的经济条件的预期。对未来经济增长预期的下调，会降低人们对家庭和企业收入的预期，从而降低消费和投资倾向，因此，这会导致 AD 曲线向下移动，引起当前产出迅速减少。又比如，预期通货膨胀率的变动会使工人与企业进行谈判来提高名义工资，从而使得 AS 曲线移动。预期通货膨胀率的变动还可能影响人们对实际利率的预期，从而移动 AD 曲线。因此，预期通货膨胀率是决定当下经济活动的一个重要因素。

传统宏观经济模型通常假定经济变量的未来预期价值只取决于这些变量的历史值。确实，我们在之前的章节里曾特别假定，当期的预期通货膨胀率简单地等于上一期的实际通货膨胀率。这种后顾型预期的假设在宏观经济不常遭受重大冲击时的"平稳"时期中似乎是有说服力的。如果没有特殊理由使人们相信下一年劳动力市场和商品市场的紧张度会和当前不同，那么假定下一年的通货膨胀率和今年大致相同可以说是合理的。如果经济遭受了一个明显的冲击，例如石油进口价格急剧变化，或者经济政策制度已明确发生改变，政府发生政变等，此时若人们还假定下一年的经济环境和今年一样，这显然是非理性的。理性的家庭和企业将会利用所有可得信息，以此形成对未来经济状态的预期，而非机械地将过去的经济情况推断为未来的情况。

20 世纪 70 年代早期，一些宏观经济学家通过推进理性预期假说（rational expectation hypothesis, REH），将前瞻型预期的思想推至极限。根据理性预期假说，人们会利用所有可得信息对有关自身的经济变量做出最具可能性的预测。可得信息包括了与经济体结构有关的信息。这表明，虽然现实生活中公众不一定对经济运行方式十分了解，但他们通过媒体可以获得专业经济学家对经济的预测，这样他们就能够获取最主要的一些预测，例如下一年的通货膨胀率。所以，经济学家应当对预期的形成建模，就好像人们会使用相关的经济模型预测通货膨胀以及其他对经济决策重要的经济变量。换言之，理性预期是与经济模型一致的预期，即它们在相关经济模型中的体现，与一个人利用可得经济结构知识所做出的预测是一致的，也就是说，经济分析师们不应认为自己比试图预测人们行为的社会公众更加聪明，而是应该假定人们根据经济分析师们对经济的描述形成预期。假如不是这样的话，在模型预测是正确的情况下，人们就会犯系统性预期错误，这会导致他们改变形成预期的经验原则，直到他们的预期错误中不再有系统性错误。理性预期的观点从根本上革新了宏观经济理论。

人们在试图预测未来的经济状态时，往往会犯错误，但是根据理性预期假说，这些预测误差中将不存在系统性偏差,例如,通货膨胀率有时会被高估,有时会被低估,但是平均看来,人们的通货膨胀预期是正确的。这一假设的原因是基于错误预期的经济行为会导致利润和效用受到损失,因此,人们会有使预测误差最小化的动机。如果预测误差显示出一种系统性模式,例如持续高估或低估,理性的人们应当会察觉到这种模式,并会有动机修正他们形成预期的方法,从而在他们对未来的推测中剔除系统性偏差。

在一个不确定的环境中,帮助人们形成预期的经济变量可以被看作是随机变量。在这种设定中,我们可以以预期形成时所有可得信息为条件,通过假设在时间 t 一些经济变量 X 的主观预期 X_t^e 等于 X 的客观数学期望值,将理性预期假设形式化。因此,如果对第 t 期的预期是在第 $t-1$ 期末形成的,那么第 t 期的 X 的期望值为

$$\underbrace{X_t^e}_{\text{客观预期}} = \underbrace{E[X_t \mid I_{t-1}]}_{\text{主观条件期望}} \tag{12.93}$$

式中,$E[\cdot]$ 表示数学期望运算符号;I_{t-1} 是在第 $t-1$ 期末行为人可得的信息。因此,$E[X_t \mid I_{t-1}]$ 表示在第 $t-1$ 期末利用当时所有可得信息计算出来的第 t 期随机经济变量 X 的平均值。

理性预期的定义也可以用更为广义的形式来表述。如果 $f^e(X_j)$ 是人们认为当随机经济变量 X 取 X_j 值时的概率,$f(X_j)$ 是使用所有可得信息计算出来的真实概率,理性预期假说认为,对于所有可能的 X_j 值,都有 $f^e(X_j) = f(X_j)$。换言之,理性预期假说假定人们对相关经济变量的主观概率分布等于真实的客观概率分布。X 的主观概率分布的均值和客观(条件)概率分布的数学期望值分别为

$$X_t^e = \sum_j X_j f^e(X_j) \qquad E[X_t \mid I_{t-1}] = \sum_j X_j f(X_j) \tag{12.94}$$

因为 $f^e(X_j) = f(X_j)$,式(12.94)显然意味着 X 的主观概率分布的均值和客观(条件)概率分布的数学期望值相等,与式(12.93)在本质上相同。

仔细分析式(12.93),它意味着,给定不时地影响经济体的难以预料的随机冲击,尽管预期难以完全精确,但是平均看来还是正确的。从形式上看,式(12.93)表明,经济人对于决定 X_t 的随机过程足够了解,所以能够计算出正确的 X_t 的条件均值。从这个意义上讲,理性预期是与经济模型一致的,即 X 的理性预期值等于人们可以从描述 X 的确定性的正确的随机经济模型中计算出来的这个变量的平均值。因此,尽管事实上他们可能是通过一种更为依靠直觉的反复试错的学习过程来形成预期规则的,但是假使人们知道"正确"的经济模型或者他们感兴趣的经济体各部门的模型,就会形成预期。

总之,理性预期假说说明了个体最佳地利用了所有可获得的信息,从而形成了对未来经济变量值的预期。这样,个体就不会犯系统性的预期错误,因为如果他们真的犯错了,他们可以利用过去的预期错误的观察值来矫正他们的预期规则,以便消除他们在预期中的系统性偏差,即理性预期假说假定的是个体似乎在知道了经济的"真正"结构后,才有效地做了预期。

二、卢卡斯批判

理性预期革命一个更加持久的影响是宏观经济政策评估中所谓的卢卡斯批判,它由诺贝尔经济学奖获得者罗伯特·卢卡斯提出。卢卡斯批判认为,一个计量经济学的宏观模型,如果包含了在前一种经济政策制度下估计出的后顾型预期,就不能用于预测新政策制度下的经济行为。其理由是政策制度的一个变化会影响私人部门的行为,包括预期形成的方式,这会改变有关经济模型的(部分)参数。

理性预期条件下的 AS-AD 模型提供了对卢卡斯批判的一个简单说明。

$$\pi_{t,t-1}^{e} - \pi^{*} = \frac{(1+\alpha_2 b)(\pi_{t,t-1}^{e} - \pi^{*})}{1+\alpha_2(b+\gamma h)} \Leftrightarrow \pi_{t,t-1}^{e} = \pi^{*} \quad (12.95)$$

式(12.95)表示理性预期通货膨胀率等于中央银行的目标通货膨胀率 π^*。现在假定政府任命了一个"通货膨胀鹰派"人物为新的中央银行行长,执行一项更加反通货膨胀的货币政策,这意味着 π^* 下降。根据式(12.95),理性人会随之立刻降低预期通货膨胀率。如果经济分析者没有考虑到这种政策制度改变对预期造成的影响,他就会错误地计算政策变化对通货膨胀和产出造成的影响。例如,如果经济分析者假定预期为静态,他会预测在长时期内,根据向下调整的通货膨胀目标,人们将高估通货膨胀率,结果采用静态预期的分析者会预测出一个漫长而延伸的衰退,但是如果预期确实是理性的,并且如果官方通货膨胀目标的下降被认为确实可信,那么

$$y_t = \bar{y} + \frac{\nu_t - \alpha_2 h s_t}{1+\alpha_2(b+\gamma h)} \quad (12.96)$$

式(12.96)表明可以在实现 π^* 下降的同时不损失任何产出,因为它会立刻转化成预期通货膨胀率的相应降低。

卢卡斯批判不仅与稳定政策有关,也与结构政策有关,一个包括了降低失业救济金的劳动市场改革,就可能降低结构性失业。在宏观经济模型里,利用救济金金额更高时期的历史数据所估计出的菲利普斯曲线,会倾向于高估改革后的自然失业率,从而导致经济预测的错误。

卢卡斯批判警告人们不能把过去的经济行为机械化地推断复制为未来的行为。为了避免这个问题,卢卡斯认为经济分析者必须建立一个包含理性预期和明确的微观基础的经济模型。在这样一种设定中,可以将经济行为模型视作一个包含政府政策工具和不被政策变动所影响的表示偏好与技术的"深层"参数的方程。在这样一种有微观基础的理性预期模型指导下行动的经济行为人,原则上就能够预测政策制度上的某种变化会如何影响经济。

如今这种理性预期分析方法已经对宏观经济学家用来评估经济政策的方式产生了深远的影响。卢卡斯批判也部分地推动了我们在之前章节中的努力,即在 AS-AD 模型中所呈现的行为关系的微观理论基础。

三、理性预期下的最佳稳定政策

上述分析指出即使预期是理性的,货币政策实际上也可以影响实际产出和就业,但是什么是在理性预期下的最优货币稳定政策呢？在该问题的讨论中,我们假设中央银行决定遵循像式 $i_t = \bar{r} + \pi_{t+1}^e + h(\pi_t - \pi^*) + b(y_t - \bar{y})$ 那样的泰勒规则,这是因为实证分析表明大多数重要国家的货币政策都可以用该规则很好地描述出来。通过假定中央银行遵循泰勒规则,我们就可以认为银行能够观察到现在的通货膨胀与产出缺口,并且做出反应,但是银行却观察不到此时打击一个国家或经济体的冲击,那么问题就呈现在我们面前了：如果预期是理性的,为使社会公众能从观察到的经济结果中推断出货币政策规则,在泰勒规则中的通货膨胀与产出缺口的最优系数值(h 和 b)是多少呢？为了回答这个问题,我们假定中央银行是从长远的角度来选择货币政策规则的系数的,即将平均预期社会损失最小化：

$$E[SL] = E\overbrace{[(y - \bar{y})^2 + \kappa(\pi - \pi^*)^2]}^{SL} = \sigma_y^2 + \kappa\sigma_\pi^2 \qquad \kappa > 0 \qquad (12.97)$$

式中,σ_y^2 和 σ_π^2 是产出和通货膨胀的方差：

$$\sigma_y^2 = E[(y_t - \bar{y})^2] = \frac{\sigma_v^2 + \alpha_2^2 h^2 \sigma_s^2}{[1 + \alpha_2(b + \gamma h)]^2} \qquad (12.98)$$

$$\sigma_\pi^2 = E[\pi_t - \pi^*] = \frac{\gamma^2 \sigma_v^2 + (1 + \alpha_2 b)^2 \sigma_s^2}{[1 + \alpha_2(b + \gamma h)]^2} \qquad (12.99)$$

κ 衡量了通货膨胀波动相对于产出波动带来的社会损失,如果经济波动仅由需求冲击引起,即如果 $\sigma_s^2 = 0$,那么从式(12.98)和式(12.99)中可以看到产出和通货膨胀的方差会随着政策参数值 h 和 b 的升高而减小。因此,不管预期形成的方式为何,在名义利率不能为负的约束下,当通货膨胀和产出缺口面对负面(或正面)的需求冲击而缩小(或扩大)时,中央银行应该以实际利率的剧烈下降(或上升)来应对。

在通常情况下,一个国家或经济体遭受了供给冲击和需求冲击时,货币政策制定者面临着在产出稳定与通货膨胀稳定间不可回避的权衡取舍。为了理解这点,从式(12.97)可以注意到只要 h 和 b 没有被名义利率的零边界限制,那么为了使社会损失函数最小化,h 和 b 的一阶导数条件是

$$\frac{\partial E[SL]}{\partial h} = 0 \Rightarrow \frac{\partial \sigma_y^2}{\partial h} + \kappa \frac{\partial \sigma_\pi^2}{\partial h} = 0 \qquad (12.100)$$

$$\frac{\partial E[SL]}{\partial b} = 0 \Rightarrow \frac{\partial \sigma_y^2}{\partial b} + \kappa \frac{\partial \sigma_\pi^2}{\partial b} = 0 \qquad (12.101)$$

因为 κ 值是正数,式(12.100)和式(12.101)说明能使产出方差变小的任何 h 或 b 的变化都会增加通货膨胀的方差,反之亦然。所以,如果可以使在不稳定经济中社会损失最小化的参数 h 和 b 选择恰当,那么政策制定者就不可避免地面临在产出波动与通货膨胀波动之间的权衡取舍。在这两种不稳定状态中的特定选择依赖于参数 κ 的数值,κ 衡量了通货膨胀波动相对于产出波动带来的社会厌恶感。

从式(12.98)与式(12.99)中,我们可以知道产出与通货膨胀的方差。将这些方差代入式(12.100)与式(12.101),就可以得出 h 和 b 的最优解了,然而结果的表达很复杂,所以,为了用更加易懂的方式突出支配最优政策选择的基本原理,我们会关注一种特殊情况,即中央银行的利率政策仅仅对通货膨胀缺口做出反应。在这种情况下 $b=0$,遵循式(12.97)至式(12.99),得到预期社会损失

$$E[\text{SL}] = \frac{\sigma_v^2 + \alpha_2^2 h^2 \sigma_s^2 + \kappa(\gamma^2 \sigma_v^2 + \sigma_s^2)}{(1 + \alpha_2 \gamma h)^2} \tag{12.102}$$

根据式(12.102),h 的最优解可以将不稳定产出的预期社会损失最小化,并且通货膨胀会有如下的一阶条件:

$$\frac{\partial E[\text{SL}]}{\partial h} = 0 \Rightarrow \frac{2h\alpha_2^2\sigma_s^2(1+\gamma\alpha_2 h)^2 - 2\gamma\alpha_2(1+\gamma\alpha_2 h)[\sigma_v^2 + h^2\alpha_2^2\sigma_s^2 + \kappa(\gamma^2\sigma_v^2 + \sigma_s^2)]}{(1+\gamma\alpha_2 h)^4} = 0$$

$$\Leftrightarrow h\alpha_2^2\sigma_s^2(1+\gamma\alpha_2 h) - \gamma\alpha_2[\sigma_v^2 + h^2\alpha_2^2\sigma_s^2 + \kappa(\gamma^2\sigma_v^2 + \sigma_s^2)] = 0$$

$$\Leftrightarrow h = \frac{\gamma}{\alpha_2}\left[(1+\kappa\gamma^2)\frac{\sigma_v^2}{\sigma_s^2} + \kappa\right]$$

$$(12.103)$$

式(12.103)描绘了在理性预期下的最优通货膨胀盯住规则。因为式(12.103)说明 $h>0$,所以我们就可以理解最优货币政策满足泰勒规则,而且当经济波动主要是由需求冲击推动时,相对方差 σ_v^2/σ_s^2 值很大,正(或负)的通货膨胀缺口通常会与正(或负)的产出缺口相联系。利率对通货膨胀缺口的强烈反应会弥补产出缺口和通货膨胀缺口本身。这就解释了为什么要求当 σ_v^2/σ_s^2 值很大的时候,h 值也应该很大。另外,如果相对于需求冲击而言,供给冲击更加重要,那么 σ_v^2/σ_s^2 值就很小,正的通货膨胀缺口通常会与负的产出缺口相联系,反之亦然。在这种情况下,利率会因为正通货膨胀缺口的存在而提高,由此会通过减少总需求来缩小缺口,但是总需求的降低同时会进一步地扩大负产出缺口。因为中央银行同时关心这两个缺口,所以,式(12.103)指出当供给冲击相对重要,即 σ_v^2/σ_s^2 值很小的时候,利率应该对通货膨胀缺口做出适度的反应。我们之前分析过这种在产出稳定与通货膨胀稳定之间的权衡取舍问题。

从式(12.103)也可以得出几个其他的推论。例如,通货膨胀对产出缺口变化的反应愈加强烈,即菲利普斯曲线的斜率 γ 越大,就需要利率对通货膨胀缺口变化的反应愈加强烈,以便使通货膨胀的波动降低到人们可以接受的水平上。另外,总需求对利率变化(α_2 值越大)愈加敏感,最优利率对通货膨胀缺口变化的反应就越弱。最优利率对通货膨胀缺口变化的反应愈加强烈,通货膨胀波动相对于产出波动带来的社会损失就会越大,即 κ 值就越大。

总之,在理性预期下的最优货币政策,如果经济周期仅仅是由需求冲击驱动的,那么中央银行的利率对通货膨胀缺口和产出缺口的反应应该尽可能强烈,该名义利率应该受零值边界的限制。一般来讲,当经济遭受供给冲击和需求冲击的时候,最优利率政策面临着产出稳定与通货膨胀稳定之间的权衡取舍。在最优通货膨胀盯住规则下,最优利率对通货膨胀缺口的反

应是与需求冲击相对于供给冲击的方差比值成比例的。通货膨胀波动相对于产出波动的社会损失越大,利率对通货膨胀缺口的反应就越发强烈。

第四节 稳定政策的使用极限

货币和财政政策制定者是否有能力稳定住一个国家或经济体的宏观经济,从而减少经济周期的社会成本?我们之前的分析是基于一些重要假设的简单化。首先,假定政策制定者对当前经济的状态拥有完全的信息。其次,假定他们能对这些信息迅速做出反应,且他们的政策行为具有可预知的且众所周知的定量效果。最后,考虑经济行为人是前瞻型的,假设社会公众认为政策制定者公布的任何政策规则总是具有可信度的,例如,政策制定者永远会使公众相信他们会坚持反通货膨胀政策。总体看来,这是一些非常乐观而不现实的假设。我们接下来分析在这些强假设被更现实的经济条件取代后的政策稳定问题。

一、时间不一致性

我们已经看到了私人部门的理性预期变化有时会抵消稳定政策的预期效果。宏观经济理性预期学派的另一个基本发现是,由于洞察了可信度缺乏的问题,因此,实行最优经济政策或许是不可能的,例如,当导出预期通货膨胀的理性预期解 $\pi^e = \pi^*$ 时,假设了社会公众相信中央银行总会信守其公布的货币政策目标,保持目标通货膨胀率为 π^*,但是当政策制定者能够在社会公众形成预期之后任意做出政策改变时,这样的经济政策可信度就很难实现。当货币政策制定者宣布将把通货膨胀率降至一定的目标水平时,如果中央银行可以通过制造意料外的通货膨胀增加产出和就业,社会公众可能就无法相信中央银行的承诺。

现在,我们将利用 AS-AD 模型来阐明理性预期下相机抉择导致的可信度问题。为了简化,并且不会使定性结论无效,我们将设定总供给曲线参数 $\gamma=1$,暂时除去需求和供给冲击 $v_t = z_t = s_t$。预期推动型的菲利普斯曲线就可以写成

$$\pi_t = \pi^e_{t,t-1} + y_t - \bar{y} \tag{12.104}$$

商品市场均衡状态就简化成

$$y_t - \bar{y} = -\alpha_2(r_t - \bar{r}) \tag{12.105}$$

我们依旧假定,当中央银行设定名义利率时,中央银行能够观察到预期通货膨胀率,例如,通过消费者调查或通过观察指数债券利率和非指数债券利率之间的差别来得到预期通货膨胀率。因此,中央银行能够在私人部门形成通货膨胀预期后再设定实际利率 r_t,然后从式(12.105)得出,中央银行能够控制当前产出缺口 $y_t - \bar{y}$。根据式(12.104),通过选择任何给定预期通货膨胀率 $\pi^e_{t,t-1}$ 下的 $y_t - \bar{y}$,就能确定实际通货膨胀率 π_t。

我们假设货币政策制定者想要最小化社会损失函数

$$SL_t = (y_t - y^*)^2 + \kappa \pi_t^2 \qquad \kappa > 0 \tag{12.106}$$

根据式(12.106),当产出背离目标水平 y^* 以及当通货膨胀背离目标通货膨胀率,为简单起见将其设为 0 时,会带来社会福利损失。平方项表明产出和通货膨胀从各自目标上发生严重背离时,相比小的背离,会造成不成比例的更大的损失。参数 κ 表明相对于产出的稳定性,社会对价格稳定的偏好强度。需要注意的是,在这种情况下目标产出等于自然产出 $y^* - \bar{y}$,式(12.106)只是社会损失函数式(12.1)的一个版本,然而在式(12.1)中,目标通货膨胀率被设定为 0,并且产出缺口的系数已被标准化为 1,即 $\kappa = a_\pi / a_y$。

正如之前分析的那样,当产品市场和劳动力市场是不完全的,并且政府必须通过扭曲性的税收来增加收益时,自然水平的产出将低于政策制定者理想的"有效"产出,因此,我们假设

$$y^* = \bar{y} + \omega \qquad \omega > 0 \tag{12.107}$$

参数 ω 反映了劳动力市场和产品市场的扭曲程度。这些市场越缺乏竞争性,经济资源的名义利用率就越低,趋势产出和期望的产出效率水平 y^* 之间的差距就越大。

由式(12.104)可知 $y_t = \bar{y} + \pi_t - \pi_{t,t-1}^e$,所以,根据式(12.107)我们得出 $y_t - y^* = \pi_t - \pi_{t,t-1}^e - \omega$,并把它代入式(12.106)得到

$$SL_t = (\pi_t - \pi_{t,t-1}^e - \omega)^2 + \kappa \pi_t^2 \tag{12.108}$$

现在暂且假定中央银行遵循通货膨胀目标为 0 的泰勒规则

$$r_t = \bar{r} + h\pi_t + b(y_t - \bar{y}) \tag{12.109}$$

假定公众持理性预期并且知道政策规则。回想一下 $v_t = s_t = 0$,那么经济会取得

$$\text{泰勒规则下的均衡}: \pi_t = \pi_{t,t-1}^e = \pi^* = 0, y_t = \bar{y} \tag{12.110}$$

中央银行会事实上想要坚持泰勒规则吗?为了分析这个问题,假定在私人部门形成预期 $\pi_{t,t-1}^e = 0$ 之后,中央银行打算通过制造意料外的通货膨胀来背离泰勒规则。这样一种"欺骗"政策会如何影响社会福利呢?我们来计算社会损失函数式(12.108)的导数,考虑到起始点 $\pi_t = \pi_{t,t-1}^e = 0$ 的通货膨胀率,得到

$$\frac{dSL}{d\pi_t} = -2\omega < 0 \tag{12.111}$$

从泰勒规则均衡或任何其他 $\pi_t = \pi_{t,t-1}^e = 0$ 的均衡开始,如果中央银行决定通过引发意料外的通货膨胀使产出接近中央银行的期望水平,那么社会损失就会减小。其原因是如果 $\pi_t = \pi_{t,t-1}^e = 0$,那么 $y_t = \bar{y}$。式(12.106)和式(12.107)表明,对于通货膨胀的一个轻微上升,其边际社会成本为 0;反之,对于产出的一个轻微增加,其边际社会收益为正。因此,能够相机抉择的中央银行不会想要坚持价格稳定的政策规则。事实上,对于任何给定的通货膨胀率预期,中央银行会想要设定使社会损失函数式(12.108)最小化的实际通货膨胀率。通货膨胀率最优选择的一阶条件是 $dSL_t/d\pi_t = 0$,这意味着

$$\underbrace{2(\pi_t - \pi_{t,t-1}^e - \omega)}_{\text{由更高的产出带来的SL的边际减少量}} + \underbrace{2\kappa\pi_t}_{\text{由更高的通货膨胀率带来的SL的边际增加量}} = 0 \tag{12.112}$$

如果中央银行已经引导社会公众相信,它会确保价格稳定($\pi_{t,t-1}^e = 0$),由式(12.112)和

式(12.104)可知,经济最终会事实上处于意料之外的通货膨胀的"欺骗后果":

$$\pi_t = \frac{\omega}{1+\kappa} \qquad y_t = \bar{y} + \frac{\omega}{1+\kappa} \tag{12.113}$$

如果 SL_R 是由泰勒规则均衡[式(12.110)]导致的社会损失,SL_C 是"欺骗"结果[式(12.113)]导致的社会损失,我们可以运用式(12.106)、式(12.107)、式(12.110)和式(12.112)来计算从欺骗中获得的社会福利。中央银行的欺骗的动机为

$$SL_R - SL_C = \frac{\omega^2}{1+\kappa} \tag{12.114}$$

式(12.114)看起来非常有吸引力:一方面,自然产出和期望产出之间的差距 ω 越大,创造意料外的通货膨胀以提高产出至自然率之上的诱惑就越大;另一方面,社会对通货膨胀的厌恶 κ 越强,意料外通货膨胀的收益就越小。

这里的关键点在于,如果政策制定者能够使私人部门相信他们会遵循 $\pi_t = \pi^* = 0$,他们就没有动机要真地执行这个政策,换言之,随着时间的推移,政策制定者会不想按照与其之前宣布的规则相一致的方式行事。因此,经济学家会说,当政策制定者可以相机抉择时,像式(12.110)那样包含零通货膨胀的基于规则的均衡是"动态不一致"或"时间不一致"的。当社会需要的产出水平高于自然产出水平而原始的通货膨胀率等于 0 时,政策制定者会有动机通过创造突然的通货膨胀来提高产出。因此,当中央银行可以相机抉择时,其保持货币稳定的承诺被认为是时间不一致的,因为一旦私人部门在价格稳定的假设上形成了预期和名义工资合约,对于中央银行来说避免通货膨胀就不是最优的。

当然,社会公众如果知道政策制定者的偏好,他们就会意识到中央银行不会真地想要执行政策 $\pi_t = 0$。中央银行的可信度问题在于:如果中央银行不能做出有约束力的承诺,以坚持泰勒规则或确保价格稳定的其他规则,那么中央银行做出的将遵循价格稳定政策的告示就不可信,因此也无法消除通货膨胀预期。这是因为人们知道,中央银行有动机要背离价格稳定政策,以努力刺激产出和就业,更确切地说,社会公众会认定中央银行会设定利率从而达到一阶条件式(12.112)所意味的通货膨胀率。因此,当人们知道政策制定者会相机抉择并追求社会损失函数式(12.108)最小化时,无论是基于规则的均衡[式(12.110)]还是"欺骗"结果[式(12.113)]都不会实现,因为这些结果并不是真实的理性预期均衡。作为替代,社会公众会在式(12.112)的基础上形成他们的预期,这就意味着 $\pi_{t,t-1}^e - \pi_{t,t-1}^e - \omega + \kappa \pi_{t,t-1}^e = 0$,或 $\pi_{t,t-1}^e = \omega/\kappa$。将这个结果作为预期通货膨胀率代入式(12.112),并运用式(12.104),得到时间一致的理性预期均衡:

$$\pi_t = \pi_{t,t-1}^e = \frac{\omega}{\kappa} \qquad y_t = \bar{y} \tag{12.115}$$

式(12.115)中的均衡被称为时间一致,是因为政策制定者没有动机在事后背离通货膨胀率 $\pi_t = \omega/\kappa$,假定这个价格上涨率源自一阶条件式(12.112)。在时间一致的均衡中,通货膨胀预期已使实际通货膨胀率上升至很高的水平,以致政策制定者不愿意制造更多的通货膨胀,即使他们通过相机抉择有能力这样做。

式(12.115)的结果阐明了相机抉择下货币政策可信度问题令人遗憾的含义。尽管实现的通货膨胀率在数量上永远都比目标通货膨胀率高ω/κ,通货膨胀却完全被预料到,所以,超出的通货膨胀无法获得任何产出收益以作为回报。这个结果明显比式(12.110)的结果更糟,式(12.110)的结果只有在中央银行做出坚持价格稳定政策的有约束力的承诺时才会实现。用SL_D表示包含相机抉择政策的时间一致均衡中的社会损失。将式(12.107)和式(12.115)代入式(12.106),我们发现

$$SL_D = \underset{\text{在无效率的低产出下的社会损失}}{(\omega^2)} + \underset{\text{通货膨胀造成的社会损失}}{\omega^2/\kappa} \tag{12.116}$$

如果中央银行能够以某种方式承诺遵循价格稳定规则,式(12.116)右边的第二项就可以消去,所以这一项表示从无作为到做出承诺之间产生的社会福利损失。我们看到在相机抉择的货币政策下,市场扭曲(ω)的存在和制造意料之外的通货膨胀以增加产出结果的诱惑会导致通货膨胀偏差。

上述观点可以在图 12-12 中得到进一步的阐释。同心椭圆代表社会无差异曲线,表示引发相同社会损失的产出和通货膨胀的可选择集合。通过令式(12.106)右边的表达式等于常数 C 而得到与社会损失 C 相对应的无差异曲线式。等于零的最小社会损失在"幸福"点 E^* 达到,此时 $y=y^*$,$\pi=0$,离 E^* 点更远更大的椭圆相当于更高的社会损失水平。第一最优均衡点 E^* 无法在预期完全实现的均衡中达到,因为由式(12.104)可知当 $\pi^e=\pi$ 时 $y=\bar{y}$,换言之,货币政策无法消除市场缺陷,这反映在 $\omega=y^*-\bar{y}$ 中。第二最优均衡点 E_R 在中央银行能够做出对价格稳定政策有约束力的承诺时才会实现。在这种情况下私人部门会对稳定的价格有理

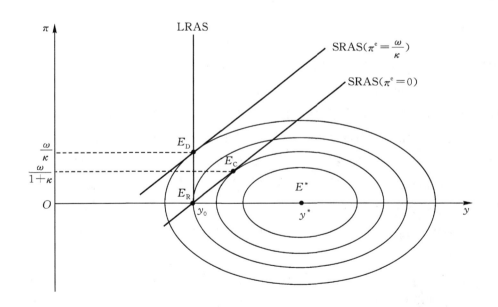

图 12-12 巴罗-戈登模型中的货币政策:基于规则的均衡(E_R)、"欺骗"结果(E_C)和时间一致性均衡(E_D)

性的预期,经济的短期总供给曲线由曲线 SRAS($\pi^e=0$)给出,与零预期通货膨胀率相一致。如果中央银行能够参与相机抉择,那么政策规则 $\pi=0$ 实际上就没有约束力,中央银行就会有动机制造意料之外的通货膨胀来使经济从 E_R 点移动到"欺骗"结果及均衡点 E_C,在该点处 SRAS 曲线与社会无差异曲线相切。E_C 点表示零预期通货膨胀率条件下的社会损失的最低可能水平。现在的问题是,社会公众会预料到中央银行的欺骗动机,所以,根据式(12.113)相机抉择政策,他们会预期通货膨胀率等于 ω/κ。实际的短期总供给曲线就会由图 12-12 中的 SRAS($\pi^e=\omega/\kappa$)曲线给出,经济体最终将处于时间一致的理性预期均衡点 E_D。给定私人部门的正预期通货膨胀率,这是最小化社会损失的第三最优均衡点。

图 12-12 中所总结的通货膨胀模型,经常被称为巴罗-戈登模型。它对经济学家思考货币政策的方式产生了巨大影响,并帮助解释了为什么许多经济学家比起相机抉择政策来更支持约束性政策规则。巴罗-戈登模型尤其激发了经济学家和政策制定者思考保证遵守政策规则承诺的方法,以求克服货币政策中的通货膨胀偏离问题。

当社会要求的产出超出了自然产出并且货币政策制定者具有自由裁量权的时候,理性的私人部门会预期如果私人部门在价格稳定的基础上活动,中央银行会具有创造突然的通货膨胀的动机,因此,私人部门会预期一个正的通货膨胀率。当预期的和实际的通货膨胀都很高以至于中央银行不再有动机创造突然的通货膨胀的时候,时间一致性的宏观经济均衡就会达到。如果中央银行可以让私人部门信任其会严格执行保持价格稳定的货币政策,那么就可以确保更小的社会损失,但是在具有政策的自由裁量权的情况下保持价格稳定的政策不会获得社会公众的信任,因为它是时间不一致的。

二、声誉机制

当政策制定者拥有声誉时,基于规则的价格稳定政策可能维持。在假定政策制定者是短视的,只关心当前的经济结果的情况下,如果初始通货膨胀率是 0 或接近于 0,对政策制定者而言,通过制造意料之外的通货膨胀以达到"欺骗"社会公众的目的总是理性的。因此,如果理性人认为政策制定者短视,他们就永远不会认为一个已宣布的价格稳定政策是可信的,然而政策制定者在经历了一期又一期的与私人部门的互动后,会有动机考虑他们当前行为对私人部门将来行为产生的影响。例如,如果制造意料之外的通货膨胀意味着政策制定者在将来会面临更高的预期通货膨胀率,他们可能就会想要坚持一个已宣布的价格稳定政策。这样,政策制定者就会赢得维护货币稳定的可信赖守护者的声誉,这会使将来的预期通货膨胀率和实际通货膨胀率都下降。

为了阐明这样一种建立声誉的机制如何运行,假定只要政策制定者不制造任何意料之外的通货膨胀,公众就会相信政策制定者的价格稳定政策。因此,如果上一期没发生任何通货膨胀意外($\pi_{t-1}=\pi^e_{t-1,t-2}$),政策制定者在当期就有可信度。货币政策制定者能够利用这种可信度,通过宣布他们会遵循一个保证通货膨胀率 π_R 等于 0 的政策规则来消除通货膨胀预期,那

么就有

$$\pi^e_{t,t-1} = \pi_R = 0 \qquad \pi_{t-1} = \pi^e_{t-1,t-2} \qquad (12.117)$$

如果政策制定者在某 $t-1$ 期背离价格稳定政策进行"欺骗",它就会失去它在后一期 t 期的可信度,那么社会公众就会假定政策制定者会追求最优相机抉择政策,从而形成 t 期预期通货膨胀率为式(12.115)中的 ω/κ。因此有

$$\pi^e_{t,t-1} = \pi_D = \frac{\omega}{\kappa} \qquad \pi_{t-1} \neq \pi^e_{t-1,t-2} \qquad (12.118)$$

式中,π_D 为相机抉择下的最优通货膨胀率。政策制定者如果知道这是公众的预期通货膨胀率,那么他在 t 期能做的最好的选择就是宣布并执行政策 $\pi_D = \omega/\kappa$。这样就能通过在当期贯彻其宣布的计划而在下一期重获可信度。可以说,社会公众对政策制定者是"以牙还牙"的。如果政策制定者的行为很好地信守了承诺,在下一期他们就会得到零预期通货膨胀的"回报",使其能避免与通货膨胀有关的社会损失。如果政策制定者"行为不端",制造意料之外的通货膨胀,在下一期就会遭到社会公众高预期通货膨胀的"惩罚"。

假定开始的这一期,政策制定者继承了先前的可信度,现在必须决定是坚持政策 $\pi_R = 0$,从而形成和基于规则的均衡[式(12.110)]相关的当期社会损失 SL_R,还是"欺骗"社会公众以将当期社会损失减少至与"欺骗"结果[式(12.113)]有关的较低水平 SL_C。如果政策制定者决定欺骗,当期的净社会收益就为 $SL_R - SL_C$。同时,欺骗行为会在下一期导致一个净社会损失 $SL_D - SL_R$,经济会在到达第三最优均衡点[式(12.115)]时结束;反之,如果政策制定者在当期不欺骗,经济就会在到达第二最优均衡点[式(12.110)]时结束。如果政策制定者有一个正的时间偏好率 ρ,就会将下一期的社会损失进行折算,然后和当期的社会收益进行比较。替换只和短视政策制定者有关的式(12.114),我们就得到了下列修正后的表达式

$$\text{欺骗动机}: \overbrace{SL_R - SL_C}^{\text{当前时期欺骗收益}} - \overbrace{\frac{SL_D - SL_R}{1+\rho}}^{\text{下一期欺骗损失}} \qquad (12.119)$$

之前有关欺骗诱惑的表达式式(12.114)只是式(12.119)的特殊情况,发生在政策制定者极其短视的情况下,这时它的时间偏好率 ρ 接近无穷大,所以,式(12.119)右边第二项为 0。

如果式(12.119)为正,政策制定者会一直想要欺骗,那么基于规则的价格稳定政策就是不可持续的,经济就会和之前一样,在达到每一期的第三最优时间一致均衡点时结束。如果式(12.119)为负,政策制定者就没有动机背离价格稳定,那么基于规则的第二最优均衡就是可持续的,并且在每一期都会执行。将式(12.106)、式(12.107)、式(12.110)、式(12.113)和式(12.115)代入式(12.119),我们发现欺骗诱惑就可以写成

$$SL_R - SL_C - \frac{SL_D - SL_R}{1+\rho} = \frac{\omega^2(\rho\kappa - 1)}{\kappa(1+\kappa)(1+\rho)} \qquad (12.120)$$

式(12.120)表明如果政策制定者的时间折现率 ρ 足够低,也就是他们十分关心将来,他们

就不会想要欺骗。在一个比较低的折现率下,由欺骗引起的短期收益会小于将来由失去可信度导致的高通货膨胀所引起的社会损失。我们从式(12.120)可知,通货膨胀厌恶参数 κ 的较低值也会有助于增加政策制定者不想要欺骗的可能性。其原因是当政策制定者丧失信用时,κ 的低值会导致第三最优均衡中出现一个高通货膨胀率。因此,κ 的低值就意味着 SL_D 的高值,这会使政策制定者渴望避免失去信用。最终,由式(12.120)可知市场扭曲的幅度(ω)不影响欺骗诱惑表达式的正负,因为 ω 的高值会增加下一期的损失和由欺骗引起的当期收益。

政策制定者通过建立声誉来处理通货膨胀偏差。如果政策制定者实际上不会制造突然的通货膨胀,那么公众就会相信其宣布稳定价格的政策,因而政策制定者可以通过严格执行稳定价格的政策规则来建立信用。只有在制造突然通货膨胀的短期收益低于由"欺骗"私人部门带来的更高的通货膨胀预期的社会损失时,政策制定者才会坚持稳定价格的政策。如果政策制定者的时间视野太短而贴现率太高,那么依靠规则的价格稳定政策就是不稳定的,并且在政策制定者拥有政策自由裁量的情况下经济最终会达到第三最优均衡点。

三、货币政策的委托代理机制

货币政策中的通货膨胀偏差可以通过政策制定者赋予将来足够的权重从而建立声誉的动机来加以消除,但是现实中随机的观察结果却显示,很多国家的政府经常会全神贯注于短期,这也许是因为它们主要关心如何实现政府的政策目标,换言之,政府常常表现出似乎对更远的将来只赋予了一点点权重,这也意味着高贴现率。因此,许多经济学家怀疑,如果货币政策由政府直接操控,政府建立声誉的动机是否会强到足够消除通货膨胀偏差。作为弥补通货膨胀偏差的一个替代性方法,政府应该把货币政策委托给一个独立的中央银行代理,并命令它坚决抵制通货膨胀。

事实上,各国的中央银行独立于其政府的程度不同。中央银行独立程度(CBI)主要由三个标准衡量:①人员独立性。人员独立性反映了政府官员代表中央银行管理委员会的程度、委员会成员受到政府任命的范围、执政者职务的任期长度,等等。②金融独立。对金融独立的衡量集中于严格限制政府从中央银行借钱的能力。③政策独立。对政策独立的衡量评估中央银行无须从政府处获得指示就能够设定它的政策工具(工具独立)和它的政策目标(目标独立)的程度。表12-2的上半部分展示了赋予一个独立中央银行的上述指标值。权重被标准化,使得某一中央银行能得到的最大总独立指数为1。第一行是四个对CBI进行的不同研究的作者[①],表的下半部分是不同国家CBI的估计总分。所有的研究作者似乎都同意,欧洲中央银行和德国中央银行非常独立,美国的中央银行——美国联邦储备委员会也有一个很高的独立水平。加拿大、日本和英国的中央银行占据中间地位[②]。

---

① 还有其他一些类似的研究,这里列举的都是极具代表性的研究。

② 各位研究者对这些中央银行的排位略有不一致,这是因为对中央银行地位和立法的解释尚有进一步评价的空间。

表 12-2 中央银行独立指数

衡量标准	艾莱辛那(Alesina)	格里利(Grilli)、马西安达罗(Masciandaro)和塔贝利尼(Tabellini)	艾芬格(Eijffinger)和沙林(Schaling)	库克曼(Cukierman)
最大总分	1	1	1	1
人员独立性	0.5	0.375	0.4	0.2
金融独立	0.25	0.3125		0.5
政策独立	0.25	0.3125	0.4	0.3
工具独立		0.1875		0.15
目标独立		0.125		0.15
国家或地区				
德国	1	0.8125	1	0.66
加拿大	0.5	0.6875	0.2	0.46
日本	0.75	0.375	0.6	0.16
英国	0.5	0.375	0.4	0.31
美国	0.75	0.75	0.4	0.51
欧盟(欧洲中央银行)	1	0.875	1	0.94

我们现在将证明把货币政策委托给一个独立并保守的中央银行会如何帮助减少通货膨胀偏差。假定中央银行行长认为产出和价格不稳定造成的损失由下述损失方程给出：

$$\mathrm{SL_B} = (y_t - y^*)^2 + (\kappa + \varepsilon)\pi_t^2 \qquad \kappa > 0 \qquad (12.121)$$

式中，ε 衡量中央银行行长超过政府的那部分通货膨胀厌恶的程度。我们可以说参数 ε 是对中央银行行长的保守程度的衡量，他对通货膨胀的过度厌恶，以政府为参照标准。

β 为 CBI 的一个指数，假定它的值在 0(完全不独立)到 1(完全独立)之间。参数 β 衡量了政府把货币政策委托给中央银行的程度。β 值越大，中央银行行长的偏好在货币政策决定中的权重也就越大。因为政府损失函数仍由式(12.106)给定，我们可以假定货币政策由修正的损失函数的最小化决定：

$$\widetilde{\mathrm{SL}} = (1-\beta)\mathrm{SL} + \beta\mathrm{SL_B} = (y_t - y^*)^2 + (\kappa + \beta\varepsilon)\pi_t^2 \qquad 0 \leqslant \beta \leqslant 1 \qquad (12.122)$$

式(12.122)反映了政府和中央银行之间的妥协。除了通货膨胀厌恶参数 κ 被 $\kappa + \beta\varepsilon$ 取代之外，损失函数式(12.122)和式(12.106)类似。所以，只要我们把 κ 换成 $\kappa + \beta\varepsilon$，本节前文中的所有结果就都继续成立。这样一来，我们就从式(12.115)中获得了委托代理货币政策下时间一致的理性预期均衡：

$$\pi_t = \pi_{t,t-1}^e = \frac{\omega}{\kappa + \beta\varepsilon} \qquad y_t = \bar{y} \qquad (12.123)$$

式(12.115)和式(12.123)的对比显示：政府通过将货币政策权力委托给一个比其自身更为保守的中央银行行长，就能够减少相机抉择政策中的通货膨胀偏差。确实，政府通过任命一个非常保守的只关心价格稳定的中央银行行长,就能够从包含正通货膨胀的第三最优均衡[式(12.115)]移动到包含零通货膨胀的第二最优均衡[式(12.110)]。其原因是,一个极度厌恶通货膨胀的政策制定者没有任何欺骗动机,因为欺骗包括了制造通货膨胀。这里的矛盾之处在于,政府通过自愿地绑住双手且将货币政策委托给一个具有和它相反偏好的政策制定者,能够得到一个对它而言更理想的结果。为了证明这一点,我们可以把式(12.123)的结果代入政府损失函数式(12.106),并利用式(12.107)就得到货币政策委托代理下的社会损失

$$SL = \omega^2 + \frac{\kappa \omega^2}{(\kappa + \beta \varepsilon)^2} \qquad (12.124)$$

很明显,当政府将货币政策的执行权委托给一个保守的中央银行行长($\beta\varepsilon>0$)时,会比货币政策只反映政府自己的偏好($\beta\varepsilon=0$)时带来的损失更小。需要注意的是,要获得这个有益的结果需要两个条件:①中央银行必须具有一定的独立性($\beta>0$);②中央银行行长必须比政府保守($\varepsilon>0$)。

如果中央银行没有丝毫的独立性,中央银行行长的偏好就是无关紧要的,因为他会完全被政府支配。如果中央银行和政府拥有同样的偏好,中央银行制定的政策显然就和政府自己制定的政策毫无差别。

这个分析表明,在其他条件相同的情况下,我们将会预期在一个中央银行具有高度独立性的国家能够看到一个更低的平均通货膨胀率。大量的实证研究确实已经利用 CBI 替代指数找到了 CBI 和通货膨胀之间明确的负相关关系。图 12-13 概括了其中一个研究的结果。

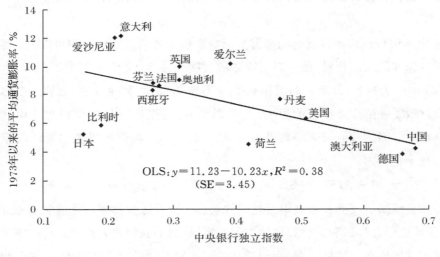

图 12-13 中央银行的独立指数

受该经验的影响,在过去二十年里许多国家都在向更高程度的中央银行独立性的方向努力。例如,欧洲货币联盟的宪制框架以保证欧洲中央银行的独立性最大化作为首要目标。近些年政府通过指定中央银行委托管理,也热衷于强调中央银行行长应该保守行动,把追求低通货膨胀率的价格稳定政策作为主要目标。

政府通过将货币政策委托给独立的中央银行来处理通货膨胀偏差。如果政府不能坚定地履行稳定价格的货币政策，那么它可以将货币政策委托给独立的保守的并且视价格稳定而不是政府自身为更重要目标的中央银行来降低政策的自由裁量权所带来的通货膨胀偏差。在这种情况下即使中央银行不最小化真实的社会损失函数，宏观经济也会达到一个更令人满意的均衡水平。中央银行越独立则经验上平均通货膨胀率就越低，已经被现实中的经验证据所证实。

构建有中国特色的宏观经济政策调控体系

科学的宏观经济政策调控，有效的政府治理，是发挥中国社会主义市场经济体制优势的内在要求。当前，中国已进入新发展阶段，国情世情发生深刻变化，前进道路上面临更多逆风逆水的环境，对宏观调控提出了新挑战、新要求。党的二十大报告中明确提出，要"健全宏观经济治理体系，发挥国家发展规划的战略导向作用，加强财政政策和货币政策协调配合"，为中国新发展阶段的宏观经济政策调控指明了方向。

改革开放以来的中国宏观经济政策调控体系是联结改革发展稳定的一套政策框架，力图从中国经济转型和发展的实际出发，突破西方经济学中的稳定化政策的窠臼，促进体制转型、经济发展和宏观稳定三大目标的协同推进。党的十八届三中全会指出："宏观调控的主要任务是保持经济总量平衡，促进重大经济结构协调和生产力布局优化，减缓经济周期波动影响，防范区域性、系统性风险，稳定市场预期，实现经济持续健康发展。"

为了不断夺取全面建设社会主义现代化国家的新胜利，党的二十大报告指出高质量发展是全面建设社会主义现代化国家的首要任务。在高质量发展的要求下，中国特色宏观经济政策调控要在新发展阶段不断创新完善。在新发展阶段推动高质量发展，一条鲜明的主线是正确处理效率与公平的关系，实现最大多数人的社会效用最大化。新发展阶段的宏观经济政策调控就是要以高水平宏观调控促进高质量发展，在高质量发展中促进共同富裕，增强人民群众获得感、幸福感、安全感。从效率一端看，要从供需两侧协同发力实施调控，应对各种趋势性及周期性变化带来的经济下行压力，保护市场主体，稳定经济增长速度，不断做大蛋糕。从公平一端看，在宏观调控中要更加注重运用财税和金融杠杆调节收入分配，构建初次分配、再分配、三次分配协调配套的基础性制度安排，体现共同富裕这一社会主义的本质要求，把蛋糕分好。

党的十八大以来，中国逐步构建起一套由三层架构组成的宏观经济治理体系。第一层是作为战略导向的国家发展规划，第二层是作为主要手段的财政政策和货币政策，第三层是作为必要政策工具的就业、产业、投资、消费、环保、区域等政策。前两个层次是计划、金融、财政"三位一体"宏观调控体系的"升级版"，即发展规划、财政、货币"新三位一体"组合。

新发展阶段的中国宏观经济政策调控,既要充分借鉴以往四十多年的成功调控经验,继续坚持稳中求进,协同推进改革发展稳定;同时又要从实际出发,根据新形势拓展调控视野,优化调控目标体系,完善决策和协调机制,健全政策工具体系,加快推进宏观经济治理体系现代化。归结起来,新发展阶段中国宏观经济政策调控的基本特色至少包括以下四个方面:以推动高质量发展为主要目标,以统筹发展和安全为重大原则,以加强财政政策与货币政策的协调配合为重要途径,以坚持党中央的集中统一领导为根本遵循。其中,以推动高质量发展为主要目标,是全面建设社会主义现代化国家的战略需要;统筹发展和安全是在协同推进改革发展稳定基础上对中国宏观调控目标体系的进一步优化;加强财政政策与货币政策的协调配合,是运用多样化政策工具实现多元化政策目标,增强宏观经济政策调控协同性和有效性的主要抓手;加强党的领导是协调各方、形成合力,确保实现调控目标的制度保障。

本章习题

1. 解释宏观经济学理论中短期经济波动的原因。

2. 宏观经济学理论中名义和实际经济变量的含义是什么?

3. 解释宏观经济政策对经济波动的影响。

4. 运用 IS-LM 模型的基本原理分析一个扩张性宏观经济政策组合。

5. 假设货币需求 $L=0.2Y-5r$,货币供给 $M=200$,消费 $C=60+0.8Y_d$,税收 $T=100$,投资 $I=150-5r$,政府支出 $G=100$。

(1) 求 IS 和 LM 方程及均衡收入、利率和投资。

(2) 若其他情况不变,政府支出从 100 增加到 120 时,均衡收入、利率和投资变为多少?

6. 假设某社会经济的储蓄函数为 $S=-1600+0.25Y$,投资从 $I=400$ 增加到 $I=600$ 时,均衡国民收入增加多少?

7. 假设某经济的消费函数为 $C=1000+0.75Y_d$,投资 $I=800$,政府购买 $G=750$,净税收 $T=600$,试求:

(1) 均衡国民收入和可支配收入;

(2) 消费支出;

(3) 私人储蓄和政府储蓄。

8. 设总供给函数为 $Y_S=2000+P$,总需求函数为 $Y_D=2400-P$。

(1) 求供求均衡点;

(2) 如果总需求曲线向左(平行)移动 10%,求新的均衡点并把该点与(1)的结果相比较;

(3) 如果总需求曲线向右(平行)移动 10%,求新的均衡点并把该点与(1)的结果相比较;

(4) 如果总供给曲线向左(平行)移动 10%,求新的均衡点并把该点与(1)的结果相比较;

(5) 本题的总供给曲线具有何种形状?属于何种类型?

参 考 文 献

[1] 袁志刚,高虹. 宏观经济学演进:一个新视角[J]. 改革,2016(11):150-159.
[2] 李迁,陈荣虎. 动态随机一般均衡模型微观基础分析及其改进[J]. 南京社会科学,2013(2):30-34.
[3] 李松华,马德富. 动态随机一般均衡模型应用研究综述[J]. 当代经济,2010(9):158-160.
[4] 乔姆斯基. 新自由主义和全球秩序[M]. 徐海铭,季海宏,译. 南京:江苏人民出版社,2000.
[5] HANSON G H. 中国的出口模式:似曾相识[J]. 经济学季刊,2016,15(4):1275-1302.
[6] 斯蒂格利茨. 政府在经济发展中的六大作用[J]. 中国财政,1997(7):44.
[7] 特维德. 逃不开的经济周期:历史、理论与投资现实[M]. 董裕平,译. 北京:中信出版社,2012.
[8] 凯恩斯. 就业、货币和利息通论[M]. 陆梦龙,译. 北京:中国社会科学出版社,2009.
[9] 马克斯. 周期:投资机会、风险、态度与市场周期[M]. 刘建位,译. 北京:中信出版社,2019.
[10] 琼斯. 经济增长导论[M]. 舒元,等译. 北京:北京大学出版社,2002.
[11] 罗默. 高级宏观经济学(第五版)[M]. 吴化斌,龚关,译. 上海:上海财经大学出版社,2021.
[12] 索伦森,惠特-雅各布森. 高级宏观经济学导论:增长与经济周期:第2版[M]. 王文平,赵峰,译. 北京:中国人民大学出版社,2012.
[13] STORESLETTEN K,ZILIBOTTI F. 中国的崛起和超越[J]. 经济学季刊,2015,15(1):1-32.
[14] ARNOLD L G. Endogenous technological change: a note on stability[J]. Economic Theory,2000,16(1):219-226.
[15] BACKUS D K,KEHOE P J,KYDLAND F E. International real business cycles[J]. Journal of Political Economy,1992,100(4):745-775.
[16] BACKUS D K,KEHOE P J.,KYDLAND F E. Dynamics of the trade balance and the terms of trade:the J curve? [J]. American Economic Review,1994,84(1):84-103.
[17] BAXTER M,CRUCINI M. Business cycles and the asset structure of foreign trade[J]. International Economic Review,1995,36(4):821-854.
[18] CORSETTI G,DEDOLA L,LEDUC S. International risk sharing and the transmission of productivity shocks[J]. The Review of Economic Studies,2008,75(2):443-473.

[19] DORNBUSCH R. Expectations and exchange rate dynamics[J]. Journal of Political Economy,1976,84(6):1161－1176.

[20] AGAZZI E. The problem of reductionism in science[M]. London:Kluwer Academic Publishers,1991.

[21]FLEMING J A. Domestic financial policies under fixed and under floating exchange rates [J]. IMF Staff Papers,1962,9:369－379.

[22]GALI M,KARADI P. Monetary policy surprises,credit costs,and economic activity[J]. American Economic Journal:Macroeconomics,2015,7(1):44－76.

[23] KYDLAND F E,PRESCOTT E C. Time to build and aggregate fluctuations[J]. Econometrica,1982,50(6):1345－1370.

[24]GERTLER M,KARADI P. A model of unconventional monetary policy[J]. Journal of Monetary Economics,2011,58(1):17－34.

[25]MENDOZA E G. Real business cycles in a small open economy[J]. American Economic Review,1991,81(4):797－818.

[26] OBSTFELD M,ROGOFF K. Exchange rate dynamic redux[J]. Journal of Political Economy,1995,103(1):624－660.

[27] MUNDELL R A. Capital mobility and stabilization policy under fixed and flexible exchange rates[J]. Canadian Journal of Economics and Political Science,1963,29(4): 475－485.

[28]ROMER P M. Endogenous technological change[J]. Journal of Political Economy,1990, 98(5):71－102.

[29]SOLOW R M. A Contribution to the theory of economic growth[J]. Quarterly Journal of Economics,1956,70(1):65－94.

[30] SONG Z,STORESLETTEN K,ZILIBOTTI F. Growing like China[J]. American Economic Review,2011,101(1):196－233.

[31]TAYLOR J B,UHLIG H. Handbook of macroeconomics:volume 2A[M]. Amsterdam: North-Holland Publishing Co. ,2016.

[32]UZAWA H. Time preference,the consumption function,and optimum asset holdings [M]//WOLFE J N. Value,capital and growth. Edinburgh:The University of Edinburgh Press,1968:485－504.